列岛记忆 2

LIE DAO JI YI

嵊泗县政协文史资料第17辑

嵊泗县政协教文卫体与文史委 编

方志出版社
Publishing House of Local Records

《列岛记忆 2》编委会

序

文史资料工作是政协工作的重要组成部分，也是一项与时俱进、不断发展和延伸的长期任务。县政协高度重视文史资料的征集和编纂工作，2014年组织出版了《列岛记忆》，资料一经面世，即受到社会各界的广泛关注和喜爱。对县政协而言，这既是一种动力、也是一种压力。如何顺应全县上下更高期盼，进一步保护、挖掘、整理和开发嵊泗的历史文化传统，深入推进政协文史资料工作，充分发挥文史资料的育人功能，成为本届政协面临的重要课题。

值得庆贺的是，经过一年多的努力，《列岛记忆》的姐妹篇《列岛记忆 2》今天终于刊印发行了。《列岛记忆 2》文史资料的征集，难度之大是少有的，因为这批作者（以曾在嵊泗工作过的外地籍人员为主）分散定居在全国各地。政协文史委的同志以对文史工作的热爱和高度的责任感，积极联系和采访近百名外地籍的离退休老同志、老领导及转业复员军人，征集到近百篇文稿，经筛选、编撰，整理形成 69 篇五十多万字的书稿。《列岛记忆 2》所反映的内容，有相当部分是鲜为人知的，有些资料如果现在不抓紧搜集编写，就会随着时间的流逝而造成无法弥补的损失。因此，这也算是我们想方设法把这部分文史资料记录下来、流传下去的一项紧急措施。

《列岛记忆 2》为嵊泗海洋文化建设和地方文献增添新的内容，是本届政协献给全县人民的一件精美礼品。资料内容丰富，分量厚重，所收入的作品既有文化品位，又有史料韵味，既是亲眼所见、亲耳所闻、亲身经历的“三亲”资料，具有相当的可读性，又能起到传承文化、探究历史、启迪现实的作用。在征集和编纂过程中，得到县委、县政府的关心和支持，凝聚着编纂工作者的心血和汗水，融溢着支持帮助县政协文史工作的社会各界文史爱好者的爱心。值此，谨向倾注心力、关心和支持政协文史工作的各界人士表示诚挚的谢意！

资政存史，继往开来。新时期的嵊泗，酝酿着新的发展，蕴育着新的希望。我相信，《列岛记忆2》的出版发行，对于借鉴历史经验，更好地与时俱进、不断创新，对于持续发展蓝色海洋经济，高效建设特色美丽海岛，具有重大的现实和历史意义。

嵊泗县政协主席 周振海

2016年12月28日

目　　录

第一编　海岛军旅

第二编　医卫往事

第三编　教文之歌

第四编　发展纪事

第五编　岁月留痕

第一编

海岛军旅

老兵的三个伴侣

金　锋

作者

我，一个职业军人老兵，走过四十年风雨历程，至今相互不离不弃的有三个“伴侣”。

深秋的这个雨夜，寒风裹着冷雨敲打窗户，让人顿感凉意。然而，老兵与他的三个无言伴侣间的心灵交流却是那般暖融融、热丝丝，仿佛拥抱在百花盛开的春天里。

这三个伴侣分别是军用搪瓷把杯、草绿帆布挎包和英雄依金钢笔。彼此心知肚明，三个伙计既有自己的无数平凡故事，又和主人共同谱写了军旅四十载的一篇篇多情乐章。

军用搪瓷把杯

这只草绿色的搪瓷把杯与老兵相识于 1973 年 12 月 23 日。那天上午，老兵在乡亲们的锣鼓鞭炮声中昂首挺胸跨入新兵集中地。随着人武部参谋一声呼叫点名，老兵上前抱过一大包被装，包袱最中间就是这只油光铮亮的把杯。当年高中住校，老兵看到有同学用这种军用品，那个羡慕劲儿大了去了，如今真正拥有了它，兴奋、自豪、满足，伴随无限畅想，老兵如痴如醉。从军的第一顿饭用的就是这搪瓷把杯，那时乡村的孩子食量大得吓人，看到老兵狼吞虎咽，把杯很快见底，接兵干部从自己的饭盒里扒出了一大块送过来。那一刻，这只把杯，让老兵知道了什么是“尊干爱兵”。

老兵要去的那个部队叫“嵊泗守备区”，没有出过远门的新兵们听成了“城市守备区”，兴奋得手舞足蹈。直到驶出吴淞口进入东海，轮船摇晃，新兵团长下令所有兵们把搪瓷把杯取出应付晕船呕吐，老兵这才知道要去东海深处的一个小岛当兵。那一夜风浪好大，老兵吐得翻江倒海，幸亏有这个搪瓷把杯抵挡在前。天亮时分，老兵吐得心里只剩下一个念头，管它城市不城市，只要上岸就行。那一刻，这只把杯，让老兵明白了什么叫当兵苦。

老兵清楚地记得小岛没有码头，船停在茫茫大海上，是部队派登陆艇来驳运的。从舷梯上往下爬，不小心把杯子碰掉了一大块瓷，老兵当时懊丧不已。然而几十年后把杯上的这块伤疤始终没有生锈，犹同老兵摸爬滚打、掉皮掉肉始终不掉泪，老兵认定这杯子通人性有灵性，就像守岛战士那样普普通通却十分刚毅。老兵曾多次端着把杯泪流满腮。每年有兵退伍下岛时，会餐，茶话会，虽不准喝酒，但开水一杯以水代酒，大家碰得激情迸发，到了动情处，老兵与比他还老的兵们相拥而泣难舍难分。终于有一天，老兵穿上了“四个口袋”，一帮即将退伍下岛的兄弟鼓动老兵买酒喝，老兵一咬牙花四元钱买了一瓶紫砂瓶的茅台，没有一样菜，酒平分在把杯里，几个人喝得山盟海誓。那一刻，这只把杯，让老兵记下了什么叫当兵情。

多少个日日夜夜，老兵曾经负伤不下训练场，曾经高烧不退依然奋战在国防施工的坑道里，是战友们递上装满汤药的这只把杯，让老兵泪花闪烁，无言的把杯让老兵深知，当兵有苦，当兵有情，当兵更有爱！

这把杯还让老兵养成了节水如命的习惯。那年去某小岛蹲点，正逢大旱，滴水贵如油。官兵每天只能分到半脸盆淡水，刷牙、洗脸、洗衣的全部希望都在里头！老兵与兵们一样没有半点特殊，视水如命的病根从此落下。后来，进入了都市，不再受缺水困扰，然而，见到家人敞开水龙头自来水哗哗直流，老兵总是心痛不已。

如今，这只把杯与其主人一样已退出现役，被老兵恭恭敬敬地安顿在书房里的博古架中央。一只其貌不扬且伤痕累累的军用茶杯置身于人见人爱的工艺品中间，旁人看来不伦不类，而老兵却始终认为理所应当！

草绿帆布挎包

这只挎包和搪瓷把杯结伴而来，同时成为老兵魂牵梦绕的伴儿。那些年，老兵怀揣大学梦想，这挎包曾装着一摞一摞的“数理化”，多少个熄灯以后的夜晚，陪伴老兵在被窝里背记公式。后来老兵进入部队报道组，挎包便成了主人的采访包，伴随老兵从报道员到新闻干事风里来雨里去，见证了千岛要塞无数海防战士的荣光。在那些平凡而伟大的战士面前，老兵曾经开怀大笑，曾经泪湿衣衫，这无言的挎包与主人同喜同悲，把一本本采访笔记从素材变成新闻、特写、通讯，又把一个个官兵们熟悉的故事变成报刊版面和电台声音，从北京、南京、西子湖畔传回万里海疆，挎包和老兵兴高采烈不亦乐乎。挎包跟着老兵从连队到机关，从小岛到大岛，从大岛到内陆，一路走来辛苦并快乐着。

那年夏天，老兵背上一挎包泥土去一个无淡水、无居民的小岛采访。临行前，驻岛最高首长张强健叮嘱老兵背一包泥土上岛。谁知小舢板在大海中间突遇巨浪漩涡，险象环生之际，船老大让老兵抛掉挎包套上救生圈随时准备逃生。刹那间，老兵不知勇气何来，硬生生顶回一句：套救生圈可以，甩掉挎包绝对不行！苍天有眼，舢板终于爬出漩涡，一点一点向小岛驶近。上岛那一刻，守岛战士捧过那包泥土犹如迎接魂牵梦绕的情人。黄昏时分，岛主和他的兵们在小岛的“中华菜园”举行仪式，把这包泥土汇入了几代全国各地官兵从家乡背回的泥土中间。岛主拎着倒了泥土空空的挎包站立在礁石上遥望内陆，夕阳的余晖把他和他的兵们染成一座群体雕塑，“扎根海岛，独立死守，以岛为家，以苦为荣”，兵们的宣誓与海的涛声汇合成一首昂扬的军魂交响曲……那一刻，老兵情不自禁地举手敬礼，向着小岛的兄弟们和自己的这个挎包。

英雄依金钢笔

今天看来，这支黑杆子英雄依金钢笔早已过时落伍，然而老兵却爱不释手，天天抚摸它、使唤它。

这支老笔是老兵当兵前一帮伙伴凑份子赠送的。那帮伙伴和老兵曾经在一个青年突击队奋战了数百个日日夜夜，结下不解情缘。老兵穿上军装前，这帮小兄弟你一角他五分凑了两元钱买了这支笔和一个大红塑料皮的日记本给老兵留念，从此老兵与老笔成为命运共同体，一晃就是四十年。这四十年间，老兵用这支笔延续了从小学六年级开始的写日记的习惯，记下了数不清的军事训练、政治学习的心得体会，写下了入党申请书志愿书，记下了一本本采访笔记，完成了数以百万字的新闻稿件，填写了一份又一份履历……

跟随着老兵生活的变动，老笔从小岛一步一步走进了都市。十多年前，老笔从老兵上衣胸前口袋消失了，因为走在街上老兵发现，把钢笔别在口袋的人越来越少，最后只剩下老兵这唯一的“另类”，于是不得不委屈了老笔，让它转入手提包躲了起来。虽然这样，老笔还是始终如一任劳任怨，唯一的缺点就是笔尖越磨越粗，更让老兵遗憾的是，现在找一个修钢笔的比找一千个大学教授还要难上百倍，换个笔尖成了非分之想。如今，老笔和它的老兵一样，依然一如既往地忠于职守履行使命。老兵经常这样叹息，这是命中注定，这辈子老笔和它身上的每一个部件再也不能与老兵分离了。

前不久，老兵和老友聚会，有人说老笔是老兵初恋情人的信物，这辈子都不会分离；有人说老兵和老笔必有秘不可宣的故事，一定会永远在一起；还有朋友执意要用一支昂贵的派克金笔与老兵当场交换。老兵依恋不舍，朋友大概知道夺人之美不太好，于是大方地把派克金笔无偿送给了老兵，最后留下话，以后用派克吧，这支老笔太掉价。过后，老兵悄悄把派克收藏起来，依然使用他的这支老笔，因为老兵感觉老笔哪怕离开一时半会儿自己心里总会空落落，像掉了魂儿似的。

老笔与老兵，老兵与老笔，这对老伙伴还要走多远，他和它心里既充满希望，更充满阳光！

作者简介：

金锋，籍贯：江苏。历任南京军区政治部某部干事、副处长，南京军区政治部《东海民兵》杂志总编辑，海峡之声广播电台政治部主任，南京军区政治部某办公室副主任兼江苏省人民政府联络办公室副主任。现任中国新四军研究会学术委员会副主任。

难以忘怀的往事

童养表

作者

1976年2月，我从舟山地区定海县应征入伍。2月27日早上，我们全县的几百名入伍新兵集中在定海南码头，被送上了一艘货轮，开始了海上七八个小时的漫长路程。下午四点半左右，货轮才靠上了插旗岗码头，在码头上，我们由一名师军务科的参谋点名后当即被分配到各营新兵连，我被分配到了三营机炮连，新兵连在天罗岗。有车的单位坐上车走了，我们没有车的只能用两条腿走，从插旗岗走向天罗岗。我一路走着，看着每一座山，观着每一片海，吸取着每一口空气，觉得都与我的家乡没什么两样，似乎非常亲切。从此以后，我的四十年人生旅途，就扎根在嵊泗列岛——我的第二故乡。

一、军民鱼水情深义长

地方有求必应

“军爱民、民拥军”是军民相互间真真切切用行动演绎出来的鱼水关系。

1976年4月的一天，阳光明媚，气温宜人。早饭后，连部通信员到各排通知，接上级命令，去支援地方新建电厂（菜园火力发电厂），参加基础挖掘的劳动，马上到操场集合。连长在连部门口大操场（老三营礼堂、现菜园溜冰场）对大家作简短动员的一段话：“这次参加地方劳动，是我们人民军队支援地方政府的实际体现，更是爱民的具体行动，我们必须全力以赴，把人民军队对地方政府的支持和对人民群众的爱，化作完成任务的动力。”在劳动中，我和战友们都兑现了这一动员令。劳动的场地是一个小山坡，长不到 150 米，宽也就 80 米左右，把它挖平后作为新建电厂的基础。当时由于条件的限制，没有大型的挖掘机，只能用手工作业，因为地方劳动力不足，所以只能求助于部队配合。我连到时，地方的干部群众和我营的其他连也陆续到了，我立即拿上工地上准备好的工具，和战友们一起猛干了起来。那年代“军民团结如一人、试看天下谁能敌”场景就是这样展现的，工地上铁锹、铁镐、箩筐、簸箕等长枪短炮全都用上了，挖的挖，抬的抬，几百号人都是小跑着来回，一波一波好似排山倒海之势，没多长时间，我和战友们全都大汗满面并脱了外套，一个上午下来到收工时，整座小山坡已经削去了一大半，这也正是军地双方领导希望达到的目标。虽然我已经很疲劳了，但在心里却觉得为第二故乡出点力有一种满足感。

1976 年 8 月，有一天接营里命令，我连派员前去支援地方“抢收抢种”（我国南方水稻有二季种植特点）。提起割水稻，对我来说不是一件稀奇事，可是在嵊泗那么少的山地中出现，我觉得是不可思议的事。1976 年时，嵊泗种植的水稻极其少，菜园就是现在的菜园中学（长弄堂、毛家坑）这一块有，其实没多少人半天就能完成抢收割稻任务，但我连却把它作为一项政治任务来完成，地方有求必应，连里迅速抽调两个排人员前往支援，我是其中的一员。大约十五分钟后就来到目的地，只见稻谷一片金黄色，在八月阳光的衬托下，格外夺目耀眼。我和战友立即拿起镰刀，按照农业队负责人的要求，一字排开割稻，只听见镰刀唰唰的响声，一排排的稻谷被割倒后整齐地摆放在田间。天气太热，我们个个汗流浃背，虽然农业队的社员不时地送来水解喝，但为了尽快把水稻割完，没人愿意放下手中镰刀去喝一口水，直到中午时分，顺利割完了那片水稻才收工列队，赶回连队吃饭。当时，我真的没觉得劳累，心中有的是为地方群众做了一件有意义的事而感到自豪。

1983 年 9 月 26 日，中饭后，连部接石柱冷冻厂求助，他们厂堆放在码头的一大批“五孔板”如果不及时转移，就会被将要到来的台风巨浪卷走。灾情就是命令！连里请示了营里同意后，立即组织全连官兵前去抢救，到了石柱码头时，海浪已经大到漫过路面，垫底下的“五孔板”已经浸泡在海水里。不用多说，我按照连长事先布置给我排的任务（我当时任排长），立即组织大家投入抢险。我一边把人员分成四人一组，并指定先抬哪里，一边和其他三人一组投入搬运，并不时地指挥大家既要迅速，又要注意安全，做到轻放，别把“五孔板”弄坏。整个抢救工作有条不紊，动作迅速，至下午四点半，把所有的“五孔板”转移到安全地方，避免了集体财产的损失。晚饭前，连队又接上级通知，第二天将赴黄龙抢险救灾。

军医和小女孩

部队营区作为特殊区域，对地方群众是不开放的，除非是事先联系好的。但我在连队这几年的站岗或去连部办事或去营部卫生所看病时，却时常看到一位梳着长辫子、脸显清瘦、个子矮小的菜园小女孩走进营部大门，而且没人阻拦。出于年轻人的好奇心，很想弄清楚这件事。一次我去营部卫生所看病时，正巧这位小姑娘也在，她坐在门边的一条方凳子上，目不转睛地注视着军医为每位战士检查、开方、配药。这时，有一位营里的干部走进来，看了一眼小女孩，问军医这女孩是怎么回事？军医回看一眼后，慢慢地把话茬儿说开：原来小姑娘是一位哑巴，由于当时家里经济和当地医疗条件有限，加上我营里这位军医西医中医兼顾，同时又是出了名的思想工作“专家”，虽然没有把握能看好哑巴的病，但却把小姑娘当作自己的小妹妹来看，非常认真、耐心，不厌其烦长期帮助她针灸，尽管结果不尽如人意，但却反映出小女孩对军人的高度信赖和军人对人民群众的情义和责任感。

每每想起这件事，那清瘦小姑娘仰着头、瞪着大眼睛期盼的情景总能呈现在我的眼前。这使我年轻的心在第二故乡更懂得了与人为善，也认知了军民鱼水情深是由每件小事积累起来的道理。

共享军营文化

看电影成了那个年代比较奢侈的文化享受，在嵊泗这偏僻的海岛上更是如此。我们军营每个月总会有几场上级来慰问的电影，那时大多会让地方的老百姓共同来分享，有时由于天气等原因，露天放映改在大礼堂内。1976 年《洪湖赤卫队》电影的解冻，对广大电影迷具有极大的吸引力。那是 12 月下旬的一个晚上，营部通知晚上在营礼堂（原三营礼堂）放《洪湖赤卫队》电影，要求各连组织观看，这一消息不知怎么在菜园地区传开。晚上电影开映前，营部大门口已经站满了地方群众，因为在营区里，所以哨兵不让进，但吸引力实在太大，爬墙、跳坎进入的群众还是不少。到电影放映时，礼堂里面两边走廊和中间过道，已经站满了人，后面还在继续往里挤。人实在太多了，最后把好多座椅都挤坏了，为了安全考虑，无奈只好停放电影。第二天，为了满足地方群众，营里破例在地方大操场里放(现在经信局和灯光球场区域)，而且破例让每个战士穿上大衣看这场电影，从而既保证了战士们能看电影，也让地方群众满意地看上了久盼的《洪湖赤卫队》。这件事让我在第二故乡的以后工作中牢记了一个道理：群众的需求无小事。

浓浓的拥军情

一首《洗衣歌》红遍大江南北，至今续唱不衰，它确实是历史性地反映了地方老百姓对人民军队的深厚感情。我从 1976 年当兵至 1984 年调往县人武部的时间里，清楚地记得，每年夏季 7 ~ 8 月和冬季 11 ~ 12 月份两个时节，地方各级组织都会组织妇女到部队为官兵洗被缝衣。每次来的时候，都会把干部战士的被子一个不漏地收集起来，仔仔细细地洗干净再缝制好，有时还把干部战士的衣服也集中起来洗。部队上为了不使她们增加额外的负担，战士们都会把要洗的衣服藏起来，但她们会一个班一个班地找，有时还会假装生气，让战士们把脏衣服全拿出来，这时大家都会无奈地红着脸把藏好的衣服乖乖交出来。每到那个时候，连队就像招待客人一样准备好可口饭菜，特别是当地群众喜欢吃的大白面馒头和肉包子(这些在当时连队需一段时间才能吃一次)。后来地方政府拥军做法虽有变化，但拥军精神仍在延续。

二、国防施工艰难困苦

国防施工充分展示的是，人民子弟兵为了御敌于国门之外，为了国家的安全，为了人民过上安宁的生活而付出的辛勤劳动、流血流汗乃至献出自己年轻的生命！

1976 年 4 月，我从新兵连被分配到菜园三营礼堂的机炮连，刚到连队就加入了施工行列。我连的施工地是插旗岗，由于没车子，只能每天早起，从原水综厂后面的小道爬山步行 40 多分钟才能到达施工现场。我第一次受领任务就碰到了危险。那一次，我和十几位战士被连部抽去背水泥，从北口去支援南口。

当时我觉得这很简单,什么都没说背起水泥就和战友们往坑道里走,到了里面我才发现,坑道里面一大半是堆着的石渣,根本没有路,洞壁处处用粗木料支撑着,随时会有可能塌下来,十米左右一盏低度光的灯根本起不到照明作用,就像盲人摸着走,头顶上不时有石料塌下来,这时,我才感觉到肩上这 50 公斤重的分量和真正的危险,以及以公里计算路程的遥远。其实这种辛苦劳累和危险时时刻刻都存在,站在洞库中央的混凝土拌和台上,头顶上十几厘米的距离清清楚楚地看到每一块悬着的石头,有时手一摸就会掉落下来,每当拌和机隆隆响起的时候,仿佛头顶上每一块悬石都在动,必须时刻关注。同时,拌和台上也不例外,90 公斤重的一筐石料,如果二人配合不默契,可能会掉进拌和斗造成损伤,十几斤重的铁箩筐就会砸得你腿直流血,因此我的两腿上至今还留着几十个疤痕。

1996 年,我国连续发生二件震动世界的大事。第一件事是唐山大地震。1976 年 7 月 28 日,唐山发生 8 级大地震。部队为了保证各连队官兵在遇到地震时不受伤害,要求连里每个班都要建立一个地震监测棚,里面放着用简易塑料瓶或玻璃瓶装上大半瓶水等做成的最原始的但却很敏感的监测器,每一小时检查一次动态。由于是夏天,连队晚上睡觉都在连部大操场上搭建的临时防震棚里,虽然中午午睡在营房里,但是每天午睡都要搞 1 ~ 2 次的防震紧急集合,要求必须在 18 秒钟时间内离开营房区,这对于处在日夜高强度施工作业的我来说,本身已经很累了,再加上紧急集合睡不好觉,那简直是累上加累了。然而部队对我成长的教育,心里能有这种坚持:当兵的就是这样,接受不了这样的事实,哪能担当得起保卫祖国东大门的重任。

第二件事是毛主席逝世。1976 年 9 月 9 日上午,那天我在伙房值班没去工地,在班门口的生产地锄草。9 时左右,连部文书跑步来到各班排,神情高度紧张地通知留下的人员全副武装到连部集合去收看电视。我看他这么紧张以为部队上发生什么事,便问了一句出什么事了,他说:毛主席逝世了! 我说你不能乱说的,那是政治问题,他回说真的。这时,旁边的兄弟连也吹响了紧急集合哨,全副武装在连部门口集合,这才使我真正意识到事情的严重性。此后,我连也进入战备等级状态,必须全副武装去施工,每天背着轻重武器和所配的弹药基数,往返于营房和工地之间,工地上一边架好武器进入战备状态,一边施工作业,晚上收工还要带回武器弹药。年底当施工结束再次进入坑道里面时,我感到有一种自豪感，因为这是我和我的战友们在第二故乡用鲜血和汗水甚至生命换来的成果。

1978 年 3 月，我连除几个留守人员外，全部奉命去花鸟岛施工。出发那天，我们乘上了一艘登陆艇。两个多小时后登陆艇靠上了花鸟岛海军码头，因为没有车，只能两条腿走，走着走着，只觉得路越走越陡，山越走越高，好不容易走上公路，又是一段山路，个把小时才到目的地，后来才知道，原来那里叫 238（即山的高程）。除了连部和一排在山顶南面的营房住外，我三排和二排及炊事班都被分到了山坳北面半山腰的坑道里住，尽管吃饭比较近，但是要是有事去连部和去施工都要爬好长一段山坡路。我连的主要任务是备料加工，施工场地主要在大水坑半山坳坑道口的石渣场和“145”坑道口的石渣场。由于开始施工时还没开春，加上海岛风大，所以还比较冷，每个人只能穿着连队发的施工破棉衣，没有纽扣只好用一根绳子或铁丝捆扎一下了事。备料主要是从石渣场的石渣中筛选出所需要的石料，即大、中、小石子，沙子、水泥装好运送到指定地点。施工一般两个战士一组，一副箩筐、一把耙子、一把锤子，每天在石料堆中摸爬滚打、敲敲打打找出施工所需要的料，采取定量的办法，每天不少于 50 筐的任务，为此大家你追我赶谁也不想落后，有时排长还偷偷地和我说，你这组一定要争个全连第一，因为全连一年要完成近 3000 多立方米的料才能保证任务的完成。

其实辛苦不算什么，大家一挺就过去了，但一年中使我最感头痛的是，春天的雾，夏天的太阳、台风和冬天的北风。

有一首歌里歌词说得没错：“云雾满山飘，海水绕海礁，人都说那岛儿小，远离大陆在前哨。”像正当时的花鸟岛。5 月份开始，我住的地方逐步进入云雾缭绕的季节，有时早上起来站在坑道口往下看，只见山下若隐若现，飘遥不定，有时却似站在云层上腾云驾雾如入仙境。由于云雾天气多，坑道里阴冷潮湿，尤其到了梅雨时节，住的坑道内洞顶洞壁全都冒泡，被子、蚊帐、垫被全都湿淋淋的，睡觉时湿渍渍的全身感到不舒服，只好天天晒被子，但有时一连好几天都见不到太阳，到后来什么都是霉迹。

夏天时节，大水坑的山坳里似同一只密不透风的木桶，特别到了中（下）午，温度高得似一盆火炉。作业时，我和大家一样都是汗流浃背，无奈只能不停地喝水，一件一件地脱衣，到最后只剩下一条短裤子，没多长时间背上都被晒得起泡脱皮，这样一次次地晒，又一次次地脱，到最后每个战士都晒得紫铜色，痛得晚上洗澡擦背、睡觉翻身都怕。还记得有一天上午搬运水泥，连里按人头每人5包分到个人，从去大水坑上面的公路背到下面的坑道里，看上去只有三四十米路，但却很陡，我初试了一下，两手各夹一包就往下走，因为天气闷热，加上100公斤的分量，走到一大半就受不了了，只好放下，然后只能一包一包地再往下搬。当第二次上来搬时，两脚已不听使唤，总觉得有一股热气压在心头喘不过气，我看了那些年轻的小个子，比我更“惨”了，他们有的背都背不动，还好，大家发扬团结友爱精神，互相帮助，中午时分任务全部完成，我看了一下，没有一个战士的衣服是干的。

台风是海岛常有的事，有时它能让你“弹尽粮绝”。记得那年8月，12级强台风袭向花鸟岛，而且一刮就是一个多星期，我们排的人到连部有事或去工地施工、连部人下来吃饭时人都站不住，一不小心就会被风吹倒。为了不使战士们受损伤，大家想尽了办法，最后只好在连部与我排之间的山梁上架起了一条锚绳，走的时候抓住绳索、蹬下身子一步一步地爬行。最为麻烦的是，三五天下来所有的鲜菜都吃光，剩下的只有一些少量的猪肉和咸菜，由于台风余威，交通很长时间没有开通，连队只能每天吃咸菜烧猪肉，整整吃了一个星期，到最后看了就想吐。

冬天的北风虽然不如台风，但因为气温低，吹在脸上似刀割。11月，我连的作业地点转移到了145地段，145坑道口的碴石场正好处在山的北面风口，北风夹带着海水味沿着山坳直冲工地，把大家吹得手脚施展不开、眼睛睁不开，脸都冻得通红。最麻烦的是每天中饭送到工地时已经不是热菜热饭，严重影响了大家的身体健康，还好这里的备料只是就近坑道口所需的料，不需很多，任务也就很快完成了。一转眼到了年底，经过全营官兵的共同努力，按军区提出的要求和标准，保质保量地完成了这一具有战略意义的任务。第二年刚开春，南京军区党委班子带相关单位直接登岛对花鸟岛防御工事进行了实地检查验收，并给予了充分肯定，这也使我觉得没白付出那份辛劳和汗水。

三、请战上前线

1979年1月12日上午9时左右，连部门口的操场上放着一张方桌，上面摆着几张大红纸、墨汁和毛笔，旁边坐着神情严肃的连副指导员。这时，连部文书敞着嗓门跑到各班大喊:愿参加广西边境保卫战的到操场报名了……声音刚落,只见全连战士像潮水般涌向报名点,我也一样,每个战士那激情高昂的情绪使得脸通红,参战的热情谁也无法抵挡、无法形容。一会儿桌子被百十号人围得里三层外三层,我看准时机拼命地往里挤,好不容易挤进了里面,只见大红纸上"参战报名名单"的下面已经写了不少名字。这时我看见一位安徽籍的班长左手抚着红纸,右手突然伸出食指往嘴里一放使劲一咬,顿时一股鲜血直流,他干净利索地在纸上写下了自己的名字,然后高兴地退了出来。好不容易到我签名时,副指导员发话了,说:"喂,十一班副,你干什么?"我说:"我也要报名!"他说:"不行,你不能报名!"我问:"为什么?"他说:"你'银行'里不在内,因为你明天就要去军校了。"还没等我回过神来,手中的毛笔已被抢了去,无奈我只好垂头丧气地离开报名点。报名很快就结束了,理应静下来,但事实上这一天根本没安静过,每个班排都在热烈地讨论着怎样才能去参战,能不能轮到自己的话题。没多长时间,一份份请战书像雪片一样铺天盖地地飞向连部,有排的、有班的,更有个人的,还有用血写成的,都表达了每个军人对越南侵犯我国土的愤慨,更显示了我们每个军人保家卫国的担当。到现在每每想起这事心里总有一股说不出的痛,因为我有好多战友,有的是朝夕相处的战友,为了祖国南疆的安全、为了祖国人民的安宁,已经长眠在了祖国的南疆。

四、亲历国防后备力量建设

1984 年 4 月 23 日,我从基层连队调往嵊泗县人民武装部,本想机关工作会比基层连队要舒服多了,但没想到并不轻松。因为从嵊泗海防前哨的战略地位需要出发,那年代战备工作还是比较紧张的,全民皆兵仍然是地方一大特点。为此,民兵组织建设一直到每个村和年轻人比较集中的单位,那么要应对好这样庞大的组织体系和人员结构,我的人武干部经历的五大项过关应考故事,也许能够解答这个问题,并且可以察看到那年代的历史痕迹。

示范实弹射击——过军事技术关

我记得首先经受了部长桂兹祥对我军事技术关的"测试"。报到没几天,正巧部里在组织民兵准备参加军分区民兵军事比武训练,那天下午 3 时半左右,科里要求我和另一位参谋去青沙石子岙为训练民兵送子弹，我们领好子弹、坐车来到了训练点，那里十几个民兵都在练习瞄准，部长坐在地上指导督训。训练中有一位来自嵊山镇的杨姓民兵轻机枪手，老是埋怨自己成绩不好是机枪有问题，气得部长吹胡子瞪眼地说他，最后部长叫停了训练，调整了靶子，布置好岗哨等任务后对我说了一句：小童你上！因为我没心理准备就愣在那儿，他又说了一句：你把瞄准点偏高一点就行。这时我才回过神来，还好我刚从军校出来，迅速卧倒，压好子弹，调整好姿势，举枪瞄准。部长又说：打吧！我拿稳枪后又细瞄了一下，确定没问题时，一连扣了四个点射后起身验枪，目视着前方等待环数的报来。报靶员成绩显示八发全中，75 环！这时我看见部长唰地站起说：谁说的枪不好，人家怎么打出来的？自己不好好训练，老说枪不好！天哪，这时我才松了一口气，说实在的，连我自己也没把握能打出这样好的成绩，既帮助部长证明了枪没问题，同时也使自己通过了部长的“初试”。

民兵应急作用——过组织指挥关

1984 年 5 月份，我第一次在副部长张锡祥的带领下，去黄龙乡东咀头村赤膊山指导该乡的民兵训练。有一天晚上九时左右，我在寝室里写材料，突然接到张副部长的命令说：童参谋接上级通报，一名罪犯逃往黄沙岙方向，令你带领所有参训男民兵迅速占领黄沙岗墩至黄沙岙村沙滩一线，阻击罪犯可能逃往这一方向。我二话没说，立即召集乡人武部部长和干事下达任务，并迅速集合民兵清点人数后赶往指定地点。天公不作美，那天晚上天上飘着毛毛细雨，天黑得前后人员看不清，还好这些民兵都是当地人，路况非常熟悉，虽然路不好走，但是还是在半个小时后到达了指定地点，我迅速指挥民兵按照每 15 米左右站一人的要求把队伍布置到位，这时我才松了一口气。虽然那天晚上到了后半夜撤回时也没见到罪犯，但事后得知，由于我们民兵及时赶到，造成了罪犯紧张心理，只好钻在一条小船的机舱内过夜，第二天一早，船主发现报告后，被派出所民警生擒，从那时起使我看到了民兵的真正潜在力量。

挖掘典型成效——过文字写作关

1985 年 10 月底，全省海上民兵工作经验交流及海上民兵船队编队出海观摩现场会要在我们嵊泗县嵊山镇举行。部里交给我的任务是材料汇总，并从菜园、马关镇人武部抽调两名专武干部完成好县委书记李世通在大会上交流的经验材料。三天后，专武干部撰写的稿件送到了我的手里，那天晚上，我仔细地阅完了稿子后觉得不符合规格要求，第二天急忙与去检查落实工作的军分区参谋长一起到嵊山，并把稿子交给了姚科长，他非常认真地看完稿子，问我："小童你看了没？"我说："看了。"他又问：你看了几遍？我说："二遍。"他说："你的看法？"我说作为县委书记向省军区组织的县市人武部主要领导参加的经验交流会介绍这样的规格，内容太细、事例太小。他说我和你的观点一致，你回去以后马上动大"手术"！于是，我第二天急急忙忙地返回菜园重新起草稿子，说实话要重新写好一篇如此规格的稿子，我心中确实没底，所以我对原来的稿子又进行认真细致的阅读分析，明确了稿子思路后开始起笔，三天后科长回来时交给了他，他看后提出了修改意见，我马上修改后又给了他，他第二次修改后，这才算完成任务交给了县委办。从而保证了 11 月初省军区在嵊山召开现场会时李世通书记在会上的经验介绍。

军地机构多变——过协调联络关

根据中共中央〔1986〕5 号文件精神，县人民武装部于 1986 年 6 月从中国人民解放军序列改归地方建制，根据这一精神，我要做的工作应接不暇。6 月 6 日，移交大会在县政府大会议室举行，舟山地委书记祝耀祖、组织部部长傅贤可，舟山军分区司令温海洲、政治委员蒋墨，县委书记李世通、县长黄忠悫等军地领导前来参加交接仪式，还邀请了县人武部的历任领导和县属各有关单位部门的负责人及全县专职武装干部参加了会议。这期间，会议的各种准备要与县两办搞好对接；县人民武装部改归地方机制时，党委班子成员及军事、政工、后勤科科长、副科长和一般干部的相关材料要提供好；机关职工的定编与定性要与县劳动人事局协调好；基层专武干部的编制配制要与县委组织部确定好。同时，还参加县人武部机关全体干部在基湖靶场为地委、军分区及县里领导作轻武器实弹射击军事汇报表演。这一次次的协调处理虽然不是我一人，但都需我协调配合。十年以后，1995 年 12 月，中共中央、国务院、中央军委发出《关于县(市、区)人民武装部收归军队建制的通知》。决定从 1996 年 4 月 1 日起，将地方建制的县(旗)、县级市、市辖区人民武装部收归军队建制。这项工作，除了正常的程序实施移交外，主要涉及有关干部的调整配备和职工的安置，作为政工科科长的我，要按照上级和部党委的要求认真做好各项移交工作，积极配合政委落实好具体事项，如在做好县人武部机关职工的工作安排时，为了一名人武部职工转为事业编制，我到县劳动局就跑了15次；同时还要完成为收归军队建制的干部办理入伍手续、报请职务任命、军衔评授、军龄计算、工资套改等任务。

做好关键功课——过领导参谋关

1987年12月份，我同政委一道陪同舟山军分区参谋长带领的工作组到五龙乡调研检查工作时，因为时间紧急，五龙乡人武部没有准备好汇报材料，所以我提议把8月份我参加市里“民兵参建”经验交流会写的材料作为汇报内容（这一内容主要反映的是409、410号船和老大金杏定的事迹），政委和乡人武部部长孙亚清都表示同意，并由乡人武干事沈君跃向军分区工作组汇报。汇报后，参谋长问了一句：这么好的事例你们向上报了没？我们大家回答没有。他又说：“这么好的事迹，你们可以向市里和军分区报集体二等功的，马上办！”我回到办公室后立即组织人员拟草了请功报告，经政委修改后，上报了舟山市人民政府和舟山军分区，同时向县人民政府提交了为金杏定记三等功的报告，经批准后，县委、县人民政府、县人武部于1988年8月27日在菜园东海剧院召开庆功大会，舟山市政府秘书长、舟山军分区首长、县委县政府领导和县属有关部门的负责人及本岛片的部分基干民兵参加了大会。会上，市政府秘书长宣读了市委市政府给409、410号船记集体二等功的决定，县委主要领导宣读了县委、县政府给金杏定记三等功的决定。市县领导还专门为他们颁发证书、奖章和锦旗。此后，这一典型在全县民兵的精神文明建设中起到了非常积极的示范和推动作用，成为全县乃至全市学习的样板。

为了适应嵊泗县菜园镇和基湖沙滩等部分地区对外开放和海防管理的需要，根据中国人民解放军总参谋部〔1990〕参作字295号《关于菜园镇和基湖沙滩对外开放》的批复，省军区要求嵊泗县建立一座为防止非军事人员进入军事禁区的民兵哨所，具体地点由县人武部选好后报省军区批复。根据这一要求，1990年3月初的一天上午，部长、政委带党委班子成员及军事科的相关参谋迅速对基湖沙滩就近的64.4高地、95.5高地和无名高地等老虎头山前出的地形进行了认真细致的勘察，分析研究，我作为其中一员亲历了整个过程，并积极当好参谋。大家讨论后一致认为，无名高地最为理想，理由是山高视野开阔，死角小，便于对整个基湖沙滩、南长涂沙滩和大石山、天罗岗、尖山等地的直接观察，最后确定基湖老虎头山北侧无名高地为哨所选址点，并立即报省军区审批。经省军区批准并报总参谋部备案，该哨所为“一类民兵哨所”，列入菜园镇基干民兵编制，当年招聘女子民兵 8 名。哨所于当月开工建设，并于同年 7 月竣工，建筑面积 180 多平方米，总投资 12.5 万元。同年 8 月 1 日，正式开始执行任务，哨所在以后的战备执勤中，不但及时报告了海上出现的各种异常情况，还及时通报了附近发生的山林火灾，为嵊泗的经济发展、海防及军事禁区安全发挥了积极作用。同时，县人武部加强了对哨所女民兵的军事技能训练，使得人员军事素质不断提高，在 1991 年夏季全省女子民兵哨所比武中获得好成绩。南京军区政治委员方祖岐，省军区司令袁兴华、政治委员贺家弼及市县军地领导多次前往慰问指导，并给予了高度评价。

在县人武部的十五年岁月是我事业的黄金时期，能为第二故乡人民武装事业添砖加瓦，使我感到欣慰。成为我难以忘怀的记忆。

作者简介：

童养表，籍贯：浙江定海。曾任嵊泗驻军某部排长，县人武部军事科参谋、政工科科长。后任县计经委、发展与改革局党委副书记、纪委书记，县政协教文卫体与文史委副主任。

我在嵊山十五年

曹治华

作者

2012年5月，我参加了全国政协在北戴河举办的全国政协干部培训班。这里碧海金沙，清风送爽，许多同志都追逐嬉戏，兴奋不已。但我却一点也激动不起来。我想到了嵊山，想起了在那十五年的部队生活。那海天一色的湛蓝、桅杆如林的渔港以及热闹非凡的海岛渔市，又一幕幕地浮现在我的眼前。

十八岁，我到了嵊山

当兵之前，我对大海没有概念，也不知道嵊山。

1972年年底，我在家乡应征入伍，18岁成为海军导弹四十营组建后征收的第一批新兵。两个月的集训是在定海的小盘峙度过的。1973年新年刚过，我们乘坐舟山基地三十一大队的登陆艇，将全营官兵整建制地运到嵊泗的嵊山岛。

那是一个风大浪高的天气，北方的旱鸭子第一次零距离接触大海，因晕船产生的生不如死的感觉至今都刻骨铭心。从一上船就开始吐，几次呕吐后无物可吐，便吐出了胆汁。胆汁苦如黄连，我一生中唯一品尝其滋味的就是这次。船在海中的速度犹如蜗牛爬行，我躺在船上面如土色，气息微弱，苦苦熬了5个多小时，这才到了嵊山。究竟是如何下船到的营区，现在一点都不记得了。

这是嵊山给我的第一印象，它是那么遥远，又是那么可怕。

到了部队，只觉得腿软和胃疼，迫切想喝碗稀稀的面条，谁知遇到的第一顿饭便是米饭和红烧带鱼。北方人吃鱼的时候少，闻着那浓烈的鱼腥味，想吐的感觉霎时又涌了上来。老兵看到了我的窘态，于是，我用鱼与他交换了一份烧白菜，连声谢人家，这是我到嵊山吃的第一顿饭。之后端着带鱼找老兵换白菜吃的事还发生了多次。类似的事，老乡中也时有发生。现在回想起来似乎是笑话，但那时却是真的。

部队到了嵊山，但阵地工程并没有完工，甚至连基本的工作、生活条件都不具备。我当时在营部当物资保管员，所谓的“营部”，其实还未动工兴建，营部近20号人住在一个连队的四五间平房里。营部的仓库是用毛竹临时搭建的棚子，下雨时四处漏水。即使这样，部分家具、厨具还是装不下，不得不存放在山坡间一处潮湿的窑洞里。除此之外，我记得几个连队都没有操场，三连没有饭堂，营部没有卫生所和大会议室。所以，部队刚到嵊山的头两年，主要任务是施工，导弹兵成了事实上的工程兵。

营房、操场建设完成后，部队又开始了坑道工程施工。听干部们讲，庞大的坑道工程原本是由3个工程连同时施工的，1972年主体工程完工后，留下一个工程连扫尾，另外两个连队撤走了。我们去时，有两个坑口的部分砼浇灌尚未完工，坑道动力照明用的柴油发电机没有安装，导弹出入坑口前的广场也未建好，这些都由我们营配合工程连建设完成。那个时代的士兵非常能吃苦，无论是扛石块、运水泥、搞砼浇灌，还是开山放炮、挖地基、建操场，没有人叫苦叫累。不少干部、战士的手磨破流血，也不请假休息，无病呻吟和泡病号的事没有出现过。

由于部分营房工程请老百姓做小工，星期天、节假日，我们要到山下逛街购物，这使我们开始接触当地的老百姓，看到了别具一格的渔村风情，至今印象深刻。

来部队做小工的年轻姑娘，个个高挑、水灵，长相漂亮，性情也温顺，很多干部、战士不解其妙。认为海岛环境恶劣，生长在这里的人们身材、容貌应该老相、粗壮才是。后来才知道，她们虽然生活在海岛，但并不干出海捕鱼的体力活，每天每顿有食鱼习惯，吸收了丰富的蛋白质，促使她们比大陆的姑娘发育早、个子高，漂亮、妩媚就不足为奇了。

上街购物要走七八里的山路，地势陡峭，林木茂盛。在小路的左右两侧，充满了零零散散的坟墓，每座坟墓都用坚硬的大理石块砌切而成，坟地平整，碑刻讲究，美观而肃穆。因为这个原因，胆小的战士不敢独自前行，我们好奇地问当地人才得知：嵊山山体均为岩石，内地通行的地下挖墓在这里行不通。更重要的是，嵊山民风淳朴，自古以来就有尊老厚葬的传统。往往是老人活着就开始修墓，不厌其烦，不惜重金，直至老人满意为止。确实，在嵊山的10多年，北方农村出现过的虐待老人现象，在当地不能说绝对没有，但我一次都没有听到过。

嵊山是我国典型的海岛渔村，地理位置偏僻。原以为会很落后。但当我第一次走进箱子岙街市时，眼前的情景却使我为之一愣：街区不大，但店铺林立；街道不宽，但人声鼎沸。处处显露出小岛渔市的繁华。特别是不久后盖起的新百货大楼，高大漂亮，货物品种齐全，在当时的三门峡市都无从寻觅。这些使我认识到，嵊山是个不错的地方，渔业发达，商业繁荣，民风淳朴善良。在这里当兵服役，将是我一生中最快乐的时光。

艰苦的环境磨炼坚强的意志

嵊山山势俏丽，海天辽阔，是我国重要的天然渔场。但它又是我国东部沿海最外侧的一个小岛，其环境方面的恶劣也是不言而喻的。

首先是风大。在内地树枝一动就叫风，在这里八级以上的大风一年通常有近100天，七级以下的风三天两头就有。大风一来，渔船靠岸，客运停航，飞沙扑面，非常影响人们的心情和生活。因为风的缘故，晕船在这里司空见惯。一次，我带战友的家属从泗礁来队，遇上七级大风，这名家属一上船就开始吐，近5个小时的航程，呕吐不止，整个船舱被乘客吐得下不去脚。到了嵊山，她不能站立，被我们抬着上岸，在码头上躺了好大一会，才勉强拉上汽车。1985年，我到泗礁参加自学考试，考期到了，因大风没有航班，情急之下上了老百姓的渔船。那风把船刮得上下俯仰10多米，小船受浪涛挤压发出恐怖的嘭通声，像是要瞬间解体似的，至今都心有余悸。

其次是雾大。大雾在黄山、庐山是一大美景。即使从嵊山山脚往上看，云雾缭绕，气势雄浑，也是一道不错的风景。但对于常年驻守在山头的部队来说，感觉就不一样了。雾气袭来，能见度极低，眼前灰蒙蒙一片，五米开外几乎看不清物体，汽车还没有自行车跑得快。身上一天到晚湿漉漉的。这种状况在春夏之交的雾季要持续几个月，人感到烦闷和浑噩。由于连续潮湿和见不到阳光，新战士烂裆极为普遍。衣服洗了长时间不干，连室内的地板都因返潮而湿乎乎的，那种难受劲没有经历过的人是想象不到的。

与恶劣的自然环境同时存在的是文化生活的匮乏。连队没有图书阅览室，全营也没有电影放映机。1980年代前，每连仅有一台黑白电视机，由于信号和电压不稳，画面也不清晰。平时还不太明显，遇到逢年过节，则尤其觉得冷清。部队的精神生活主要是政治教育。一个星期多次，无论何种天气和情况，从不中断。

由于部队的教育和纪律，加上那个时候，大部分家庭都较为困难，因此，尽管条件艰苦，但绝大多数的干部战士还是喜欢军营，勇于吃苦的。一年到头，无论是刮风还是下雾，教育训练、施工管理都正常进行，不受影响。施工中，无论是打钢钎，还是抬石头，个个士气高昂。后转入作战设备安装、日常训练和勤务值班，坑道内阴冷潮湿，个别岗位还有毒有害、易燃易爆，干部战士没有人讲条件、要补助，都积极主动地干好本职工作。记得个别战士文化水平不高，有的几乎不识字，但都在干中学、学中干，工作没受啥影响。

海军部队干部比例大，进步空间相对较小，不少干部任职多年没能提拔，也没有人拉关系、找路子要求升职调动的。心里会有想法，但工作该咋干还咋干，任劳任怨，没人公开闹情绪。我们营的老教导员陈和根，是1954年从无锡市入伍的老兵，1982年从嵊山转业，在正营职岗位上11年。其中后面的10年都是在嵊山度过的。他从不媚上欺下，人品十分端正，无论施工还是训练，他都亲到现场指挥。与同志们外出吃饭，他总是第一个“埋单”。老营长杜纯金，在正营职位上干了13年，除文化不高外，遵守军人的职业操守，他无可挑剔。

干部做给战士看。每到士兵复员时候，总有不少人递申请、写保证，要求继续留队。刚开始还没有志愿兵制度，在部队干五六年还是个战士，一个月除了吃饭仅领十几元的津贴，但仍趋之若鹜、乐此不疲。现在想想，这些干部战士是多么的可爱，又是那么的高尚和伟大！正是这一代代戍边人的默默奉献、无私无畏，才保证了我们国防的长治久安。

浓浓拥军情

从1975年开始，我在营直当给养员，接着干司务长，1980年开始任连干部，直至转业。这期间，由于工作关系，我和地方接触较多，感触颇深。我认为，嵊山具有非常好的拥军传统，许多做法感人至深，至今难以忘怀。

20世纪80年代之前，我国物资匮乏，食品供应短缺。但无论地方多么困难，部队的粮食供应一直是清一色的粳米和白面,从未吃过一两粗粮。地方群众一直供应的是年久的籼米。1975 年左右,由于国家遭灾,地方群众还罕见地供应了地瓜干。老百姓排队购买地瓜干的情景,至今回想起来都不是滋味。老百姓每月的食用油供应很少,部队则每人每月定额 1.5 斤,超支了还可以补,其实是充分供应。嵊山肉食、水果紧张,猪肉约两天从泗礁运来一次,但绝大部分都是部队专供的,群众基本买不到。一次,我买了猪肉中途休息,转眼间肉不见了,一位在单位上班的地方熟人很不好意思地走到我跟前,告诉我家里老人过三周年,实在买不到肉,才出此下策。我看肉是要不回来了,无可奈何地将发票给他,肉钱收下。

在我记忆当中,地方每年用船运若干次西瓜和黄岩蜜橘,基本上都是专门供应部队的,橘子连筐都不拆,被部队的给养员一件件地抬走。群众看在眼里,笑在脸上,没有听到什么怨言和不满。那个时候,名烟名酒更是紧缺,价格也便宜,茅台酒一瓶 4 元,其他酒如泸州老窖、古井贡酒等每瓶只有 2 元多,中华香烟也只是几毛钱一包。坦率地讲,渔民虽有钱,但这些肯定买不到,困难年代的紧俏物资,都优先供应部队了。

我当兵 10 多年里,吃过粗粮的时间只有半年。那是 1982 年 7 月至 12 月,我到大连军校参加学习,每天中午或下午必食一顿高粱米饭。这种饭米粒粗糙发硬,难以下咽。但整个东北地区的军供都是这样的。相比之下,我才更加深刻地感觉到嵊山真好,浙江真好!那个时候,当兵的希望出差,但又担忧出差。海岛待久了,出去换个环境,觉得很爽,但是,一出军营就吃不上这雪白的大米饭。无论是到定海、杭州,还是上海,街上买来的饭无一例外都是籼米,米粒小,不松软,没有香味。来部队探亲的家属,无一不对部队的生活津津乐道。尤其是农村来的同志,大米、白面配上味道鲜美的海产品,吃上几个月,回家后很长时间让你产生新的不适应。

嵊山、泗礁,乃至浙江全省,都是驻军大区,部队人数多,军供压力大。当地政府和人民始终把最好的东西送给部队,不好的则自己留下,几十年如一日,从不改变,这实在难得!俗话说“军队打胜仗,人民是靠山”,实际上,和平年代军队的建设和稳固,人民群众同样是靠山,离开了人民群众的爱戴和支持,军队将无法生存。

三十三岁，我选择了离开

1985 年，海军长涂水警区撤销，导弹十三团在某地成立，结束了我们营自成立之日起，没有团级建制的历史，干部流动、职级晋升明显加快。但我的年龄却不年轻了，进取心也远没有以前强了。

我在连队副指导员、指导员的位置上干了 8 年，即使走上营级岗位，年龄也是偏大的。我家属在三门峡市的一个国有企业上班，她既要工作，又要带孩子，一年到头身心疲惫不堪，埋怨和拉后腿的话经常有。说是两个人挣工资，但每年你来我往的都花在路上，手里攒不住钱。父母那里大小事也帮不上忙。思前想后，我向部队首长提出了转业申请。

1987 年 4 月，我被批准转业，11 月正式办理了离队手续。时年 33 岁。平日里，一次次念叨转业，也不知多少次地羡慕别人转业，而脱军装的时刻真正来到时，心里却五味杂陈，怎么也高兴不起来。我漫步到后头湾山头，在妩媚的夕阳下，向大海远处张望：这是一个难得的好天气，没有大风，没有云雾，蓝天碧海，霞光万道，万吨货轮在宽阔的海面上驰骋，返航的渔船在村口的港湾里歌唱，多么美丽的景色啊！它伴随了我 15 年，现在却不能不说再见了！

时光荏苒，一转眼大半辈子过去了。回顾几十年的过往，我感到印象最深、收获最大的还是在嵊山的 15 年。我付出了青春，但却收获了良好习惯。到现在，我或坐或立，姿势都保持端正；说话办事一是一、二是二，是非分明；每晚必洗袜子；一年到头不吃零食。转业回来后，工作职位、环境多变，永远不变的是军人情结，嵊山的情结！过年必食的菜肴是带鱼；一年到头喝得最多的是紫菜汤；本地人不爱喝的黄酒，我会经常喝；谈论最多的话题是军事。偶逢狂风来袭，或大雾封路，别人烦躁不悦，我却有着别样的心态，像又见到久别重逢的老朋友，又联想起了部队和嵊山的生活。嵊山和军旅的烙印，已深深地刻在我心中，融化在我血液里！

作者简介：

曹治华，籍贯：河南三门峡。曾任驻嵊泗海军（系舟山基地长涂水警区导弹第 40 营）指导员。后任三门峡市湖滨区法院院长，三门峡市政协社会和法制委员会主任。

有一种情结叫后头湾

曹治华

2015年以来，嵊山镇的一个普通渔村多次在互联网上被热炒，贴图和游记随处可见，引起众多网民的极大兴趣。这个村子就是后头湾。1990年之前，后头湾是嵊山岛人口密度大、人均收入高的村落之一，曾经的繁华用人声鼎沸、富甲一方来形容一点也不夸张。那么，一个好端端的村子怎么一下子变得人去楼空、野草蒙面，成了驴友们惊奇猎艳的“鬼城”了呢？

这个不解困扰了我很长时间，也勾起了我几十年前与后头湾村接触和交往的许多回忆。

后头湾村所在位置是一个坐南朝北的月牙状海湾，东西两端岩崖高耸、不宜人居，约3000口人集中居住在中间1公里多长的狭窄山岙里。不堪拥挤的人们不断把房子向背后的山上延伸，形成了约700栋小楼在海湾坡地上星罗棋布、错落有致的建筑奇观。全村没有公路，横贯村内的一条人行便道是他们相互联系的唯一通道。若要到箱子岙的集镇上去，首先要沿着石阶翻越一座山头，接着再走约2公里多山路才能到达。多少年来，他们祖祖辈辈从镇上购买粮食、日用品，乃至建筑材料等都要手提肩挑，一步步从这条道上走过。条件是苦了些，但在人们为生计而

今日后头湾

忧愁的年代，交通的不便似乎不算什么，吃饱饭才是硬道理。后头湾天然的渔港、安静的生活，以及美丽的环境才是渔民们最为需要的。

1973 年至 1987 年，我在嵊山海军导弹四十营当兵，历任营部保管员、给养员、司务长、二连副指导员和三连指导员。营部就在后头湾山背后的高处，二连和三连在营部下方不远处。可以说，我们部队和后头湾村是相邻而居，我们是离他们最近的部队，他们是我们最熟悉的百姓；我们的生活离不开他们支持，部队的存在也给他们带来一定的益处。这种互利共赢、相互依存的关系，不仅给我和部队的每一位同志留下了深刻印象，也让我对后头湾产生了深厚的感情。

我们营是 1972 年年底在定海组建的新部队，1973 年全营进入嵊山驻防。那时，新营部办公用房尚在建设之中，包括营部办公楼、卫生所、小卖铺和物资仓库等，都要重新建造。为了节省开支，除营部办公楼外，其他的建设工程都由部队自己开垦地基，然后交由开发商承建。这期间为配合施工，部队从地方聘请了由十多名姑娘组成的临时工，负责挑运沙土。这些姑娘水灵、高挑，衣着鲜艳，成了部队一道靓丽的风景线。部队的干部告诉我们，她们是后头湾的村民，后头湾就在我们不远处的山下，这是我第一次知道后头湾。

一个风和日丽的下午，我和战友们第一次到后头湾游玩。走近村边，从上往下眺望，一片偌大的海湾首先映入眼帘，海水湛蓝平静，大大小小几十艘渔船在海面上往来穿梭，风帆点点，马达轰鸣，就像一幅优美的山水画。那时老百姓的住宅还鲜有楼房，一座座由灰瓦石墙建成的民居背山面水，在山腰间参差排列，一直延伸到海湾跟前。这里房子的进深比北方的房子大，房顶开有玻璃窗，整齐地压着几道石块，明显是为防风和采光所用。每户人家的住宅都相对独立，不设院墙，没有北方传统院落中的四合院。我们正赶上收获墨鱼的季节，沿着林间小道进到村里，全村的妇女都集中在海滩上，她们不断地从船上接过男人们捕获的鲜鱼，自然围成几个圈就地加工晾晒，旁边的海水被墨鱼汁染成黑色，礁石上摆满了加工好的墨鱼，白花花一片，浓烈的鱼腥味和妇女们的欢声笑语弥漫了整个空气，使我们这些内陆来的大兵们一个个都惊呆了。这就是丰收时节的渔村，也是大集体时代后头湾人的快乐生活。

1975 年至 1978 年年底，我在营直先后担任给养员和司务长，因工作关系三天两头与后头湾的群众打交道。他们在生产队里分得的鲜鱼，吃不了的群众会挑到部队来卖，四指多宽的带鱼每斤 0.17 元、二三斤重的大黄鱼每斤不到 0.30

元。嵊山风多，每遇大风来袭，渔民们多日出不了海，但他们不肯闲着，一些水性好的男人潜到海底的礁石上抠淡菜来卖，比味精还要鲜美的野生淡菜每斤不到0.20元。卖淡菜小伙子那粗糙黝黑的皮肤、被海水浸泡后通红的双眼，以及气喘吁吁的神态，至今都令我印象深刻。后头湾乃至整个嵊山基本上不生产蔬菜，但秋季的大青菜是个例外。这个时节雨水多，村民们利用房前屋后的空地广泛种植这种生长时间短、不怕风吹的青菜，除了自己食用，剩余的挑到部队来卖。那个时候，部队见到青菜，比见到鱼虾还要高兴，因为太稀缺了。在与后头湾群众的接触和交往中，不但极大地丰富了我们部队的伙食供应，还使我们熟悉了当地的一些方言土语和村情民俗，其中听到的两条信息使我和战友们都唏嘘不已：嵊山箱子岙是嵊山镇政府所在地，热闹和便利不言而喻，但那里渔民的经济收入却赶不上后头湾。1976年，一位生长在箱子岙的美丽姑娘嫁给了后头湾一个青年渔民。后来我们还到这户人家去过，他家的房子在山间的高处，交通很不好，但姑娘着实漂亮，在整个后头湾都首屈一指。他们俩不是自由恋爱的，小伙子也不帅气，据说，姑娘之所以下嫁到这里，不单是为了爱情，后头湾独特的经济优势也帮了小伙子的大忙。另一个故事是，卖东西的人群中一位年轻妇女引起了我们注意，她的口音与当地不大一样，穿着较为时尚，待人接物落落大方，十分精明。经了解才得知，她是宁波郊区的农民，经人介绍嫁到了后头湾，男人常年随船打鱼，她在家里忙活，小日子也过得自自在在。后头湾有辉煌的过去，那种辉煌产生于那个时代，得益于渔业生产的兴旺和发达，因此使后头湾在很长时期内有着“小台湾”的称谓。（编者注：当年是计划经济时代，鱼货私卖属资本主义行为，故称‘小台湾’，内涵是贬义。）

1979年后，我调到营部不远处的二连和三连工作，分别担任副指导员和指导员。因住的较近，与后头湾仍有接触。这时期受渔业资源大环境影响，后头湾经济发展的颓势已逐渐显露。但鱼虽然捕的少了，海虾作业却连年丰收，加上渔区改革后实行的渔业生产包干体制，渔民的经济收入并未减少。有时到后头湾走走，家家户户的房子前都晾晒着鲜味四溢的虾米，之后集中打包运到内陆销售，价格不菲。除此之外，他们还挖紫菜、抠淡菜，用自己的勤奋源源不断地享受着大自然的馈赠。正是在这期间，后头湾别墅式的小楼日渐增多，面积也愈来愈大。传统的瓦房日趋减少，最后竟成了困难人家的建筑标记。

1987年我离开部队时，还没有听到后头湾有人搬迁的消息，也不曾想过会发生整体搬迁的事。但如今时过境迁、沧海桑田。我从嵊山镇政府的网站上了解到：后头湾居民搬迁从 19 世纪 80 年代开始，1995 年整体搬迁达到高峰，到了 2002 年，这个远近闻名的大渔村已人去楼空。我认同镇政府给出的搬迁理由：随着渔业资源的日益枯竭，出海捕鱼的船只由机帆船逐渐升级为可直达远海的铁甲船，油料和淡水补给，原来的港湾无法解决，交通阻塞、出行不便以及孩子上学的困惑等都成了渔民们选择离开的原因。当初人们从四面八方汇集到这里，是为了过上好日子，现在他们又毅然选择了离开，到外面寻求发展，也正是为了追逐现代生活的脚步，享受经济社会的快乐时光。要说，这也是好事，不应有怨。

嵊山雨量充沛，空气湿润。后头湾山岙深邃幽静、常年雾气缭绕。废弃的房屋失去了往日的袅袅炊烟，却迎来了大自然藤蔓和爬山虎的欢快疯长。它们从四面八方将房子团团围住，茎青叶翠、遮门罩窗，高达十余米，蜿蜒几华里，因此，这里成为闲暇游人眼中的“绿野仙踪”和“童话世界”。这中间的许多栋房子我认识，也曾经走进过，甚至还知道它原来的主人。为此，我萌生一种冲动，一定要再到嵊山去一次，除了军营，就是要再好好看看这久违的后头湾。但我去寻找的绝不是普通游客那种世外桃源般的诗意和仙境般的神奇，而是埋藏在心底的那段美好的记忆。

作者简介：

曹治华，籍贯：河南三门峡。曾任驻嵊泗海军（系舟山基地长涂水警区导弹第 40 营）指导员。后任三门峡市湖滨区法院院长，三门峡市政协社会和法制委员会主任。

萦绕脑海的三件事

申维永　口述　周苗　整理

一

作者

1952 年年底，我在二十二军特务营当副排长，上级把我们整个营调到了嵊泗列岛。嵊泗列岛那时是海防前线，到了岛上一看，一片荒凉。怎么荒凉呢？整个岛上没像样的房子，都是茅草房，基湖沙滩那里全是沙丘，没有树，风一吹，漫天都是细沙子。

部队到了以后，营房还没有造好，就住在基湖大沙滩的老百姓家里，都是破破烂烂的茅草房。让老百姓睡床上，我们都打地铺睡地上，可是老百姓房子小，也住不下这么多人，只好这家住一个班，那家再住一个班。

那时部队的条件很艰苦，为调节战士们的业余生活，每个月为战士们放两场电影。营部没有放电影的设备，只有马关团部里有。基湖到马关还没有修公路，通不了车，就只能靠战士们用肩膀把放电影的机器抬来。

1953 年年初，上级动员我们要长期坚守海岛，做好死守海岛的准备。基湖到菜园之间隔着山，小路不好走，很需要修一条路。上级就给我们连下达了这个任务，修建从基湖营部到菜园镇上的公路。

部队首长给我们做动员：修路只要坚持两点就没问题了，一是不怕苦，二是不怕流汗，我们部队枪林弹雨都过来了，还怕这个？战士们听了，情绪很高涨，毕竟和打仗比起来，修路的危险性小很多，还能保证吃饱饭。大家都写了决心书，表示要坚决把路修好。

修路用什么工具呢？钢钎和大锤，还有炸药，就这三样，很简单。锤子分成好几种，有五磅、八磅、十磅、十二磅。战士们以前没干过这活，光有决心，没有技术也不行啊，就先训练了一阵子，练抡锤和扶钢钎。特别是扶钢钎的，一不小心，大锤就会打到胳膊上，抡锤的也有砸到自己腿上的。练习了一段时间，看看都练得差不多了，就开始上岗正式开工修路了。

战士们三个人编成一组，一个人扶钢钎，两个人抡大锤。两个抡锤的，左边打一下，右边打一下，这样反复循环。扶钢钎的，锤打一下，他就要转动一下，要不钢钎容易卡住。那时也没有手套等劳保用品，一天干下来，战士们的手上全都磨成了泡，用针挑破消消毒，第二天还继续干，那手上都是泡连泡，一攥锤柄，那是钻心的疼啊。我们那些战士，都打过仗，拼过刺刀，大家心里憋着一股劲，没有一个战士叫苦的，每天按时出工，一直干到太阳下山。就这样，一点一点啃骨头一样地修。后来，领导看战士们的手，心疼啊，就想办法弄了些手套发给大家。

各个小组还开展竞赛，大家像小老虎一样嗷嗷叫着，比谁的进度快。抡锤的原先一口气打80锤休息，比赛后一个比一个多，延长到120锤再休息。刚开始时，上级要求炮眼要打80厘米深，大家你追我赶，结果打到1.2米深，同样一个眼，放上炸药后效果就不一样，进度提高了不少。

打好炮眼后，要装炸药，这可是有危险性的环节，一个战士装药时，因为这炮眼的温度高，炸药着了，轰的一声，一团烟火，把他整个脸给烤了。这个战士休息一天，第二天照样上工地，这叫轻伤不下火线，是我们军队一直的传统。这个战士叫曹秀民，现在我还记得，叫他休息也不休息，说这是战场，这点伤不下战场，以前打仗，我胳膊中了子弹，照样往前冲。

修路最怕的就是出事故，上级要求不能有伤亡，一句话，就是不能死人。我这个副排长也有这个责任啊，每天除了抓工程进度，还要负责安全，心都悬在嗓子眼上。我们排是48个人，加上正副排长，正好50个人，修好路后还是50个人，受伤挺多，但没有死人。

修路一共修了三个月，6月、7月、8月，是三伏天，热得很。那时条件也没现在这么好，连最起码的换洗衣服都很少。汗一出，衣服都粘在身上，很多战士都烂了裆，动一下都疼，有的还出脓了。卫生队也没办法，因为这是普遍问题，最多只能消消毒，包扎一下。

还有些战士，体力消耗太大，又因为海岛上缺少蔬菜，身体没有维生素的补充，结果得了夜盲症，看不见东西。上级马上派人去宁波买菜，可是新鲜蔬菜又不好保存，买啥好呢？结果就买了黄豆，船运到石柱码头，然后让战士们拿着绳子、竹杠去抬回来。那时没有公路，只好用人来运。有黄豆吃了，情况就好一点了，病情也慢慢缓解了。后来又想了个办法，让回家探亲的干部战士从老家带些菜种子回来，在营区边上开垦了一些菜地种上去，慢慢就有新鲜蔬菜吃了，青菜、萝卜种了很多。

二

1957年，春节刚过，部队搞整编，我们团扩编成一个旅，我在四营十一连当副指导员。突然上级来了个任务，让我们连驻防到绿华岛去。那时，连里的首长都不在，出去学习了，于是我和一排长每人带半个连分别上东绿华岛和西绿华岛。出发那天，风刮得很大，浪像翻天一样，两艘登陆艇就载着我们出发了。现在看，绿华岛距离很近，但那时候条件不好，船开得慢，结果从石柱到绿华岛开了半天，从早上8时一直开到下午。

我带的那艘登陆艇到绿华都快下午4时了，午饭都没吃，战士们吐得很厉害，一个个东倒西歪。船到了岸边，岛上的男女老少都出来看，还喊：大军来了，大军来了。船靠岸，我犯愁了，总共不到50个人，有这么一大船的物资要卸，床铺、炊具、粮食，什么都有，这怎么办呀？

老百姓都围在边上，我们说话他们也听不懂，其中有个炊事班长，是1951年的兵，会说几句嵊泗话，他就和百姓们说，我们要卸船。一听这话，围着的老百姓，不管男女老少，都挽起裤脚，鞋子一扒，呼噜呼噜下了海，到船上帮忙卸东西。没人喊，没人指挥，一大船的东西，一会就搬上来了。战士们都很感动，一个劲说，我们的老百姓真好，军民鱼水情啊！

上了岛，没地方住，老百姓就拉着战士们的手说，阿拉有空房子，阿拉有空房子，最后这家住两个，那家住两个，近50个人都分散住到老百姓家了。

一些大妈、大婶还张罗着帮助烧饭，帮着收拾床铺。有的战士晕船状况还没好，一吃饭就吐，就有大妈做了面条，拿过来给战士吃。我心里真的很感动，找来连里的文书，说："我们写篇稿子吧，我来说，你来写，要好好宣传一下绿华的百姓,对部队太好了。”文书就写了篇军民鱼水情的稿子,我们军队是鱼,老百姓是水,鱼离不开水,有水鱼才能活啊。这篇稿子投到南京军区的《人民前线报》,半个月后登出来了。

三

1950 年爆发的朝鲜战争,蒋介石趁机在台湾叫嚷着要反攻大陆,舟山群岛是最前线,上级给我们二十二军的方针是“死守舟山,不能动”,别的部队都抽人去朝鲜,就二十二军没有抽人。

朝鲜战场上我们有个宝贵的经验,上甘岭战役为什么能取得胜利,法宝就是挖坑道。部队首长从战略的高度来考虑,要守住舟山、守住嵊泗,就要修筑坚固的工事,要多挖坑道。坑道有什么好处呢?它外面有碉堡,有枪眼,可以形成交叉火力,封锁敌人登陆,你上来多少,我就消灭你多少。就算整个嵊泗岛被敌人占领了,我躲在坑道里,有水喝、有粮食,敌人也没办法。等晚上出来打敌人一下,他都防不住,我们军队的夜战是很厉害的,敌人最怕夜战了。

在嵊泗列岛,我们挖了很多坑道,高场湾挖过,小关岙也挖过,印象最深的还是尖山坑道。挖尖山坑道,我们部队上了一个连,另外还有个工兵营和我们一起施工。

挖坑道是用风钻打好炮眼后,放上炸药,“轰隆”一声,把石头炸掉,这样一点一点往山里面挖。风钻这机器一开,坑道里到处是石头粉,面对面都看不到人。就算戴了两层口罩,都还会吸一嘴的石粉,鼻子里、耳朵里到处都是。

上级要求赶进度,又要求不能出事故不能死人,可这不好防啊。这山都炸松了,随时会塌方。事故还是出了一些,都是塌方下来被石头砸的,石头泥土“轰”一声塌下来,人就埋里面了。我们连三个排长有两个都受伤了,一个让石头砸了,腰直不起来,还有一个是石粉病,石粉都吸到肺里去了。

那时是 1958 年,地方上大放卫星、大炼钢铁,搞得热火朝天。地方上干的这么起劲,我们部队不能落后,上级就提出了“24 小时不下工地,吃住在山上”的口号。后来又发展到 48 个小时不下工地。让部队家属把饭菜送到工地,在山上吃,把下山吃饭来回的工夫都省下来。有时候饭菜送到山上都凉了,吃了拉肚子,我有一次就因为拉肚子住了两个星期医院。

战士们实在困了，撑不住了，就从坑道里出来打个瞌睡，眯一会眼，然后再继续干。人累的往山坡上一倒就睡着了。那时也没有工作服，就那两件军服，磨得到处是洞，像是要饭的。有的家属来部队探亲，住一天就走了，不忍心看我们那么苦，看着心疼啊。

作者简介：

申维永，籍贯：山东日照。离休干部。曾任二十二军某部排长、副指导员，嵊泗守备区某部指导员、守备十二团管理股协理员。后任嵊泗县信访办公室副主任。

坚守海岛，情注军营

魏加成

作者

我出生于1973年12月，老家是江苏省沭阳县，1991年12月光荣应征入伍，1993年3月加入中国共产党，本科学历，入伍以后先后担任班长、排长、指导员、政治处副主任、政治教导员、副政治委员等职，在军队的教育培养下，我逐渐成长为一名团职领导干部。

1991年11月，我径直地来到了乡武装部，郑重地递上了申请入伍的志愿，这一刻，成了我一生的转折，从此我跨进了革命的大熔炉，继续完成我爷爷、父亲（都是革命军人）未竟的事业。

1991年11月23日，在一片鞭炮声和父母期待的眼神中，我来到了舟嵊守备区第十三团泗礁新兵营。我的新兵连长是潘柏云，指导员是查年桂，排长是张宝藏，他们是我的第一任教官，是我军队里的启蒙老师。在近两个月的新兵生活中，我掌握了队列、战术、射击、投弹、勤务等基本动作，每次考核成绩都是优良，特别在连队组织的文艺活动中，我发挥“文科”生的特长，吹拉弹唱演，都尽情表现，在新兵结束时，我被连队评为“优秀新兵”并记嘉奖一次。拿到奖状和奖品后，我在第一时间就告诉了家人，博得亲朋好友一片欢喜。新兵连生活结束后，我被分到泗礁85炮连，这是1991年6月18日被军区命名为“思想工作模范连”的先进集体。我的班长是赵峰，排长是杨玉斌，指导员是杜松青，连长是张开文，他们都是团以上单位表彰的先进个人，杜松青指导员还是军区表彰的“十佳指导员”之一，他们个个素质都很强，为了不给英模单位抹黑，我加班加点地训练，白天训练完，我还主动加班到晚上10时。就是这样的训练，我的专业还是稍逊于班长，于是我暗暗地制订自己的训练计划，研究训练技巧，在短短的半年时间里，我完成了初级炮兵院校二年的课程，掌握了炮兵基本的射击理论，改进完善了单独修正量计算表，炮兵射击减员到3人操作，终于在连队所有的同专业里，我的专业名列第一。8月我作为连队唯一人选被选调到警备区预提骨干集训队，集训队队长是李少华，他是一个训练十分严格的人，也是炮兵专业的行家。在三个月的集训中，我们接受的是猎人般的训练，每天早晨6公里，晚上5公里，白天个人支配的时间只有三餐饭总共不到2个小时，其余时间都在训练场。在这次集训中，我长进最大的是教学法和地炮指挥，在每次考核比赛中，我都以明显的优势排列第一，在集训结束后，我被评为“全优学员”，并记嘉奖一次。回到连队后，我以专业和教学法成为全团炮兵连队的佼佼者。1992年12月，我顺利地当上了85炮连二排四班长。在担任班长期间，我要求别人做到的，我首先做到，始终坚持以行带兵，以情带兵，以人格力量带兵。当班长四年我共带出尖子5名，培养出先进个人3名。1993年3月14日我正式加入党组织，这是我人生中的第二个转折，从此，我成为党的一员，生命里也有了“政治生日”。1993年7月，我参加团尖子比武，获得教学法第一、总分第二的好成绩，1994年8月，我带领我的班代表团参加警备区“英模单位”比武，荣获炮兵实弹射击首发命中的好成绩，受到施中苏副司令员的高度赞扬。1995年6月，在营长许干群的推荐下，我作为团提干对象被选到第一集团军无锡炮兵第九师教导队进行集训。1996年5月，我被正式任命为85炮连二排长，这是我人生的最大转折，从此我步入了军队干部的行列，成为部队管理型的基层干部和党支部委员。

在85炮连这个英模单位，我得到了全面锻炼，从军事训练到政治思想，从管理教育到党性修养，都有了很大的进步，我深知我个人已深深地融入部队。1999年3月，被提升为85炮连副连长，同年9月，参加南昌陆军指挥学院政治工作专业学习，2000年3月，被任命为花鸟130炮连指导员。从此，我从一类岛又效命于特类岛，这是一个只有2.28平方公里的小岛，岛上常住居民只有1000多人，而且是三多人员：单身汉多、老人多、渔船多；生活用电是乡政府用柴油发的，每天上午9:00到晚上10:00供电，其他时间都没电；如遇雷电天气和台风来临，那起码要一连好几天没电，官兵们只能靠平时积累的柴火烧饭，此时最累的算是炊事人员，可以说当时岛上的环境是非常艰苦的。这个连队曾是后进单位，记得当时找我谈话的李建召主任跟我说:“首长就是要把放心的人放到不放心的地方,你要把这个连队带进先进行列。”带着首长的嘱托和期待,我打起行囊乘了 2 个多小时的“碧海轮”来到花鸟 130 炮连,这是驻守在半山腰的营区,连长陈忠军曾在 85 炮连担任过副连长,我们之间也相处过一年,双方性格都有所了解,这为以后的工作打下了基础。来到连队后,我真把连队当成自己的家来经营了,主动把文化工作作为连队的特色工作来抓,特别是业余时间,我筹划安排各种文化活动,如篮球赛、演讲赛,组建口琴队、演出队等。2002 年 6 月,连队的政治工作受到团通报表彰;7 月,在警备区组织的军事训练建制连排名考核中,荣获所有炮兵连队第二、全团第一的好成绩。2002 年 9 月,新任省军区政委马以芝首长到连队视察,原打算在连队停留时间是 20 分钟,但首长看到我们官兵的精神面貌和文化氛围后,引起他极大的兴趣,不但听了我的汇报,还检查了连队的各种场所。不只看了连队的生产生活,还特地看我们临时组织的一场晚会,特别是晚会上的口琴表演,受到首长的高度称赞。晚会结束后,他现场从身上拿出 500 元钱,作为官兵的口琴费用,此情让不少官兵感动得当场落泪。最后离开连队时,他深情地对我说:“我没想到在这么艰苦的环境下,你能把官兵带的这么好,说明你很用心!”不经意间,首长在连队已待了近 2 个小时。2002 年 12 月,连队被团评为“先进连队”,我本人记三等功一次。2003 年 12 月,连队再次被评为“先进连队”。2004 年 1 月,我被调任枸杞营副政治教导员,这是我赴任的第二个特类岛。按照营党委的分工,我主要分管营部、通信站、卫生所和哨所的教育管理。这是典型的小散单位,由于地处枸杞中心地带,周边有好多 OK 厅和洗头房,每年驻地发生奸情和凶杀案件有好几起,社会环境比较复杂。为了保持部队的安全稳定,我从官兵的思想入手,积极开展随机教育和经常性教育,充分发挥党员班长的作用,开展群众性的思想教育,同时加强管理,严格落实查铺查哨和请销假等日常制度,有效地提高了营直分队的正规化水平。在年终团组织的各项考核中,我们的营直分队都走在其他小散单位的前列。2004 年 12 月,我被团记三等功一次。2005 年 1 月,我被调任团司令部协理员,主要分管司直分队的教育管理工作。由于我对小散单位的管理教育有了一定的经验体会,所以工作开展得比较顺利。2006 年 3 月,我被任命为政治处副主任,其间我用二个月的时间筹建 85 连连史室和外围文化设施,多次组织人员下部队检查政治工作落实情况,提出政治工作合理化建议十多条,均得到团首长的充分肯定。2007 年 3 月,我被调任警备区船运大队三中队教导员，这是驻守宁波市区的船艇部队，就在这一年1月份，在不到一个星期的时间里连续发生两起事故案件，震惊了省军区和警备区两级首长，我就是在这样的背景下，作为“优秀的正营级政工干部”被调到三中队任教导员。刚来到中队，当时官兵一片消沉，干部想转役，战士想休假，管理相当混乱。就在我上任前一个月，还发生了两名战士私自回家，两名干部休假超假，两名战士打架致伤，船艇与船艇之间明争暗斗，互不理睬，工作开展相当艰难，很多工作得不到落实。再加上我的搭档想方设法闹转业，对我的工作从不予支持，真是举步维艰。在那个时候，我也曾动摇，但想想警备区首长把我从前沿小岛调到大都市，不是让我“安家”，而是为了“拯救”中队，不是让我碌碌无为，而是让我重整旗鼓，更何况我的性格是倔强，而不是懦弱，我不能否定我以前在首长心中树立的良好形象，经过几番挣扎和心理较量，我打消了私心杂念，决定与歪风邪气一搏，整顿中队风气。我积极寻求大队首长的支持，请求刘桂勇政委长年蹲点我中队，利用组织功能管理、教育引导感化、文化氛围熏陶、典型激励警醒等各种手段和形式，表扬一批人，处理一些人，从严格日常制度入手，规范中队建设。经过二年的苦心经营和拼搏奋斗，我带领的中队终于走出低谷，走进了先进队列，2008年和2009年连续两年，中队均被评为“先进营党委”。2010年3月，我脱产到南京陆军指挥学院参加部队政治工作专业中级培训，经过一年的免职学习，我的思想和认识水平都有了很大的提高，先后有两篇稿子被南京军区《人民前线报》录用，有一篇论文参加学院的“学员论坛”交流。2011年5月，我被任命为海防十三团副政治委员，至此我又回到老部队。上任后，我主抓全团的纪检工作、保密工作和小散单位的管理教育工作，经常巡查各小散点，整顿小散单位的秩序，了解掌握全团官兵的思想，努力消除安全隐患，积极配合政委和团长工作，完成团长和政委交给的工作任务，团队的纪检政法工作有了新的起色，安全理念有了新的认识，我分管的工作也有了新的进步。

2001年1月，为了支持我的事业，我的妻子主动放弃医生的职业，从连云港市新浦区带着女儿一起随军来到我驻守的小岛，之后她就成为我工作背后的默默支持者。她一心支持我的事业，家庭的日常烦琐和女儿小时候的经常生病，她都一言不吭，把心中的苦累和委屈深深地埋在心底，尽量不让我察觉，生怕影响我的工作，分散我的精力。她经常对我说：“你就干好男人的事吧，家里的事我能顶下来。”工作中难免有不顺心和不得意的事，每次我无意识地把情绪带到家里发泄时，她不但不反抗，反而默默地承受，我不知道每次在我走后她流过多少次泪水，因为我发火的时候，她显得很怕。最艰苦的日子算是花鸟岛的生活，2001年由于工作日夜劳累和艰苦环境的影响，我患了风湿性关节炎和糜烂性胃炎，当时体重不到 40 公斤，妻子担心我的身体，又再一次把女儿带到了花鸟岛，一边照顾我的身体，一边抚养女儿。2002 年初秋，营长看到我妻子、女儿的境况，建议我把女儿送进花鸟希望小学，进行适应性学习，因为这里的小学很“独特”，只有一到三年级，老师常年只有四个人，课本是二人一套，每个年级每天只上二节课，上午下午各上一节，其余时间自己“自习”，在营首长的关心下，妻子把女儿送进了这所既不是幼儿园也不是正规的“希望小学”，然而接下来的生活真的让我很心酸，学校离我们住的营区约 3 公里之远，每天她都把女儿背下去，送进学校后，她就寂寞地等待，除了中午在营部简单就餐外，她最多的时间是趴在学校大门口盯着女儿的教室，生怕女儿看不到她而揪心，我不知道她打发时间的秘诀是什么，但我知道等候就是一种折磨，寂寞就是一种无奈。2002 年 11 月 25 日，正值连队忙于老兵复退之时，下午家里传来岳父突然病逝的消息，妻子得知消息后，受不住这般打击晕了过去，边上的女儿看到母亲躺在地上，痛哭得不知所措，第二天面对老兵即将复退的眼神，我左右为难，可还是虚弱的妻子看透了我的心，主动跟我说：“你别回去了，连队现在正忙，等老兵全走了，你再回去吧。”有几个老兵似乎看懂了我的心思，急忙跑到当时在我连蹲点的政治处主任史善良跟前，向主任保证：“今年老兵退伍一定会平安圆满，任何一个老兵都不会给组织添任何麻烦。”请求让我陪同妻子一起回家尽孝，但此请求没有得到警备区首长的许可，也许妻子看到我为难的样子，最后还是不让我一同回去，她独自带着 4 岁的女儿顶着 8 级大风回家奔丧。12 月 1 日老兵全部退伍后，我才匆匆回家，此时只能在岳父的坟上向他老人家致哀。最难忘的是 2003 年的一个初冬，上午蒙蒙细雨，下午晴空放晴，待女儿放学时，天已渐黑，妻子像往常一样背着女儿一路爬坡，走到 145 高地时，她想翻过眼前这个山坡，这样她就可以少走至少 300 米的弯路，眼前这条窄坡，她以前也曾攀登过，所以心想不会出什么意外，但这个坡度约 80 度、高度约 30 米的山坡，竟成了她日后心有余悸的地方。当她背着女儿吃力地攀爬到半山腰时，由于脚下一滑，她和女儿一起滚到了山脚下，女儿吓得惊哭不已，她也心疼女儿而痛哭流涕，母女俩抱在一起，尽情地把往日的委屈和当前的恐惧一起发泄给大地，哭了一会，女儿一声“妈妈，我要爸爸”，把她从泪梦中叫醒，她以最快的速度再次抱起女儿多走那300米的弯路，在路上，她警告女儿不要把今天的“失败”告诉爸爸，女儿很“听话”，回到家像往常一样，看起自己的电视。一向细心的我并没有多想，吃完饭后像往常一样干自己部队的事，直到2005年我调到司令部时，妻子才谈起这件事，因为此时我已不是主官，工作压力相对小了点。我妻子身体不是很好，白细胞常年偏少，经常生病吃药，2006年5月，她胃疼多日吃不下饭，当时正值我负责85炮连连史室的筹建工作，为了不影响我工作，她只身一人去上海85医院看病，在做胃镜时，医生叫家人签字并一起监护妻子，当发现她只有一人时，连声埋怨，责怪丈夫不称职，其实他们哪里知道，妻子是怕我工作分心和影响女儿的学习而不让我陪她去。2007年3月，我调到宁波工作，由于女儿不能及时转学的原因，她又不得不陪着女儿留在泗礁。这一次她不得不选择女儿的前途，陪女儿留在宁波，因为女儿马上中考，我知道她很为难，既怕影响女儿学习，又担心我的身体。但我深知，一个女人肩负家庭也不是一件容易的事，特别是她的身体随着年龄的增长经常生病。妻子自与我认识，她就随我漂泊，我走到哪里，她就陪伴到哪里。没有她的相助，我恐怕不会撑到现在，军功章真的有她的一半。女儿天资聪慧，活泼可爱，非常善解人意，在我烦恼的时候，经常逗我开心。在我的人生里，上帝赐予我的这两个女人，真的圆了我的幸福梦。

作者简介：

魏加成，籍贯：江苏沭阳。曾任驻嵊泗海防13团副政委。

唯有海浪入梦来

盛值普

作者

多年前的一天，我应征入伍离开家乡，踏上了嵊泗这片土地，在此安家扎根半个世纪。五十年，对许多人来说，是那么遥远而漫长，但对我来说，许多事就像是昨天发生的，那么清晰……

初上海岛

1964年年底，我从安徽芜湖乘民主19号客轮，于12月31日深夜到达嵊泗附近海面。1965年元旦，早晨海面风平浪静，一轮红日从东方升起的时候，我们换乘登陆艇，在石柱码头上岸到达我的第二故乡——嵊泗。当天上午我被分配到长弄堂榴炮营一连二班。我们连队住的全是窑洞式营房，班里七个人正好住一间窑洞，连队饭堂即俱乐部，是一个较大的窑洞连着伙房。中午吃饭时，我看到饭堂门口有副对联：建设舟山群岛，巩固海防前哨。饭堂内墙上写着："以岛为家，以苦为乐，长期死守，独立作战，依靠群众，同守共建。"的红色大字。再看门前的操场上放置着四门大炮，还进行了简单的伪装。

因当天是元旦，部队放假，午饭后回到班里，我发现老战友们换上了脏兮兮的旧棉衣工作服。班长叫我休息，说他们要去搞生产，但我也要求一起去。大家拿着锄头、挑着箩筐和便桶，到地里把大青菜割掉，再种上小菜，浇好肥料。回来时我抢着把菜筐挑着先走，他们在后面笑着，可能是议论着我什么。这是我上岛第一天，我知道自己已融入这个队伍，这是个温暖大家庭，我要好好干，为守岛建岛做一份贡献。那年春节，全营在嵊泗中学礼堂召开联欢晚会，连长让我代表新战友唱一首《战士的第二故乡》，获得了大家的掌声。

随着时间的流逝，我由战士、班长、排长到连长，在部队待了十七年。因我的妻子在嵊泗工作，1982 年，我转业到嵊泗检察院工作。2005 年年底退休后，为照顾岳父母到宁波定居。每隔两三年总要回嵊泗看看，每次去都发现它在变化，菜园镇和宁波东门口已经没有明显差别，过去熟悉的地方，现在也陌生了。天天在嵊泗感觉不到它的美好和变化，离开后，再回去就感到那里的天很蓝、山很绿、景很美，空气最新鲜，夜安静，治安好，更重要的是认识的朋友多、亲切，海产品丰富、质量优，让人流连忘返。

第二故乡的山山水水养育我几十年，给我留下很多美好的回忆。嵊泗是我国著名的渔场，水产丰富，渔乡的渔文化发达。我印象最深的还是在部队经历过同鱼有关的几个小故事。

抓鱼违纪

当战士时，我当过三年通讯员。当时部队伙食标准是每天四角七分，这个标准一直保持了十多年时间。为改善生活，连队开荒、种地、养猪，连部的卫生员、文书和通讯员也不例外，要完成规定的生产任务。

我们营房背朝西向，走上几步路的山坡就可以看到大海。山坡下的山谷里，连队修了几块简单粗陋的梯田。有一天，我还看到许世友司令员来视察，他说，我们修的梯田是“纸上谈兵，同正规的还差很远，不过有点那么回事”。此后，榴炮营全营动员，认真修了几块像样的梯田。

1967 年夏天，我看到海面上漂浮着很多黄鱼，就背着箩筐走到海边，脱去衣服、鞋子，把竹杠放在箩筐上，向海里游去。刚抓到鱼时，有的还会发出咕咕的叫声，我往返几次把岸上的箩筐装满，感觉也很累了，就分批把鱼挑上山坡，然后挑到连队伙房。炊事班同志看到我只穿条短裤挑来一百多斤黄鱼，惊奇地问我从哪弄来的？我说是从海里抓的，他们更加惊异。连长、指导员来问我情况，我如实把经过说了，连长一听，脸色立即就变了，他指着我的鼻子说：“你这是目无纪律，擅自下海抓鱼，万一死在海里连尸首也找不到，我这连长还能当吗？”指导员说：“要认真写检讨！听候严肃处理！”听到领导讲得这么严肃，我当时就吓哭了。在挑鱼回来的路上，还特别自豪，以为一定会得到连长和大家的赞扬。捞鱼上岸时，腿脚多处被礁石划破也没觉得疼痛，现在却很后怕，最担心的是如果受了处分，自己的预备党员资格能否保住。结果还好，由于我检查深刻、诚恳，认识到错误，没给处分，预备党员转正时，也没人再提此事。我很欣慰，同时也使自己提高了认识，以后遇事要三思，不能冒险。

支渔工作

1971 年 7 月至 1972 年年底，我参加"三支两军"时，在县革委会生产指挥组渔农办公室工作，当时办公室有几个军人，但工作上以地方干部为主。分管农林业的有沈善法、裘传根等，分管渔业的有刘阿华、方圃、吕振欧、陈恭义、孔利荣等。我给陈恭义作搭档去渔场指挥部待过一年。从嵊山渔场随渔船南下大陈和象山石浦，称为支渔。

作为军人，我当时是听命从事，对于支渔工作做什么，怎么做，领导没交代，自己不明白。现在想起来说是"支渔"，实在惭愧，只能说是去过渔场，没有添乱。但作为我本人却是一次学习、受教育、长见识、开眼界的机会，给自己在人生旅途中多了一段难忘的回忆。

我第一次去嵊山渔场是跟王永根同志乘渔船去的。这天风浪很大，还下着小雨，船上人很热情，给我安排了床铺。因舱内柴油味太浓，我穿着雨衣坐到外面的渔网上，没多久我就开始呕吐，海浪溅到我身上也不敢动。我看见几十米外的一艘渔船一会航行在海平面上，一会儿被小山似的浪峰遮得只看到桅杆顶部的小红旗。我坐的渔船上下左右不停颠簸得很厉害，心里开始担心会不会有危险？当转过头去，看到驾驶室里王永根同志站在船老大身边若无其事，谈笑风生时，我的担心当即消除了。此时，我心里非常佩服的是渔民兄弟，他们真辛苦，而且很勇敢，是值得尊敬的人。

指挥部在嵊山招待所内，吃饭是在水产公司职工食堂搭伙。我对指挥部的工作感觉很新鲜，每天按时打开电台联络各个公社带头船。当时有个规定模式，即沟通联络后，首先要读几条最高指示，即毛主席语录，然后才汇报交流生产作业情况。在汇报交流过程中所有渔船都能用收音机收听到全过程，每当我听到某单位一网捕到几百担甚至千担以上的大黄鱼时心情就特别兴奋，有时甚至怀疑自己的耳朵，觉得有些不可思议。

冬汛大风时，六省一市的渔船到嵊山港避风，泗州塘和箱子岙停泊着成千上万艘渔船，那种壮观景象，令我大开眼界。我常跟渔场指挥部的同志去码头，他们很远就能看出某公社的船停在哪里。我很奇怪，后来知道是通过桅杆颜色辨别的。在他们的启发下，我也能识别几个公社的渔船。印象最深的是滩浒公社他们的桅杆，最鲜艳，好识别。

1971年11月，我妻子在马关部队医院生下儿子。岳父托部队打电话告诉我，母子平安，请放心，有空可回去看看。指挥部的同事都为我高兴，批给我几天假。回泗礁前，我托陈恭义买两条黄鱼。他很快买来了，还给我一张收据，两条黄鱼十二斤，单价一角八分一斤，已经代付款两元，实际少付了钱。回到家，邻居们看到这么大的鱼，有人说是米（鮸）鱼，有人说是黄鱼爷爷的爷爷，还有人托我下次给他们买几条回去。回到渔场，我和陈恭义说起此事，他笑着说你是军代表，偶尔为你买一回可以。但指挥部有规定，不准直接到渔场买鱼货。我听了很不好意思，我说你早讲，我也应该遵守。他说下不为例。后来我发现地方干部确实没人从渔船上买货，他们作风扎实，工作专业认真，严于律己，生活很简朴，从他们身上，我看到了做人做事的原则。

嵊山渔场向南转移时，指挥部人员乘水产冰鲜船到大陈和象山石浦。当时在石浦的人有政工组、人保组共十多个人，大家推选我当司务长，说军人买菜方便，要我和炊事员老周师傅搞好伙食。每晚，我和老周师傅用稻草打地铺睡觉，生活虽艰苦，但苦中有乐，大家团结友善，生活丰富多彩，天天很开心。

阵地观鱼

我在六井潭炮连待过两年，当时该连不仅人多分散，武器种类也多，有雷达、高射机枪，有大炮，还有小炮，更有大小四个伙房各占一座山头。大炮为本岛口径最大的加农炮，是苏联40年代初制造的，每门炮的重量为8.05吨，用斯大林牌牵引车才拉得动它，操作起来很笨重。

1973年秋季的一天，天气闷热，我在大炮阵地坑道内组织训练。站岗的战士跑过来对我说，外阵地下海边有很多大鱼，叫我快去看看。我出去一看，真是又惊又喜，立即用头盔式电话通知各炮停止训练，叫大家去看看这一奇观，同时要求注意安全，不准离开阵地。

因我们阵地前方是悬崖，下面是礁石连着海水，水很深，我们看到大鱼群紧靠礁石由东向西缓缓游动，也有一些往回游的，看起来很拥挤。我们是从上往下看，看不到鱼鳍，只看到鱼的黑色和褐色背部，那状况如同草原上的马群，最大的像水牛，离岸边较远的海面上有不少海豚跳出水面。因海上没有风浪，我们仿佛听到鱼群里还发出啪啪的撞击声和呼哧呼哧的喘气声。这一奇观，持续了近两三个小时才消失。后来，我问一些老兵之前有否看到过类似情景，他们说，像这样的规模还是第一次看到。我也只看到过这一次。

下海捕鱼

1975 年，我调到边礁岙航道营营部，管理营直雷达排、通信排、卫生所以及勤杂人员和两个伙房。其中通信排有侦查班、有线班、无线班三个班。一次我参加团里的训练工作会议时，团长批评我们无线班没有完成好炮兵对海上目标射击的检靶任务，主要问题是晕船，影响联络，要我们想办法解决。我当时提出晕船不属于训练内容，怎么解决请领导指示。团长一听就不高兴了，他说："从明天开始，由你带领两瓦电台，到团后勤捕鱼船上训练，练到不晕船为止。"我一听就乐了，立即站起响亮回答说："是！坚决完成任务！"因团后勤租了一条小机帆船，还请来一位船老大，从各连抽调几名战士，由后勤于参谋带队在海上溜网捕鱼供应部队。我早就想体验一下捕鱼的感觉，但之前苦于没有机会。

第二天一早，我带三个战士、两部电台在小田岙上船。开始还好，等将网放完之后，船停在海上时，我们几个人都不停地呕吐。我让他们打开电台保持联络，别的不用做。收网的时候我特别兴奋，把晕船也忘了，我要了一双手套就参加拔网。当看到捕上来的鲳鱼、鳓鱼时，不知有多开心。于参谋告诉炊事员说："今天好好招待老盛一行，把最大的鲳鱼吃掉。"我第一次看杀鲳鱼，中午我吃鱼外加了一碗饭。船老大说我是捕鱼的材料，但有两个战士因晕船滴水未进。

当时捕回的鱼都直接供部队和机关及部队家属，鲳鱼和鳓鱼时价两角一斤。

经过一段时间训练，并没有看到不晕船的效果，该晕船的还是晕。后来通信科把两瓦无线班统一到马关训练，我也失去了下海捕鱼的机会。

老来迷钓

我儿子参加工作后，在广州商品交易会上买了两根钓鱼竿，在家里放了好久。1997 年 5 月，我托人帮我装好钩线，跟别人去钓了几次，从此着迷起来。虽然钓技差劲，收获很少，老做赔本买卖，但兴趣高、很执着。从嵊泗的大小水库到海钓，再到宁波的池塘、湖河、姚江，一直坚持垂钓。大鱼钓不到就钓小鱼，不论大小多少，我都要详细记账，并写上垂钓时间地点，截至 2014 年年底，共计钓鱼 1832.1 斤，35093 条。

很感激嵊泗的父老乡亲和列岛的秀丽风光，养育我几十年。一首小诗结束我这段美好的回忆。

年届古稀忆故乡，酸甜苦辣思沧桑。
第二故乡五十载，付出努力享荣光。
祝福列岛永靓丽，期待未来更辉煌。
自叹胸中墨点小，拙笔难写大文章。

作者简介：

盛值普，籍贯：浙江宁波。曾任驻嵊泗守备区某团 122 炮连副连长、司令部管理员。后任嵊泗县人民检察院党组成员、政治处主任。

在国防施工的岁月里

张炳根

作者

1960 年 3 月，驻防在江苏镇江的二十七军八十一师独立工兵营奉命临时调往嵊泗列岛的嵊山岛，支援海岛国防施工建设。

部队入岛后，由于没有营房，营部住到嵊泗渔业指挥部，而所属三个连队（一、二、三连）则分别住到后头湾、大玉湾和嵊山镇三个地方的渔民家中。老百姓对我们的到来，表现得非常热情，他们像接待亲人一样，无偿地、毫无保留地把房子腾出来给我们住，把家具拿出来供我们使用，使我们一进岛就感受到了来自人民群众的温暖。尽管老百姓尽了很大的努力，但一个小渔村，一下子要接纳一百多人的居住，是很困难的。我们只能分班分组地分散住到各家各户。没有铺板，也没有褥垫，上山割来野草晒干后往地上一铺，上面蒙上一层薄薄的床单，就这样人挨人的挤在一起睡觉。夜间常有蜈蚣、甲壳虫之类的小爬虫出来打扰，它们喜欢在你的身边爬来游去，偶尔还咬上一口。上级领导叮嘱的“到海岛是来施工的，不是来享受的”话语时刻回想在耳旁。

第一年的施工是在 198 和 211 等高地进行的，主要任务是修公路、打坑道和建炮阵地等。开工那天，连队领导带领大家登上施工山头，实地进行施工动员。在听了指导员生动而感人的报告后，大家又站起来眺目远望，啊！茫茫大海，无边无际，远处还隐约看到白色的商船在航行。那不是公海吗？这儿不就是海防前线吗？是的，不远处就是公海，脚下就是祖国的海防最前哨，一旦战争爆发，这里毫无疑问将首当其冲。再往下俯视，噢！只见我们的大炮一门门赤裸裸地耸立在公路旁的简易阵地上，无遮无挡，完全暴露在光天化日下。这怎么行呢？一种革命军人保家卫国的政治责任感和历史使命感骤然在心中升起，要为祖国国防事业贡献青春力量的决心毅然而立。

当时施工没有机械，坑道打眼全靠人工打锤。十二磅的大锤甩不了几下，就累得气喘吁吁，两手发酸，几天下来胳膊肿得如碗口粗。但经过一段时间的锻炼和实践后，打出去的锤不仅铿锵有力，而且连续打上几十下至上百下也不成问题了。但人工打锤体力消耗极大，作业中，往往汗流浃背，一抹就是一把汗，衣服湿透，一拧就是一摊水。一个班干下来，个个筋疲力尽，走起路来腿打晃，端起饭碗手发抖。打好炮眼后，接下来就是装药放炮。这道工序通常由两人来承担，人虽少，但安全责任重大，是安全施工非常重要的一环。从装药到点火，中间每一步、每一着都必须严格按照操作规程和规定办事，来不得半点的麻痹和马虎，稍有不慎或疏忽，都将会造成不堪设想的后果。就在这年底，二连一名战士在一次点火中，因一根导火索未能按时点燃而延误了撤退时间，为国防事业献出了年轻而宝贵的生命。

第二年，我们继续在嵊山施工。从这年开始施工转为机械作业，打眼丢掉了铁锤，使用上了风钻。这是一个很大的转折，不仅施工速度大大加快，而且战士们的劳动强度也大为减轻了。但是事情往往总是这样：有利就有弊。风钻打眼速度快，但石粉扬得太厉害，往往弄得坑道里（尤其是小坑道）乌烟瘴气，浑浊不堪，呛得人透不过气来。石粉对人体有着极大的伤害，吸入过多会滞留肺部形成职业病——硅肺病（尘肺）。一旦染上将终身无药可治。因此对风钻作业有一条明确的规定，就是戴口罩、打水眼。所谓打水眼，就是在打眼的同时，用水管向洞眼里注水，以达到控制和减少粉尘扬起的目的。戴口罩能做到，但打水眼难实现。因为打水眼一定要有水，而且用水量还很大，这对缺水的海岛尤其是外岛来说确实是个问题。因此每次上班必须提前派人到山沟里四处找水，即使这样，也根本满足不了作业的需求。因而在实际作业中往往是打干眼的时间长，打水眼的时间短。这种状况在以后的施工中也一直存在着，其后果是一些年轻的躯体里早已暗暗埋下了日后的隐患，他们在若干年后，陆续被检查出了硅肺病，因无法医治而长期承受着痛苦的折磨。我便是其中之一，转业后被地方医疗机构鉴定为尘肺二期。

与风钻组相比，排渣组吸的石粉虽少些，但付出的汗水比谁都多。上班后第一项任务就是排渣，即将爆破下来的碎石，通过铁耙、簸箕，装进小车，再运出坑道。排渣的速度直接影响到施工的进度，因为只有排好渣后风钻组才能进场作业。因此排渣组一上班总像投入战斗一样，一马当先，争时间，抢速度，全力以赴。扒渣的拼命扒，端渣的拼死端，运渣的来回都是奔跑。中间不休息，一鼓作气，直至干完为止。等干好后，大家都已大汗淋漓，累得东倒西歪，脸色发白。

施工是这样的辛苦，那么物质生活又是怎样的呢？同样是十分艰苦的，其中最突出的一点就是一段时间里战士们连饭都吃不饱。那时虽然每人每天有一斤半的粮食计划（实际一斤四两，每天扣一两留作战士家属来队用），虽然大家也经常上山挖野菜予以补充，但终因施工体能消耗过大及肉类、蔬菜、副食品等物资供应的匮乏，致使战士们填不饱肚皮。这是 1962 年春天，战备形势相当紧张，部队进入了一级战备状态，人员、物资全部转入地下（坑道），白天上班武器带到工地，晚上睡觉枪不离身，衣服也不脱，大有战争一触即发之势。此时正好军区许世友司令员来海岛检查战备工作时知道了情况后指示：海岛部队既要施工，还要准备打仗，饿着肚皮怎么行呢？要让他们吃饱吧。这才解决了吃饭危机。当然，我们后来也学习南泥湾精神，利用施工间隙上山开荒种菜、种地瓜，并养猪、养羊以及近海捕鱼，由此部队生活逐步有了保障和改善。

那时的文化娱乐生活也极其缺乏和单调。没有电视，没有广播，没有篮球场，没有活动室，晚上连电灯也没有，看书看报都成问题。唯一有的就是每星期看一场露天电影。可是看电影也并不容易，放映场设在嵊山镇上，一、二连的同志每次看电影都要全副武装，背上背包（被子），有时还要抬上粪桶（积肥用），爬山越岭，走上四五十分钟，跑出一身汗水才能到达放映地。看完电影又是一个夜间急行军，等回到住地，早已过了熄灯睡觉时间，可第二天还要按时起床出操或上班。此种情景如果放到现在的话，我想大概不会有人为一场电影去做如此的付出。但部队毕竟是一个年轻的群体，不能没有娱乐生活。为了弥补上述的不足，各个连队也动了不少脑筋，因陋就简、因地制宜地开展一些文体活动。如唱歌、朗诵、讲故事、击鼓传花、跳绳、拔河等。每逢节假日都要组织召开文娱晚会，节目来自各班，全由战士们自编自演、自拉自唱，有时还会与当地群众搞一点联欢，这样一来，给部队生活增添了不少乐趣。特别值得一提的是，每年元旦、春节期间，战士们都能享受到一次文娱大餐——春节拥军慰问团的慰问演出。他们精彩纷呈的表演，使战士们大饱眼福，大开眼界，大受鼓舞。即使在演出过去了很长一段时间后，只要一提起，仍能让战士们兴奋不已，回味无穷。

也就是在 1962 年的春季，施工转移到 105 高地，任务是构筑 130 炮阵地。整个工程从修路开始到掘进、浇灌，最后到复土伪装完毕，全由我营承担，一气呵成，前后大约花了一年半左右的时间。这场施工在我营施工史上具有一定的代表性，它涵盖了施工的全部内容，又完全采用机械化作业，对部队锻炼极大，给大家的感触也很深。对我来说，印象最深的主要有以下几个方面。

第一，施工的组织发动工作相当细致严密。从上到下，各层各级，动员、小结、竞赛评比、总结、表彰等活动贯穿于施工全过程。工地上彩旗飘舞，横幅标语醒目耀眼。广播、小喇叭响个不停。现场气氛十分热烈，催人奋进，谁置身于其中都将会受到感动和感染。

第二，对施工质量特别重视，尤其是混凝土浇灌作业更是如此。从备料开始，所用黄沙、石子一定要用淡水过滤或冲洗，且不能掺进任何杂物，哪怕是一根火柴棒或香烟头都不允许放过；拌料时，所用材料都要一一过磅称重，严格按照配料比例，多一点少一点也不行；捣固更是关键，必须密实、光滑，决不允许出现蜂窝、麻面，更不能出现“鼠洞”。一旦出现，无论集体还是个人，一律取消年终先进评比资格。捣固手最辛苦，上班后休想有喘息的机会，总是一身汗水，埋着头、躬着腰，一刻不停地干着。即使这样，也常常被上道工序逼得手忙脚乱、顾此失彼。这是易出质量问题的一个重要原因。其次是环境制约易出问题。坑道有凸有凹，有宽有窄。宽松的地方作业方便不易出事，而狭窄的地方作业起来困难重重，抬不起头，伸不了腿，使不上劲，只能跪着、趴着干。就是这样，也难免有照顾不到或处理不好的角落。所以捣固手一般都要选择责任心强、能吃苦又比较灵活的同志来担任。当然，要害部位还要有连、排干部坐镇把关，以确保万无一失。

第三，深感后勤保障物资的匮乏和落后。施工以来从未发过新的工作服，全是换装下来的旧军衣，大多已破旧不堪，根本经不起高强度的作业磨损。很多人衣服破了又破，补了又补，夏天仍难免不露皮肉，冬天则丁丁掛掛。数量之少又是一个问题，夏服每年一套，冬服两年一套，这样的配备连正常换洗都无法进行。穿着脏乎乎的衣服上班，戴着破烂手套作业，拖着用绳子捆绑的鞋子走路，实在是正常不过的现象了。由此而造成皮破血流，手青脚紫，而且在心理上也承受着很大的压力：这副模样见人多难为情啊！难怪有的探亲家属看到此情形后会情不自禁地掉下眼泪。还是我们的战士最能忍耐，最能谅解。他们心中明白不是国家不给，而是国家实在困难拿不出来啊！因此他们什么也不说，什么也不怨。105 高地的施工，我们不仅按时完成了任务，而且工程质量也取得了全优的成绩。可以说是打了一场非常漂亮的胜仗。这一仗，不仅为今后的施工积累了全面而丰富的经验，同时也使部队在各个方面都得到了进一步的磨炼和提升，并由此培养出来一大批高素质的施工骨干和人才，为以后的施工打下了良好而坚实的基础。

1963 年 9 月，我营结束了 105 高地的施工，正在待命之时，却接到了部队整编的通知。南京军区决定，将我营整体从二十七军划出，编入嵊泗守备区为直属第四营，不久又改名为步兵营（守备区直属机动营），又称步兵三营，简称三营。驻地也从嵊山转移到泗礁菜园镇。从此，我营正式转为守岛部队，环境变化了，条件变好了。驻地菜园镇毕竟是县城所在地，有了正规的住房，睡上了木板房，用上了电灯，大、小楼房铺有地板，开会、看电影还有小礼堂。这样的条件在当时实属全区一流，战士们满意了，知足了。因此部队入驻菜园后，一直保持着高昂的精神风貌，优良的战斗作风，严格的组织纪律。连队行走在菜园街上，队伍整齐划一，步伐铿锵有力，口号震天，歌声动地。老百姓见了直竖拇指，友邻看了也惊叹不已。很快，三营的名声大了，影响传开了。守备区号召全区向三营学习，菜园镇群众誉八连为“海岛好八连”。

从 1964 年开始，我营实行边训练边施工，每年训练三个月，施工九个月。其中九连改为机械连（任务变，隶属关系不变），常年分散在全区各岛为施工单位提供机械服务。其他三个连队则连续三年前往外岛继续执行施工任务：1964 去花鸟，1965 年到枸杞，1966 年赴黄龙（东咀头）。任务都是浇筑炮阵地，包括坑道修复扩大、混凝土浇灌、回填复土及伪装。这几个地方的施工环境和条件大致相同，都比较艰苦。其中两点最为突出：一是用水紧张。尤其是黄龙，紧张时每人每天只能分到一面盆水。这对下班后一身灰尘和汗臭的战士来说怎么够用呢？没办法，洗身只能简单抹一抹、擦一擦，浸透汗水的衣服没水洗，只能拿到外面吹一吹，晒一晒，下一班接着穿。二是居住条件简陋。房子是用毛竹和油毛毡搭建的，又矮又小。“矮”“小”既是为了节约材料，又是为了防台风。1964 年在花鸟施工时，一场强台风把各个连队的这种房屋全部掀了个底朝天，所有东西全被淋湿，没有去处，只好顶着大风大雨逃难似的撤往还未打好的坑道。油毛毡屋最易吸热也易返热，夏天烈日当头，晒得房子里像个蒸笼，热得人根本无法入睡，这对实行“三八”制轮番作业的战士们来说，休息确实受到了很大的影响。而且很多人都热出了一身痱子，一阵阵发作起来，实在叫人难受。面对种种困难，战士们没有被吓倒，而是顽强地顶住了，克服了，直至最终战胜了。做到当年出岛，当年完成施工任务，返回营地。

1967年以后，我营转入本岛一边训练，一边施工。从这时起，施工任务不太紧张，施工时间时长时短，任务时有时无，所执行的施工任务大多是一些续建和扫尾工程，如某地后山的炮阵地、插旗岗码头等。这些工程比较分散和零碎，有掘进，也有浇灌。一直延续到1970年年底才全部结束。至此全营施工告一段落，以后转入全训时期。

1978年年初，我营又接到守备区的命令，要再赴花鸟岛施工。这也是我营在海岛的最后一次施工。这时我已担任营长，于3月中旬带领三个连队（八连因执行守备区先训任务未去）奔赴花鸟执行任务。去之前已经听说当年的任务很重，待到施工现场查看后，更感千斤重担压肩。一是工程量大。整个工程须在下年春节前（1月底）完成，实在是时间紧、任务重。二是作业难度大，主体坑道剩下中间一段长约二百米，须由两头同时向中间掘进，方向难以掌握，搞不好就会发生偏差而影响整个工程。还有一条附属通道，四十多度的斜坡，近百来米长，由下往上打，怎么打？这在以前还从未遇到过。三是多年不施工了，所有战士都无施工经历，过去的施工骨干也所剩无几，原有的施工优势已基本丧失。

面对上述情况，我认真回顾和总结了过去施工的经验和教训，着重狠抓两点：

第一，思想宣传发动工作不放松，大造紧张快干的施工氛围，大兴“一不怕苦、二不怕死”的战斗作风，大塑“完不成任务决不下战场”的英雄气概。干部全都放弃了休假，家属来队探亲一一予以劝阻。平时没有星期天，节假日也不休息，连续九个多月的时间，不分白天黑夜，一个心思地奋战在工地上。可以说为了施工任务的早日完成，大家放弃了一切。

第二，狠抓组织领导。整个施工阶段，我除了参加上级的会议外，坚持每天深入到施工现场，摸情况，找问题，对施工进程和各个环节了如指掌。并在此基础上订计划，拿方案，提措施。任务分解到排，时间安排到周，责任落实到连，实行军令状，完不成任务就追查。同时为了判断更准确，决策更科学，措施更有效，我坚持定期（每周一次）、不定期（视情况而定）地召开由连队干部参加的现场办公会，与大家一起分析情况，商讨问题，修订计划，落实措施，组织协调，保证各单位、各环节、各工序紧密衔接，有机结合，步步扎实，最后提前一个月的时间圆满完成了任务，于元旦前胜利返回营地。由此，我营和我个人同时受到了守备区的嘉奖，从而为我营在嵊泗列岛前后十二年的国防施工上画上了一个圆满的句号。

十二年的国防施工，使我们的足迹几乎踏遍了整个嵊泗列岛，又让我们的汗水洒满了许许多多阵地坑道。十二年的汗水没有白流，它浇铸了一座座钢铁堡垒，构起了一道海上长城，让敌人望而生畏，不敢轻举妄动；它洗涤了战士们的心灵，造就了大批部队有用人才，为部队注入了大量新鲜血液，仅从 1961 年至 1970 年的十年间，全营直接从战士中提拔干部就达八十名之多；它冲刷了部队前进道路上的障碍，让部队走得更加稳健扎实。其中八连更为突出。这个在朝鲜战场上曾获得过“架桥先锋连”称号的英雄连队，进岛施工后连续十年被评为先进集体(四好连队)，先后受到守备区、要塞区直至南京军区的表彰，并在 1969 年国庆节，时任连长解瑞根代表部队去北京，出席了国庆二十周年观礼，受到了伟大领袖毛主席的亲自接见。

我于 1961 年入伍，分配到嵊山工兵营三连当战士。从下连开始，我就作为一名风钻手和捣固手直接参与了我营在各个岛屿的施工，一干就是五年。其间曾获得风钻及捣固一级技术能手称号，并两次荣立三等功。提干后到营部当书记又是五年，对施工情况也有间接的接触和了解。以后担任九连连长直至营长。我入伍整二十年的时光里都是在三营度过的。施工是我军旅生涯中非常重要也很精彩的一段篇章，它给了我太多的激励，太多的艰辛，太多的磨炼，太多的乐趣，太多的感动，太多……太多……这一切的一切，都将永远、永远无法从我的记忆中抹去。

作者简介：

张炳根，籍贯：江苏。曾任驻嵊泗守备区直属三营营部书记、连长、营长等职。后任江苏石油总公司泰州分公司组织科长、党委副书记、副经理等职。

军营忆述

王光实

男儿立志当兵去

作者

1970年12月，县里开始征兵了。消息传到我们生产队，我想去当兵，母亲不让我去。可是我不愿留在家中，立志一定要去当兵，因为读书使我懂得了参军报国是男儿的远大志向，好男儿志在四方！

由于我从小出身苦寒，经受了三年困难时期的“粮食关”，在我长身体时缺乏基本的营养，使我的身材长得像根稻草秆，风一吹，好像就要倒似的。虽然我的身体骨瘦如柴，但健康结实。好多乡亲都说我个子小、身体弱，体检肯定不合格。结果，到县里去参加体检，我身体完全合格，个子正好1.6米，体重46千克。可是大队书记仍不叫我去，他安排我到皖赣铁路去招工。后来我向公社写了决心书，带兵的军官看中我有文化、会讲普通话，就决定要我入伍当兵。

1970年12月29日，是一个难以忘记的日子。我离开了生我、养我18年的老家，当时是生产队负责人及村小学的老师和学生把我送到了公社。晚上公社开了欢送晚会，中小学学生们表演了文艺节目。第二天一大早，我们又早早起床，向县城出发。来给我们送行的有公社负责人，有中小学老师和学生们，有家乡父老，还有我的父亲。我望着排了一里多长的送行队伍，心里没有感到离开家乡的孤寂，没有感到离开母亲的牵挂。相反，我感到无限荣幸，在那么多的青年人之中，我这个昔日被人瞧不起的穷困人家的儿子，被祖国选上了，能不高兴吗？不管队伍奔向何方？今后不管是死是活，我都在所不惜、不会后悔！送行的队伍送了五里路，然后我们又走了四十里，到38号桥车站搭乘汽车，中午时分，终于到达绩溪县城。

第三天，即1970年12月31日，我县的180名新兵分坐四辆解放牌大卡车，离开绩溪县城，送行的队伍从华阳小学一直排到汽车站，口号声、鞭炮声震耳欲聋。上午8时，我们到达宁国县，中午在人民武装部吃了午饭，午后和宁国县的360名新兵一道继续前行。

1971年1月1日下午，我们的队伍开始向芜湖七号码头出发。我们迈着整齐的步伐，唱着嘹亮的歌曲，呼着震天响的口号，到达七号码头停下。

我们在码头上排成整齐的方阵，大约在下午4时，我们开始上人民九号轮船，从码头到船的江边，两旁站满了送兵的队伍，他们手里上下来回摇着毛主席的红语录，重复地喊着：向解放军学习、学习！向解放军致敬、致敬！轮船上的工作人员站在江边至船的跳板上，保护着新兵们顺利上船。到船上后，按规定进入船舱，不准到甲板上来。

我的战友周世虎

我们坐在船舱里，大家当时都还高兴，但谁也不知道船到哪里去？目的地在何方？下半夜轮船离开上海长江口，驶入东海，因海上风大浪大，轮船开始大幅度颠簸摇摆。新兵们开始头晕目眩，有的开始呕吐。这样在海上航行了一天，第二天到达嵊泗县海面。船停了一下，就有登陆艇来，按点名顺序被接走了一批新兵，船再继续向前，到一个小岛，又被接走了一批新兵。这样停一下，接走一批新兵，进行了四次。最后才轮到我们下船，我们这些南方来的旱鸭子，怕水，从没到过大海，一个个耷拉着脑袋，焉了。上登陆艇时，幸亏两旁有海军人员在搀扶着我们走过甲板，在登陆艇上航行大约半小时后，即 1971 年 1 月 3 日下午，我们到达军营驻地枸杞岛。

新兵们虽然劳累，但仍打起精神向新兵连走去。新兵连就是后来的二小队炮连操场，操场三面临海，悬崖绝壁，一面靠山，山上长着几根稀疏的小松树。晚上开饭时，一阵风吹来，饭里都是沙子。这里缺水，水的味道有点苦涩，又有点咸，不太好喝。抬头看山，低头看海，基本上看不到老百姓。经过两个月的新兵训练，春节后，我们就下到连队，我分在守备 13 团指挥连，开始了我五年零三个月的军旅生涯。

新兵到哨所

1971 年 1 月 3 日，我们到达嵊泗县枸杞岛 6382 部队 2 小队，该连队驻防在海边一个三角形地带上，有一条窄窄的土马路连接着团部，在操场西北角的土马路左边是 80 度的斜坡，而右边却是悬崖峭壁，一堆堆的岩石在几十米的海边上龇牙裂嘴地望着过往的行人，只要你一跌下去，就会粉身碎骨。每次走过，我们都小心翼翼。该连是加强连，下辖三个炮排，都住在海边的坑道里守卫着海岸线，还有一个步兵排。为了迎接我们的到来，步兵排和连部都转入了坑道，腾出一个大地方，地上铺上稻草改为新兵的营房。

毕竟营房太小了，220 个新兵住在里面挤得很，下雨天我们只好坐在各自的地铺上吃饭。新兵训练先是出操跑步、立正稍息、看齐报数。边跑步边喊“提高警惕，保卫祖国”，喊声震天响，喊出了精神，喊出了军威。各班比赛，山东籍那个班步伐最整齐，最有节奏，最有战斗力，得了第一名。还有单兵出列较正训练，过几天便有了紧急集合，不免就有你穿了我的鞋、我穿了你的鞋的情况出现，有的新兵，背包打得松松散散，跑了两圈带子就掉了下来。下雨天，不能出操，就学习《元旦社论》，背诵毛主席语录，学习老三篇，即《为人民服务》《纪念白求恩》《愚公移山》三篇名著。

两个星期后就开始了步枪射击和投手榴弹的训练，先是讲解教程理论，然后是示范实习瞄准训练。训练瞄准了一星期后就进行了实弹射击。当把手榴弹投出之后，立即躲闪在岩石后面，只要你把手榴弹投出了，投正确了，就不会有什么危险。我的投弹和射击成绩都能达到良好水平。每天晚上要开班务会，要互相检讨生活中的优缺点，要开展批评和自我批评。

一个多月后，有一天，连长把我们带到了团部礼堂，听从军务股的高音喊话筒传来的分配命令，我和周世虎、吴胜利三个绩溪老乡被分到了 8 小队。

8 小队就是指挥连，因事隔 41 年，已经解密，不访直说。指挥连下辖三个排，即指挥排、无线排、有线排，下辖三个班，即载波班、守机班、电源站，还有几个机师，专修有线、无线电话电台出现的故障。我们三个绩溪老乡都分在指挥排侦察班，侦察班的任务主要是观察海上目标往来特殊船只的来龙去脉，还有一个计算班，主要计算目标舰船的坐标和距离。两个班都要执行观察任务。

我们的哨所驻扎在岛上的最高峰，能看到四周围海面的活动情况，哨所旁边是弯弯曲曲的长满杂草的战壕通向各个山头阵地。哨所东面有一个高射机枪排，是为防备入侵的敌机而准备的，归团直辖管理。宿舍，在哨所下面用钢筋混凝土浇灌的坑道里，我住上铺，周世虎住下铺，吴胜利住在我对面的上铺。班长吴良南是高中生，副班长汪礼根斗大的字不识一个，都是怀宁人。班长会说话，副班长会干活，搭配得挺好。副班长带我值勤，从炮头镜里观察海上目标。他说这里是公海，这里有两艘护卫舰，这是鱼雷快艇，刚才在那边，现在过来了。还有你看后头湾那里码头上来了登陆艇，前面一条小船是交通船，我们家中的信件是靠它传递的。自从副班长带我们值了几次班以后，我们都会单独上岗值勤了，而且比他们还强。可晚上下半夜值勤我最害怕，我的岗位是东海前哨，几十海里以外便是公海，敌人的飞机和舰艇几分钟之内，可以到达我岛，责任十分重大。虽然前面嵊山岛上有海军雷达，可我还是慎之又慎。万一疏忽了，那会出现意想不到的后果，因此，我更加目不转睛地看看海面，又再看看岛上各处的码头海岸是否有异常情况。子弹压在枪膛里，随时准备消灭来犯之敌。

来到侦察班两个多月后，连里说要找三名最优秀的战士到炊事班工作，凡是愿意去的战士，都要写决心书，而写决心书的战士都是最优秀的战士，我也写了，这样就把我调到了炊事班。

炊事班里想入党

1971 年 4 月 25 日，我和同年入伍的新兵叶龙翔、胡守启三人分到了炊事班，班长陈绍昌、副班长汪进来，二人是1969年入伍的兵。炊事班的工作又苦又累，刚开始我烧的是夹生饭，发的大馍像个手榴弹。班务会上挨批评，班长要我作检讨。大概过了一星期后烧饭技术就有了好转，烧的饭不再夹生了，炒的菜也不咸了，口味也能适应大家了。早上我最早起床烧火，有时还要烧病号饭，所谓的病号饭就是煮稀饭，加点白糖，炊事班的那个大锅煮稀饭太大了，烧一会就糊了。晚上要提前把第二天的引火柴准备好，以免临时慌张，影响部队按时开饭。

在炊事班最苦最累的活儿是到井筒里去打水，由于我连驻扎在山顶上，而水井只能打在半山腰。炊事班每天要用三十多担水，遇到各连队来我连集训的时候，人多，用水也多，一天打水要两次。班里共四个人，而挑水只能是三个人，余下的一人要干其他事。要说挑水累，那打水就更累。要把一桶重约25千克的水，从13米深的井下往上提，那不是一件容易事。特别是冬天，水井的水位往下降低到15米以下，从井里提一桶水上来，连大个子兵都吃不消，何况我这小个子兵？挑水一般是三个人在2小时内完成任务，平均每人每月有15次以上做这打水工作，而这工作与我这个骨瘦如柴的人来说是不相匹配的，现在回想起来，我当时怎么有那么大的力气呢？如果一个战士没有吃苦耐劳的拼搏精神，干这个工作确实是吃不消的。尽管艰难困苦，我还是挺过来了，因为这是连首长分配给我的工作，是对我的考验，我必须要干好。1971年冬季没有征兵，新兵没来，第二年我继续当炊事员。

我连有一个守机班和一个载波班，住在离连队3里多路的一个山沟坑道里，地名叫“四口”。这里的风水特别好，在我们1970年代参军的战友中就曾经出过一个大校，一个少将，一个是我的战友王浩钟大校，为南京军区人民前线日报社社长；一个是后来的战友，1976年的兵徐子怀少将，为中国国防科技大学政治部副主任；还有一个营教导员何世杰，是1969年安徽怀宁兵，曾参加广西边境保卫战。

“四口”主要担负着和岛外上级的通信联络。从连队到那里要上坡，再横走一段羊肠小道，然后再下坡走到山沟里，全是山路，路两旁长满被风刮得永远也长不高的小松树和杂草，有的地方简直是没有路，是战士们踩出来的路，十分崎岖难走。这是为了军事上的需要，隐蔽、保密、安全，才特意选择在这里打坑道做通信站的。这里有8个战士、2个站长，需要一个炊事员来烧饭，连里决定把我调去。伙房盖在树枝下，约有6平方米，泥巴墙上面盖了油毛毡，油毛毡上面压了松树枝，目的是要伪装起来。里面安了一口锅，还有几只碗，就算是伙房了。烧的燃料就是煤，煤是我们四口兵到电源站马路边抬来的。用的水要从坑道里面的水井里去提，我每天提水要从载波机房门口经过，再跨入一扇一尺多厚约一吨重的混凝土钢筋大门到最里面水井打水，水井不深，比连里的大水井打水省力多了。

伙房搭盖在坑道口的边上，我和 2 个班的战士都少有说话的机会，因为上午他们都在睡觉和值勤，下午除了值勤的战士外，其余的人连里都要安排训练、学习、搞生产等工作，而我每天上午或者下午都要到连里炊事班去挑新鲜菜、油盐酱醋之类，有时还要去找点引火的柴草，有时也要参加学习、训练等工作。除了这些工作外，每天我就默默地做着自己的烧饭工作，只有晚饭后或者开班务会时才能和他们交流，那种艰苦和孤独感可想而知。

当时在部队流行的是："一年当兵，二年入党，三年当班长"。入党是你在解放军这个大学校里毕业的一张证书，是你提升当干部的首要条件，也是你退伍后安排工作的一个政治依据。

我已经向党组织写了三份入党申请书了，可是组织上一点动静都没有，自己的炊事员工作做得也不错呀？可不知为什么，和我同年入伍的、表现不如我的都入党了，可就是我还在党外。为了听从指导员所要求的"一个同志想入党，首先要从思想上入党，那才叫真正入党，而组织上的入党只是一个形式"。所以，我仍旧任劳任怨，像老黄牛那样默默无闻地战斗在自己的炊事员岗位上。

架线战士勤练武

1973 年 2 月，我当炊事员已经将近两年了。因迎新复老开始，连长把我调到了有线排一班，该班的工作主要是架设临时电话线，并维护埋在地下的电缆，保证团部通往各连队有线电话的畅通无阻。这个班的《集体架线技术》《单兵 500 米收放线技术》《线路和电话机故障排除》《线头接续技术》是必考科目，平时连里、团里自训自考，每年最后师里还要来人考核。平时步枪射击、投弹是团里规定的必练科目。我们平时不仅练习，而且要在夜里练习。每人一捆 500 米的线拐，两个班 10 个人的线拐加起来就是 5 公里，可以从岛上我团的指挥中心到达任何一个海边炮连。每次训练，全班 10 几个人，如同猛虎下山，用豹子跳跃的方法，用山羊奔驰最快的速度到达目的地。由于我们速度太快，有时难免把老百姓种的地瓜踩坏了，他们体谅我们，也不说我们，因驻地周围的老百姓都习惯了，大家也知道我们在训练。

《单兵500米收放线技术》是5分钟优秀，6分钟良好，7分钟及格。架设线路的要求是速度要快，线头接续要准，固定要牢，线路要隐蔽，尽量走直线。晚上架设：一个班要分为架线员、运线员、线路固定检查员。不准说话，不准咳嗽，不准发出光、火、声音，不准暴露架线人员踪迹。

单兵训练时，我们都是在电源站门口的小西天半山顶的那块丛林地带，或者是到里西方向“山海奇观”旁边的树林山地，因这两个地方的地形适合我们一个班的人能全部散开训练。一上午一般是《单兵500米收放线技术》练6趟，即6公里。

海岛上的气候特点是雾天很多，空气潮湿，地上的泥沙石子、树叶草根会粘连到钢线上。粘连到钢线上的泥沙、草根要在我们的手心虎口处清除，这样会把我们的手心食指处摩擦得生痛出血。虽然雾天使我们的收放线训练增加了难度，而我们呢？就是要在天气复杂的情况下抓紧训练。

有一天上午，我已进行了5趟的个人收放线训练，已是10点多钟了，排长又要集合我们再比试一次，看大家的训练成绩如何？记得那天也是个雾天，我放线很快。收线时，我右手不停地向左手线拐子上绕线，当在收了400米时，左手线拐上绕得线多了，重量太重，不能悬空，只好跑一步，线拐靠一下大腿，喘一口粗气，弯一下腰。由于速度太快，结果把腰扭了，当时倒地不起，是班长查正银把我扶起来！回到连里，卫生员给了我十几帖“活血止痛膏”，贴了一个多月，半年后才完全康复。

二班的大个子兵李镇江，

江苏镇江人，1973 年入伍，身高 1.85 米，体重 150 多斤，每次单兵 500 米收放线都得第一。他老是伸出一只大腿，让我抱住摔跟头，任凭我使出多大的劲，也摔不倒他，但有一次被我偷袭摔倒在地，惹得战友们大笑不止。夏天来了，我们要到海里去练游泳，他原先在家跟着父亲管理水库，会踩水。在海里他一手提着我的胳膊，一手凫水，双脚像走路一样前后踩水，如履平地。对于 500 米收放线，他是最优秀的，只要 4 分钟就行，是全团的第一名。

我第一次收放线为 14 分钟，倒数第一名。所以就勤学苦练，星期天，别人休息了，我还在加班练，练累了就休息一下，练练歇歇，歇歇练练，总结经验，找找窍门，得出要领再继续练。上海崇明人 1973 年入伍的兵唐根宝，经常看到我在他们电源站前面的土马路上练功，为我写了一篇《坚强的架线战士》的通讯报道，刊登在连队的黑板报上。过了一个多月，我再去考试时，得了良好，其他的《线路和电话机故障排除》《线头接续技术》，也能得个中上水平。特别是 500 米收放线这个科目的良好成绩，我一直保持到退伍。

打靶训练

1975 年 9 月，一年一度的实弹射击就要开始，团里组织了一个步枪、冲锋枪、机枪射击训练班，连里派我参加。我和本岛其他连队的十几个同志，搭船过海到嵊山岛的南端，在 14 小队的训练基地，进行为期二个星期的培训。培训班有二十多人。教员是步兵连的一个老兵，浙江桐庐人，曾在南京军区某射击队基地培训半年。我们学的是三种姿势的射击，首先每人卧姿 300 米，跪姿 200 米，立姿 100 米各打三发子弹，每种姿势都要在良好以上成绩。因为教员的及格不是 60 环，而是 70 环，如果一个教员射击 60 环的成绩是不能去教其他战士的，而只能被其他战士所嘲笑。开始，我是打不及格的，办法只有一个，那就是苦练。眼睛练肿了，腿练麻了，还在练。并请教员不断地帮助我修正动作缺点，特别是跪姿，手抖得太厉害，握枪不稳，呼吸不自然，不能在击发的瞬间稳定形成三点成一线，或者已经瞄准，手一抖动又偏离了目标。练习时，屁股坐在右脚后跟上，一上午下来，右脚后跟都已麻木，痛得厉害，也继续坚持练。

那天，太阳从水天一色的东边升起，是个好天气，战士们 6 点 30 分就走着整齐的步伐来到了训练场，身上的钢枪、刺刀、水壶、领章和帽徽闪着红光，衬托出海防战士年轻威武的英姿。战士们开始整理靶台，用小铁铲铲除昨天雨后的松土，下层就露出干净鲜红的新土，立刻就有一股清新的泥土芳香沁入到心脾。我们重新筑好靶台，修好两胳膊肘儿的支撑点，填平卧姿的卧伏点，开始一天的瞄准练习。泥土是新鲜的，软软的，因昨天下过小雨又有点湿湿的，瞄了一会儿，身上沾满了泥巴，军装上也是湿湿的。过了一会儿，太阳把军装晒干了，泥巴也掉了；又过了一会儿，身上又全湿了，原来身上出了汗。

嵊山炮连的一个江苏兵，和我编在一个班，开始他打的比我好，我拜他为师，请他为我纠正动作错误。可是在第二次实弹射击时，他打的不如我好，我反过来又帮他纠正动作错误。结果在第三次实弹射击时，我们都打了优秀。

回连队后，这一年的步枪射击教练由我负责。我连的射击场是借用步兵三小队的训练场地进行的，开始连长带我和二班的战士先去察看靶场，修理靶台，清理壕沟。靶台和 300 米以外的战壕进行出靶、报靶的电话联络演练。然后进行试射，开始连长叫我先用卧式姿势打三发试靶，打过后只见二班的报靶员江平先（江苏泰兴人、1975 年兵），报了 28 环，连长很满意，高兴得不得了，有线排的战友们都很高兴，说："老王你真棒！"

为了配合当时的训练特点，我们在黑板报上宣传当年训练的新特点和新要求，列出一些射击训练的要领和词语概念。连里开了动员大会，首先由指导员司徒瑞成（宁波人、1960 年兵）作了动员报告，然后由三个排的负责人表示决心，接着由我给大家授课，讲解射击的动作要领等知识。在会后一个多星期的时间里，我天天在靶场上帮助大家纠正动作，用反光镜检查战士们的瞄准情况。不久团里的作战参谋来检查，开始打靶，总之大家的成绩都不错，这一年的射击训练就这样结束了。

连队的黑板报

要讲到连队的黑板报，不能不说到我连的食堂。我连的食堂原先在东北山坡上的小松树林里，是用大块石头砌起来的，屋顶上面浇了一层混凝土，共有三间。场地又窄又小，食堂门口，除了一条 2 米多宽的路外，就是一个用石块砌成的 90 度的石塝。吃饭之前，部队排队唱歌都展不开。食堂的东北两头各有一间，每间只有 15 平方米，是灶台和炊事班的宿舍，中间那一大间有 30 平方米是餐厅。

每年春秋集训时，全团的有线、无线通信兵都来集训，餐厅太小不够用。因此，从1971年开始，战士们就挖地基，抬石头，砌石塝新建了一个100平方米的大食堂。有了新餐厅，指导员就要求在墙上用水泥涂上一块黑板报。有这块黑板报，就有了文书廖忠才和我的工作。因我的钢笔字写得比较工整，指导员就经常叫我去帮助文书写黑板报。

黑板报是连队思想政治工作的一块主阵地，开展一些连队思想政治工作的宣传引导。我在班里要服从班排长的调动，因此叫我去帮忙写黑板报，指导员必须跟班排长说。当我的班排长们在餐厅里，看到我写的文章字体版面后，脸上都觉得有光，后来就不需要指导员打电话了。只要我说明天要去出黑板报，他们就会同意了。

当时的文书是廖忠才（安徽广德人），他是高中毕业生，和我最是投脾气，十分要好。他写得一手好字，讲得一套好理论，战友们都很佩服他。不过，他不轻易地发言，性格和我一样，十分内向。他的毛笔字写得也好，经常用毛笔字写一些适应当前部队思想工作的理论文章，贴在餐厅的墙壁上，一般是两个月或三个月换一次。从1973年至1975年，我连的黑板报主要是我们两人经办的，对当时部队的学习、训练、生产工作都起到了一定的引导作用。

冬季拉练到渔村

1975年12月，按照部队进入冬训期的安排，团里出台了我连进行野营拉练的计划。海岛部队的野营拉练并不是内陆上部队的“千里野营把兵练”，练出红心，练出铁脚板，而是要深入渔村，拉近与渔民的距离，了解渔民疾苦，帮助渔民做好事，增强驻地百姓对部队的感情，达到增强军民团结、搞好军民联防的目的。由于我连大部分人都离不开坑道机房值勤任务，外出到渔村野营拉练的任务便落到我们有线排的肩上。

在命令传达的第二天，我们就整装出发了。我们要去野营拉练的渔村叫庙干村，就在我连的山脚下，只有1.5公里路程。根据上级的安排。我们有线排12个人借住在该村的一户拥军模范家里。房东是个黝黑的渔家汉子，夫妻二人约在五十岁上下，个子不高，待人很热情，看起来精明强干，其儿子和媳妇在三大王供销社工作。生活条件在当地还算较好的，有三间坐北朝南的、用麻石头砌成的能抗大风的一层平房，我们只借用中间的堂屋约 30 平方米。

首先，我们把地面打扫干净，在上面铺上稻草，再铺上我们自己的褥子和被单，我们把被子叠成正方形，挎包、水壶挂在墙壁上成一条直线，下面摆放着各人的电话机和线拐，步枪和冲锋枪白天架在堂屋中间，晚上放在枕头边。晚上轮流站岗，每人一个半小时。吃饭是连里炊事员送来的，和连里的电话早就架设好了，一有情况，连长可以随时指挥工作。

当晚开过班务会，部署了明天的工作，我们就休息了。第二天一早，我们起床洗漱完毕，开始打扫卫生，把老乡家的水缸挑满水，地面扫干净。吃过早饭，仍旧扫地，从村东扫到村西，凡是村里的大路小路都扫得干干净净。接着开始修路，看到哪个地方不平，就把那个地方填补好。特别是村里上到西马路的那个路段，三十多米全是斜坡路，雨天是烂泥，晴天是滑板，村民出行十分不方便。于是我们挖开泥土，掘出路槽，抬来石块安进路槽里，这样人走过就能稳稳当当，解决了村民出行的问题。还有村西的那块荒草地，我们帮他们斩除杂草，抬来石头砌成梯田，好让他们来年种上地瓜和蔬菜。

这些活我干了四天。第五天，指导员司徒瑞成来我们驻地检查工作，抽出我和二班的钱永和（江苏盐城人）、彭志宏（江苏江都人）、罗米强（安徽广德人），一起到渔民家访贫问苦。我们在驻地生产队长的带领下，来到村东渔民家中，和他们促膝谈心，谈旧社会渔民们所受的种种剥削和压迫，谈新社会给他们带来的幸福生活。

我印象最深的是村东的两户，一户是一位 50 多岁的大伯，他 1.6 米的个子，光头、尖鼻子，瓜子脸，无助的眼睛没有一点光泽。他的一个儿子到生产队的机帆船上捕鱼去了，他一人在家，因在旧社会出海捕鱼受伤，眼睛造成半瞎，所以生活贫困。我们一边和他谈心，一边帮助他打扫屋子，帮助他把水缸挑满水。

另一户是一个单身大妈，60 多岁年纪，中短身材，双目失明，她住在一间只有 10 平方米的破屋里，屋顶上盖的是从山上搬来的石头片，这是我第一次看到石头能当瓦用。她家的墙后面是靠着另一户人家的屋檐，墙上没有经过泥石灰的嵌缝，一到下雨天，人家屋顶上的雨水就会漏进她家里来。大妈的丈夫解放前出海捕鱼，遇到大风，躲避不及，翻船丧生。大妈哭瞎了双眼，造成了今天的无劳动能力，生活困难。

当时大家的生活都很困难，我们部队也拿不出钱来支持他们，只能用挑水、扫地、修桥补路、开山种菜的力气活来帮助他们。走访中,我的心情一直很沉重,这些大伯大妈的今天就是我们的明天,如何让他们生活好起来?如何让他们摆脱困境富起来?是当地政府不可推卸的责任,更是现今社会应当解决的重大课题!几十年来两位老人那无奈的眼神一直在我的记忆中,激励着我在工作中拼搏进取,力争上游!

访贫问苦两天后,我们召开了排务会及野营拉练总结会。通过这次活动,我们深深感受到我们是人民的子弟兵,我们来自人民,要保卫人民的利益,要像张思德同志那样全心全意为人民服务。我们和老百姓的关系是鱼和水的关系,鱼儿离不开水,老百姓永远是我们的亲人!

第八天的上午,我们把房东家的水缸挑满水,把村周围大路上的地扫得干干净净。有借的东西要立即归还,有损坏的东西要马上赔偿。指导员和排长逐个询问并仔细检查了战士们有无违反三大纪律、八项注意的行为,并征求房东和当地生产队意见,确认没有任何违反群众纪律。下午我们打起背包,返回连队。分别时,当地的生产队长及房东和我们排长握手告别,老百姓把我们送出了老远!

拥军爱民活动

三大王村是我们的军民联防村,这里的老百姓对部队可真是鱼水情深,每年的“五一”“八一”春节,除了下雨天外,都要来我连帮助我们洗衣服、洗被子。上午把被子洗好晒出后,下午 4 时后开始订缝被套,大年三十的晚上,有时还会来我连和我们开军民联欢会,在食堂的餐厅里唱上几首革命歌曲,讲上几段相声,偶尔来一个小品,都是自编自演,取材于日常的生活资料,把战士们逗得开心快乐,忘记了想家的思绪。

我连在每年的四五月份都要派出 4 至 5 个身体素质好、会游泳的战士组成一个捕鱼生产小组,拜老百姓为师,由老百姓带着在海边上撒网捕鱼。我们在夏季吃的海蜒、海蜇都是捕鱼组的收获贡献!偶尔在近海捕上几条大鱼,大家就都会高兴三四天,然后努力寻找时机想捕到更大一点的鱼。在捕鱼旺季,我们连队也要买一些墨鱼、黄鱼、鲳鱼,那时的价格便宜,味道非常好。

1972 年 5 月,在一个雨朦蒙、雾蒙蒙的夜里,从瞭望哨看近海有隐隐约约的渔火，可是在海里却是伸手不见五指的漆黑一片。因天气不好急着赶回，我们在海上捕鱼的小舢板撞上了对面的一艘机帆船。小舢板当场被撞翻，船上的战士刘宪军、陈国民、孔国亮双手紧紧抓住小舢板的船舷，而董良义来不及抓住小舢板的船舷，跌入了大海。机帆船上的人一边把他们救上了船，一边把小舢板翻身扶正拖到三大王沙滩，还要组织联系其他机帆船去寻找董良义。在附近找几个来回就是找不到人，最后才从嵊山箱子岙码头找到。这时他已冷得浑身发抖，渔民老大哥立即把他接回枸杞驻地。原来跌入大海以后，董良义凭着自己在富春江边长大而练出的一身好水性，硬是游了 2 公里多在嵊山码头上了岸。就在整个捕鱼组的人为董良义十分担心时，看到他穿着破旧的衣服被当地渔民平安护送回来，大家都为他拍手高兴！

枸杞岛不大，老百姓有 3000 人左右，他们以捕鱼为主，但也要“学大寨”，在那些荒山上，垒“大寨田”，种“大寨”树。三大王村学校西北面土马路上面的“大寨田”，就是我连协助他们建成的，战士们帮他们开梯田，抬石头砌墙，一干就是一个星期，甚至是十几天。

在 10 月下旬，我们还要帮老百姓挑海带。所谓的“挑海带”，是帮渔民们把收获的海带，经过海边凹凸不平的岩石斜坡，挑到 300 米远的马路边的山地上，好把海带晒干，然后储藏起来待卖。如不及时搬运，海带离开海水后会积压霉烂变质，不值一分钱。因此，上级要求部队支援挑海带。每一担海带都有 100 至 150 斤，从海边往上挑，步步都是上坡路，一步一叩首，汗水湿衣裳。战士们辛苦一天，个个精疲力竭，人人都是腰酸背疼，个子小的简直吃不消。这个活儿，部队每年都要干上一两天，现在回想起来都太累太累。

种菜

海岛上因春夏两季雨水多，秋冬是枯水季节，一年四季刮大风，不利于种菜和高秆粮食。部队的给养都从内陆运去，新鲜蔬菜运多了，放的时间长了，就会烂掉；运少了，几天就吃完了。遇到大风期，十天半月甚至更长时间，航船都无法出海，新鲜蔬菜无法运到，人吃不到新鲜蔬菜就会嘴唇干裂，皮肤发痒，晚上睡不着觉，影响部队战斗力。战士们为了解决岛上蔬菜乏缺问题，真是动足了脑筋，想尽了办法。于是，战士们在避风的山沟里，砌上挡风的石头墙，种上挡风的树，再带去家乡的种子，特别是选择一些抗大风的矮脚蔬菜在海岛上种植。如江苏滨海那边的地瓜，安徽皖南的青菜、菠菜，山东滕县的大蒜、大葱、南瓜。老百姓看到部队的菜长得好，纷纷向部队学习，特别是江苏的地瓜种得最多。

我们班的菜地有四块：东面坡上的那块地四周毫无遮拦，风大，种的是地瓜，地瓜藤在缺菜时可当菜吃，一般都是给饲养员喂猪。地瓜很好吃，在饲养员煮地瓜时，我们也常去拿几个来吃个新鲜。南面的那块也是在坡上，但四周有树林保护着，风不大，就种了高脚秆的芥菜。5 月份收割的时候，艳阳高照，海风轻吼，天气不冷也不热。战士们哼着家乡小曲，拿着镰刀，割着菜秆，把芥菜打成捆，然后一捆一捆地挑到炊事班，那个愉快的心情是多么快乐！副班长张久山（江苏兴化人，1970 年兵，1973 年入党），别人一担挑两捆，他却一担挑四捆，显示出他的大力气。

连队操场下面湾沟里的那块，因三面环山，另一面有一堵石头墙挡着风，就种了白菜、萝卜、青菜，南瓜，是我连正儿八经的菜园。班里有两个兵，有事无事都要去看那菜园，特别是刚种下菜苗的时候，天天去看它，给菜苗浇水、捉虫、除草、松土。就连吃饭前的 15 分钟和晚饭后 6 时至 7 时的自由活动时间都要去菜地，仿佛菜地是他们的“老婆”，一刻也离不开，请假回家了还想它，生产积极性很高，因此入了党，有个调皮兵给他们起了个绰号，称他们是“生产党员”！

最后一块是我们班门口下的长方条子形的地，约有 18 平方米，在茂盛的松树林中。左边安了一根我们训练爬高的电线杆，右边种的是茄子和西红柿。10 月中旬的时候，我们训练归来，看到西红柿在晚霞的照耀下通红透亮，十分喜人。一天晚上我们站岗时，班里有个新兵叫左玉槐（山东人），就去“偷”了两个，和我一人一个，咬一口又酸又好吃。第二天，排长一看，西红柿少了两个，知道是我们“偷”吃了，可我们骗他说：“可能是晚上夜猫子吃了。”排长也没批评我们，只是一笑了之。

参加坑道被复工程

1971 年 5 月的一天晚上，连里点名时，连长通知：“枸杞一小队在团司令部西口坑道施工，已进行了一个多月，明天要进行被复打筑（即浇灌混凝土水泥浆），人手不够，需要我连支援帮助。经研究决定，除了值班人员以外，抽调 20 人前去增援。咱们的班次是早上 8 时到下午 4 时，连续 24 小时打筑，中间不得停工，吃饭时间轮班进行。炊事班第二天要准备送饭到工地，并多加一个黄花菜烧红烧肉。”第二天中午到了 11 时 30 分，我班便烧好了中饭。班长找来一根竹杠，并帮我把饭菜担子捆好，完全牢靠可行了，才放心让我一头挑着饭和菜，一头挑着碗和汤出发了。虽然中午没有几个菜，但有一个黄花菜红烧肉，一个黄鱼，一个花菜汤加上东北一级大米饭，足以让战友们心满意足了。

因司令部坑道西口就在小西天高地下边，我拐过一个山坡，就听到了工地上的高音喇叭播出的声音，开头就说：“现在开始播送工地通讯员周世虎写的表扬稿，说指挥连战士何功大、扬生荣，干活发扬‘一不怕苦，二不怕死’的革命精神，和一小队赵班长一起排除坑道拱顶高部‘老虎石’的英勇行为！因老虎石悬挂在坑道顶部，像一只吃人的老虎，张开大口，随时有掉下来砸伤人员的重大隐患。”

我继续向前走了 10 分钟，就到了工地，看到我连的阚江洲、徐敏、张榕他们在传递水泥浆，弄得满身泥土。战友们抬的抬、挑的挑，用铁锹挖水泥浆的、用钢钎捣水泥的都有，大家一个个精神抖擞，忙得热火朝天，满头大汗。看到我去了，都叫我去帮忙，我毫不犹豫地加入了传递混凝土的行列。

小西天在枸杞岛的最高峰，团司令部当然选在这里，这个坑道 1970 年打了一半，南口已经被复完工。西口这边才打了 30 米，为了抓紧时间，防止塌方，必须把已打好的 30 米被复起来，才能向前推进。施工所需的材料都要从山脚下运来，而简单的土公路只能通到小西天的颈部，离西口坑道尚有 200 米，因这 200 米是悬崖石壁，不好通公路，运输十分困难，所以只能肩挑背驮。一船一船的石子、沙子、水泥经过下船搬运到码头上，又从码头上搬运到团部的那辆解放牌货车上，运到小西天颈部，然后下车、搬运、再抬挑到西口坑

道工地。

这一天，浇灌点上有一小队班长赵玉福等 4 人在用钢钎捣固混凝土，这是个又吃力又有技术的重点工序：因每次浇灌有 30 米长或更长的坑道，坑道成倒 U 形，先浇两边再浇拱顶部。每次只能浇 1.2 米的长度，因浇太长，架子木板一钉，人无处立足，不能使劲。架子板太短，又费工夫。因此每次浇 1.2 米是最佳长度。架子板长度决定捣固用的钢钎的长度，钢钎一般为 2.5 厘米直径。一要够得着捣固点，捣得均匀，二要有力气、有耐力，4 个小时不换人。捣固点的接头还要捣得密缝，不能出现蜂窝状，以免产生渗水，捣得平整光滑才好。上级的工兵技工在看着呢，如有不合格，连排施工负责人就要受处分！人是站在高架子上进行捣固作业的，有的拱顶还要人弯着腰进去捣，很不好用力。一根钢钎十几斤，干上几小时，你想，够吃力吧！所以这个活必须由有经验、有体力、有责任心的班排施工骨干、共产党员来完成！

我们是通讯连队，基本不安排打坑道，但支援协助是必须要去的，战友们没有打坑道的经历，所以干的活儿一般是传递混凝土和拌料。但也是十分吃力的，一天干下来，人像生了一场病，一个星期才能恢复。我连队的战友们参加了 1971 年的团部西口坑道和五小队的坑道打筑，1972 年参加了 2 小队和 6 小队的坑道打筑。

步兵连的嵊山 12 小队的周全利、钱来富、邵本法，3 小队的张光为、程明仁、汪来火，5 小队的许泉勇，2 小队的周助、曹顺富等许多战友每次都争着承担繁重的拌料员工作，一天下来人十分疲劳，几天才能恢复。有的战友确实显得力不从心。由于常常处在超负荷的强体力劳动当中，而后腰椎经常滑脱，留下了腰肌劳损疾患。亦有许多战友，由于长期处在繁重的国防施工和生活在潮湿阴冷地下坑道内，患疾者非常普遍。无论夏天还是冬天，进入潮湿的坑道施工时，都需提前换上施工用的旧棉衣。冬天穿一套破旧空头棉衣，汗水湿透了棉衣，稍一停，冰一样地寒冷，捂干了又湿透，如此反复。

挖坑道

我的连长包日忠，1958 年入伍。副连长朱长坤，1960 年入伍。他们都经历了 1950 年代、1960 年代打坑道的最艰苦的峥嵘岁月。1973 年 5 月，我连在小西天下面挖掘埋设电缆沟施工，要炸石放炮，要抡锤打孔。而在那个季节，伙食搭配是黄豆和面粉。黄豆饭和硬邦邦的大馍我们南方兵吃不惯，到了上午10时就饿了，不免产生畏难情绪，这时候副连长就给我们讲起了打坑道的故事。

在坑道掘进中，劳动强度最大、最艰苦的活，是人工穿爆破孔。那时就连空压机和凿岩机这种普通工程机械都没有，打坑道完全靠人工挥起12磅大铁锤，穿孔爆破。在粮食紧张的1960年，战士们每天还是一口气要打200 ~ 300锤才能停下来，挖出眼孔中的石粉，这时锤手才可以喘口气再继续打。另有打出的数以百万立方米的石渣，需要用土箕箩筐和手推车运出坑道。

除了大型重点坑道能用上电灯照明外，大量的坑道掘进，只能用矿工用的瓦斯灯照明。再加上排不净的爆破烟尘，每天下班，当战士们走出坑道时，除了眼白和牙齿发白外，满脸乌黑，像煤炭工人出井。大量的建筑材料全靠肩扛、扁担挑、杠子抬，翻越难以通行的高山峻岭运到工地上。

为加快速度，每个坑道口分三个作业班，昼夜24小时轮班作业，在坚硬的花岗岩中每个作业班至少要完成穿孔8 ~ 10米。坑道中场地狭小，空气浑浊，坑道中的渗水和汗水每天都把工作服弄得湿漉漉的，劳动条件极为恶劣。每天抡8小时的大锤，个个都是筋疲力尽。锤手手上的老茧一层又一层，劳动强度，超出了人们的体能极限，坑道作业的日日夜夜，并不比严寒酷暑中行军打仗更轻松。

当时的服役期按规定是三年。但那些身强力壮的施工骨干和技术能手，往往一再被动员超期服役，尤其是共产党员，有的一干就是六七年甚至七八年，因多年超强度的劳动，不少官兵患了腰肌劳损或腰痛症。

那个时代没有“以人为本”的概念，最响亮的口号是“一不怕苦、二不怕死”。遇到困难时就背毛主席语录“下定决心，不怕牺牲，排除万难，去争取胜利”。为了国防建设，据说，在近20年的工程施工中，有50多名官兵死伤于各种工伤事故。最惨痛的是在嵊泗劈开山嘴的一条坑道塌方中，1个作业班17名官兵，除1人幸免，其他全被埋在坑道中，永远地离开了我们。

在坑道掘进中，主要坑道的劳动条件最艰苦。尤其是楼梯式的连接坑道，站立都很困难，还要奋力挥锤。坑道中马灯及瓦斯灯照明，烟雾弥漫。再加上爆破烟尘，坑道结构复杂，干线支线弯弯曲曲，通风不畅，烟尘难以排除。人进入坑道，刺鼻的硝烟，呼吸都困难。施工部队的战士们在这样条件下苦战多年，如没有坚定的信念作为精神支柱，那是不可想象的。

在 1950 年代末的几年，国家经济困难，副食品供应奇缺，施工部队粮食定量不够吃。坑道收工后，还得去开荒，种南瓜、地瓜、土豆等，用瓜菜来补充口粮的不足。常常饿肚子干活，我们的“坑道战士”仍保持了高昂的士气和忘我的劳动热情。这一切靠的是革命意志和奉献精神，数十万米长的坑道，就是他们用大锤一锤一锤打出来的！

离开军营的时刻

在 1974 年至 1975 年的年终总结中，我两年受到连首长的嘉奖，1975 年被树为共青团员学习榜样，这些荣誉是在我军事素质、政治素质提高的基础上取得的，这下子我自认为入党有了希望。可是我写的 5 份入党申请书，仍旧石沉大海，无半点消息，就是再有耐心、思想再好的人也会着急。但我又有什么办法呢？当时我们没有其他方面的信息，连长怎么说就怎么办，领导说的都是正确的。连长上课时说：“要想入党，首先要从思想上入党，组织上入党只是一个形式，短时间内即可完成，而思想上入党是一辈子的事情。”并批评有的同志“他们组织上虽入了党，却还不如一个普通群众，把入党当作个人捞取名利地位的一个阶梯”。连长又同情我们这些老兵没有入党的同志：“有的同志当了五六年兵表现很好，但没有入党，这是组织上慎重考虑的结果，因为把他们放到党外，更能起到为新同志带头的积极作用，时间上的考验也是入党的一个重要考验，关键看你能不能走到最后！”我们被领导说得心服口服、深信不疑。

但是没有入党回家脸上不光彩，另外在招工招生，就连找合同工、找对象都有影响。所以，我对这个问题考虑很多，经常晚上睡不着觉。我的家在安徽绩溪的一个大山沟里，那里要走 60 里路才能见到马路和汽车，一个壮劳动力干一天的工分是 3 角 6 分钱。我的兄弟姐妹又多，兄弟们大了，没有住房，家庭是那样的困难重重，当长子的责任大呀！所以，我左思右想今年不想退伍，一定等到入了党再回家。再说当第六年兵入党提干的例子也是有的。想到这里，抱着侥幸的心理，想留下来碰碰运气，再干一年入了党回家。所以我仍一如既往地努力工作着。

日子一天天捱到过了春节，1976 年 2 月下旬，一年一度的迎新复老工作即将开始了。连长叫文书廖忠才到团组织股去拿 3 份入党志愿书，目的是想让我、赵锹根（安徽宁国人）、沙锦星（江苏海门人）三个 1971 年老兵填写，在退伍前解决入党问题。可是到了团部组织股，那个组织干事说："迎新复老工作已经开始，暂停办理战士入党手续，在部队能入党的人，在地方照样也能入党。"并用电话通知了连长。结果，我们三个老战士五年来勤学苦练、风里来雨里去、吃苦耐劳的重要标志，一心要求积极上进、昼思夜想的入党问题就这样泡汤了！

为什么不在 1975 年 12 月之前早一点给我们填写志愿书呢？当时，连长可能是要留下我们，因我们三人确实都表现不错。有老兵在带头压阵，以老带新，连队工作好做。第二对当时开始大规模的裁军政策、精简部队的大形势背景估计不足，认为留下我们是完全可以的，想不到退伍的老兵比例下来了，他想留也留不住。

1976 年 3 月 13 日，宣布我们退出现役，我们几个老兵大哭，我们不愿离开哺育我们成长的连队，不愿离开朝夕相处的战友，不愿离开教育我们、帮助我们克服困难的连首长，不愿摘下鲜红的领章和帽徽！但是军令如山，军人以服从命令为天职，我们不得不打点行装，准备退伍。每个人的行李是除了身上穿的棉军装外，还有两套单军装，一套换洗的冬装，2 双解放鞋，1 双棉鞋，1 个棉帽，1 顶蚊帐，一个挎包。我还有 5 年的学习笔记、日记，马克思、恩格斯、列宁和毛主席的著作。有战友送的退伍留念的笔记本和印有《嵊泗列岛》留念的茶瓷缸。再到当地的供销社买上几斤干黄鱼、虾米和其他海产品。连队对我们真是母亲般的关怀，连包装的纸盒子和竹扁担都给我们准备好了，统一发放。行囊打好包后，差不多有 60 ~ 90 斤的重量。回家的补助费是当 5 年兵的发 90 元，再加三个月的津贴费是 50 元，一共发了 140 元钱。

从 3 月 20 日开始，先是山东、河南的走，然后是江苏的走，接着便是安徽的和浙江的走。3 月 22 日那天，我们 5 时就起床了，连队这天没有出操，没有了往日的活跃和生机，代之的是严肃和紧张，老兵们脸上写着与战友们分别的忧愁！5 时 30 分部队开饭，我们十个安徽老兵被连长安排在炊事班寝室里吃饭。早上炒了四个菜，一个生拌海蜇皮，一个肉丝炒盐花菜，一个炒鸡蛋，一个煎黄鱼，外带一个榨菜汤。连长说："几年来，你们老兵为连队建设做出了贡献，大家辛苦了！一路上希望你们遵守纪律，服从指挥，注意安全，到地方上继续发挥部队的优良传统！"虽然这些话前几天连里、班里开会该讲的早就讲过了，但连长今天旧话重提，即使再讲两遍，我们也不觉得连长啰唆。我耳朵在听，心里难过，只吃了几口饭就再也吃不下去了，端着碗在发愣，连长说："小王别发愣，多吃菜呀！"一句话说得我的眼眶湿润了，差点在这分别的时刻又流出了眼泪；这一句话包含着老连长对我们的关怀和爱护，也许这句话同时也隐含着他以前对我们帮助不够的歉意！这时，来不及多想，来不及多说，一切都晚了，一切都要从头开始……

操场上的副连长已指挥送行的战士们敲起了锣鼓，6:30 分我们准时离开连队，7:30 分按时到达后头湾码头走上登陆艇，到嵊泗后又上来许多老兵，在海上我们又换乘大轮船，当晚船在海上过夜，第二天晚上约 9 时光景，到达芜湖七号码头，第三天即 3 月 24 日早上换乘各县接老兵的汽车回到绩溪县城，第四天即 1976 年 3 月 25 日，回到了生我养我的家乡。

当兵无悔，青春无悔！我感谢部队，他给了我坚强与勇敢，以后我在人生道路上不管遇到多少失败和挫折，我从不灰心气馁，一直勇于进取；我感谢部队，他给了我吃苦耐劳的战斗作风，以后我不管遇到多大的困难，我都能坚决挺住；我感谢部队，他给了我一颗大海般宽广的胸怀，以后我不管遇到多大的委屈，多大的不公正，多大的打击，我都能宽容以对；我感谢部队给了我谦虚谨慎、勤奋好学、积极向上的思想品格！通过部队这座大熔炉，使我开阔了视野，得到了锻炼，我收获了知识，收获了友情，收获了人生，收获了精神上的财富！

作者简介：

王光实，籍贯：安徽宁国。曾为嵊泗驻军 6382 部队 8 小队战士。后任宁国市盛唐大酒店财务部经理，宁国田园融资担保有限公司计财主任。

基湖，人生三次交织的地方

袁大鸣

作者

基湖沙滩，如今长三角地区远近驰名的海滨旅游胜地，每年夏季接待着成千上万纷至沓来的中外游客。它滩阔、水清、浪平，背倚着高低起伏的山冈，山脚下散落着四个大小不一的农家村落，小基湖、老虎头、沙塘、四脚凉亭。沙滩正北方对着一望无际的大海，天晴时，极目可见洛华、东库、柱子等小岛子在海平线上一字排开，西洛华岛边有上海宝钢矿砂中转过驳锚地，那有艘十二万吨级的水上过驳平台，像座小山似的静静地浮在水面。基湖沙滩由大、小两处沙滩组成，大沙滩长2千米，小沙滩仅约500米，中间隔着里老鼠山，与其相望的是外老鼠山，鼠头朝沙滩，鼠尾弯弯曲曲地伸向外海，任何一个角度看过去，都活像一只蹑手蹑脚、意图逃窜的大耗子。基湖沙滩两头是蜿蜒延伸的岛岬，自然遮挡了海岛常年多发的季风，天工造就了这块景色宜人的海滩，真是海岛人的福啊。

如今的海岛历经长期开发，尤其是改革开放三十余年来的建设，基湖沙滩的面貌有了令人感叹的变迁。路边的树木花丛茂盛了，渔户农家日渐富庶了；滩边的酒店、度假村多起来了，“非诚勿扰”“上海17英里”，一个个名声悦耳；滩前涌动着一群群红男绿女，或开水上摩托，或打沙滩排球，或卧沙戏水，欢声伴着浪音一起搅动着弯弯的海湾，这就是今日的基湖沙滩。

作为一个出生于海岛的军人后代，我的童年、青年乃至步入中年的起始阶段皆与这松风海韵的基湖沙滩有着密切的关联，它的水是那般漫漾、清澈，轻轻地来、缓缓地去，潮落潮涨日复一日、年复一年；它的沙是如此细腻、柔软，浅浅的白、绵绵的长，一步一个沙窝，细细地摩挲着你的身心。在我的记忆深处，基湖沙滩永远是一个远行游人的梦中伊甸园。

童趣基湖

我父亲是一名军医，1950 年代初，所在部队上岛后就驻扎在基湖。几年后，我母亲随丈夫到嵊泗，并在岛上生育了我。那时驻军条件简陋，起初，随军家属还没有专门的营房可居住，来队的家眷们只得临时借租驻地附近村民的房屋，以解决生活居住的需要。我父母当时就在小基湖租借了王姓村民的一间房屋，把家安顿了下来。我在基湖度过了大约一年左右的童年生活时光，那是我人生有最初记忆的地方。

我们家所借住的王家小院（当地人称“道地”），就在现今基湖海滨浴场的不远处，王家有三间小瓦屋和一个灶披间，在当时能住上瓦房已能算是生活不错的人家了。小院四周有一人多高的茅草环绕，这道草墙起到了遮风挡沙的作用，屋后长着几棵榆树和楝树，树虽不高，但长得枝繁叶密，在后窗外摇曳着。村里的各户农家门前都有一条弯弯曲曲的沙路小径，彼此相连，路两边皆长着能盖过脚面的沙蒿草。王家小院的北墙外没几步就是一道宽约 80 来米、长近 2 千米的大沙丘，几乎横亘基湖大沙滩的西头到东头，沙丘西半部分的内侧住着一户户人家，其间还夹杂着一块块种着沙地花生、西瓜、番薯的农田；沙丘的东半部分则是一片缓缓向上、草木稀少低伏的坡地；沙丘外侧隔着一片随着潮汐时大时小的沙滩，便是涛起涛落的大海。那时的基湖沙滩，沙丘上无遮无掩，冬日里，西北风强劲，裹着滩头的黄沙满天飞舞，顺着小基湖东侧那几处突出的山坡沟壑，黄沙几乎爬上了大半山腰；滩后的那几座小山岗上除了有些低伏的灌木丛外，植被稀少，一眼望去，很是苍凉。沙丘的西半部分因有尖山高高的山岬遮拦，西北风无法侵袭，则又是另一番世外桃源景象，一条小溪从老虎头山脚下曲曲弯弯地向海滩流来，途经小基湖村西头，水势趋缓，形成一个颇大的水塘，塘里的水清澈见底，上面覆盖着二块长约丈把的石板，成了过塘的石桥，农妇们就在两侧塘边浣纱洗衣；长长的溪沟两边布满了一块块豆腐块似的农田，离山脚近的多为水稻田，靠入海处的沙质地，则多种着各种各样的蔬菜，如小青菜、茄子、番茄等。

基湖村在泗礁岛上可说是仅有的主要由种植为主的农户人家所构成的，四个自然村落，二百户左右的人家，靠着村里的那些稻田、菜地，过着基本上自给自足的农家生活，因而全村男劳力少有人去出海捕鱼的。基湖村人有着传统的中国农民知足、厚道、安分的特点，这与岛上其他村落的渔户人家常年在风口浪尖上讨生活，所养成的脾气个性有些许不同。我住的王家小院前面不远处有一块番薯地，那一年，人民公社化后不久，正逢秋收季节，社员们三五成群地来到番薯地里，收地里成熟了的番薯，地头正好竖着一根广播电线杆，杆上的喇叭里播放着歌曲，地里的大人们又说又笑，忙着掏番薯，摘番藤叶；小孩子们东奔西跑，围着满地的番薯，跳啊，闹啊！构成了一幅典型的20世纪50年代末海岛农村秋收图。

在小基湖住了约一年的时间后，我们搬进了位于天罗岗山脚下的部队家属营房，这距基湖沙滩也就不到三里路的样子。我母亲虽是外来的随军家属，但她与周围的村民邻居相处甚好，从她（他）们那里听到了不少有关基湖和基湖沙滩的传说。一个冬天的夜晚，外面刮着寒风，围着炉子，听我母亲讲了一段至今仍深刻在脑海里的有关基湖沙滩的传说：很久、很久以前，基湖沙滩外海起了风暴，狂风大浪刮了三天三夜，风暴停了，大潮退去，将一条大海蛇搁浅在基湖沙滩上。这条海蛇真大，蛇头在沙滩的这一端，蛇尾在沙滩的另一端，搁在沙滩上，没有水，又晒着日头，气息奄奄，眼看着就要不行了。基湖的村民们见此状，纷纷从家里挑着水桶，拎着饭篮，来到大海蛇身边，用桶里担来的海水向它身上浇，拿篮里盛来的稀粥往它嘴里灌，这样持续了十余天，直至又一个大潮汛来了，海水涨了上来，那条大海蛇这才重游回了大海。从那以后，基湖人总是能风调雨顺，五谷丰收，生活祥和、安宁。这则传说让童时的我懂得了要与人为善，处事要有善良、恻隐之心。

到了读书的年龄，我母亲领着我走进了基湖小学的校门。当时的基湖小学是利用一座位于沙塘村头的旧庙改建起来的，旧庙不大，仅有一间正殿，两间东、西偏殿，正殿和东偏殿作教室，西偏殿是老师的办公室。学生不多，记得好像只有两个班；学校师资也欠缺，有时上地理课，就请当地驻军里有文化的战士来给我们讲课。20世纪60年代中期，小学新校舍建好了，我们这才搬离了那所"古庙"小学。在新小学没读多长时间的书，到了五年级，我便随着父母的调动，第一次离开了基湖。

插队基湖

1974年，恰逢全国掀起知识青年上山下乡浪潮。我高中毕业后，再次来到了我童时的生长地基湖。那年，马关驻军子弟被安排到菜园镇基湖村插队的知青共有六人，其中我和高中同班同学徐京生被分到了小基湖（那时称生产小队），住在离我童时曾借住过的王家小院仅距几十步路的郑春华家，主人是一对敦实、少语的农家夫妇，家中还有两个小女孩，一个刚入学，一个尚在蹒跚学步，主人非常好客，将堂屋里的后厢房腾出来给我们住。一天三餐，由队里帮我们联系到郑家前院的陈家吃饭，陈家一户六口人，夫妻俩育有二男二女，父亲和二儿子以打鱼为业，这在基湖村里是不多见的；大儿子是哑巴，虽不会言语，但人很聪明、机灵，许多手工技艺，其一看就会，对人善良，乐于助人；大女儿平日在村里务农；小女儿还在念小学。在与郑、陈两家同住、同吃的一年左右时间里，两家主人尽心地照料着我们，为我们排忧解难，相互间亲密相处，共同度过了一段难忘的时光。此后，我们与全大队的插队知青（包括驻军子弟和来自嵊山镇的知识青年）搬到了一起，住进了建有自办食堂的位于基湖汽车站后侧的知青集体宿舍，开始了日出分散劳作、日落集中住宿的知青生活。

刚到小基湖队里的那一阵子，队部按惯常做法，将我和徐京生编在了男社员这一组，主要从事农田作业；种蔬菜活儿较轻，则主要由女社员去干。小基湖的水稻田不多，基本上都在老马路的西南侧，大约有四十几亩田；蔬菜地则多在老马路的东北侧，其中，以小溪为界，西侧便是沙塘队的地了。每到播种、插秧、收割的农忙季节，就是男社员们捋起胳膊出大力的时候了，我们跟着他们，渐渐地学会了如何屈膝弯腰，分枝

基湖沙滩

插秧；如何均匀施肥，松土疏壤；以及如何挥镰收割，打谷扬场。靠近四脚凉亭小队的那块“十八亩田”是全小队范围最大的一整块水稻田，每逢插秧或收割时节，全小队的男人们总是先要分组把另外几块零零星星的、面积较小的稻田劳作打点完了，然后，听队长一声吆喝：“到十八亩田去。”于是大家便会在春时挑着秧，秋时荷着镰，来到“十八亩田”头，齐心协力，从日头刚刚升起，一直干到天色渐暗，炊烟四起，整个“十八亩田”或是插满了行列整齐、翠绿欲滴的排排秧苗；或是整块田里稻粒入篓，草垛整齐，仅留下撮撮稻秆茬。这时，社员们才会伸伸腰、蹬蹬腿，整理好农具，带着耕耘、收获的喜悦，沿着窄窄的田埂向家走去。

“肥是农家宝，种田少不了”。当时的基湖农田多施的是农家肥，但基湖人少，牲畜家禽肥不多，因此男社员在农闲时节，每天要翻菜园岗墩去镇上担肥，每个男社员每天要挑一担肥回来，然后才能记上当天的工分，这对我们才出校门不久的知青来说，是个不小的考验。那时，我们往往是天刚麻麻亮，星星还在头顶眨着眼，我和同屋的徐京生便早早地起了床，挑着担，翻过菜园岗墩，来回赶五六里地，将肥担了回来，把当天的指标完成后，这才开始洗洗漱漱，准备吃早饭。插队一年后，化肥逐渐施用得越来越多了，在基湖除了少量社员的自留地外，集体农田里的农家肥已几乎绝迹。至此，去镇上担肥这一基湖社员农闲时的传统劳作任务也终于结束了。

1975 年下半年，大队响应上级号召，要摆脱当时单一的农业生产方式，大力发展渔业和副业；要向大寨学习，大搞农田水利建设。大队部为此开了全体社员大会，进行部署动员。大会后，各小队都先后成立了副业队，购置了板车、机器“带角船”，到菜园镇上去搞副业运输；同时还组织了三个有轮机、航海经验的男社员，驾着机动“带角船”，在大岛、小岛之间搞海上运输。也许毕竟是水性不够好的农民，对大海的脾气了解不多，有一次，海上突起大风，三人顶着风，驾船从黄龙岛回菜园，途经以风大浪高著称的六井潭，不幸船倾遇难。那条船的老大姓李，他家房子就在郑家后面，平日里他能言善语，乐于与人相处，脑子也转得快，在队里以会“打交道”而闻名，队里特意选他出来负责跑运输，可惜老天未长眼，让其未能躲过此一劫。

为了发展渔业，大队还成立了渔业队，造了几条机帆船，物色了一批队里的青壮年上了船。我记得当时嵊泗的渔业正在向远海捕捞过渡，机帆船上普遍配置了鱼群探测仪，“到中央渔场去打大黄鱼”成了那时风行于嵊泗各岛渔村家家户户的热门话题。基湖人当然不甘落后，也坐不住了，不愿固守着那么几亩人均越来越少的农田，永远过着靠天吃饭的平淡生活，也想振作一番，为自己生活方式的改善和生活水平的提高，为子孙后代的生存发展去奋争，去拼搏。船有了，人配了，但缺乏捕鱼经验成了一个难题，在茫茫的大海里能找到鱼群、下准网，不是一件轻而易举的事。为此，大队专门到五龙卫城岙请来了一位全县有名的船老大，坐镇基湖渔业队带头船，领着基湖渔业队的几条机帆船出海去捕大黄鱼，听说还是蛮有成效的。为款待好这位名老大，渔业队还安排了一个小后生渔民，上船专门负责照料他的日常生活，该老大爱喝酒，好客的基湖人就将上好的整坛老酒抬上船，供他在出海期间饮用。

当年在大搞农业水利基础建设的热潮中，有人提议要在基湖沙滩上从西往东建一道海堤，围海造地，以增加大队里的种植面积。当时，人们热情高，经大队研究，组成了以知识青年为骨干的围堤工程队，由大队长亲自带队，来到了尖山脚下，凿岩放炮，堆土垒石，一段时间干下来，一道筑在沙滩高潮线上，约长 200 米的海堤已呈现在基湖大沙滩上。建筑者们原来还准备继续将海堤往前建，一次大潮汛来了，风浪将还没完全建好的海堤给冲垮了，面对大自然的威力，大家对围海造堤的事只得搁了下来。好多年后，在开阔平坦的基湖大沙滩西端，还隐隐约约看见一道长长的凹凸起伏的乱石堆。在叹息之余，还应感到庆幸，幸亏这道海堤未能建成，否则它将给今日蓬勃兴旺的基湖海滨风景旅游业带来怎样的影响哦！

二年的插队生活时间很快，1974 年 4 月，县劳动人事局的一次招干，我被选中，再次离开了基湖。

开发基湖

1980 年代的改革开放，让我有幸再次与基湖续上了“前缘”。1984 年年底，我从舟山地区普陀山管理局调到嵊泗，当时正逢嵊泗旅游业开始起步，县里把我安排到刚成立不久的县旅游开发公司工作。

嵊泗旅游业的起步发展既是社会经济发展，人们生活水平提高的必然要求；又与上海市旅游局对外拓展旅游市场、独具慧眼的筹划实施分不开。县政府与上海市旅游局共同出资的泗海旅游联合开发总公司成立后，即将先期开发的目光聚焦在基湖大沙滩上。按出资比率，沪方首先划拨了 30 万元启动资金，用于基湖沙滩的海滨浴场建设。随着建设队伍的开进，我又站在了基湖沙滩的大沙丘上，村里的老人们见到了我，纷纷与我拉手，打招呼，既共同回忆当年我插队时的情景，又急切地想了解旅游业的发展将会给他们的生活带来何种影响。但有一点我们是共同的，即沉静了这么多年的基湖大沙滩是应该有所改变了，是到了把它的潜质和魅力展现于世人面前的时候了。

在县政府和上海市旅游局的联席会议上，双方商定联营总公司的第一个开发项目就是"基湖沙滩海滨浴场"，并要确保当年设计、当年施工、当年开放经营。按照总公司董事会决议的具体部署，公司一班人一边组建调入，一边投入紧张的项目建设之中。1985 年 1 月，往日寂静的基湖大沙滩迎来了首批开发建设者。"基湖沙滩海滨浴场"的主体建筑由上海华东建筑设计院设计，它由二幢蜂窝状的赭红色砖混结构建筑组成，建筑面积合计约 1000 平方米，位于基湖大沙滩的中端偏西一侧，处沙坡上方，面朝大海；前方还拟建长约 300 米的挡浪堤。浴场主体建筑后侧原来裸露着的一直延伸到半山腰的大沙丘，已被高低参差的黑松、木麻黄所覆盖，从高场湾岗墩到小基湖东面村口，满坡满丘均是四季常绿一片，原来我童时所常见的海风吹过，整个沙丘尘沙飞扬的场景已不复再现了。

联营公司的建设者们不惧苦、不畏难，协心合力，全身心地投入到工程建设之中，他们铺通了路、接上了电、送来了水，又紧接着夯基、垒墙、浇顶、安装，确保了整个工程项目按董事会的时间节点要求推进，终于在半年时间内保质按时地完成了项目建设任务，基湖沙滩风景旅游区内第一座旅游服务设施"海滨浴场"就此竣工落成。当年 7 月 7 日，"基湖沙滩海滨浴场"宣告对外开放，县里在现场举行了"开业典礼"，省旅游局、上海市旅游局均派了相关领导到场祝贺，当时场面甚是隆重热烈，县里各部门、各单位都有人参加，基湖村民及菜园镇上的很多居民也都赶到开业现场，共同庆贺这一盛事。典礼上人头攒动、彩旗飞扬，数千人见证了嵊泗旅游业起步的这一历史时刻。典礼结束后，浴场首度对外开放，参会的人们纷纷更衣下水，共享夏日的海水清凉。当时，我站在风格现代、时尚的浴场休息室落地大窗前，望着沙滩上、海水里欢跃嬉戏的人群，不禁思忖道：基湖沙滩多像一块常年深匿海角没人知晓的无价瑰宝啊！今日一旦被人发掘，它的价值和光彩定将引来无数世人的憧憬，并将给世代与沙滩相伴的基湖村民乃至更多嵊泗人的生活带来无法预估的变化和影响。

“基湖沙滩海湾浴场”落成开放后，嵊、沪两地均对这一嵊泗旅游业的开篇之举做了广泛的宣传报道。《解放日报》《新民晚报》和上海电视台等都做了专题介绍，并赞誉基湖沙滩是“南方北戴河”；《上海画报》登载了多幅介绍嵊泗风景及沪、嵊二地合作开发事宜的图片，文称基湖沙滩的开发、开放是两地联营模式的成功典范。

海滨浴场当年建设、当年落成开业，拉开了嵊泗旅游业的发展序幕。紧接着，与“基湖沙滩海滨浴场”建设同步的是开展嵊泗列岛风景旅游总体规划的编制，这项工作由县建设局、旅游开发公司与上海同济大学三家联合实施；完善基湖沙滩景区的配套设施建设，包括凉亭、山道等，里老鼠山上那座“小山亭”就属是基湖沙滩景区早期的观景建筑之一。在此后的两年里，嵊泗风景旅游业还先后历经了两件重要的具历史性意义的节点事件：一是嵊泗作为全国首个国家级海岛风景名胜区获批；二是泗礁岛获准对外籍人开放。基湖沙滩迎来的首批外国游客是上海大众汽车公司的德籍高管人士及其家属，以及到基湖老鼠山海钓的上海宝山钢铁公司的日本专家。此次接待，让我首次领略了日本人爱吃生鱼片的饮食习惯。

1988 年 10 月，为照料年迈的双亲，我再度离开了嵊泗到老家工作。斗转星移，光阴如梭，沧海桑田变化之大之快，令人感慨万分！伴随着基湖面貌的日新月异，我从一个对未来充满憧憬的少年，即将步入两鬓染霜的耳顺之年，但有一点在我心里永远不会改变，那就是我这个曾经的基湖人对第二故乡始终不能抹去的记忆和思念。

作者简介：

袁大鸣，曾在嵊山边防派出所工作。后在嵊泗旅游管理局、普陀山管理局工作，后调任江苏南通市崇州区司法局副局长。

书写别样的海岛情怀

尹向东

题写“菜园隧道”

作者

2016年2月28日早上9时57分，我的手机上忽然呈现这样一串字：“老首长，我们政协在编一本以军旅为主题的文史资料，想请您赐稿，谈题写‘菜园隧道’的经历或其他。许干群。”

犹如一石激起千层浪，我的心情久久不能平静。作为一名古稀之年的老书画家，也不知题过多多少少的字，就地域而言，有绍兴的、广州的、深圳的、拉萨的，及至中国台湾的，韩国、印度尼西亚的。而最最让我魂牵梦萦的就是“菜园隧道”四字。因为它有个缺憾，没留下笔者的名字，成为我题字系列中唯一一件佚名书法（石刻）。

记得，作为军地两用人才，我被调离嵊泗列岛时，临行之前特意看了“菜园隧道”一眼，并爬上陡立的高坡，与四个大字肩并肩地合了个影，把它当宝贝似的珍藏着。因为作为一名列岛的特殊而普通的守岛者来写“菜园隧道”四个字，这是新中国成立以来成千上万个守岛爱岛建岛者的一个缩影和代表，具有特殊的意义。

“这隧道上的字谁题写的啊？”隧道地处嵊泗县菜园镇通向基湖旅游区的闹市一角，很多看到的人，都会提出这个问题。但只要看到这张照片就可能知道是这位年轻军官题的，否则，谁会爬这么高和四个题字合个影呢。

“隧道到底是何时的产物呀？”这张照片同样可回答得清清楚楚，因为军官的领章是《革命的红旗挂两边》而且背后四字的红漆经长年累月的风吹日晒已褪色了，是毛泽东时代的产物已是毫无疑问了。

其实，我题写的经过很简单，没新奇之处，因为，既不是师首长下的命令，也不是地方领导的直接邀请，而是司令部作训科战友的一个转告。但，我却把它当作一个战斗命令，认真创作，努力完成。那时，我已是全师文化工作的主要成员之一，还兼任师政治部党支部书记，没去想那么多，因为就书法艺术而言，能上南京艺术学院专业进修的整个嵊泗地区来讲也只有我一个，和我坐一块听齐白石弟子陈大羽上课的，还有当时的大军区热爱书法的领导，授课的有齐白石小女儿齐良芷、康有为弟子肖娴、后任中国书协副主席的尉天池。

虽说科班出身，要写得有列岛特色并不容易，我依据“师法自然”的古训，力图把“菜”的几个点写得“激浪撞礁”“飞珠玉跳”。把“园”字化方为圆，有铁石兀立之感，“道”之首字也像黄龙岛风动石一样奇中取正，以险取胜。特别是把自己在建设嵊泗东海第一桥——洛华大桥时，风沙拌饭，烈日中扛着水泥袋在礁丛中艰难行走的精、气、神、形融入笔端，使四个大字一扫阴柔之气，有海防战士特有的金钩铁戈之韵味。

交稿后，有关部门也十分重视，把每个字拍成一张胶片，用投影放大后进行审视，通过后让我去领 5 斤海蜇皮，作为润笔。当得知不用年月、不用署名，心里也曾想过，既然如此还不如找几个字帖，既漂亮规范也可省几斤海蜇皮。用四块青石板组合一个字，如此大气巨镌没边款小字陪衬，既丧失艺术效果，也降低艺术档次，只是块平常路标。

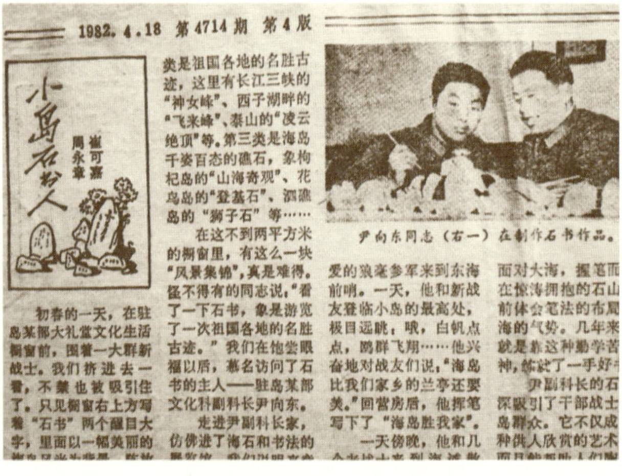
1982. 4. 18 第 4714 期 第 4 版

小岛石书人

崔可嘉 周永章

初春的一天，在驻岛某部大礼堂文化生活橱窗前，围着一大群新战士。我们挤进去一看，不禁也被吸引住了。只见橱窗右上方写着“石书”两个醒目大字，里面以一幅美丽的……

类是祖国各地的名胜古迹，这里有长江三峡的“神女峰”、西子湖畔的“飞来峰”、泰山的“凌云绝顶”等。第三类是海岛千姿百态的礁石，象枸杞岛的“山海奇观”、花鸟岛的“登基石”、泗礁岛的“狮子石”等……

在这不到两平方米的橱窗里，有这么一块“风景集锦”，真是难得。怪不得有的同志说：“看了一下石书，象是游览了一次祖国各地的名胜古迹。”我们在饱尝眼福以后，慕名访问了石书的主人——驻岛某部文化科副科长尹向东。

走进尹副科长家，仿佛进了海石和书法的……

尹向东同志（右一）在制作石书作品。

爱的狼毫参军来到东海前哨。一天，他和新战友登临小岛的最高处，极目远眺，哦，白帆点点，鸥群飞翔……他兴奋地对战友们说：“海岛比我们家乡的兰亭还要美。”回营房后，他挥笔写下了“海岛胜我家”。

一天傍晚，他和几……

面对大海，握笔而……在惊涛拥抱的石山前体会笔法的布局……海的气势。几年来……就是靠这种勤学苦……神，练就了一手好……

尹副科长的石……深深吸引了干部战士……岛群众。它不仅成……种供人欣赏的艺术……

我多么希望它，这个繁华地段的宏大建筑宏大石刻是件艺术品。没有年月便无法考证，给后人带来麻烦。不具名字便是对书者的不恭，更有甚者失去应有艺术含量。试想“山海奇观”石刻如果仅有这四个大字，没有年月系列小字款，那还有什么文化内涵呢！

但随后一想，“佚名”，就是诸方面还做得不够，它鞭策我奋发努力。但愿这佚名石刻能成为千千万万默默无闻的列岛海防战士心魂的依托。

把“山海奇观”影响到军内外

《〈海石珠浪〉——尹向东翰墨生涯剪辑》，是我在嵊泗列岛服役时，自制自题自辑的一册“海石书”发表的作品集。

我是1968年进岛的，弹指一挥已半个世纪过去了。但我时时抚它、看它，毕竟是我青春的浓缩，其闪光点与众不同，实在有点儿不同。

海石，列岛很多很多，而要变成——海石书就难了。再还原成——《山海奇观》海石盆景，那真有点不可思议了。但我做到了，把它推介到全国各地，安徽、山东、武汉、北京……还带出了一帮徒弟。

其实，这也是我的本职。培养军地两用人才，让战士们以石代纸，在海石上写字，或在沙滩上练字，是最省钱最励志的事儿。

而《山海奇观》便是最具有传奇性的文化魅力的抗倭教材，当年南京军区司令员许世友，就一跃爬上巨大的奇观石而成为军中佳话。戚继光部的将领侯继高在抗倭之余写下此四字。我为什么不能创作出系列的海石书呢?！当时我是这样想也这样去做的。

打开册页，最醒目的是《山海奇观》被登上了《解放军报》，时间是1983年8月18日。次年，1984年9月2日作品《云涛》再次登上《解放军报》副刊《长征》版。《浙江日报》用了副刊整个版面以《小岛石书人》为题介绍了我如何以石为友，用石作纸进行创意性的海石书训练。而1982年的《前线文艺》杂志，还约我写了一篇题为《我是怎样创作石书的》文章，把嵊泗经验进行大军区推广。这样一来，许多奇怪事发生了。

一天，司令员宋德豪把我叫去，悄声说武汉军区杨得志司令员要到了，让我去准备海石书。本来像这样的重大机密不该提前让我知道。但挑选制作海石需要时间。杨司令员果然喜石，把玩着《山海奇观》石爱不释手，从此后，去海滩挑海石成了宋司令的一大爱好，有时还拎着大袋子过来，让我挑，问哪块可作《山海奇观》石，马关大礼堂的橱窗也成为展示海石书的专门窗口。

菜园隧道

至于那些影星、歌星和慰问团到列岛来，他们就毫不客气地点名："尹科长，给我弄个'山海奇观'吧！"

从此，晋京的礼品不再是海贝、海蜇之类，而是沉甸甸的海石。《山海奇观》石，是上佳大礼。

嵊泗枸杞岛的《山海奇观》石，具有较深的历史文化积淀，我以别样情怀，就这样以艺术形式，作为珍品将其弘扬光大开来。

《海石珠浪》集记录着一个个这样的故事。

作者简介：

尹向东，籍贯：浙江嵊州。曾任驻嵊泗守备区政治部党支部书记、文化科科长。后任中国《王羲之研究》杂志主编，中国手指画研究会理事长。

〔相关链接〕菜园隧道：系沟通菜园镇区与基湖的公路隧道，呈东西通向。1981 年 4 月 7 日动工，1984 年 4 月 25 日竣工通车。遂道长 245.5 米，宽 8.5 米，高 5.05 米。总投资 107.4 万元

嵊泗，我的第二故乡

陈建东

作者

光荣入伍到嵊泗

1989 年 4 月 1 日，是我一生中最难忘的日子。那是一个春暖花开的季节，带着美好的梦想，带着成为共和国军人的愿望，我第一次远离家乡，来到被誉为“海上仙山”的泗礁岛，成为一名守岛战士。

在码头接我们的干部接过档案一一点名，看到这个脸上找不到一丝笑容的军官，我心里感到有点害怕，最让我感到紧张的是这位上尉军官竟然是新兵连连长，姓陈，名格伦，山东人，非常魁梧，叫口令“立正”的时候，眼睛瞪得大大的，嗓音十分洪亮，他让我感到了部队的严肃、军人的威武。

搭蓬帐的卡车将我们送往新兵连，几分钟后，不知谁叫了一声：“到家了”，这时候营门口锣鼓鞭炮齐鸣，欢迎新兵的到来，让我们在一路的颠簸后感到些许慰藉，也感到今后的军营生活会是家一般的温暖。

新兵连的营房坐落在一个叫基湖的村庄，四面环山，两排显得陈旧的房子里面已经铺满了床板，我们连队召开新兵座谈会，就我们萧山籍的，其实说是一起的，除了一个乡镇的其余都不认识，但是到部队大伙都像亲人一样，老乡情啊。我们带着小板凳来到指定的房间集合，要一个个向值班的同志喊报告，我们一下子就感到了部队的纪律。指导员看起来和蔼可亲，让我们感到很亲切，他问我们的家庭、工作、生活，当兵是不是很自愿，等等，当时大家都很紧张。指导员说：“以后都是兄弟，吃一锅饭，有什么不好讲的额！”气氛一下子就活跃了。我记得城南有位战士说:“我是不愿来的,是他们(征兵办)强迫的,来了就来了。”我们几个一下就愣了,指导员说:“你的话没有错,是实话,但到了这里希望你好好认识军营,改造世界观。”轮到我发言,我说:“我是想来发展的,希望学点技术、学驾驶,我是自愿的。”同时我还谈了家庭,我说我生活在四世同堂,父亲和兄长都是党员,我的家庭是杭州市“五好家庭”,从小家庭对我的影响很大。

现在想想,我那时的动机是好的,思想也是端正的,要求自愿到部队是正确的。

丰富多彩的军营生活

“努力实现从普通老百姓到合格军人的转变”,是对我们刚跨入军营新同志的要求,后来我曾两次在新兵连当文书,这句话我书写在营房门的墙上,告诉和要求新战友。

接下来我们的头发、胡须、指甲都统统要修理。因为其他地方的同志没有全部到位,我们就先行搞卫生,看到用鹅卵石铺就的路面,杂草丛生,我们的任务就是把长在石缝里的草抠掉,几位城镇兵从来没有干过农活,就是干过农活的,抠石缝里的草也不轻松。十几年后,我们几位战友回部队给连队同志讲感受,来自江苏的现在已经是某公司总经理的一位战友,说到从鹅卵石里抠草,吃饭的时候手肿的碗都端不住,说着说着眼泪就流下来了,但他说就是通过部队的锻炼,回到地方创业才有了坚实的基础和坚强的意志。

部队的歌曲激情高昂,我们到连队的第一首歌是《我是一个兵》,教我们的九班长是福建人,别看他个子小小的,教起来却十分认真,竟然会哆来咪,还打着拍子,后来我们知道,唱歌也是政治教育的一部分,能唱出士气和战斗力,军营里老兵教新兵,一代一代往下传,集合开会都要唱,拉歌的时候喊破嗓子、涨红了脸,真是带劲!

班长要求同志们做好细小工作,每天都要开会进行点评。刚入军营的我们谁也不甘落后,训练比不过你,班里的工作我主动一点。我们班十一个兵,可搞卫生的扫把只有一把,先是轮,但提倡主动,几天过去了,后面的同志急了,轮到我都什么时候了?有一天早上,值日的同志发现扫把不见了,在哪里呢?被另一名新兵藏铺下了。原来他是准备早上积极一下,可这位战友起来上厕所去了,等他回来扫把还是让别人拿去了,晚上点评时还挨了批评。

新兵原则上是不允许吸烟的,我们来的时候每个人或多或少带了烟,连队要我们放进储藏室,一个礼拜开一次,有些烟瘾大的战友,为了抽烟,经常向班长报告要假装上厕所。我的班长朱永才也爱抽烟,有时工作做好一开心,就叫大伙吸一口,当然很小心,怕被别人发现报告给首长而被批评。有一次我们几个正在抽烟,冷不丁有“线人报告”,连长朝我们班走来了,怎么办?班长说来不及了,把剩下的藏到袖筒里去吧。连长不吸烟,很严肃,我们都很怕,他进来的时候,有的同志烟雾还没有来得及吐,含在嘴里,连长进来看看我们的内务卫生,转到门口的时候,站住了,说:“不对啊,好像有股味,看看,有什么东西烧着了。”大家你看看我,我看看你,憋得有点难受,班长说:“报告连长,没有事。”连长已经看出门道,他一改往日的严肃,说:“呵呵,你们这些兵,香烟多抽没有好处的,给我少抽点。”我们个个咧开了嘴,烟雾从嘴角慢慢地往外飘,一副似笑非笑的憨相比哭还难看。

新兵连一说紧急集合,没有一个不紧张的,没有听到紧急集合的信号之前,班长总是绘声绘色地告诉我们,在突发事件和接受紧急任务的时候,要我们在最短的时间内整装待发,而且在接到命令后不能开灯、不能发出声音。这可吓坏了我们新兵,也就是在深更半夜或凌晨,当你还在睡梦中,突然有情况,你就得在黑咕隆咚的情况下,穿好衣服,打好背包,携带装备集合出发。这个科目的训练新兵连是肯定有的,“什么时间?”班长说,“要是知道了这还叫紧急集合吗?”不过他嘴里这么说,心里也急,因为我们班不能落后,要不班长自己也挺没面子。新兵连的文书是我们班长一个连队的,班长经常去打听消息,有一天传来消息,今晚可能有“情况”,回到班里,班长叫人把门关上,压低声音告诉我们,今晚可能要紧急集合,我们既兴奋又紧张,睡之前把背包带整理好放在一伸手就可以摸到的位置,4 月的海岛,还有点冷,我们的内衣都没有脱,有的不脱衣服就躺下了,还有两位胆小的干脆不睡了,还把背包都打好,就等哨子一吹,保证第一个到集合地点。呵呵,你猜怎么着?天亮了都没有“情况”,倒是起床的号响了。后来我当新兵连文书,也有人向我打听,可我无法确切地透露,因为信息发生变化的时候,我不想我的战友们和我当年那样一宿不睡,信息准确了还叫紧急集合吗?几天过去了,大家绷紧的弦好像有些松弛,晚上呼噜声此起彼伏,白天的紧张训练把我们带入了梦乡,就在这个时候,一阵急促的哨子声把我们从睡梦中惊醒,是紧急集合！乱了,班长到底是老兵,马上压着声音命令我们:“不许出声,马上按要求整装在门口集合,动作要快,东西要齐！”班长说过,在这种情况下,衣服是套上去的,纽扣是在跑出去到集合的位置途中扣的,这样可以争取时间,然而毕竟是新兵,紧张慌乱中我们睡觉地铺的“边界”出了问题,一位山西的战友翻身时把自己的裤子移到了旁边战友的铺上,黑暗中,两个人同时抓着一条裤子,一个已经穿进去了一条腿,可还有一边战友不肯放手,因不能讲话,弄来弄去折腾了好久,现在讲起来是好笑,那时我们的战友都要哭了。其实这种情况差不多都有发生,我们在集合的地方等了好久全连的新兵集合完毕,报告人数,然后出发,我们也知道这是训练,但执行任务必须先练兵,接下来的事更让我们哭笑不得,在行进过程中,开始是起步走,后来变跑步了,有的战友背包没有打牢,背包越来越松,带子拖地上,后面的同志一脚踩住,完了,整个被子全部落地,但队伍不能停啊,我记得很清楚,那个被大伙踩了被子的战友捡的时候那个伤心不说,点评时被连长这个批啊,我们的心情都很沉重,只有痛下决心苦练习了。

部队里有这么一句话,叫作“老兵病多,新兵信多”,我不知道老兵的病,我也想过没有病总不会经常说有病,但新兵的信多那是一定的,我们海岛部队交通滞后,通信在那个时候更差,没有外部线路,最好的工具就是书信。我们绝大多数是第一次远离家门,到了部队第一件事就是告诉家人我们已经平安到达,给爸妈、亲戚、朋友一个版本起码不下十封,有时候海岛刮风,两三天不通船,信来的时候一大堆,回都来不及,晚上睡觉时打着手电筒在被窝里写,想家的时候经常掉眼泪。

难忘的演讲,《热恋在海岛》

1989 年 4 月,中央军委秘书长兼总政治部主任杨白冰上将视察海岛部队,在舟嵊守备区庙子湖守备营看望守备官兵,并题字“为保卫和建设好军人的第二故乡多做贡献”。5 月,部队按照首长的深切嘱托,开展了以“爱岛、守岛、建岛”为主题的一系列演讲活动,5 月 17 日,我作为新兵代表,在全团战友的注视下,跨着并不熟练的齐步走动作,走上讲台,带着激动的心情向同志们演讲:我演讲的题目是《热恋在海岛》……最后我说:“新兵连的生活是艰苦的,训练是严格的,班长严厉的后面却是兄长一样的关切,我们经历的是哭与痛,想家的痛,训练的苦，我们感受的是荣与乐，老一代守岛人以岛为家，以苦为荣感染着我们，五湖四海大家庭的融合让我们快乐，我们没有理由不向老一代守岛人学习，我们没有理由不好好训练，更没有理由把传统在我们这里丢了，因为我们是新一代的守岛人！”

作者简介：

陈建东，籍贯：浙江杭州。曾任舟嵊守备区某团守备连文书兼军械员。后任杭州萧山兴发电厂厂长，创办经营以老兵文化为主题的“老战友大酒店”。

我同嵊泗的文化缘

崇英俊

作者

1977 年 1 月 2 日清晨，天色阴沉，雪花纷飞，我怀着一颗保卫国防、报效祖国的赤诚之心阔别父母和亲人，踏着“工农兵 19 号”甲板，登上了这座被称为东海前哨、上海门户的第二故乡——嵊泗列岛。

来到嵊泗列岛，面对军营紧张的训练与学习生活，对个人的前途充满了无限美好的憧憬，当时比较爱学习的我，对岛上的各种人文、历史及一草一木产生了浓烈的兴趣，并立志要在这里大干一场。

1978 年 1 月，我当上副班长。正在我准备当好副班长，全身心投入连队营建施工的当口，营部领导通知我和四连一位战友小胡一道，去军民联防单位菜园镇帮他们排一出小越剧，参加嵊泗县计划在“五一”节期间举行的群众文艺会演。接到这份任务，我是既兴奋、又焦虑：搞好了，那是应该的；搞砸了，那责任可是全在我呀！时间也只有 30 来天，为出色完成这次艰巨任务，我到了菜园文化站，首先向这出专门反映渔民大干快上“学大寨”的小越剧作者、镇文化站站长方伦高老师，请教他的创作指导思想，了解当地渔民的生产生活，凭着自己较好的悟性，很快形成了独到的导演思路，并在基湖、高场湾两村挑选了几名优秀演员。我一边提台词，一边导动作，经过一周左右的紧张排练，整个节目就有了一定的雏形，后再经多次删改、调整和打磨，节目越来越精炼与成熟，最后在“五一”节会演中终于拿了个优秀表演奖。在短短一个多月的排练过程中，我有心用普通话提台词，替代演员们的方言土语。5 月下旬，南京军区前线歌舞团来嵊泗守备区慰问演出期间，我又参加了由他们举办的一个为期 20 天的基层连队文艺骨干培训班，虽说小提琴不怎么会拉，却学会了好几首部队流行的新歌，并学到了一个如何指挥唱歌的技艺。打那以后，每逢连队唱歌或到营、师集会拉歌，大都由我来指挥，凭着我洪亮的嗓门和干练的指挥动作，总能一次又一次压倒其他对手。

1978 年 7 月下旬，我参加舟嵊要塞区政治部举办业余文学创作学习班。经过 10 多天的初创、修改和自身打磨，一篇近一万字的短篇小说总算有了雏形并提交到指导老师面前。在辅导老师指导下，又经过一个多月的刻苦学习和创作实践，我的短篇小说《柳兴和小阿贝》被浙江省的文学刊物《东海文艺》1979 年第六期刊用，9000 多字的小说加上 4 幅插图整整占了 6 个页面，同年又被南京军区政治部评为战士业余文学创作三等奖。

除唱歌、表演节目和文学创作之外，新闻写作更是我最大的爱好。1978 年至 1979 年，我就经常注意把部队政工、训练、营建、支农及军民联防当中的好经验及做法和有趣事情写成消息或通讯故事，向军队或地方报纸、电台投稿。两年中，我在《人民前线》报发表新闻稿件 7 篇，浙江广播电台、《舟山日报》等刊播 12 篇，嵊泗县广播站采用稿件则更多。为方便我经常收听新闻广播，嵊泗县广播站还破例给我所在的五班宿舍安装了一只有线广播喇叭，每逢连队晚间自由活动，隔壁班、排的许多战士都被吸引过来收听广播，真是其乐无穷。

1979 年 12 月下旬，我被军务科借调进了政治部报道组（无编制）。为刻苦钻研新闻采访和写作业务，除了经常向宣传科领导，尤其是金锋、周永章两位专职新闻干事学习求教外，我还特别注重下连队。花鸟、绿华、嵊山、枸杞、黄龙、金平、壁下等凡有驻军的岛屿，几乎都有我的足迹。我始终坚信“有心处处有新闻”的道理。那年 5 月 10 日左右，我陪同《人民前线》报记者乘登陆艇到壁下岛野猫洞炮连去采访一条政工报道，听说夜晚战士们用竹竿撑起一个四角罾，往海里放一张墨鱼网，只要在网里放几块猪骨头，在网上方用电灯一照，成群结队的墨鱼就摇头摆尾地游进了网里，几经起网，就抓它个二三百斤又大又肥的鲜活墨鱼。这样的前沿海岛趣闻，既丰富了小岛连队的业余生活，又改善了战士的日常伙食，真是一举两得的趣事，于是我就很快构思把它写成一篇千字左右的纪实散文——“小岛墨鱼香”，结果很快被《人民前线》报 4 版采用，年底还被评为副刊好稿。6 月，为了让更多的干部能够学有所用、专才专用，守备区政治部决定调整 63 名学非所用、专业不对口干部。我针对调整前后机关、连队的客观情况和实际反响，马上以《八三三六五部队调整 63 名专业不对口干部》为题写成一则 800 多字的消息，分别寄给《解放军报》和《人民前线》报，仅 10 多天，首先在军报头版中间位置刊登出来了，同时编辑还为此配发“短评”。没过两天，《人民前线》报也在头版登了这则消息。连队防化训练情况太虚，既影响了许多战士对待训练的认真程度，更缺少实战效果。可有一次我回到自己所在的二营五连采访时，发现连长赵传谓善于启动大家的智慧，尽可能地给参训班、排出了许多模拟真实情况，终于使防化训练与实战效果更进了一步。因此我就把三个实战模拟情况的训练过程写成三个故事，先后被《人民前线》报和《防化兵》杂志采用，同时还被《人民前线》报社评为“红旗稿”，年底全军区通讯员评比我还荣获了非常难得的三等奖(共 15 名)。全年下来，我累计在《解放军报》《人民前线》《通信兵》以及多种省以上报刊、电台发表军队稿件 24 篇，同时还在市级以上报刊、电台采用报道嵊泗工作的地方稿件 9 篇。为此，守备区政治部为我记三等功一次。

铁打的军营流水的兵，1980 年 12 月上旬，部队退伍工作开始了，尽管政治部领导再三挽留，尽完义务又超期服役一年多的我，还是毅然离开了嵊泗这让我永生难忘的第二故乡，退伍回到了离别达 4 年之久的家乡，并凭着那本立功证书和守备区政治部专门为我出的一份简短的“推荐函”，顺利地当上了滨海县武装部雇用报道员。又经过 4 年的艰苦努力之后，我终于有机会通过考试、考核、考察成为县委宣传部一名聘用的新闻干事。从那以后，我以出色的新闻成绩，逐步当上了新闻科长、分管新闻的副部长兼县文联主席，先后 7 次被《新华日报》评为全省“十佳通讯员”。1995 年至 2001 年，我先后被表彰为“江苏省优秀宣传干部”“盐城市劳动模范”和“江苏省劳动模范”。1998 年 11 月和 2004 年 8 月，人民日报社和人民前线报社主办的《基层通讯员》杂志，分别以《爬格子的劳动模范》和《当兵是一笔财富》为题，相继报道过我的事迹和专访。2001 年 5 月，我作为全江苏唯一的基层通讯员当选为省“劳模”时，《江苏工人报》和《盐阜大众报》分别以“笔耕牛”为题，均在头版下方用通栏标题刊登了介绍我的长篇通讯。

回首当年，我在嵊泗列岛 4 年的军营苦战，由于客观上超龄和相关政策的影响，虽然没能圆上我的“提干”梦想，但退伍回乡后人生的一路坦途，仍旧归功于嵊泗列岛当年对我的哺育、磨炼、包容和培养，得益于军营生活打下的坚实基础和学到的真经硬功。如今虽说我已告别政坛正式退休，但我取得的所有成功与荣耀，都将终身感谢嵊泗列岛，您永远是我的第二故乡！

作者简介：

崇英俊，籍贯：江苏滨海。曾任驻嵊泗守备区直属二营五连班长。任江苏省滨海县文化局党委书记、局长。

戍边记忆

潘镇材

作者

1968年春,我戴上红五星,披上绿军装,在全国学习解放军的滚滚大潮中,身为新昌县青春茶牧场的农民“伯伯”来到舟嵊要塞区守岛部队,变成了名符其实的解放军“叔叔”,新兵们开玩笑:我们年轻了。

这一年的新兵第一次实行两年兵役制,也就没有了新兵连集训,直接分到到120炮连,背起方向盘,成了个侦察兵。没到一个月,我又被抽往6382部队文艺宣传队筹备组——当时宣传毛主席的最新指示是一切工作的重中之重。真正体验到团结、紧张、严肃、活泼的军营和文艺宣传队的军人生活。那时文艺宣传队的主要任务之一是:第一时间把毛主席的最新指示谱写成歌送到军营、渔村,让军民早日家喻户晓。清楚地记得:那是1968年8月初的一个风和日丽的好日子,毛主席最新指示传到海防前线:我国有七亿人口,工人阶级是领导阶级……。于是我们立刻行动,制旗、谱曲,准备道具,连夜排练,彻夜无眠。第二天,我们6382部队文艺宣传队15个队员前往嵊泗的张其岛。张其岛远离大岛,小得可怜,仅有18户渔民人家。岛上既无电,又缺少淡水,连只鸡也难养,真正的边远贫瘠之地,更不用说有文化娱乐等活动了。从岛上有人开始,从来就没有表演过小节目,更谈不上整台的大戏了。部队为了让边远的渔民兄弟早日听到毛主席的最新指示,于是就有了送指示下渔村小岛的活动。小小登陆艇经过二小时的海上颠簸,终于踏上张其小岛,看到渔民兄弟们个个喜笑颜开,其中一个大个子,使劲敲打着岛上唯一的一个铜锣,前来欢迎有史以来的第一支戏班子——“文艺宣传队”。我们顾不得晕船，说动就动，立刻搭起临时舞台，拉上红彤彤的毛主席最新指示横幅，吹拉弹唱歌舞起来。第一个“北京的声音——毛主席最新指示”的表演完毕，掌声雷动，小岛上第一次有了滚滚的热潮，随着一个又一个的“北京有个金太阳”、“太阳最红，毛主席最亲”、“人民军队忠于党”、“我是一个兵”、“唱支山歌给党听”、“战士歌唱东方红”、“工农齐武装”、“红梅赞”等高昂的歌声，现场一片沸腾，渔民们高兴得手舞足蹈，高声呼喊“毛主席万岁”、“共产党万岁”、“人民解放军万岁”，一个古稀老人高兴得热泪盈眶，拉着文宣队队长王必良的手连说“谢谢、谢谢，我活到这把年纪，还是第一次看戏啊！”

军民情深，军民心连心，岛上的渔民兄弟招待我们吃了一顿战地午饭。说是战地午饭，其实还真没有什么豪华大餐能跟它相比：大黄鱼、带鱼、梭子蟹、海蜇、石斑鱼、鲳鱼、香螺……光是乌贼鲞、黄鱼鲞、河豚鲞、鳗鱼鲞等就有七、八种，有许多我们当兵的从没见过，更叫不出名的海鲜。还有刚刚钓上来还活蹦乱跳的虎头鱼和三黄鸡（可不要小看了这只鸡，它是从远离小岛的县城特地采购过来的活货，这是岛上渔民一年一次过年才上的菜）。看着这桌上层层叠叠，足足有三十好几个海味大盘，听着渔民兄弟高声一个劲地请我们多品尝品尝的真挚乡音，真正感到军民是一家，不，胜过一家人。南京军区《人民前线》报——刊登了我写的6382部队送毛主席最新指示下小岛渔村的盛况。并寄来了“毛主席语录”袖珍本和毛主席像章等一批物品作为奖励。（当年“文化大革命”时期取消稿费，

就以毛泽东著作等代替）这些奖品在那个年代来说是多么地珍稀啊。

日月如梭，光阴似箭，此行虽已逝去 48 年，但上岛演出的盛况仿佛就在昨天：火红的战旗、青春的喷发、兄弟的热情、渔民的笑脸一一浮现在我这个老兵的心头。

这是我 1960 年代后期军旅生涯一千多个日日夜夜中记忆最深的往事之一。

作者简介：

潘镇材，籍贯：浙江绍兴。曾为驻嵊泗 6382 部队战士。后任中国人民银行嵊泗支行保卫股副股长。

嵊泗，有我的青春脚步

蔡和声

作者

1961年8月，还在宁波效实中学读高中的我，响应祖国号召应征入伍来到嵊泗县的枸杞岛。那年，我18岁。

由于我们这批入伍的青年都来自宁波的院校，故被称为文化兵。听部队首长讲，这是我军首次征集学生兵，在这之前征的兵都是来自农村、山区或工矿企业的青年。也因为我们这几百号人全来自宁波，所以也被称为“宁波兵”。

记得离开宁波白沙码头那天，船出镇海口时已经天黑，海上的风浪将船摇摆着，我们这些不习惯乘船的人，不久便东倒西歪地晕船了。船在大海上航行了一个晚上，第二天天刚亮就停泊在离枸杞岛大王沙滩不到一公里的海上。经登陆艇换乘，我们背着背包登上了枸杞岛。在带兵干部的带领下，我们步行经过一个居民点（后来方知道这是大王村），顺着羊肠小道，翻过了一座山，约莫走了有两公里的路，到达了新兵集训地——干斜岙（村）。

半个月的新兵训练是在干斜岙（村）度过的。当时，我们以班为单位住在老百姓的家里，睡的是临时用毛竹搭建的通铺双层床。八月的天气是炎热的，我们几个老兵经不住海水的诱惑，利用夜色的掩护偷偷地到沙滩，破天荒洗了个海水澡，凉凉的海水令人十分舒服。

新兵集训结束了，我被分配到嵊山营部通信排的电话班里。3年的电话兵生活（尤其是架线训练），让我踏遍了嵊山岛上的山山水水、一九八高地、二〇六高地、鳗嘴头、大玉湾、小玉湾、万年溪坑、后头湾、泗洲塘等地不知道跑了多少趟。那时的嵊山无公路，也很少有二层以上的楼房，许多老百姓还住在用茅草盖的矮平房里。然而，周边海里的鱼很多，主要有带鱼、墨鱼和大小黄鱼。只要鱼汛一到，来自全国沿海地区的上万艘渔船云集洋面，可用一望无际来形容。尤其是冬季捕带鱼，站在高山上向海上一望，那渔船就像蚂蚁一样，密密麻麻的。每遇到刮大风天气，渔船进港避风和到岛上补给生产生活用品时，渔民们会将嵊山街道挤得水泄不通，可谓是人山人海。由于岛小人多，淡水供应常会发生困难，记得当时常有人用一担淡水换回 10 多斤鲜带鱼。

为改善部队生活，我们营里也组织了捕鱼队，跟随渔民一起出海捕鱼。记得有一次捕上的带鱼特别多，那天正好轮到我在总机室值班，营长要我用电话通知各单位派人来营部领带鱼，每个单位可分上好几百斤。夏汛主要是捕墨鱼，那时的墨鱼特别多，站在海边的岩石上，常可看到墨鱼在海水中吃食游动。

人民前綫

「飞毛腿」蔡和声

卢振海摄影报道

某守岛部队架設兵蔡和声在学习雷鋒和好八連的事迹以后，根据海島多山的特点，苦練山地架設硬功夫。按規定，一千米单人收放綫的优秀成績是十六分钟，他却只要用十一分五十秒，而且保証质量。蔡和声参加团里的一次考核，考核員跑得滿头大汗，还远远落在他后面。因此，同志們都称他是“飞毛腿”。

1962年6月

在嵊山当兵期间，正赶上全军上下学雷锋，我除了学做各种好事（如帮当地老百姓挑水、打扫卫生），还学会了理发，利用空余时间为战友及驻地的老百姓理发。嵊山的山地练就了我一身快速收放电线的本领。不久我被上级授予学习雷锋标兵，并被军区的《人民前线报》报道，还在报上刊登了一张“飞毛腿”的照片。

3 年后，我被调到枸杞岛的炮兵连任一排排长。枸杞岛的面积略大于嵊山，嵊山多石头，枸杞多松树。在枸杞经历了“文化大革命”，连队领导让我带领3个战士作为民兵工作组（后改为毛泽东思想宣传队），进驻当年新兵连驻地干斜岙（村），与当地群众同吃同住同劳动。早上组织民兵出操，白天帮助群众一起收海带，在墙上书写大幅毛主席语录。因我出生在东钱湖，从小会水。有一次，生产队组织渔民下海挖淡菜，在我的要求下，我也参加了。渔民做好采挖的前期工作后，我把一个大网斗挂在颈部。潜水5～6米深的海底，挖了一网斗又黑又大的野生淡菜。

在枸杞工作期间，我还担任过连队的捕鱼组组长，主要是在夏季捕墨鱼和海蜓。刚捕上的墨鱼倒进船舱里，它肚子一鼓，突然将一股墨水喷射到你身上。捕鱼组里每个战士的衣服上都有许多洗不掉的黑斑。捕海蜓要等太阳下山，作业时，由两条小船协作完成。没有月亮的黑夜，海水特别漂亮，各种大小不一的鱼类在海水中发出各种鳞光，飞快地游来游去。在捕捞中，有时也能捕上几条大黄鱼，刚捕上来时还会咕咕地叫几声，但很快便不会动了。船在海里有时还会突然听到“咚”的一声，原来是一条飞鱼撞到了船板上。让人难以忘怀的是有一个晚上，海蜓没捕到，倒是拉了满满的一网海蜇，结果连长派出了一个排的人到岙口的沙滩抬海蜇，几十个人忙活了2个多小时才将数千斤的海蜇搬运到连队。

枸杞岛上有一处名胜古迹——“山海奇观”，四个大字镌刻在一块9米高的巨石上，是抗倭名将戚继光（1528～1587）部下都督侯继高（1533～1602）的亲笔题写（包括大字下面的落款42个字）。我在里西守备二连任连长时，以此让战士接受爱国主义教育，同时用红漆将摩崖石刻上褪了色的文字描红，为保护重点文物出一份力。

在枸杞团部当参谋时，我曾带领测绘兵参与地方“五二八”地下粮库的施工，主要是定点后的测量、制图及施工过程中的复查和进度掌握。“五二八”的粮库布满了嵊山、枸杞和壁下，这就使我对这3个岛的地形有进一步的了解，直到现在，我的脑子里还能经常浮现出当时当地的许多情景。

1974年10月，我被调到嵊泗石柱一营营部工作，在那里工作了3年。由于经常参与各连队的训练和各类演习等活动，使我对马关、石柱、南长途、高场湾及基湖有所了解，尤其是基湖沙滩，金黄色的铁板沙从海滩一直延伸到山脚下。当时沙滩周围无居民活动，更无民房，所以基湖沙滩成了部队实弹射击和手榴弹实弹投掷等训练的好地方。

1977年年底，我被调到五龙田岙的东部团工作。有一次，我去高场湾的守备一连察看手榴弹实弹投掷，地点在基湖沙滩中的一座小山上。100 多个战士每人一枚手榴弹，沉闷的爆炸声连续从海水中传出。当天午睡后，驾驶员又将我和警卫员小刘送到投弹地方察看实弹投掷。这时潮水已退下，我们在小山下的石缝中捡到了鲻鱼等鱼类。当晚，让全连同志吃了一顿美餐。

“铁打的营房流水的兵”，1984 年 3 月，我转业回到宁波。一转眼过去了 30 多年。经常回忆起昔日海岛生活，想到勤劳、纯朴的渔民，他们出海回来，就和我们部队搞共建、搞军民联防。他们积极参加军事训练和国防施工，他们无偿地为我们部队服务。还有那些女民兵们，除了和她们的父辈、兄弟、丈夫一样地参加民兵训练和国防施工外，每逢节假日还到军营为子弟兵洗衣洗被……这些景、这些情让我难以忘怀。

嵊泗，今日的国家重点风景名胜区、美丽的现代化港口旅游城市——我永生难忘的第二个故乡！我为在蓝土地上曾经留下过青春的脚步而感自豪！

作者简介：

蔡和声，籍贯：浙江宁波。曾任驻嵊泗守备区某团参谋长。

第二编

医卫往事

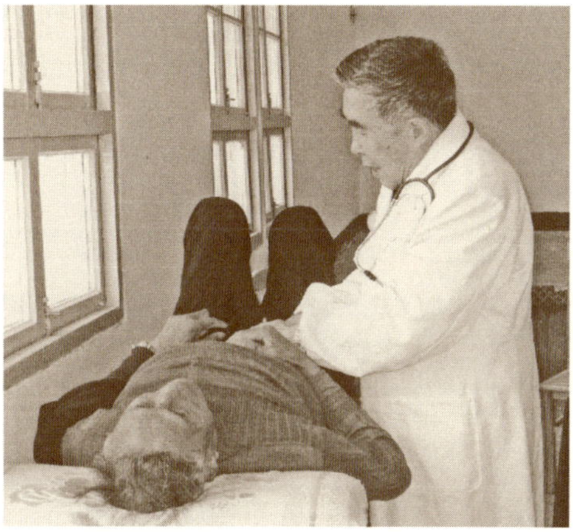

我的乡愁在嵊泗

陈保罗　口述　周苗　整理

一

作者

我在1948年考进震旦大学医学系。新中国成立后，上海地区的学校调整院系设置，把圣约翰、同德、震旦等学校的医学系合并，成立上海第二医学院，就是现在的交通大学附属医学院。我1955年毕业，分配到仁济医院当医生。

1961年，嵊泗已经划归上海。嵊泗人民医院缺少医生，医疗水平也不高，就到上海市卫生局去要求帮助，希望能调派些医生到嵊泗。上海卫生局领导蛮重视，就推荐了我。嵊泗人民医院派团支部书记王用能来接洽，由我医院人事科工作人员陪着来与我交谈。

我问："嵊泗在啥地方，听都没听说过？"王用能回答说是在吴淞口外面。又仔细一问，原来是吴淞口外面的一个岛。我问，你们有电灯吗？回答说，有是有的，但是夜里九时电要停的。我又问，你们有公共汽车吗？回答说，有的，就一辆，从县城菜园到青沙滩。最后问，你们有电车吗？回答，电车是没有的，但是船很多。

人事科的人说嵊泗在杭州下面一点，我一听，在杭州下面一点，那还挺近的，一个礼拜总可以回家一趟了。问了几个问题，我心想，反正我是搞业务的，管它有没有汽车、电车，反正在杭州附近，去就去吧。

王用能要我准备一下，马上和他们回嵊泗。我说："你们要走程序呀，调个人哪有这么简单，而且我有一大堆事情还没安排好，哪能说走就走。”

事情定下来以后，仁济医院的人事科科长到我家里，问我有什么要求。我说，我的情况你都知道，上面两个老人，下面两个小孩，这么小的房子住六口人，我妻子在医院当护士三班倒，都没时间照顾家。现在反正要去嵊泗了，还有什么好要求的。

到了 10 月中旬，嵊泗医院派了个叫马骏（会计）的人来上海，说是给我发工资。我奇怪了，我还在仁济医院上班，你怎么给我发工资啊。马骏说：“你是阿拉嵊泗的人了，当然是阿拉发工资给你呀。”我一听，哦，明白了，那好吧。就按照我在上海的标准发了工资给我。

过了几天，马骏又来了，来接我去嵊泗，让我自己到十六铺码头排队买船票。第二天，我正准备去码头买票，马骏来了，要我陪他去华东医院，去拿调配给嵊泗的医疗器材。办好事情后，我再去码头买票。动身那天是 10 月 30 日，夜里上船，这是我第一次坐船。船开出吴淞口后浪很大，我心里很害怕，人也晕得很厉害。船上没有卧铺，只有座位，幸亏带了行李，就靠着行李坐了一晚上。

第二天 11 月 1 日到了嵊泗。船就停在小菜园外面，人一个个下到小舢板上，再驳到岸上。那时从小菜园到镇里是没有路的，要从宫山上翻过山来，然后背着行李，到嵊泗人民医院报到。休息一天，11 月 3 日我正式开始上班。

二

我在嵊泗做医生几十年，有几个病人印象挺深，一个是我上班后看的第一个病人。

那时嵊泗人民医院在现在的华侨饭店位置。报到后，开始工作——查病房，结果查到一个重症病人。那个病人，我印象最深，现在还记得起他的样子。病人是洋山人，10 月 30 日从渔场里直接过来的，病情很严重，人已经瘦得像根柴爿一样。

我给病人一检查，发现病人的肝脏比正常的大了很多，是肝脓疡。当时医院没有先进设备、没有超声波，只有一部老式的 X 光机，诊断病情都是靠手摸来判断。肝脓疡最要紧的是把脓先抽出来，我就找了外科的钱天禧医生商量，钱医生表示医院的外科技术力量还不足，开不了刀。这可咋办？如果送去上海，一是时间上耽搁，怕病情会恶化，二是病人家庭经济承受不起，去上海可是一大笔费用。

我当时年轻，胆子也大，再加上病人家属一直恳求，就决定在嵊泗给他治病。我先去问检验科，这里能不能验血，有什么项目可以验？只有三大常规白细胞、红细胞、血小板可以验。好，就决定下午开始抽脓。第一次抽了300cc，我一看，差不多了，腹腔有压力，一次不能抽太多，病人身体会吃不消。

第二天查房时，病人情况好了点，他自己也说身体有点舒服了。就决定再抽200cc。第三天，又抽了200cc，三天一共抽了700cc。我一看差不多了，不用再抽了，又给病人用了一些药。一个星期后，病人的情况好多了，脸上也有了血色，能吃下东西了，一条命总算保住了。据我所知，后来这个病人一直活到七十多岁。

送医下乡，免费为群众诊病

还有是1962年的2月，五龙有个病人，原先一直诊断他是肝炎，有黄疸，可是看了以后一直没有好转，就来找我看。一问病史，每次发病时有一些发热，还有些疼痛，不是很厉害。这情况不像肝炎，手一摸，发现胆已经肿得很大了，我确定是胆结石。依旧没有设备，靠手来摸，然后再动脑子分析，才能确定病情。不像现在设备条件这么好，有啥毛病，机器一照就能确定了。

病情确定后，要动手术开刀，我对外科不懂，就去找钱天禧医生。钱医生为人很谨慎，以前只做过阑尾炎、小肠气等一些小手术。我问他："你开过胃的手术吗？"他说："没有。"医院设备不好，不敢开。

我和钱医生开玩笑说："这个病人是胆结石，这要你来动手术，是你的生意，我不好抢的。"钱医生被我一说，放心了，下午就给病人动手术了。这手术一开，结果开到晚上才结束，用了五六个小时。原来这病人呼吸有点问题，有痰卡在喉咙里。手术到一半，我要大家停一下，先把呼吸问题解决掉。可是一问，医院里竟然没有吸痰器。这怎么办？痰吸不出来，病人呼吸气供不上，这要出问题的。

幸亏医院的口腔科有个老式的用脚踩的吸痰器，没办法，只能凑合着用一下了。忙叫人去拿来，总算把痰吸出来，因这个事情一耽搁，时间就晚了，一直到晚七时才开好。

还有一个青沙滩的小囝，记得好像是八岁，肚子一直疼，在青沙卫生院看了，说他是扁桃腺发炎。疼了几天，他父母一看不对，就抱来让我看。我一检查，用手在他肚子上一摸，明白了，肝脓肿。病情已经被耽误了几天，在嵊泗医院动手术吃不消了，需马上送上海。幸亏还来得及时，送到上海救回一条命。青沙那个医生只看到扁桃腺发炎，就没去查一下扁桃腺为什么会发炎，差一点就耽搁了一条小生命。所以说，做医生一定要仔细、仔细、再仔细。

三

那个时候，除了在医院坐诊看病，医院还经常组织医疗小分队，到各个小岛巡回治疗。到了那里，就和当地老百姓同吃、同住、同劳动。

1964 年搞“四清”运动时，我们几个人被派到徐公岛开展工作。大概过了一个星期，从黄龙岛开来一只渔船，说是渔场指挥部让我们马上去黄龙岛。我们一听，这要服从命令呀，马上整理医疗器材、铺盖行李，上了渔船。船开到马迹山外面时，风浪突然大了，船顶着风开不动了，只好就近找了个地方避风。我们这些人在船舱里坐着，又担心又无聊，只好聊聊天、开开玩笑，这么长时间，新加坡都到了，这要把阿拉运到哪里去呀？船停泊了一夜，第二天早上，看风浪小了，才又开船到黄龙。

到了黄龙才知道，原来岛上麻疹大流行。我们小分队了解病情后，连忙和县人民医院联系，让他们赶快调运药品到黄龙。同时我们下到每个村岙，挨家挨户地巡诊、治疗，宣传预防的知识。这样一家家地看下来，总算把麻疹爆发的形势给控制下来。小分队一直驻守在黄龙，等到快过年了，情况完全稳定了，才撤回县城菜园镇。

那时，老百姓的卫生意识还不高，卫生条件也不好，小岛上经常有紧急的情况发生。我们就像救火队一样，哪里有情况就到哪里。有一年夏天，黄龙岛爆发霍乱，我赶去了。大洋山爆发脑膜炎，也是我带人过去的。那时人的工作积极性很高，虽然辛苦，但是看到病治好了，心里就很高兴，感觉自己有了价值。

四

1966年，“文化大革命”开始后，我被扣上“莫须有”的罪名，说是有历史问题，被打倒了。其实我的出身也是贫苦人家，我的父亲是教会医院“伯特利”看门的，就是现在第九人民医院，我出生也在那个医院。我母亲是医院里洗衣工人，根本不是什么资本家、学者、权威。为啥要把我打倒呢？“罪证”是我母亲的社会关系有点复杂，她是宋子文老婆的堂姐。

还有一个“罪证”是因为我在震旦大学附中读书时有个同学，他的舅舅是蒋经国，这也算我的历史问题。这两条罪证加到我身上，我就倒霉了。上面通知我，让我不用上班了。从我读大学到后来分配到仁济医院上班，其实这些问题组织上都调查过，都是清清白白的。

不让我上班，那让我干什么呢？先是被批斗，从1966年6月7日开始，批斗了一个星期，到6月15日，开始劳动。先到中医院，随后又到人民医院，给病房里的病人倒夜桶，挑开水送到每个病房，扫地、挑水，医院里的吃水、用水都是我挑的。

1968年的时候，有蛮多群众向医院反映，要求我出来帮他们看病。经医院研究后，就放我出来看了一段时间的门诊，看了两个月，又去劳动了。

这样劳动了近六年，一直到1972年的3月才结束。上面让我重新出来工作，但不是完全自由。说是“一批二用”，“用”是医生让你当着，“批”是话不能多，更不能乱讲，有什么不对的地方，还是要揪出来批斗。

五

后来，医院的书记顾梦兰找我谈话，希望由我来负责内科。我一听，吓了一跳：“顾书记，我还戴着‘一批二用’的帽子，怎么能负责呢？你叫我看门诊、查病房都可以，但是负责是不行的。”

顾书记找我谈了一次、二次，一直到第五次，他和我摊牌了，你当初为啥来的嵊泗？我回答，是党组织叫我来的。那你过去听党的话，现在就不听了吗？我被他一问，回答不出，只好硬着头皮，你想怎么样就怎么样吧。

到了1978年，组织上要我来当人民医院的院长，我坚决不肯当。县组织部部长李植安找我谈话。我说:“李部长,我刚刚摘掉帽子,不能做院长的,还是让我安安心心当医生吧,而且,我当了院长,哪有精力来管医院的行政工作,人家外地是另外有一套班子来管行政,在嵊泗不可能做到,所以我不能做院长。嵊泗人民医院的院长是党委领导下的院长负责制,党委的一些人我是了解的,我不适合做这个院长,再说,我这个人性格太直,容易得罪人,你还是找其他人来做吧。”听了我一席话,李植安不说话了,后来就安排王广亮做院长。

1980 年,组织部又找我谈话,说医院搞民意测验,你的得分最高,大家还是希望你出来当院长。既然话说到这个地步,我只好硬着头皮,答应当院长了。

当了两年院长,感觉真的不适应,我就找了当时的组织部部长许洁,让他给我帮忙联系上李世通书记,讲了好几次,终于和李书记碰头了,我说:“李书记,我是搞业务的人,不适合搞行政管理。我真的当不了院长,你让我集中精力搞业务吧。”李书记和许部长看我态度坚决,就同意了。任命了徐亨懋当院长,给我挂了个副院长的头衔,我不好再推辞。

六

自 1961 年来到嵊泗,至 2016 年已经 50 多年了,有时候回头想想,真是有蛮多的辛酸。我抱着一腔热情,离开老婆孩子,从上海大城市跑到这个乡下海岛,得到了什么?

嵊泗县人民医院

但是每次走在街里,有那么多的老百姓一个个地和我打招呼,保罗医生、保罗医生,我心里就感觉这就是我得到的,这是嵊泗百姓对我的信任,花再多钞票都买不来的。

说实话,这些年我也想过要回上海去。刚来嵊泗那年,一看环境太差，医院里设备也没有，生活上也不方便，心里就打了退堂鼓。可是当时我的人事手续都转移到嵊泗来了，政策上是不允许回去的。没办法，只好待了下来。

做了几年，情况都熟悉了，环境也有点适应了，却给我搞了个历史问题，那时真的感到委屈。

嵊泗的老百姓真的蛮好，有些病人对我很信任，他们可不管我有啥"历史问题"，还偷偷摸摸来找我看病。有个老太太，黄龙人，生了毛病。别的地方都不去看，让家里人陪着来找我，说让我看了是死是活都不去管了。我不能公开看病，只能暗地里看，病人来找我，是对我的信任，我只好冒着风险尽量给他们看。

1980年代初的时候，出台相关政策，像我这类人可以调回上海。我很高兴，终于可以回去和家人团聚了，我去找组织部申请，组织部不肯放我走，说要向上面汇报。我就去找了王永根县长，他也不同意我调回上海，我就在他的办公室软磨硬泡了半天。王县长最后说了一句话，我至今难忘。他说："保罗医生，你是可以回去，但是比起上海人民，嵊泗人民更需要你，上海像你这样的专家很多，可嵊泗就只有你一个，我放你回去，我就对不起嵊泗全县人民了，我只好对不起你一个人。"王县长说完，我很感动，想想也对，就决定不回去了。

后来，组织上对我也很关心重视，还让我当人民医院的院长，又被选上嵊泗县人大常委会副主任、舟山市政协副主席、浙江省政协委员，还获全国卫生先进工作者等荣誉。

嵊泗的老百姓这么信任我，县里面的领导也关心我，我还走什么呢？我下定决心，一辈子留在这里。前几年，我已把我父母的骨灰迁到了嵊泗，我以后也要埋在这里，做个真正的嵊泗海岛人。

作者简介：

陈保罗，籍贯：上海。曾任嵊泗人民医院医师、内科主任、院长，县人大常委会副主任，舟山市政协副主席。

在嵊泗人民医院四十年

李国萱　口述　周苗　整理

作者

1963 年我到嵊泗医院后，妇产科医生就我和陶学娟两个人。那时候的嵊泗人民医院还是大协作的模式，没有内科、外科、妇产科分得这么细，病人来了都要看。妇产科属于大外科的范围，没有脱离出来，一些刮宫等的手术，要由属于内科的夏美琪医生负责。

我们科室的各项条件实在太差，小陶刚从医学院毕业，我年纪稍微大一点，就互相支持配合着开展工作。那时候，医院里不但缺医生，手术间的条件也很差，冬天冷得很，医生病人都吃不消。产妇生产时就给盖个被子，往往血水把被子搞得一塌糊涂，有的产妇盖了好几条被子，还冻得瑟瑟发抖。

这咋办呢？我就动手做了几个棉脚套，帮产妇把整条腿穿起来保暖，身上再盖上小被子，这样情况才好一点儿。后来又准备了炭盆，一遇到有病人开刀动手术，就把炭火生起来，房间里就暖和了。

那时，嵊泗的产妇出现难产的情况很多，有横位，有臀位，碰到这种情况，人紧张得不得了，要人手没人手，要设备没设备，人很慌。后来我想，要解决这些问题，一定要搞产前检查，提前预防。产前检查不搞，难产的问题就没法解决。

产前检查推行难度很大，嵊泗的老百姓思想还比较保守，来产前检查的只有一些单位里的干部职工。农村妇女怕难为情，很少有来检查的。就算去孕妇家里催她们来检查，也都不肯来。这可咋办？要想个办法。

那时，产妇生小孩后会给发布票。我灵机一动，就找了商业局领导，把情况跟他们一说，都很支持。我和负责发布票的张英商量：把布票扣牢，只有做过产前检查的才能发布票，在医院检查后，我们给产妇一个凭证，以后她拿凭证来发布票。张英觉得这个办法蛮好，这个事情就定了下来。

用这个办法后，来检查的产妇逐渐多了，一点一点，产前检查总算开展起来。

我们还建立了一套具体的流程制度，专门设计了一张产前检查卡，产妇的信息都记录在这张卡上。产妇每次来检查，只要把卡带上，医生一看就知道了，减少了各个环节的时间，方便了很多。医生手里还有一个登记本，把产妇是哪里人、孕期几周、血型等情况都记录在本子上，随时可以了解产妇的情况，一发现产妇没来检查，就可以马上上门了解情况。

泗礁本岛的状况改善后，我觉得该向偏远小岛发展了。小岛交通不方便，我们就利用一切机会，比如开妇女工作会的机会，鼓励产妇来做产前检查。

经过产前检查，产妇就能知道自己的情况，该注意点什么，都有了清楚的了解，难产的情况也相应地减少了很多，慢慢地就形成了产妇主动来要求检查的现象。这些措施的确给产妇带来了实惠，妇女们一传十，十传百，慢慢在社会上形成了产前检查的氛围。经过一段时间，妇产科渐渐进入了轨道，各项工作开始有序推进。

我到嵊泗是 1963 年，没多久开始搞计划生育了，我同时也要抓这项工作。社会上对结扎不理解，有恐惧心理，推行这项工作困难重重。在结扎手术中，需给病人局部麻醉，病人有顾虑：在我没知觉时，你在我身体里面搞啥，我又不知道。这怎么办？为了打消病人顾虑，改搞腰部麻醉。腰麻一点不疼，而且人的意识清楚。可是腰麻有不良反应，会肚子胀气，有几例病人胀得很厉害，我就给她们打针，打新斯得敏缓解，如还不行，只好给她们插肛管排气。腰麻实行一段时间后，也有不足之处。后来就改成打适量杜冷丁，再加上局麻，这样改进后，结扎手术一点也不疼，只有一点点酸，其他没什么不良反应。

做结扎手术前，先要帮病人清洗。那时老百姓不太讲究卫生，没有洗澡的习惯，脏的不得了，我们用面盆和肥皂帮病人把肚皮洗干净。再用碘酒、酒精消毒，然后用腹带把肚皮包起来。别的地方是开刀后直到拆线了才打开纱布，我们改成开刀后第二天，就把腹带、纱布解开，检查一下伤口情况，有没有发炎。第三天再给伤口消毒包扎。还和病人反复交代：你自己要注意，不能用手去挠。

我们基础工作做得好，没有发生病人伤口感染的事情，病人都很满意。回去一宣传，大家都放下心来，打消了顾虑。我们工作非常认真小心，争取万无一失。嵊泗也就这么点大,一出事,全都知道了,那我们的计生工作就没法开展了。当时社会上的宣传力度很大,上级部门的要求也很严,病人也没办法,只好按政策办。

除做好日常的工作外,我们还要经常下小岛去巡诊。有一次碰到大风,被关在滩浒岛了。那是冬天,渔船都出海捕带鱼去了,岛上没其他的船。我们在岛上做好计生工作后,没事情干,就帮岛上卫生院的医生一起看病,结果一住就住了四十多天。因为下趟小岛不容易,我们会提前把病人的情况摸清楚,年龄、生育史都建立档案,再决定谁先做,谁后做。为了提高效率,一个手术室里放上两张手术台,我主刀动手术,开好刀、缝好线,接下来由护士们包扎处理,我马上给另外一个做手术,这样两台手术连接做,效率提高了很多,最高纪录一天做十四台手术。

周边小岛的条件比本岛更差,我们去了,还是那套方法:帮病人清洗、消毒。同时辅导和培训小岛上的医生,一些简单的放环、扎管等手术都教给她们,让她们以后能独立操作。

我到嵊泗时,妇产科还和外科并在一起,后来慢慢独立出来。最初分给我们两个病房,大的一间能放八张病床,小的能放四张病床。当时,我老公钱天禧当外科主任,我负责妇产科,后来病人逐渐多了,我说这样不行,工作没法开展,就要求分开来了。

那时各种妇科疾病挺多,什么胎盘前置、宫外孕、胎盘早期剥离,等等。我和小陶有时忙得不可开交,一遇到我们把握不大的手术,我就马上去把老钱叫来帮忙。

妇产科独立出来后,业务水平要求也高了。但我们妇产科除了扎管手术可以独立操作外,其他如剖腹产手术等,总归要叫外科的人来帮忙。我胆子也小,一个人不敢做,就让老钱来搭把手、壮壮胆。这终究不是长久的办法,我感觉必须要出去学习进修了。就向院方要求,到国际妇女保健医院进修。

我在进修中学到了很多,如剖腹产、大子宫引产。我还特别要求学新生儿插管,因为碰到剖腹产婴儿出生,有危险抢救时要用到这个手术。别的医院,新生儿插管都是小儿科医生来做的,我们医院没有这个条件,一遇到这种情况,就只能由妇产科医生负责处理。我进修时就提出来,让我实际操作一下,但人家医院有规定,不能让我来试,我只好在旁边认真仔细地看她们操作。后来她们看我真的想学,就破例让我亲手操作,她们在一旁指导。试过之后,找到窍门了,和成人插管差不多。回来后,就教给科里的其他医生。院里有一套插管器,是用于成人插管的，我联系医药公司，让他们买来婴儿用的管子，装到机器上，碰到婴儿需要插管指导情况，就可以用上。这样，新生儿抢救及时，出生死亡率降低。

我慢慢地把工作都担当起来，不用再叫外科的医生来帮忙，总算把妇产科的担子挑起来了。我们也开始做宫外孕等一些手术了，这种病人很危险，进医院时都已经休克了，要赶快给病人做静脉切开，碰到这种情况，还是需要外科医生过来帮忙。可是有几次，医生老是等不来，我一想，这样下去不行，我要把这个手术学会。其实静脉切开是外科的一种基本手术，看着他们做了几次，心里有底了，就自己做。

单单我一个人学习进修也不行，旁边的助手也要学习，否则她们无法配合工作。我向院里要求，让她们都去进修一次。回来后，也不能让她们独立操作，请来钱天禧医生当她们的第二助手或在旁边指导。这样一来，妇产科的整体水平提高了很多，本来一些囊肿、宫外孕、子宫肌瘤的病都需要去县外看的，后来都可以在本地医院治疗了。

有一次，我在舟山开会，上级说要求各地妇产科成立婴儿室，还要组织评选优秀。我一听，正符合我的想法。我们嵊泗百姓的卫生意识差，婴儿出生清洗不仔细，有的待我们去检查，发现婴儿身上都长蛆虫了，我汗毛都竖起来，心疼得不得了。就想着要成立婴儿室，只是条件不够，一直没有完成。在会上听到上级有这样的要求，我马上打电话让医院撤个房间出来，就算把办公室撤掉，也要腾出房间来。等我从舟山回来，房间已经腾出来了，又简单地粉刷了一下，我去小儿科要了两张小木床，算是把婴儿室建了起来。里面用的小被子、尿布、小衣服都要准备好，我还画好衣服样子，买来布，让裁缝师傅依样做出来。东西配好后，婴儿室有点样子了。后来，婴儿一出生，马上清洗干净，送进婴儿室。不久，舟山评比优秀婴儿室，我们被评为先进，夺得全市第一名。奖品是一部手术推车和一台早产儿保温箱。我开心得不得了，这两样东西对我们来讲，真是太重要了，像宝贝一样。有了保温箱，以后婴儿出生后情况不好，就有了更好的治疗护理条件。

作者简介：

李国萱，籍贯：上海。曾任县人民医院大外科副主任、妇产科主任、副主任医师。

我与嵊泗计划生育

施凤英

作者

我于 1954 年 5 月因爱人关系，由内蒙古乌兰浩特市调到浙江省嵊泗县卫生科工作。

从内蒙古到嵊泗，需要到杭州，去省委组织部转人事关系。当时省委组织部要把我留在杭州，并答应把我爱人陈士鹏也调到杭州。我当时年轻，有一股蓬勃朝气，认为从边疆到海岛都是为人民服务，况且嵊泗不肯放陈士鹏，因此，也就毅然赴海岛工作。四十多年海岛生活的酸甜苦辣难以言表。

当年到嵊泗是从上海十六铺码头乘船，那夜在船上第一次尝到了晕船的滋味。那时候的交通船没有铺位，只能席地而坐，或在舱板上席地而卧。五六月份的气候，夜里海风吹来冷得人发抖，好心的船工把我叫到船舱里。半夜时分，船晃动得厉害，头晕恶心，只能席地而卧，等到船平稳些，我起来一看，身上衣服上都沾满了呕吐物，真是狼狈不堪。经过一夜风浪颠簸，第二天一大早，天刚蒙蒙亮时到了青沙海边（当时县政府设在青沙），眺目远望，大海无边无际，哪里有码头……一会儿摇来一只小船，原来要用小舢板驳到岸上。如果涨潮，小舢板可以直接靠岸；如果退潮，还要船老大背着蹚水到岸边，我从广阔的草原到浩瀚的大海，两个完全不同的世界，一下子给惊呆了。从此我从风吹青青草儿见牛羊的辽阔草原，来到了滔滔长江水、滚滚东海浪的孤岛。

当时青沙是县政府所在地，却是一个高高石头山、矮矮小民房、弯弯盘山路、窄窄小弄堂的村落，但是我没有放弃为人民服务的宗旨，没有削弱年轻人的蓬勃朝气，没有放弃我真挚的爱情，心甘情愿地留了下来。

第二天（1954 年 6 月 1 日），我报到后被分配在县卫生科工作，当时卫生科没有办公室，科长是卫生院院长杜惕冰兼，卫生院文书庄汉国协助收发卫生科文件，我报到后卫生科才有了专职干部，办公室就在文教科里放一张办公桌。7 月，我由县委安排与其他部门的同志一起去浙江省行政学院学习三个月。回来后，全职担负了县卫生行政工作。

同年冬天，县政府从青沙搬到菜园镇，办公室还是我一个人，仍和文教科合署，屋子中间用文件橱分隔出三分之一，既是办公室，又是我的宿舍。第二年，卫生科总算有了自己的牌子，有了半间办公室，但仍兼宿舍（办公室内放一张单人床）。

当时卫生机构有县卫生院在青沙。内科吴光潜、外科蒋寿石、产科姚秀琴、都是苏南行署分配来的。只能治疗一般疾病，外科连阑尾手术都不能做，遇到危重疾病只能送到上海。全县有嵊山、大洋卫生院，菜园卫生所。卫生防疫站设在菜园镇一个老百姓的民宅里。

嵊泗是一个岛县，除泗礁岛有四个乡镇可以步行以外，其余都要乘船。当时医疗条件非常差，乡、镇有极少几个老医生行医，卫生科开办卫生员和赤脚医生培训班，并把私人诊所医生组织起来，成立了嵊山和泗礁联合诊所，嵊山联合诊所张海通、泗礁联合诊所张润之，他们二人当时在群众中威信比较高，初步解决了群众缺医少药的问题。

1972 年 9 月，根据国务院〔1971〕51 号文件精神，嵊泗县计划生育委员会成立。1973 年起，贯彻“晚、稀、少”的原则，“晚”即晚婚晚育，要求婚龄为城镇人口男女平均 25 周岁，农村人口男 26 岁，女 24 岁；“稀”即要求生育间隔时间 4 年以上；“少”指一对夫妇只生两个孩子，禁止第三胎。实行免费供应避孕药具，免费施行节育手术。

渔区的生育因传统习惯影响，“养儿防老”“重男轻女”“传宗接代”的观念比较突出，生育处于无计划状态。

1973 年 4 月，我调入县计划生育办公室，办公室设在县防疫站内，办公室人员共 3 人（除了我以外还有两位是从县防疫站和枸杞卫生院借调的）。

对我来说，做这项工作，开始是一头雾水，满脑子空空的，不知如何抓。又没有老师指导，完全要靠自己摸索。在基层辗转地蹲了十多年，死板的工作和生活已冲刷了工作的热情和信心，心理上已准备默默地度此一生。由于计划生育是一项政策性很强的工作，既要做好人的思想工作，破除旧的生育观，把计划生育政策落实到人，又要关心妇女们的身心健康，不能搞强迫命令。因此，我想要做好这项工作，只有深入到群众中去，摸清情况，掌握好第一手资料，做妇女们的贴心人，才是关键。当时办公室只有三个人，除留一人处理日常工作外，我就和其中一人，一个乡村一个乡村调查生育、节育、婚龄等情况，把每个乡、村的各年龄段的结婚对象（到达婚龄逐年结婚比例）、育龄妇女的生育情况、婚后什么时候出生第一胎、安排生第二胎的时间以及育龄妇女采取节育措施的状况，逐村逐户登记在册。各村都有几本明细账，便于各乡镇专职干部心中有数，统筹安排出生人数，做到有的放矢。每季的专职干部会议上，教他们如何登记，如何计算每种对象的比例，专职人员有的只有初小文化程度，经过我一遍一遍带教，都学会了各种报表的计算方法。省、市计生委检查结果，认为嵊泗县计划生育工作报表最真实，没有水分。我们培养典型，树立榜样。经常下基层召集各村的育龄妇女开会，讲解计划生育的政策和应采取的节育措施，按不同对象落实不同的节育措施（即婚后安排出生第一胎数，间隔四年安排第二胎的，按不同时间采取不同的节育措施。如刚出生的可以放环，即将可以生第二胎的以服药和外用为主，已出生第三胎以上的即采取绝育措施）。同时我们还组织了技术力量，对各乡村的育龄妇女进行妇女病检查，还到湖州市采购中成药为患病妇女免费治疗，把节育措施送下乡。人民医院妇产科和各乡镇的妇幼卫生工作者都尽心尽力，特别是县人民医院妇产科李国萱医师带着手术队一个个乡村落实节育措施。她的精湛技术、耐心细致的工作作风，博得了一致好评，被评为计划生育全国先进个人。

在开展计划生育工作中，各级领导都很重视。从 1974 年起各乡镇都陆续配备了一名专职计划生育宣传员，各乡镇的妇女干部配合默契，全县上下有一支不怕苦、不怕累、不怕骂的硬骨头队伍，这对计划生育工作正常开展有了保证。当时全县的计划生育工作以小洋乡最为突出，针对这些困难我们首先在小洋乡搞了试点，对育龄妇女按自愿原则，全部采取了节育措施（即结婚年龄男 26 岁、女 24 岁；生育间隔 4 年以上，安排第二胎；禁止生育第三胎），小洋乡首先成为全县和地、省计划生育先进集体。同年 11 月计生委改名为“嵊泗县计划生育领导小组”“嵊泗县计划生育办公室”，有工作人员 4 人。

1977 年 7 月，在小洋公社召开了计划生育工作现场会，开展挂钩竞赛，舟山各县都前来参加。通过这一活动，计划生育工作又上了一个新台阶，全县的计划生育率由1976年的45%上升到1978年的73%，多胎率由11%下降到2.85%，全县已婚育龄夫妇89%落实了各种节育措施。1978年11月，嵊泗县被评为省红旗单位，小洋、金平、五龙、黄龙被评为先进集体。

1979年6月，根据中央〔1979〕69号文件精神，在菜园镇进行一对夫妇只生一个孩子的试点。

1980年9月，中共中央发表《致全体共产党员、共青团员的公开信》，全县掀起了一对夫妇只生一个孩子的热潮。1981年6月5日，嵊泗县委〔1981〕11号文件，转发了县计划生育办公室《关于建立岗位责任制》意见的报告，具体要求如下：

一、计划生育办公室是党和政府的参谋部门，担负着调节全县人口自身的生产、控制人口增长的任务，是一个政策性强、指标硬、科学技术要求高、工作细、重点在基层的重要部门。内有人口计划、宣传教育、业务、统计及文书档案（药品管理）等分工。

二、责任制考核：主要看贡献、看劳动态度、看遵守制度、看团队协作。

针对计划生育的各项成效的显现，群众也深感实行计划生育对经济带来的好处。自觉实行计划生育已蔚然成风。

从1981年开始，我以五龙乡和滩浒乡为试点，对渔区未来人口的发展进行调查分析，并阐述了《嵊泗县未来人口预测》一文，被全国人口学会录用。1981年10月28日，我在上海召开的研讨大会上发言。

1982年1月，计划生育领导小组又改名为“嵊泗县计划生育委员会”“嵊泗县计划生育委员会办公室”，有工作人员5人。同年7月，办公室迁入县政府机关内，工作人员6人。

1982年12月，县人民政府根据《浙江省计划生育条例（试行草案）》，制定了计划生育实施细则。1982年12月—1983年3月，根据全国统一部署，开展了第一次声势浩大的计划生育宣传月活动，并于4月初召开了宣传月活动表彰大会。1983年8月，我县在全省第一个成立了嵊泗县计划生育宣传（技术）指导站。同年11月，根据省布置，又开展了第二次计划生育宣传月活动，以“无计划外二胎、无大月份引产、无多胎”为重点。当年，计划生育率88.14%、节育率97.2%、独生子女领证率92.37%。

1983 年 10 月。省人民政府授予嵊泗县计划生育办公室省计划生育先进集体称号,我被评为省计划生育先进工作者。

1984 年 8 月,我们又在五龙乡进行《完善二胎生育政策的试点》,把取得的经验,在全县推广。次年,计划生育率 95.72%,一胎率 94%,二胎率 6%,无多胎,节育率 92.9%。1984 年人口自然增长率 3.07‰,为新中国成立 30 多年来人口增长率最低的一年。

在此基础上,我们又抽调了部分乡的计划生育宣传员,组成一个调查组,对到 2000 年全县各乡镇渔区人口发展趋势进行了调查。我们从户口簿上查了 2000 年以内逐年进入婚龄的女性,并按年份分别登记在册;已婚尚未生育的人口以及按政策应安排二胎的对象也全部进行登记在册。然后按四种办法进行 1984—2000 年人口预测。

1. 按省计生委第二方案测算,2000 年期末人口 92825 人。

2. 按标准生育率预测,2000 年期末人口 94702 人,平均 1.46 胎。

3. 以实际婚育情况推算,2000 年期末人口 93280 人,二胎率 25%。

4. 按政策规定推算,2000 年期末人口 95102 人。

根据出生人口比例,我县以第三套方案为宜。

对此,我撰写了《嵊泗县渔区人口发展状况概述》一文,在省计生委、省人口学会学术论坛上均有报道。

据此人口发展状况,我县到 2000 年,把总人口控制在 94000 人以内,在安排人口出生计划时,可以对渔区人口适当放宽。首先考虑渔民适当放宽,可以生两个孩子。此调查在全省、地、市、县计划生育主任会议上汇报后,全省对农民也放开了生一个女孩的家庭可以再生一个孩子。

特殊规定:

1984 年,在完善二胎生育政策时,又规定国家干部、职工、城镇居民符合下列条件之一,本人要生育的,可有计划地安排生育第二个孩子:

1. 独生子与独生女结婚的;

2. 第一个子女为非遗传性残疾,不能成长为正常劳动力的;

3. 婚后五年不孕,收养一个孩子后怀孕的;

4. 夫妻一方为烈士的独生子女的;

5. 夫妻一方为初婚或未生育过,另一方再婚前生育过二个子女已丧偶的。

对渔农村除上述5条外，增加以下5条

1. 夫妻一方二代均为独生子女的；

2. 男到有女无儿家结婚落户，并赡养女方老人的；

3. 兄弟二人以上，其中只有一个有生育能力的；

4. 夫妻一方为非遗传性残疾，丧失劳动能力的；

5. 从事海洋作业的渔民，只生育一个女孩的。

1985年8月，县人大常委会通过《嵊泗县贯彻执行〈浙江省计划生育实施意见〉》完善了二胎生育政策。具体规定了4四点：

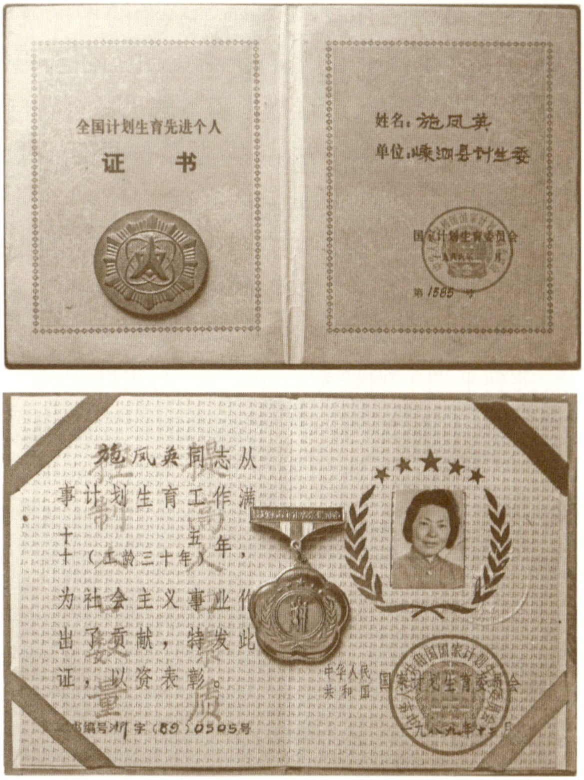

作者所获得的部分荣誉

1. 从事海洋捕捞、养殖的渔民，如因作业变动由非转渔的在转入二年后考虑安排；

2. 从事海上运输的渔民，渔业队后勤人员；

3. 渔业公司捕捞队下海渔民的“合同工”；

4. 半渔半农或者半渔半手工业（从事渔业半年以上）。

1986年3月，在北京召开了全国计划生育先进集体、先进个人表彰大会。嵊泗县、五龙乡、菜园镇、绿华乡为先进集体，我作为先进个人受到了表彰，五龙乡副乡长李锡年代表五龙出席了这次会议。

记得在全国计划生育宣传月活动中，由于要求二胎结扎的比例很高，一次市电话会议上，兄弟区、县的结扎率进展很快。会后于辉达书记马上把我叫去，询问我县的结扎进展情况。当时我根据我县的情况，首先把重点放在对计划外怀孕的补救措施上，因为对怀孕第三胎和计划外二胎在月份小的时候不抓紧补救，月份大了就无法补救了，杜绝第三胎的指标就要落空。而且已生育二胎的结扎对象也会产生侥幸心理，抗拒结扎，想待机会再生第三胎。这样落实二胎结扎的措施，难度会更大，待这些人基本解决后再转向结扎工作。经过我的解释，于书记同意我们的工作方法。后来县委按我们的要求，发了紧急通知，结扎工作开展得很顺利，各项指标跃居全区之首。

计划生育部门要做好县领导的参谋，要善于调查研究，掌握政策要有分寸，以温和的态度，耐心、细致、热情，分清事和人，设身处地地为对方着想，群众也会理解，不会产生敌对情绪，会共同解决问题。例如原滩浒乡有一个妇女生育第三胎，逃到平湖乍浦娘家出生一女孩，当即把孩子抱给人家，且抱孩子的那家花了几百元在全村办了喜酒。得知此消息后，我认为虽然是第三胎，不能让孩子流落在外，否则外逃生育的人会更多，况且我县也有不孕者，要抱养孩子。我和滩浒乡计生干部、产妇家属、计生委金水儿等 5 人，一起赶到乍浦，与当地政府协商，必须把孩子抱回。通过一个下午的说理教育，最终确定孩子由我们抱回。但领养家庭办酒所花的费用，必须补偿。我们即动员违反生育的家属筹款，给对方赔偿。虽然协议有了结果，约定在第二天中午 12 时执行。但得知该村民要在中途抢孩子，情况危急，我当机立断，与当地政府商量，为防止武力冲突，要求当地政府必须采取措施，保证我们的人身安全。当地政府也很重视，专门派车送我们到金山，人武部还组织力量在中途守卫，发命令，不准老百姓有过激行为，我们顺利地将孩子抱回。当时孩子出生才 12 天，穿一身单衣，尿布完全湿透了。我自己花钱在金山买了绒毯、尿布、衣服和奶粉。为了安抚产妇家庭，免除了生育第三胎的罚款，并由领养孩子的家庭以产妇营养费的名义给他补偿了乍浦娘家那户领养家庭办酒的费用，大家都感到非常满意。

计划生育是一项涉及千家万户，要千辛万苦、千言万语的细致工作。我们的计划生育干部，整天奔走在群众当中，调查摸底，宣传教育，使我县的计划生育工作取得了一项又一项的可喜成绩。这些基层干部都是乡镇聘用的妇女，工资很低，但工作量很大。我为她们做了二件好事。第一是我多次向公安局局长请示要求给她们的子女解决由渔业户口转为正式城镇户口；第二是对她们的职称、编制问题多次向省及市计生委、县领导反映，1982 年 8 月 21 日，正式向省委打了《关于计划生育专职人员进行考核转干的意见》的报告。1984 年，嵊计生〔1984〕第 7 号文件转发了刘艳君等 9 位同志转为国家正式干部的通知。其中四位同志年龄在 40 岁以上的转为职工。从 1983 年 10 月起工资各升一级。我们每季度给她们上课,学数学,计算各项指标的百分比,如何正确填表,等等;教她们做各种台账。几年后,她们的业务水平都有了显著提高,各项报表基本无误。乡镇计生干部在工作中遇到的困难都给予帮助解决。例如黄龙峙岙村有一群众因不满计划生育,把一桶粪便倒入计生干部的家中,甚至扬言要把她的小儿子丢入井中淹死。我得知后多次找公安局李纪宏局长,一定要严惩肇事者,结果将其拘留了 15 天,刹住了这股歪风。在宣传月宣传动员二胎结扎时,在大洋有一群众把我们同志推出门外跌倒在地,还破口大骂我们是国民党干部。不刹此风计划生育工作难以开展,我就要求蔡婉龙书记请派出所出面教育。第二天,那个男子乖乖地把妻子送到医院结扎,我们还是很客气地接待她,把该享受的待遇送上门。事后,那个男子主动向我们赔礼道歉。

往事历历,在嵊泗计划生育系统工作十年岁月中,最忆我和各乡镇计生工作干部的亲如姐妹般的关系,她们在工作中的苦、心里的话总愿意向我倾诉。是她们为计生工作做出了最大贡献。

作者简介:

施凤英,籍贯:上海松江。曾任浙江省嵊泗县计划生育委员会办公室主任,嵊泗县计划生育委员会巡视员。

卫生防疫工作历史回顾

于文波

作者

1962 年 4 月，我从上海市卫生防疫站调入嵊泗卫生防疫站工作（当时嵊泗划归上海市，为上海市嵊泗人民公社），在嵊泗从事卫生防疫工作直至 2005 年退休，嵊泗成为我的第二故乡。

在党和人民政府的正确领导下，四十多年来的卫生防疫工作，取得了显著成绩，硕果累累。

嵊泗海岛环境卫生条件极差，一些传染病在本县流行猖獗，如霍乱、天花、伤寒、痢疾、麻疹、百日咳、流行性脑脊髓膜炎、肺结核、丝虫病、梅毒、脊髓灰质炎、白喉、病毒性肝炎、麻风、钩端螺旋体、猩红热等。时常出现流行病，甚至爆发流行，形成当地的多发病和常见病。

新中国成立后，政府把预防为主列入了卫生工作的重要日程上，全民动员，标本兼治，大搞爱国卫生运动，积极开展全面普查，预防接种，使一些危害严重的传染病发病率大幅度下降。传染病总发病率从新中国成立初期的 8535.16/10 万到下降到 1985 年的 580.73/10 万。一些危害严重的传染病、地方病基本上得到了控制。传染病的发病谱也发生了改变，从新中国成立初期以呼吸道传染病为主，到 1980 年代后以肠道传染病为主。由于计划免疫的发展，一些相应传染病得到了有效的控制，发病率降到了较低水平，有的已一二十年未有病例发生。

在取得众多卫生防疫工作成果中，印象较为深刻的是专项疾病防治工作。

丝虫病专项防治工作

丝虫病在我县流行已有很长历史，根据历史资料记载，新中国成立前内陆移民定居较多，丝虫病在我县流行十分严重。1953 年抽查，本县属班氏、马来丝虫混合流行区，但以班氏为主。丝虫病阳性率为 13.7%，疫情波及各个乡镇，并且以泗礁本岛流行较为严重。当时有流火和象皮肿等体征阳性者较多，体征阳性占调查人数的 5.65%。1971 年至 1973 年，县防疫站根据上级主管部门安排，以本站人员为主，抽调县人民医院、乡镇卫生院医务人员共 10 余人，组成丝虫病防治工作专业队（当时简称丝防队）。由我担任队长，历时两年多时间，跑遍全县各乡镇，凡有人居住的岛屿，都逐个进行采血检查。丝防队每人一根扁担，一头挑着帆布床，一头挑着被褥、显微镜、采血用具及日常生活用品，来往于各岛屿之间，每到一地安置在当地政府的办公楼内或生产队居民家中，条件好的地方则可安置在当地驻军的部队营房内。丝防队成员晚上住宿的地方也是白天工作场所，10 名丝防队队员分成 10 组每天晚上 8 时出发，在当地生产队安排的陪同人员带领下，逐门逐户根据事先抄录的名册对居民采耳垂血于专用的玻璃片上（根据微丝蚴在人体血液内活动规律，晚上 8 时以后至次日凌晨最为活跃，所以在此时段内采血检出微丝蚴阳性率较高）。队员们每天从晚上 8 时起工作到次日凌晨 1 时左右结束，每人每晚可采血片 80 ～ 100 张左右，然后回住宿地休息。上午 8 时起床又开始一天紧张的工作，每人要把昨晚采来的血片经过脱色处理后放在显微镜下仔细检查（每张血片检查时间大约 3 ～ 5 分钟）发现阳性血片则做好登记。全部检查完毕后，队员们有的负责清洗玻片并用纱布擦干，在玻片上编上号码放入玻片箱内备用；有的负责从生产队或派出所取来的户口册抄录晚上采血的名单，到了晚上，又一轮工作开始了。就这样，我们丝防队的全体队员日复一日，日以继夜，夜以继日的幸勤地工作着，作为丝防队队长的我，除了与队员共同参与上述的工作外，还要与当地政府和生产队联系住宿、吃饭，落实陪同人员等事项，同时要做好丝防队内部组织、协调工作。所幸丝防队全体成员都自觉地发扬了吃苦耐劳精神，每当一个乡镇普查工作结束，需对所有阳性病人给予药物免费治疗，个个做到送药上门，看着药服下肚。通过两年多的努力，顺利完成了这项繁重的普查工作任务。丝防队开展了二次全县血丝虫病的普查普治、复查复治工作，居民血检微丝蚴阳性率逐年大幅度下降，体征阳性病人也明显减少。微丝蚴阳性率从 1972 年的 2.21% 下降到 1978 年 0.37%，1979 年全县仅发现 1 例微丝蚴阳性者。之后，历次血检和调查，均未查到微丝蚴阳性者和体征阳性病人。1987 年 10 月 5 日，浙江省地方病防治办公室正式发文，确认我县于 1978 年达到基本消灭丝虫病，成为浙江省第一批基本消灭丝虫病的县。

病毒性肝炎防治工作

病毒性肝炎一直以来是我县的常见病和多发病，爆发疫情起伏不息，每年的发病率在 20 世纪 80 年代持续在 400/10 万 ~ 1000/10 万。主要是以病毒性甲型肝炎为主。1988 年，我县开展了乙肝疫苗的接种工作，并逐渐规范和完善；1990 年开展了甲肝疫苗（H2 株）接种工作，使甲型病毒性肝炎的发病率持续控制在较低水平，并控制了爆发疫情的发生。

病毒性甲型肝炎是一种传染性较强的传染病，1990 年前经常出现周期性流行，1988 年发病率达 944.02/10 万。1990 年我当时已担任了县防疫站站长，一次在省防疫站参加专业会议期间，了解到浙江省医学科学院毛江森院长率先研制成功甲型肝炎疫苗（当时处于国际领先地位），并在我省小范围开展试点接种，同时观察预防效果。我得知这一信息后立即与毛江森院长联系，其间，我向毛院长详细介绍了嵊泗县人文地理概况，作为一个海岛县人口适中、地理位置和交通又相对封闭的岛，非常适宜开展甲型肝炎疫苗试点接种和接种后预防效果观察，要求毛院长把我县列为甲型肝炎疫苗试点接种县。毛院长听了我的介绍后，立即同意了我的要求，并在当时疫苗批量和生产数量少、供应极为紧张的情况下，首先保证了对我县接种甲型肝炎疫苗数量供应，在 1990 年初期全县累计甲肝接种人数达 3 万余人，其中 15 岁以下儿童接种 1.5 万余人，后随着疫苗供应数量逐渐增加接种范围扩大到重点人群及 45 岁以下健康人群。经接种后 10 年来的效果观察，凡接种者未有一人发病，甲型肝炎的年发病率从 20 世纪 90 年代前的 400/10 万左右，下降到 1999 年的 1.16/10 万，取得了显著效果，为保障嵊泗人民特别是青少年儿童身体健康做出了重要贡献。

病毒性乙型肝炎防治工作

病毒性乙型肝炎是一种严重危害人民群众生命和健康的传染病，1979—1980年，全国病毒性肝炎流调2306人，其结果，我县乙型肝炎表面抗原（HBSAG）阳性率达17.8%，明显高于全国和全省水平。1988年，经我提议并取得了上级有关部门支持，在我县率先开展了新生儿乙型肝炎疫苗接种（当时全省尚未将乙型肝炎疫苗接种列入儿童计划免疫范畴），并逐渐在全县各乡镇推广。至1992年新生儿乙型肝炎疫苗全程接种率达到85%以上，1997—2011年病毒性乙型肝炎年均报告发病率降至74.81/10万。在防治病毒性乙型肝炎的工作也同样取得了显著效果。

20世纪60年代初期我调入嵊泗县防疫站工作后，从一名普通职工到防疫科科长、站办公室主任、站长，始终在卫生防疫第一线工作，四十多年来对嵊泗卫生防疫事业的发展，降低传染病和地方病的发病率，保障人民群众身体健康，尽了一点力，做了一点工作，回忆往事，甚感欣慰。

作者简介：

于文波，籍贯：上海。曾任嵊泗防疫站办公室主任、站长。

忆在嵊山医院的那些事

陶学娟

作者

1959 年 12 月，我从浙江省嘉兴卫生学校医士助产士专业毕业，当时因麻疹、脑膜炎等呼吸道疾病大流行，在省卫生厅领导下，由学校统一安排到全省各县、乡（公社）参加除害灭病、防病治病工作，直至 1960 年 4 月才分配到嵊泗县人民医院工作。

1966 年 4 月，“四清”运动结束，嵊泗县医务系统人事做了一次大调整。为了加强嵊山渔场的医务力量，县卫生局从人民医院抽调各个科室（外科、妇产科、药剂、护理）的人员去支援嵊山医院。我和我爱人（梁文祺）同时被抽调去嵊山医院，梁文祺任嵊山医院院长，我在妇产科工作。

嵊山是一个远离内陆的小岛，在当时也是重要的渔场，每年冬季带鱼汛期非常热闹，但由于地理条件限制，岛上几乎没有农业，只有大玉湾有少量蔬菜地，无法满足当地需求，蔬菜供应主要从沈家门、岱山、象山等地运进来。而那时计划经济，运输业不像现在这么发达，蔬菜供不应求，且品种单一，如只有一些容易贮存的萝卜、白菜等。

水果更是不易吃到，每年杨梅上市季节，供销社从外地运来供应一次；带鱼汛时，台州渔民顺带一些橘子，这是一年中能吃到的最好最多的水果。

海鲜是我们最大的口福，印象最深的是，冬季鱼汛时，像银子一样锃亮的带鱼、肥美的梭子蟹；夏季时，渔民供应野生淡菜和刚钓上的石斑鱼。

海岛用水困难，经常会发生水荒，嵊山医院就一口水井，医院的工作人员和病人靠这口井饮用,周围居民也要来此井打水,给工作和生活带来很大不便。

那个年代,白天上班,晚上要开会、学习或批斗会,那时规定一星期只有半天休息,可是经常连这半天也得不到保障。妇产科只有我一个人,即使晚上值班到半夜甚至通宵达旦,但只要第二天有已安排的手术或者有从枸杞来的孕检,也都还是要处理。自己生病时,要是有了急诊,只要自己还能起床,也得顶上。

产妇分娩在半夜居多,经常会被半夜叫起赶往医院,为此冬季时我干脆带着孩子在病房值班室里睡,做好随时被叫起接产的准备。

以前没有空调等取暖设备,冬季分娩室取暖用煤球炉子。有一次,一名产妇产程很长,待了一整晚,到天亮时孩子才出生。我处理好产妇和新生儿,在清洗器械时感觉人站不稳,头昏沉沉地晕倒了。原来是疲劳加轻度一氧化碳中毒所致。

1970 年代初,舟山多地发生霍乱疫情,嵊山也要求普遍接种霍乱疫苗,然而群众对此没认识到重要性,有误解,接种后身体有反映怕会影响他们下海生产,都不愿意来医院接种疫苗。我们就分区域、分时间段上门打针,箱子岙片区利用群众晚饭在家时间上门,后头湾片区就选择午饭时间上门。又正值盛夏,烈日当空,因此,我们每次都是头顶烈日,翻山越岭、挨家挨户上门,一边做宣传工作,一边给他们打针。当地渔民群众还是很淳朴好客的,见我们大热天来,也就比较配合了,还拿出新鲜的玉米招待我们。通过这段的工作经历,我还与几个当地妇女干部成了好朋友,至今还很想念她们。

1975 年冬汛时,有上海虹口区中心医院妇产科医生来嵊山支汛,我就趁这个机会,经同意去他们医院学习进修,虽然只有短短三个月学习时间,但使我受益匪浅。

1976 年 3 月的一天,强冷空气来袭,海面上刮着八九级西北大风,船只都回港避风。从后头湾抬来一名孕妇,是第二胎,生第一胎时,因羊水早破脐带脱垂,胎儿死亡,在县人民医院做的剖腹产术。当时该孕妇已有分娩先兆症状,体征又是跛足,骨盆严重畸形,无法自然分娩,必须马上实行剖腹产手术。要在正常天气可以立即送到县医院手术,但是这天气要等数天之后才能开船,情况紧急,再拖下去,孕妇和胎儿都有生命危险。在这紧急情况下,镇政府和后头湾生产队要求我们尽一切力量挽救产妇和胎儿的生命,我作为一个妇产科医生更是责无旁贷了。真心要感谢在上海短短三个月的学习经历,才有我这次大胆实施手术的勇气,这也是我第一次独立做剖腹产手术。当时嵊山医院不具备剖腹产手术的条件,没有麻醉医生,只能打局部麻醉,局麻没有像半身硬膜外麻醉那样放松,孕妇又是第二次剖腹产,有疤痕,组织解剖没有原来那样层次清楚,这都增加了手术难度,在外科医生的配合及其他医生、护士的共同努力下,终于成功实施了这次手术,后来母亲和婴儿都健康出院。

回望嵊山工作的经历,虽然各方面条件差,很艰苦,但自身得到了很大锻炼,同时也得到了群众的肯定。每次抢救回一个大出血的产妇或窒息的新生儿都是对我的考验,看着母亲和婴儿健康出院,心里感到非常欣慰。

在嵊山的十年岁月,已成久远的往事,但每当回忆起这点点滴滴,却依然还是那样真切和难忘。

作者简介:

陶学娟,籍贯:浙江嘉兴。曾任嵊山卫生院妇产科医师、县妇保站主任、县政协委员。

记嵊山卫生院点滴往事

王用能

作者

我在“文化大革命”后期，1974 年 5 月从洋山卫生院调到嵊山卫生院。1984 年 8 月调到县卫生局工作。

嵊山卫生院是嵊山镇、嵊山渔场主要医疗卫生单位。当时卫生院医疗及生活用水非常困难，为了解决用水问题，在 1976 年打了一只坑道井，基本上解决了鱼汛期间医疗及生活用水问题。同时在硬件方面新建了门诊大楼、检疫站大楼、放射科室及发电机房等。发电机（柴油）是由省卫生厅从浙江医院无偿调拨的。

当时嵊山卫生院工作人员有 30 余人，病床 15 张。设有内科（包括儿科）、外科、妇产科、放射科、药房、检验科、护理部、防疫、中医部等。

为了提高医护人员医疗技术水平，逐年选送一些医护人员到杭州、上海（虹口区中心医院，闸北区中心医院）进修学习。

医院开展“人工流产”“妇女绝育”手术及剖腹产、胆结石、阑尾炎等手术。俞乐民医师是当时院内“一把刀”，很多手术都是在他主持下完成的。

鱼汛期间，特别是冬季带鱼汛，每年从 9 月底到 12 月底，来自浙江、江苏、福建、山东、上海等省市的渔船云集在嵊山渔港避风。

每年冬汛开始，浙江省及舟山地区都会派医疗卫生防疫人员前来支汛。

多年来，舟山地区医疗队由地区卫生局局长窦玉荣带队。以舟山医院内外科医生及护理人员为主。同时还有助血员（A 型、B 型、AB 型、O 型）各一名，需要献血时，就从助血员中抽取。他们平时做勤杂工作。助血员献血后就回到原单位，再由市卫生局另派人进行轮换。

舟山地区医防队在韩文纯、周义源队长带领下，全队人员投入到鱼汛期间医疗卫生防疫工作，开展饮水卫生、食品卫生等工作。

嵊泗县医疗队也会前来支汛，由县人民医院医生、护士及县卫生防疫站医务人员组成。

在冬汛期间，嵊山卫生院内包括支汛工作人员增到 100 余人，病床也增到 50 张。紧张时走廊内设临时病床。

那几年的冬汛时光，上海市也派出医疗队到嵊山渔场。虹口区中心医院、闸北区中心医院（二院轮换到嵊山渔场），他们都住在“上海大厦”（上海市渔业生产指挥部），单独设立门诊。我们也经常请他们一起来卫生院病房查房及会诊，还来医院做手术，帮我们解决疑难病症的治疗问题。

新世纪嵊山卫生院

鱼汛时，渔民患病最多，经常发生外伤的情况。有的渔民脚或手被机帆船起吊机卷进造成外伤，我们都给予及时救治。福建省平潭县有一渔民家属，从渔船上前来急诊（福建渔船上有带家属的），病情垂危，血压很低，呈休克状态，经内科、外科、妇产科紧急会诊，确诊为“宫外孕”造成内出血。我们立即投入抢救，给予输血，动手术。病情转危为安，最后康复出院。得到当时平潭县渔业生产指挥部领导好评及病人家属的感谢。

在这 10 年中，嵊山卫生院得到发展，医疗业务水平得到提高。全院各科室医务人员在为渔民群众服务中尽了自己的职责。

作者简介：

王用能，籍贯：浙江义乌。曾任洋山、嵊山卫生院院长，县卫生局主任科员。

追寻远去的足迹

——为渔民防病治病的经历

陈铭杰

青春第一站：金平乡医院

作者

1968年9月7日7时，我们一行51名大中专毕业生，在定海道头乘上舟山海星801轮，于下午2时到达嵊泗列岛。海星轮无码头可靠，只能用部队的登陆艇一船一船地把我们驳上岸。我们都居住在嵊泗县人民政府招待所。51位毕业生中包括浙江医科大学、宁波卫生学校、宁波商校、舟山卫生学校、舟山师范学校、舟山商校的毕业生。当初，嵊泗称为军事管制委员会，还没有卫生局，由部队领导主管我们的分配工作，主管领导叫张宝志（部队首长），人事管理是孙为民。13日，我被正式确定分配到金平公社卫生所工作，我和詹华基（舟山卫生学校与我同时毕业分配）来到小菜园码头搭乘小木船同去金平，在码头正好碰到鲍永达（舟山师范毕业）也被分配去金平，这样我们同乘一船。那天风和日暖，天气晴朗，因为没风，渔老大借不了东风，（传说老大会驶八面风），只能一橹一橹地向前摇进，金平近在咫尺却整整乘了一个多小时的船（当年菜园和金平岛隔海相望，没架桥），我第一次尝到了晕船的味道。

金平公社卫生所原有三位医务工作者，一位是从新中国成立前过来的老医生叫张润之，时年58岁，一位是从舟山卫生学校毕业的护士（胡阿雪）；另一位是1967年10月招工不满十七周岁的女学徒傅亚湾。加上我和新分配的两位共

5 位同志。我们先是住在谢和平家，吃饭被安排在公社食堂。到了金平公社卫生所，詹华基被公社领导口头指定为金平公社卫生所负责人。一个月后因谢和平要结婚，我们只能另租房间，被分配住在王小生家。这时张润之医生住里间，我和詹华基住外间，中间用木板隔一下，还留着进出的通道但没门，所以根本无法隔音，老医生呼噜常常把我们吵醒。而卫生所租的是隔壁的另一户东家，户主郁益康，比现在的村卫生室条件还差一点。门诊室、治疗室、诊疗室、检查室都在一起，就 3 张桌子，两张是办公桌，一张是治疗台，放一些药膏、血管钳、手术剪刀、胶布、砂布、棉花、针管、针头等治疗用具，还放一张诊疗床、一把竹椅、一张竹卧椅（代替担架用）和一个洗手盆，总面积不到 20 平方米。还有半间不足 5 平方米的药房加卧室（胡阿雪就住在药房）。东家进出与卫生所是同一扇门，还有半间是东家的卧室。我从出生到分配工作都没见过如此小的可怜的卫生所，比定海的私人诊所还小，没有电灯，没有自来水，喝井水，水井就在路边，水深不足一米，水渗多少用多少。那年正遇大旱，水井的水要定量供水，轮流值班，我和东家（东家是妇女生产队队长）深夜三时起来管在井边，第二天井水可以把井涨满，然后来取水的群众，只能给一小桶。水井没有井栏，没有井台，遇下雨污水可以直接冲入井内，极易引起肠道传染病的流行。照明用美孚灯（火油灯）。1969 年 12 月，县文教卫生办公室决定给金平公社卫生所盖一所医疗用房，面积 100 平方米，地址选在黄泥坎村的半山腰，位置是王岳庆住房的上方。经过 1 年零 4 个月的建造，我们 1971 年 4 月 24 日正式迁入自己的医疗业务用房，从此结束了卫生所租民房的时代。

渔民长期出海，每隔半月或一月，才回家几天，先把吃的水在船舱中装满，这样可以保证半月或一月的吃水，所以渔民不可能在这半月或一月中洗澡、洗衣服，因此个人卫生非常差。最常见的病是颈部生疔疮，最多的一位渔民在颈部生了九个疔疮（痈）。渔民靠岸回家后，总有几位来看病，当初最简单的办法就是局部用鱼石软药膏外敷，肌肉注射青霉素，用普鲁卡因加青霉素局封，一般经过一个星期治疗，病情基本得到稳定。但由于渔民兄弟有时休息了一周，还没痊愈又出海了，那就前功尽弃了，最长的有拖延一月痊愈。

我在实践中发现还有几种疾病是渔民兄弟的常见病与多发病，如气管炎。记忆深刻的有两位患者，一位是年轻姑娘，姓王，得的是支气管哮喘。另一位是老年患者，姓胡，50 多岁，男性，也常来就医，本来就是气管炎，因为淋雨，气管炎更加严重，并有气喘，一进来就说“阿伯这次没救了”，后来气喘越来越严重，我们把他送到县医院。1973 年县卫生局召开会议，传达了上级卫生部门的指示，要求攻克老年性慢性气管炎，我们回来之后，开始搜集秘方、单方，有的说海蜇煮水（把海蜇在锅中煮）可以治疗，有的说川贝粉可以治疗，还有的说卤碱（盐加水在锅内煮成粉末状）口服可以治疗，也有说鸡血疗法（抽取鸡翅膀的静脉血，然后注入人体的肌肉），这些办法在患有气管炎的患者及我爸身上也都试了，因我爸就是老年性慢性气管炎，家中自己养了一只雄鸡，专门供我爸鸡血疗法用，但试了，都不能根治，最后也没结果，后来医疗知识逐步普及，民众一感冒就来就医，所以气管炎也少了。

还有如刺老虎螫手：有一种鱼，叫刺老虎，相当于虎头鱼的鱼，据说这种鱼的刺有毒，一旦螫到手，就痛得要命。渔民常去海礁边上摸淡菜或海生动物，一不小心常被螫到手，这时会被痛得哇哇叫，那时我们采用得最快、最有效的办法，就用普鲁卡因（一种麻醉剂）进行局部封闭疗法，能收到立竿见影的效果。

又如蛔虫病与胆道蛔虫病，记忆最深的有两位患者，一位叫洪银球，女，32 岁，家庭贫困，生有两男、两女，一家六人同住不足 25 平方米的住房，卫生条件差，个人卫生也差，结果得了蛔虫病，并发胆道感染。发病时疼得在床上打滚，痛苦呻吟。当初医疗条件差，经济条件差，病人只能求助卫生所的医生，但我们可用的除了驱蛔虫药，还有止痛药，为了解除病人的痛苦，我跟老张医生学习封闭疗法、针灸疗法。因为“文化大革命”，在校虽是三年，但实际半年没在学习，虽学过针灸及封闭疗法，但技术不过关。所以我制作了一个棉球，先在棉球上练手法，再得到病人同意后，在病人身上进行实践，这样至少可以缓解病人的一些痛苦。有时实在不行，只能转入嵊泗县人民医院治疗。可悲的是这个病人不出一月又复发了，所以一年至少要发病 10 次以上，这样月复一月，年复一年，病人成朋友了，我们一直保持了 45 年联系。

我刚来嵊泗第一个月时不知什么原因，常常出鼻血，有时两天出一次，有时三天出一次，止都止不住，用干棉球不行，用盐水纱布、呋南西林纱布不行，这时张老医生有一个秘方，用大蒜头搞烂敷脚底心的一个穴位——涌泉穴，左鼻孔出血敷右脚，反之左脚。这个秘方确实有效，以后就不出血了。我向老医师又学了一招。

由于渔民是一个体力活，拉网、抛锚、起锚、装鱼、卖鱼都离不开手，所以常常

全国部份县计划免疫科研协作会议留影（作者为二排右 1）

手指甲被压内出血。如果把指甲拨了，要影响生产，时间也长，这时张老医生用大头针进行放血。具体方法是用大头针在酒精灯上把针烧红，然后对准指甲的出血处，戳一下，血就被放出来了，再用碘酒消毒包扎一下，过三天就好了，我又向老医师学了一招。

有一种常见病，俗称烂脚常发生在胫骨（小腿前面骨）前方下 1/3 处，往往病情长者可达一年，所以也是比较头痛的一种病，天天清洗疮口换药也达不到目的，后来张老先生给了一个秘方，用白糖磨成粉末，敷在疮口，然后用胶皮紧绑住疮口，过三天换一次，这样一次比一次见效，果然收到良好效果，疮口不久愈合了，这我是学的第三招。

一天晚上，我先是肚子疼得要命，然后就是拉肚子，我服了止痛药、止泻药，第二天没事了。原因是吃了“蟹股”，以后就不敢再吃蟹了，包括新鲜的也不敢吃了。20 世纪 60 年代的金平净产海蜇与蟹，如果不能吃蟹就意味着没下饭菜，蔬菜又少得可怜，有时刮风去不了菜园，就得天天吃蟹股、咸鱼烤、海蜇皮、糟鱼、咸菜。后来，张老医生说：“我烧的炒蟹保你不拉肚子。”他在炒蟹中放入生姜、大蒜、醋、糖等佐料，我吃了以后真的肚子不疼，也没拉肚子。后来慢慢地不放佐料也敢吃，再后来连生的蟹股、枪蟹（全蟹用盐水泡 24 小时）也敢吃了，以后生虾、生海鲜都不成问题了。但肠炎仍是海岛渔民的常见病与多发病。尤其不注意卫生，喝生水，不洁食物都可以引起肠道传染病。比较常见的肠道传染病有霍乱、副霍乱、伤寒、副伤寒、痢疾（阿米巴痢疾、细菌性痢疾）、流行性腹泻、小儿麻痹症、甲型病毒性肝炎等也是常有发生的。

1974 年 12 月 22 日 23 时，我正要入睡，突然有人敲门，我起来一看是徐金德（金平开往菜园的渡轮老大），问其原因，说：“我妈不省人事”。我背起药箱，随带听诊器、血压计、体温表（俗称老三件，是我们看病诊断疾病的主要仪器）。因为是大鱼岙村，所以必须要过两座山。走到病人家里一看确实不省人事，也不会说话。我先是按了一下额头，没感觉发热，再看鼻孔好像有少量出血，再测血压，收缩压 280 汞柱 / 毫米），血压计能测的极限数，得出结论是高血压脑溢血，正常成年人的血压为收缩压 90 ～ 140 汞柱 / 毫米，后即送嵊泗县人民医院抢救。第二天，一些略上年纪的中老年人得此消息都来卫生所测血压，引起了一些小小惊慌。又过了半年，小平头又有一位老大的母亲，也是在 23 时左右，患同样的疾病——高血压脑溢血，当即送嵊泗县人民医院抢救治疗。自此之后，一些老年人略觉头晕头痛都及时来医院检查测血压，再以后培养了赤脚医生，村村都有卫生室，都可以及时到乡医院测血压，以后没发生类似情况。

大概是 1969 年，记得黄泥坎有一个妇女，叫爱娣，因为并发成化浓性乳腺炎，经县人民医院手术，疮口还是迟迟不能愈合，周围组织已经成紫色。医院当时是租民房，门诊还是治疗、看病、换药都在一起，没有屏障，是开放式的。开始病人觉得有点不好意思，后来也习惯了，经过将近一个月的清洗、换药、疮口痊愈了。

1971 年，浙江省卫生厅提出要在全省基本消灭丝虫病。嵊泗县积极响应，成立了丝虫病防治工作队，对 14 个公社进行丝虫调查。第二年举办培训班，由县防疫站于文波、苏明亮当老师，于文波医师主讲流行病学，苏明亮医师培训丝虫病镜检，各公社卫生所医生及部分合作医疗站的赤脚医生参加了培训。经过 7 天培训，对参加培训的医生进行镜检考核。1971 年至 1975 年，我在金平卫生所（群众习惯称乡医院）与同事一起开展了丝虫病的查治工作。因为丝虫病幼虫（微丝蚴）由 20:30 分至凌晨 2:00 进入人体毛细血管，所以采血要在晚上 20:30 分以后至凌晨 2:00 之间进行。采血任务为每晚 100 个，第二天必须把 100 张血片镜检查完，人手不够，我们就请生产队的年轻姑娘帮我们领路及登记名单，工作比较紧，也挺过来了。那时我们还对血丝虫病人进行现场采血试验，给病人服用“海群生”，半小时采血，可以看到活的微丝蚴，第二天一早，我和另一位医生还要进行镜检，查找微丝蚴，查出一例，治疗一例。全县各公社同步进行，经过五年的普查普治，于 1975 年基本消灭了丝虫病。1976 年通过考核验收，嵊泗县被浙江省卫生厅命名为基本消灭丝虫病县。

1980 年 7 月至 9 月，嵊泗发生了副霍乱大流行，金平也不例外，第一例病人是烈性传染病，来势猛、传播快、波及面广、持续时间长，属于国际检疫传染病。因为是法定报告传染病，而副霍乱是第二位报告的传染病，所以简称 2 号病。当时传染病报告是对内的，一是防止泄密，二是避免引起不必要的惊慌。我印象比较深的有三位患者最严重，一位是木匠师傅，男，是年 25 岁左右，金鸡岙人。另一位是渔民，姓周，男，也是金鸡岙村人，是年 31 岁左右。病人走到半山腰实在走不动，家属跑来卫生所求救，我拿起担架，跑到半山腰，病人已经不省人事，呈休克状态。我和家属一直把他抬下山来，因为天黑，走几步摔一跤，我想怎么回事，老摔跤。等第二天早上天亮才知道，原来家属是瘸腿。还有一位是妇女，是年 42 岁左右，当时家属说是拉肚子，拉出来全是水，已经不省人事，医学称休克，测血压，结果血压一个为 0，一个收缩压为 20mmhg（毫米汞柱），一个为 40mmhg，情况非常严重（正常人收缩血压为 90 ~ 140mmhg），当时在金平工作的医务人员除了我，还有戴良臣（属于落实政策复职医生），有两位 1975 年招工的学徒，一位是 1978 年 9 月毕业分配的助产士。因为是烈性传染病，上级规定就地隔离，就地治疗。我们从 1974 年开始每年都要接受上级培训，其中接受市级培训一次，县级培训 6 次。主讲临床老师是嵊泗县人民医院陈保罗、姜国定医师，主讲流行病学老师是防疫站于文波医师，所以我们对霍乱的治疗并不陌生。补液是最重要的抢救病人的办法，而且一根输液管根本解决不了问题。后来我们就用四根管子，同时从四根静脉输入，最多输了 40 瓶盐水（500 毫升 / 瓶），共计 20000 毫升。而且这个病人边吐边拉，在公社卫生所当医生没有像大医院分工那样明确，在人手紧的情况下看病、打针、护理都要自己干。尤其两位同志是本地人，一般下班之后都回家休息了，我是外地人只能一天 24 小时住在医院。碰到病人吐的时候，正好家属去倒痰盂，我也只能既当医生，又当护工，帮病人接呕吐物。因为是烈性传染病，事后我讲给学徒听了都有点怕。我说这是属于肠道传染病，肝炎、伤寒、痢疾都是通过粪口传播，只要勤洗手、喝开水、灭蚊蝇就可有效防止传染。后来这三位病人都抢救成功。那年正好遇公社召开选举大会，选举公社人大代表，因为工作忙，我还在小平头、大鱼岙来回奔走看病，没参加选举。后来等我回来，被选上公社人大代表。再后来上级派了医务人员，舟山医院派了三位同志，人民医院也派了三位同志，最后有效地控制了副霍乱大流行。

1978年5月，有一个小孩，不足8岁，出现食欲减退，恶心、乏力，用手触及肝脏有肿大。问其小便是否发黄，家长说确实很黄，所以初步诊断为甲肝。因为金平没有血检验的设备，所以送县人民医院作进一步确诊。结果三天后检验结果出来，确诊为急性病毒性肝炎。后来接二连三的小孩得病越来越多，县人民医院传染科也容纳不了这么多病人。金平公社书记刘阿章决定临时在小平头村的西岙设立一个临时隔离病房，我当主治医生，把病人都集中在一个地方，每天对排泄物进行消毒，当时的病人都是10岁以下的小孩，集中进行治疗。并对外环境如水井、厕所进行消毒，这样大概进行了一个月，病人的病情得到了基本控制，临时隔离病房被撤了。

青春第二站：上调到县防疫站

岁月如流，在金平乡医院13年多，1982年2月15日，我调入县卫生防疫站。分配我的工作是对全县七周岁以下儿童有计划地开展预防接种工作，简称计划免疫工作。1983年3月，县防疫指派我去宝山县参加了全国部分县计划免疫科研协作会议，其实就是听专家讲课。1984年9月11日，由本人带队，组织了中医院、马关、嵊山医生参观了南京市计划免疫先进经验，此后嵊泗县积极开展了对儿童实行了有计划的预防接种工作。从1984年起在菜园中医院首先开展了计划免疫门诊接种工作，规定每单月（一年6次）5日为计划免疫接种日，对小儿进行了普服糖丸（预防小儿麻痹症的药丸）工作。后在枸杞干斜村出现最后一个病人，以后再也没发现过小儿麻痹症。

我印象比较深的有一年，浙江医科大学的老师要采集阿米巴滋养体标本，特地来到嵊泗黄龙乡。因为全省各地已经找不到阿米巴滋养体，如果做示教，没有标本，老师讲了100遍可能学生还是似懂非懂，必须要亲眼见过才有印象。1988年7月，我和几个同事正好在黄龙乡搞伤寒病流行病调查，浙江省医科大学的老师也在。因为黄龙乡的医生知道谁得过阿米巴病一清二楚，结果联系上了一位患者，经过大便化验果然有阿米巴滋养体，浙大老师高兴得不得了，马上吩咐病人把第二天的大便全部留下，送给老师。第二天一早，这位患者果真用塑料袋将大便送了过来，浙大老师收起大便带往杭州给学生做示教。

1988 年 9 月，黄龙乡出现了伤寒大流行，县防疫站派了一支流行病学的调查队伍，共 5 人，我当组长。在黄龙整整蹲了 40 天。病人主要表现为持续发热，食欲不振。脾脏肿大，皮肤出现淡红色小斑丘疹（称玫瑰疹）。伤寒的主要传播途径是病人的排泄物污染水、食物、日常生活接触及苍蝇作为传播媒介，但爆发流行多由于水源被污染所引起的。我们到了黄龙之后对发病的患者进行了分布调查，并绘制了病人分布图，发现大部分病人都集中在水井周围。其中南港一村共居住人口 1159 人，发病 32 人，发病率高达 2761/10 万。经调查水井无井台、井栏，水井比地面低，居民挑水要进入水井的台阶，再往井中取水，井台路面呈“V”字形，污水直接可倒流入水井中。且居民普遍有饮用生水习惯，全年共发病 111 例。经过对居民的卫生习惯调查，结果发现饮用水井、坑道井水占 44.27%，饮用自来水 53.87%，其他水源 1.86%。针对如此情况，我们首先采用隔离病人的措施，并对病人的排泄物进行消毒，其次对井水进行消毒，开展了健康教育，提倡喝开水，不喝生水，并对密切接触过病人的健康人进行了预防性服药，对重点人群进行预防接种伤寒疫苗，开展了灭苍蝇、食品卫生检查工作，对有病人的家族进行了抽血化验。通过 40 天的预防，治疗工作，最后控制了伤寒的流行。时隔 18 年的 2006 年，该地又发生了一次由水污染引起的伤寒流行，不过这次主要是儿童，后来采取了隔离病人，消毒水井，开展了三管一灭一教育（管水、管粪、管饮食、灭苍蝇，健康教育），对密切接触者进行预防服药，开展食品卫生大检查，全乡普及了自来水，对污水沟进行了全面改造，建造卫生厕所，提倡卫生户厕，已基本消灭了多种肠道传染病。

作者简介：

陈铭杰，籍贯：浙江定海。曾任金平公社卫生所负责人，嵊泗县防疫站办公室主任，嵊泗县防疫站防疫科科长，嵊泗县卫生局业务科长。

青春在小岛悄然流逝

武剑萍

作者

往事未必如烟。蓦然回首，历历在目的过往岁月清晰地浮现，恍如昨天。

我在上海出生，在定海城关镇外婆家长大，毕业于舟山卫生学校“1962医”7班。后服从国家统一分配到了陌生的嵊泗列岛。

1963年7月5日，怀着忐忑懵懂的期望和离别亲人的淡淡忧伤，我与同学沈珊珍一起乘上了中浙2号轮。那天风和日丽，大海平静如镜，我们庆幸没有晕船，所以根本就没有想到以后的惊涛骇浪是怎么回事。嵊泗到了，谁知还要乘小驳船才能上岸，从大船到小船，胆战心惊！终于踏上了嵊泗的土地。同班的嵊泗同学小金来接我们，到招待所安顿下来后我们就迫不及待地去逛菜园镇了。独条商业街，几乎没有什么市面，十几分钟就走完了，大众饭店、烟糖公司、百货公司、电影院、新华书店，街上行人稀少，自行车看不到，手拉板车不少，天啊！这就是嵊泗的县城，嵊泗政治经济文化的中心尚且如此，我们简直无法想象再把我们分配到小岛去会是什么样？那晚我们睡在招待所，辗转反侧，彻夜难眠，忧心忡忡。

第二天，去文卫办公室报到（那时还没有卫生局），接待我们的前辈介绍了卫生系统的情况，除人民医院、防疫站、嵊山卫生院、洋山卫生院外，其他全是集体编制的乡镇卫生所。照例我们中专毕业生应属国家干部编制，现在把我们分配到集体编制的单位，待遇不一样了，心中郁闷，情绪低落。但服从分配，没有二话。那天与同学在小菜园码头含泪分别，我到嵊山联合诊所报到，她到泗礁联合诊所报到后分配到金平卫生所。

嵊山联合诊所的总诊所在枸杞，因没有直接交通船到枸杞，只能先到嵊山后再搭便船，谁知天公不作美，到嵊山后第二天就刮台风，一连五六天全线停航，举目无亲，心急如焚，真有点投亲不遇的感觉。无奈之下，我找到了嵊山同学柴雪花家（她已到花鸟上班了），受到了她全家的热情款待，感受了嵊山人的热情待客、真挚友好的优良品质，至今难以忘怀。

到了枸杞诊所后，把我分配到洛华（旧称，现为绿华）乡医院，记得那天带着铺盖行李乘的是木帆船。这是我平生第一次乘坐这样的小船在大海上飘行，心中的恐惧和紧张只有自己知道。总算熬到了目的地洛华山，上岸见不到平地，要走几十格陡峭的石头阶梯，且高低不平，走了一半我就上气不接下气，加之晕船，好不容易才走到乡医院，瞬间惊呆了！横看竖看都没有医院的样子，破旧的渔家房子（二间半），简陋的摆设，医生连一件白大褂都没有。四位男医生，所有的机关单位如供销社、粮站、水产、小学、公社清一色的全是男同胞，只我一个女的（后来才有女教师来）。交通闭塞，用水困难，看病没有时间，24 小时值班制，也没有星期天，一年十二天探亲假，病人随来随看，随叫随到。小岛上都习惯叫医生出诊，接生也叫到家去接，洛华岛分散，还有东洛华，东库、柱子等（后两个岛只有七八户人家），因此对医生来说真的很辛苦。医生们经常要去小岛巡回医疗，一去就是好几天，碰到急诊病人半夜五更发病，病家都会摇着小船来接医生。有时几个男医生都分别到几个小岛去了，医院只留下我一个人，碰到叫出诊虽不用乘小船，但要翻山越岭（如去泥子坑出诊就要爬山），夜里看完病回来背着出诊箱，拿着手电筒，对我这样从小娇生惯养的城市姑娘，真可说是绝对的严峻考验。幸好，领导和男医生们都非常照顾我，出诊、下小岛我去的最少。半年后，医院又分配来一位绍兴卫校毕业的沈锡惠同志。他虽来自内陆城市，但他很能吃苦，聪明能干，业务也很好。

除了治病还有重要的防疫工作，主要是霍乱、钩虫病、血丝虫病等，晚上要去每家每户打防疫针，抽血，验大便。那时许多人都不肯打防疫针、抽血，东躲西藏，我们要一次次地上门说服教育直到同意。由于洛华的房子都分散在半山腰上，每户人家多数都是上上下下的，不在一个平面上，晚上没有路灯，一片漆黑，几个小时下来真的很吃力。夜里如果不到 11 时以后是没有夜餐费补贴的。在那个年代，艰苦的生活，繁重的工作，却很少听到牢骚和怨言。

有一年，洛华发生流行性脑膜炎，以小儿为主，我曾接诊一个五六岁的小女孩，由东库小岛送来的，症状很典型，高热、头痛、呕吐、皮肤出现小出血点，轻度颈项强直，立即注射 S.D 针（当时特效药）。但情况不见好转，家属要求送人民医院，我护送，但船开到一半时，患儿情况不好，开始昏迷，奄奄一息，家属觉得没希望了。准备把船调头开回东库岛，放弃治疗，当时我一再坚持，要他们继续开往县城菜园。到了菜园镇，在人民医院医师的全力抢救下，患儿得救了。她的父母亲千恩万谢，说是我救了她女儿一命。若干年后，在菜园偶遇当年的小女孩已成大姑娘了。提起此事，还是铭记在心，念念不忘我这份情。此事对我感触颇深，我只做了一件微乎其微的事，却挽救了一条生命，让我感到了做一个医生的那份崇高。

做一个乡医院的医生实际也不是件容易的事。医生们全都是“全科医生”，从诊断到打针、配药、治疗，各种的病都要看，内、外、妇、伤、接生、拔牙等。还要兼挂号收费，做会计，在此我也学会了打算盘。

不知不觉中，我渐渐地适应了工作，人头也熟了起来，心情也平静下来，但精神生活实在是太枯燥了，什么娱乐生活都没有，由于交通不便，遇上几天大风，更是感到与世隔绝般的寂寞和孤独。在与同学通话中自我调侃，我过的是“修道院式”的生活，每天开门见海。蓝蓝的云，涛声依旧，晚饭后（因为没有电灯，家家户户都早早地吃完晚饭睡觉了）几乎成了“寂静的孤岛”，漆黑一片，这是我一天中最难熬的时光，幸好喜爱看书，煤油灯下我可以看到深夜。一年多后我探亲回沪，买了一只半导体收音机（106 元），生活立即有了起色，要知道在那个年代，拥有一只属于自己的收音机是很奢侈、很吃香的哦！

两年后，医院盖起了三间平房，尽管很简陋（因资金不足），连水泥地都铺不起，但在领导李遂彦医师的指挥下，自己动手做小工，用黏土等把地面敲打结实。我也有了间属于自己的寝室，比起渔家的旧房子到底敞亮了许多，加之有了收音机，每天可以听到新闻、气象预报、音乐、样板戏等，再也没有与世隔绝的感觉了。李遂彦医师真是焦裕禄式的好干部、好医师，事事带头，吃苦在前，艰苦创业，任劳任怨，以院为家，值得我敬重。

一晃 3 年多过去了，我已经适应和熟悉了洛华岛。1966 年 9 月，突然接到调令，要调我到大洋岛附近的滩浒小岛去（我们同学间戏称为嵊泗的“西伯利亚”，因为离菜园最远）。到了菜园后，县委组织部李部长找我谈话，说滩浒岛是先进岛，需要一个女医师，调你去是组织上对你信任，听说你是上海人，那个滩浒岛离上海很近，每周可去上海。我听了竟然有点受宠若惊，我这么一个小医生，既不是党员也不是团员，编制还算是集体单位的，调动工作还要县组织部部长谈话，再说那小岛离上海近，我不禁一阵窃喜，调个新环境不错，反正一个人就欣然从命，懵懵懂懂地来到了大洋的滩浒岛。

到了滩浒，感觉与洛华不同，岛虽小，一个岙口一块平地，老百姓的房子都是大队集体造的，一排排、一行行像部队营房。中间还有一个河池，一个小水库。由于以前部队住过，种了许多树。去的时候正好是 9 月初，树木成荫，看上去别有一番风光。医院设置在小山岗墩，原是部队营房，所以有水泥地，环境比较好，原来的医生高理德（也是我同班同学）调去小洋山医院。滩浒医院由他一手创办，他是个很聪明能干、业务精湛的人，还培养了一位女赤脚医生。由于有了洛华 3 年多的锻炼，滩浒的地理环境优越多了。尤其是出诊不用乘小船，不用翻山跋涉，打预防针一排排地打，轻松多了，不足之处就是责任太大。在洛华有领导、同事，不用我挑担，但在滩浒一切重担都压在我身上，碰到危重病人没人可商量；其次是没有邮电所（几年后才有），交通更为闭塞，文件、电报、报纸都搁压在大洋山邮电所，直到滩浒有便船去时才能拿到手。有一年冬季带鱼汛，渔船全出远洋捕鱼，岛上留下些老弱妇幼，两个月没有去大洋的来往船只，所有的文件等搁在大洋岛。后来我一次收到 17 封信，3 封电报（可能创吉尼斯之最了）。电报当然是家里打来的，一直不见回复，以为我出了什么事，把家人急得够呛。家书值万金，我深刻体会到了。在心情沮丧的时候，听听音乐、看看同学的信，这是精神上最大的享受了。

思绪飘回到 1967 年除夕（大约是 2 月 7 日），正是“文化大革命”如火如荼的年代。本想回家过年的我，请假得不到批准，说是过年滩浒不能没有医生，无奈我只能留下来，大年三十上午正好有船去菜园，我想顺便去进点药吧！因为过年后渔船出海前每条船上都要配备急需的药品。谁知天有不测风云，人有旦夕祸福，“万一”发生的事竟然降临到我的头上。回来途中船驶到大洋山时，被部队的登陆艇撞了。此时我正睡在船舱内，只感到船被猛烈地撞击了一下，然后感到一阵剧痛，左臂动弹不得，接着船身倾斜进水，衣服都浸湿了（水加柴油）。由于头部受到撞击，痛昏了过去，醒来时已躺在大洋山部队卫生队里。经检查：脑震荡，左锁骨骨折，全身软组织挫伤，两眼球结膜出血，还有一位小洋山渔民伤得也较重，腰椎压缩性骨折，其他几位有不同程度的轻伤，幸好没死人，不幸之中的大幸。第二天正好大年初一，部队领导、地方政府都非常重视关心，滩浒领导也特地派船来慰问。半个月后伤势稳定，部队领导把我与小洋山的那位渔民一起送到上海南汇 698 部队医院疗养。

那个年代，出了这样的事故是没有什么赔偿金的，负责治疗就很不错了。伤愈后，部队首长问我有什么要求，我爽快地回答没什么要求，有命已不错了。由于受伤的原因，至少可以提出调动工作，到条件较好的地方去工作，可当时不知怎么我就是开不了这个口。事故是意外，领导已够关心了，尤其是大洋卫生队的军医们真像亲人一样地照顾我，至今仍感激不尽，还能提什么要求呢！

当年的 7 月，伤愈后我默默地回到滩浒，继续我的工作和生活，谁知这一待就是整整十年。在这十年中有痛苦和困惑、沮丧和郁闷，但也有许多收获和感动。我收获了朴实的情感，收获了做一个医生的快乐和幸福！还有铭刻在心的感动。

1974 年 9 月 23 日，我接到家里电报(那是已有邮电所了)，抚养我长大的外婆去世。我悲痛欲绝，焦急万分。当时没有船去内陆，渔船都出海了，只得干着急！傍晚时，渔船先后回来(近洋作业船早开晚回)。正当我一筹莫展时，赤脚医生张莲英急匆匆地通知我，叫我快去码头，有船送我去金山咀(上海郊区，属金山县，离滩浒最近)。原来是渔民兄弟开洋回来后听到了我的事，马上自发地组织了几位，得到领导同意后连晚饭都没吃就开船把我送到金山咀，使我及时赶上了外婆的大殓。船老大王小毛，还有鲍根友、夏文旦等渔民兄弟，他们急我所急，不图回报，深深地感动了我。

滩浒人具有集体主义思想，社会风气良好。白天妇女上山务农，家中大门基本不上锁。渔民兄弟都敬老爱幼，热情豪爽，心胸宽广，基本没听到有家庭暴力打骂妻子儿女的，邻里相处也很好，拥军爱民。逢年过节，部队登陆艇上岛，带来了电影等慰问，这是全岛人民最兴高采烈的事了。妇女们也经常给解放军洗衣洗被，有时候还军民联欢。虽然岛小人少，却像一个和谐的大家庭。现在忆起，真有点世外桃源般的温馨。

1976 年 2 月，卫生局通知我去舟山卫校“西学中班”(西医学中医培训班)学习一年。为我今后调入县中医院打基础。这是时任卫生局局长王赛凤的用心安排，至今心存感激！ 1977 年，我正式调入县中医院，结束了长达 14 年之久的小岛生涯。当离开滩浒时，在妇女干部林阿英的带领下，许多妇女都到码头来送别，在船起航的瞬间，我情不自禁地潸然泪下，别了！滩浒岛，也许今生不会再来，但此时此刻眷恋不舍的心情在心中泛滥。因为我把青春留在了那里。

调到县中医院的第一天晚上，我如释重负，一身轻松，再也不用担心夜里出诊看各种各样的急危重病人，再也不用担心乘小船的颠簸和晕船的痛苦以及护送病人的艰辛和压力。

1998 年，我退休回沪，离开了工作 36 年的嵊泗——我的第二故乡。虽然住在繁华的大上海，但心中时时牵挂怀念嵊泗。为嵊泗发展兴旺高兴，台风时为嵊泗的船只和海边的房屋担忧。

我是一个微不足道的医生，没有曾经的辉煌和业绩，但是在小岛缺医少药的年代，我和我的同学、同事、前辈们都把青春岁月留在了那里，问心无愧。尽管岁月流逝，我也会在心中永远珍藏，永远怀念。

作者简介：

武剑萍，籍贯：上海。曾任县中医院医师，县政协委员。

一生献给嵊泗检验事业

苏明亮　口述　周苗　整理

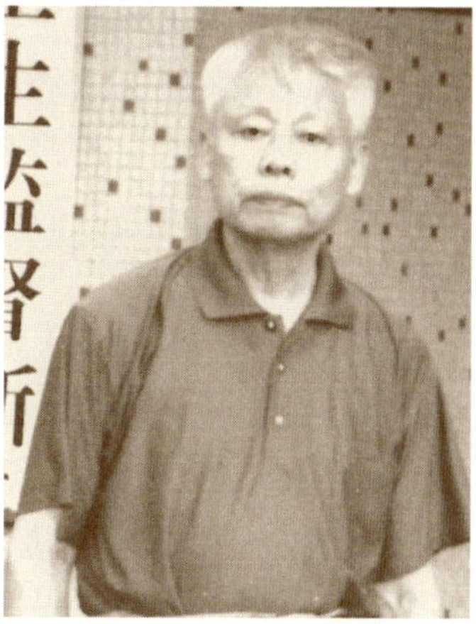

作者

我从苏南卫生干部学校毕业后，本来可以留在苏州工作的，但是我选择了响应国家号召，到艰苦的边疆去，最后，我选择来到嵊泗。1951 年 1 月 8 日，我从上海吴淞口搭乘海军登陆艇，结果刚到海面上，两艘登陆艇的其中一艘出了故障，那天风浪也大，登陆艇只好返航。第二天一早，才继续出发。到了嵊泗后，船停泊在小菜园嘴头，再用小舢板驳过去。那时没像样的码头，都是礁石，只能一步一步爬到岸上。

上了岸，比我早到嵊泗的同学来接我，背着行李，沿着海滩边弯弯曲曲的小山路，一直走到青沙。一路走过去，路旁只有一些零零碎碎的草房子，环境很差。

当时的县政府设在青沙，医院等一些部门也都在那里。医院里检验设备不全和人员不足，因此不少病人的病情被延误。各种地方性的传染病泛滥，有的发病率达到十万分之八千多。主要原因是当时嵊泗环境差，草房子又低又矮又潮湿，抵抗力弱的老人小孩特别容易得病。百日咳、白喉、脑膜炎、麻疹，这几种病是当时发病率最高的疾病，死亡率比较高。这种情况就迫切需要开展卫生防疫工作，来改善这种局面。

当时医院里只有一架显微镜，还是从苏南专区领来的。我来了以后，这架显微镜才开箱使用，开展三大常规——血、小便、大便的检测。化验工作在临床治疗中很重要，医生根据化验的各项数据，对病人病情的诊断会更有把握。

通过显微镜，我们发现了嵊泗各种地方性的传染病，特别是俗称"大脚风"的血丝虫病。为了控制这种病情，我们要下小岛进渔村，去采集血液标本。这个血丝虫的血液标本，需要在晚上 8 时以后采集，完成采集，再翻山越岭回到驻地，往往都是凌晨时分了。回来也没夜宵吃，不像现在还能吃几块饼干，只能饿着肚子休息一会。为了消除半夜走山路的恐惧，我们采集组的三五个人还边走边唱歌。

1956 年，我和其他几个同志组建了嵊泗防疫站，我们按照毛主席的指示"动员起来，讲究卫生，减少疾病，提高健康水平"，在渔村中搞爱国卫生运动，挨家挨户的到渔民家里去宣传。老百姓对防疫不理解，对宣传和打预防针有抗拒心理，躲来躲去。我们就把检查出来的寄生虫给他们看，反复宣传，反复讲解，老百姓慢慢就接受了。渔村中普遍有喝生水的习惯，我们也宣传喝生水的危害，容易引起寄生虫，在走访中，我们还把显微镜带下去，让老百姓从镜头里看，这样他们才真正了解不能喝生水。

为了培养海岛检验人员，我们还开设了学习班，现在嵊泗医疗系统有不少人是这个班的学生。

几十年从事检验工作，每天与显微镜、紫外线打交道，让我的眼睛落下了病根，有严重的白内障。但是党和政府给了我很多的荣誉，老百姓对我也有很深的感情，想到这些，我就觉得值了。

作者简介：

苏明亮，籍贯：安徽省合肥市。曾任嵊泗县防疫站（现疾控中心）党支部书记、县政协委员。

名医陈保罗

任海角

作者

在嵊泗列岛，提起陈保罗，可以说尽人皆知，都承认他是名医。他所以出名，就是在没有各种医疗仪器设备的条件下，仅凭叩诊和听诊，能诊断出很多疑难杂症，使病人得到及时治疗并尽快康复。曾跟他实习过的一位医生对他丰富的临床经验和高超的医术和医德佩服得五体投地，他跟我说，在跟他实习的一年里，嵊泗医院收治过三例典型病人，全院医生都查不出病因，经他之手却迎刃而解。

第一例病人，是嵊山后头湾村的渔民，年龄50余岁，因心脏病住院，住院部的医生检查不出病在心脏的那个部位，感到束手无策，经陈医师叩诊和听诊，认定是结核性心包炎，并亲自动手施行穿刺手术，所谓心包，就是附在心脏周边的一层薄薄包膜，施行穿刺必须准确无误，不能有丝毫差错，否则危及心脏，后果不堪设想；陈医师成竹在胸，摸准位置，缓缓地将针尖刺入病人的心包内，第一、二次各抽出黄色的脓液50毫升，第三次抽出的50毫升液体中带有血丝，说明心包内的脓液基本排除。脓液经化验果然带有结核菌。此后，陈医师又多次用针刺将链霉素灌入心包内，直至病人痊愈。

第二例病人是马关村老婆婆，已80高龄，也是因心脏病住院，病人自诉心区不适，难以名状，不少医生吃不透病在那里。经陈医师仔细检查，确诊为梅毒性主动脉瓣关闭不全，大家感到怀疑，一个80岁高龄的老婆婆怎么会染上梅毒呢？陈医师询问老婆婆：“你丈夫过去是从事什么工作的？”老婆婆说：“是冰鲜船上的员工，经常出入上海、宁波等地。”陈医师断定她丈夫逛过窑子，染上过性病，再传染给她，由于没有彻底治愈，病菌成纤维细胞、浆细胞，长期潜伏在小的毛细血管内皮细胞之间及淋巴管和局部淋巴结中，一旦免疫功能下降，梅毒螺旋体进入主动脉外层，导致主动脉炎，继而并发主动脉瓣关闭不全。于是，对这位病人改用青霉素等抗生素治疗，经过及时充分的治疗，控制了病变进展，缓解了病情。

第三例病人，是枸杞乡的姑娘，年龄 18 岁，因发热、脱发、面部、颈部有红斑，经尿液化验，尿液中有白细胞等症状，门诊医生将其作为伤寒病人，送到传染病房，值班医生认为不像伤寒病症，但又吃不准是什么病，请陈医师来诊断，他一见这些症状，立即断定是红斑狼疮，他说：“这种病很少见，应作为典型病例详细记录在案。”并建议用激素类药物治疗，嘱咐值班医生，这种病很难治愈，要告诉病人，待病情缓解出院后不要停药，要终身服药。

以上三例，足可以说明他的基本功已达到“出神入化”的境界。据这位实习医生说，当时各种医疗仪器还没有普及，不能凭借医疗仪器来诊断病因，所以他要求这些实习医生学会望诊、触诊、叩诊、听诊等基本功，才能当好医生为病人服务。那时，陈医师就是凭借这些纯熟的基本功为病人看病的，而且经他看过的病人无一不被确诊，得到及时治疗而痊愈的。对此，我也深有体会，我的妻子患空洞性肺结核，一般医生只知道用异烟肼治疗，按说明书用药，但效果不显著。后经陈医师指导，改变了用药方法，不到两年，就被治愈了。由于他看病很准，治愈率很高，因而他的名声很快传遍了嵊泗列岛，找他看病的人越来越多，医院领导考虑到他的精力有限，为了保护他的健康，为他限定看病人数，当陈医师坐诊时，病人常常半夜去排队，可以说“一号”难求。可到了“文化大革命”时，陈医师被作为反动学术权威被批判，责令打扫厕所卫生，却有病人偷偷找到厕所求他看病，可见嵊泗人民已离不开这位名医。他复出后，并没有因受到冲击和不公正待遇而气馁，依然全心全意为病人服务，经常送医下乡，到偏僻的小岛为病人看病，也没有因出名而摆架子或恃才自傲，反而更加平易近人，更加谦虚，他为嵊泗人民看病达数万人次，被他治愈的病人不计其数，为嵊泗的医疗事业做出了不可磨灭的贡献，赢得了嵊泗人民的一致赞誉和敬佩。

作者简介：

任海角，籍贯：浙江岱山。曾在嵊山镇人民政府、舟山渔港建委工作。

第三编

教文之歌

在嵊泗工作的那段岁月

方贤福

到求子、柱子去放电影

作者

20 世纪 60 年代末至 70 年代初，我担任嵊泗县委宣传部副部长兼县人民委员会文教卫生办公室主任期间，有一次，挑选了一个风平浪静的好日子，带县电影公司俞宗盈和徐国良两同志到绿华公社东库渔业大队所属的求子和柱子两个小岛去放电影。当天上午七时多，一行三人，随带 16 毫米的放映机、三四匹马力的小型发电机、有关的检修工具、幕布以及个人的行李铺盖等，从小菜园码头乘坐交通船向东行驶，经过一个多小时就到达绿华公社所在地大岙，然后乘机帆船到东库大队，在大队党支部书记家里吃中饭，稍微休息一会即换小船到求子。

求子和柱子是两个相距很近的小岛，各住着 10 来户人家，男的出海捕鱼，女的料理家务。各有一所小学，各有一名教师（都是从县城菜园镇下去的女青年），岛上没有医生，也没有商店，各方面都显得落后和荒凉。文化生活更是枯燥乏味，只有个别人家有收音机，电视机连看都没有看到。看到县里来了电影放映队，大家都高兴地不得了，特别是一些小朋友，到处奔走相告："夜里可看电影喽！" 我们连放两场，头天在求子放，第二天在柱子放，全岛老少男女，除因病不能起床的基本都出来了。

小岛经济虽然落后，但人穷志不穷，精神面貌好，长年累月风里来雨里去，战天斗海、艰苦创业、民风淳朴、热情好客。我们上岛和离开时，好多群众自觉迎送，有的还帮我们搬东西，我们在群众家里吃饭，连饭费粮票都不肯收（好说歹说，最后才勉强收下），特别是第二天，柱子群众看我们白天没事干，特地为我们安排有趣的钓鱼活动。钓饵是退潮时从海滩石缝里捉来的活蹦乱跳的海蟑螂，钓具是一根扎牢鱼钩并绑有锡球（使之下沉）的很细的尼龙线。弄来一只小舢板，一个渔民为我们摇橹，我们三人坐在小舢板两边，把穿上海蟑螂的鱼钩沿船边垂直往海里放下去，并不断缓慢上下拉动，鱼见到鲜活的海蟑螂马上来吃，一吃就上钩，不到两小时就钓上满满的一面盆，都是金黄色像金鱼样的虎头鱼，加上些酒、辣椒、生姜等佐料就成美味佳肴，连吃两餐还想吃。

白驹过隙，一晃就过去半个世纪了。随着“小岛迁，大岛建”战略的实施，像求子、柱子那样偏远小岛上早就无人居住了，但当时的情况至今还历历在目、记忆犹新。那年下小岛，使我感触很深，亲眼看到小岛群众的生活是那么艰苦，他们对文化生活的期望是何等迫切。“以百姓之心为心”“民之所盼施政所向”，我回县后，马上给县电影公司提要求、下任务，今后县电影巡回放映队要切实做到“三个尽量”：一，千方百计克服困难，尽量多下去几次；二，尽量把当时最好的电影片子带下去；三，尽量多带一些片子去（除正片外，还有加片，有时甚至带二个正片下去）。同时给全县文教卫生系统做出不成文的规定：今后不管评先、转正、加薪或去外地疗养，都向工作在偏远小岛基层第一线的同志倾斜，并说到做到，不放空炮。

鲜为人知的嵊泗青沙机关干部文化夜校

新中国诞生之初，全国各级党政机关（人民团体）的广大干部和工作人员，从总体上说，他们政治觉悟高，工作干劲大，这是很大的优势，但由于历史原因造成的文化水平普遍较低，不利于工作的开展和事业的发展。为尽快改变这种被动状况，及时补上这块短板，当时在全国农村、工厂开展大规模扫盲工作的同时，各级党政机关（人民团体）也普遍开办干部文化夜校。1957 年 6 月，我们嵊泗县有两所机关干部文化夜校。一所办在菜园，名为县机关干部文化夜校，学员以县委县政府的机关干部为主，加上菜园镇的一些干部。专职教师两人：季敬军（已故）、钟美娟。另一所是青沙机关干部文化夜校。当时县公、检、法机关，县中队、县人民医院、县水产供销公司（包括公司所属的鱼货加工厂、冰鲜船船队），金青乡政府都在青沙，学院人员较多，而专职教师只我一人（集教务、总务、教师于一身）。现回顾起来有以下几方面：

一、学校属性：机关干部白天工作很忙，只能安排晚上学习，是业余性质的。坚持学以致用，缺什么补什么，所以又可叫文化补习学校，应属终身教育范畴的。

二、办学模式：由县教育行政主管部门（当时是县政府文教科）与主要受益单位（县水产供销公司）联合办学，分工负责。县政府文教科负责师资调配，教材落实并帮助学校制订教学计划和有关制度。县水产公司负责政治思想、行政管理、后勤保障（我的办公室，吃、住全在公司，连每月 40 元 2 角 8 分的工资也是公司发的，当然我的党组织关系也转到水产公司党支部。）

三、课程设置：

（一）语文课：参考职工业余教育的语文课本，除学习范文外，还选学一些应用文，如怎样写契约、合同、总结等。每周上课三次。

（二）数学课：教授一些基本数学常识。大约是高小毕业至初中一年级的程度。聘请青沙中心小学有丰富教学经验的老教师上课，付给一点微薄的报酬。

（三）政治课：不定期地由县或公司领导讲形势或传达上级有关文件（课程是这样安排的，但实际上没有上过）。

四、文化夜校没有自己的独立校舍，上课的教室是向小学借用的，也没有什么大型的教学设备。粉笔、纸张等教学必需品，由我代购，拿经公司领导签字“同意”的发票向公司财会报销。

五、至今还能记得起来的青沙机关干部文化夜校学员名单：县水产供销公司有沈其章、金礼宏、周和鸣、范正海、顾东宝、娄启寅、蔡美芹、张雅佩、王兴祥、陈关汉、毛志芳、王寿昌、陈志伟、薛迪民。此外还有县人民医院王广亮，县政法系统杨其昌、陈玉书、黄来顺，县中队龚正良、陆瑞，青沙卫生所戴凤彤，青沙供销社金月仙，金青乡政府虞秋娥。

六、机关干部文化夜校很受广大干部欢迎，为什么办了不到一年时间就不办了？那是因为 1958 年“大跃进”来了，县委书记王尊贤半夜三更打开广播，号召全县人民建小高炉，大办钢铁，机关干部文化夜校就这样被“大跃进”的汹涌浪潮冲垮了。

机关干部文化夜校停办之后，我帮水产公司船员“肃反”搞外调，“肃反”工作搞一段落后，1959 年上半年我调入嵊泗中学任教。

深有感触的一件事

20 世纪 60 年代，美国悍然派遣大批地面部队入侵越南社会主义民主共和国。当时全国各地纷纷举行游行或集会，声讨美帝侵越罪行。嵊泗县马关公社中心小学师生也举行游行示威，校长老马走在游行队伍最前面领呼口号，不慎把"美帝必败，越南必胜！"呼成"美帝必胜，越南必败！"那是"阶级斗争年年讲、月月讲、天天讲"极"左"思潮泛滥成灾的年代，竟然有人利用游行示威之机，公开呼喊反动口号，这还了得，真是大胆包天。游行示威刚结束，马上就有教师来县"检举"，认定这是现行反革命，强烈要求县政法部门立即把他逮捕法办。当时我是县委宣传部副部长兼县人民委员会文教卫生办公室主任。对来"检举"的老师做耐心的思想工作，不能因此就把他定为现行反革命立即逮捕法办，因为历史经验告诉我们，对人的处理问题，要持慎之又慎的态度。敌我矛盾和人民内部矛盾，是性质完全不同的两类矛盾，绝对不能混为一谈。我们做任何工作都要对党负责，对人民负责，要经得起历史的考验。再说，难道世界上有如此"愚笨"的反革命分子，会在大庭广众之中公开暴露自己的身份，让人束手就擒！老马同志自知错误严重，主动来县请求处分。我当面批评了他的严重错误，要他立即做出书面检查，并向全校师生公开认错，以取得广大师生的谅解。同时我马上把处理意见告知马关公社的党委书记胡仁康同志，他也同意这样处理。一场检举风波就这样平息了。

"文化大革命"时期的经历

一

1966 年 12 月 29 日，大洋、小洋、滩浒、枸杞、嵊山、壁下、花鸟、绿华、黄龙等外岛渔民与泗礁本岛的工人、渔民、农民、机关干部、学校师生及红卫兵在原嵊泗中学大操场召开"万人大会"批判"走资派"。大会由革命群众组织主持，县委常委以上的领导干部全部被揪上台，接受群众揭发批斗。台下面还站着三个"小爬虫"，头戴高帽陪斗：县财政局的娄某某，"罪名"是"铁杆老保"，运动的"绊脚石"；县委办公室秘书居其佐，"罪名"是"污蔑'文化大革命'的大好形势"，因为，前不久由县委组织部副部长李友仁带队的“前锋战斗队”到定海批斗地委“走资派”王裕民的发言中引用古语“怪事年年有，今年何其多”，有人牵强附会，被说成是“反动”的，是“污蔑‘文化大革命’的大好形势”，而发言稿的起草者就是所谓“黑秀才”居某某；还有就是作为县委宣传部副部长兼县人民委员会文教卫生办公室主任的我，因我主管全县学校教育，曾劝过嵊泗中学的学生和少数教师以教学为重，不要外出串联，因此，就以“破坏红卫兵革命大串联”的罪名列为陪斗对象的。

当时县委书记李秀成看到我们三人戴高帽陪斗，心里很内疚，想力保我们过关，在主席台上高声大叫：“他们三个都是中层干部和群众，他们没有错，都是我们县领导的错，由我们县委承担责任。”当然，在当时那种形势下，说这话是浪费口舌，毫无效果的。

初冬季节天气转冷，那天还飘着小雪，我双手插进蓝色的棉大衣的口袋里，一个红卫兵把我双手从衣袋里拉出来让我冻着，我朝他微微一笑。因为他不懂，还是小孩，不必在意。

二

嵊泗列岛，地处东海，远离大陆，人口稀少（全县只有 8 万多人口），交通不便，信息滞后，虽然开展“文化大革命”运动比内陆慢半拍，但两派群众组织之间的斗争同内陆一样激烈。两派的大字报、大标语、高音喇叭等互相攻击，甚至发生绑架、武斗，还死过人。一段时间，嵊泗通往内陆的唯一码头——小菜园码头被一派群众组织控制，日夜有人把守，来往行人都要接受检查，如发现对方组织中的重要人员则被扣留，听人说我也被列入“名单”之中。当时我想：为国而死，虽死犹生，可称烈士；群众互打而死，如死一条狗，毫无意义。衡量再三，“三十六计走为上计”，决定暂时离开嵊泗到外地避避风头再说。一天下午，我挑一担水桶，装作到长弄堂水库去挑水，走到水库最里角时，就把水桶交给和我一起去的一位同志挑回我家。我翻过山冈，到了嵊泗部队马关招待所。在招待所碰到韩满昌和刘杏菊夫妇，他俩也是“逃难”的。在部队守备区营房科刘忠军科长的帮助下，把我们安排在招待所吃住，并带来乘部队船只的证明，第二天一早乘部队补给船到上海，转乘火车到浙江义乌老家。

我回义乌农村老家后，除每天听收音机看点书之外，主要做三件事。

第一件写大标语，买来几支大大小小的排笔、米达尺、三角尺和红色涂料，花了半个多月，在一个近 30 户的小山村的屋前屋后，房屋周围，凡是能写字的地方都写上“毛主席万岁！”“共产党万岁！”“抓革命，促生产”“农业学大寨”“要斗私批修”等大幅标语，整个村子几乎都被红色包围。我这样做一是为了配合当时形势搞点所谓宣传。二是为寻找乐趣，消磨时间，学习写字。如果说我今天对书写仿宋体、黑体、综艺体还有一定水平的话，基础就是当时打下的。

第二件，参加义务劳动。上田畈是离义乌县城 20 多里的一个傍山穷小村。全村不到 30 户，100 多人口，全村组成一个农业生产队（隶属毛桥大队），那时农业社员出工都有自己的“底分”，男劳力最高为 10 分（即出工一天可得 10 分），女劳力最高为 6 分（即出工一天可得 6 分）。由于粗放经营，作业单一，产量不高，收入很低。一个工分不到一元钱，甚至只有几角钱，一个男劳力，一年到头最多不满 3000 分，其收入之低可想而知，因此社员参加劳动的积极性也很低。社员中流行这样的顺口溜：出工时人等人（队长吹哨子出工，吹了半天，还迟迟不能出工），劳动时人看人（你看我，我看你，看你是不是磨洋工，出工不出力，如果你偷懒我干活，那不是吃亏了吗？）收工时人追人（大家都争先恐后回家搞自留地，干私活）。我们村子的东北角，地形较高，有一座水库，全村的饮用水、农田灌溉水以及整个毛桥大队的农田用水都由该水库提供。因此，几乎每年要加固维修或挖土加深，增加蓄水量。一天我和大家去水库劳动，我把花 71 元钱从嵊泗百货公司买来的上海产凯歌牌手提式半导体收音机带到工地上，让大家听听新闻和音乐，以消除疲劳。当时，农村收音机还很少，许多人还是第一次看到。我的堂叔方樟寿，我平时称他为“樟寿叔”，他感到很奇怪：“你这东西真奇怪，怎么里面有人讲话，还会唱歌！”，可见当时农村是多么落后和闭塞。

第三件，力所能及地做点好事。我们村里有一位叫茶英的何大妈，她早年丧夫，未曾改嫁，如今一人独居，身体不好，没有劳动力，经济困难。她家的自留山上有许多毛柴需要割下，本来想叫自己的几个儿子帮忙，可是几个儿子自己都忙不过来，根本抽不出时间来帮她。出钱雇人割吧，一则工钱付不出，二则即使出工钱，也很难雇到人，家里柴已烧完，怎么办？急得团团转。我正好在家，也有空闲时间，我就帮助何大妈割毛柴。我是贫苦农民的儿子，从小参加劳动，割柴、锄地、挑担、施肥样样会来。何大妈的自留山名叫刺山（因山上刺很多而得名），约海拔 500 多米，我用了 10 多天时间，把山上的毛柴全部割下来。何大妈非常感激，叫我去她家吃饭，我不吃；送我农产品，我不收。区区小事，无须回报。我帮人家做了一件好事，心里快乐，这就是给我最大的回报。

三

“文化大革命”开始时，大大小小的当权派都被当作“走资派”一律靠边站，接受群众批判。我是1965年“四清”（社会主义教育运动）运动结束时被提拔任命的中共嵊泗县委宣传部副部长兼县人民委员会文教卫生办公室主任，当然属这个“靠边站”的范围。“靠边”后的主要任务一是学习毛主席著作；二是检查自己的问题，随时接受群众批斗；三是适当参加劳动（主要到县政府招待所搞搞卫生，打扫厕所等）。嵊泗县委、县政府机关大院内成立不少“战斗队”，各队人数多寡不一，有的几十个人、有的几个人，甚至只有一二个人；战斗队的名称也五花八门，如“反潮流战士”“舍得一力剐，敢把皇帝拉下马”等。后来，在革命大联合形势下，机关各群众组织实行联合，组成机关“大联委”。机关大联委，虽然是一个群众组织，但还能掌握党的政策，把握大方向。看我是刚提拔的干部，平常工作积极肯干，政治上、经济上、生活作风上均找不出问题，准备把我早点“解放”出来。为慎重起见，专门派冯振跃和陶阿岳到义乌东河乡毛桥大队上田畈村我的老家进行外调，结论是没有任何政治历史问题，没有任何复杂的社会关系，当地群众对我的反映很好。不久，在县委最后面靠山边的用油毛毡盖顶的县委食堂内开大会，由“大联委”头头当众宣布我“解放”，我是第一批“解放”出来的县中层干部，同时获得“解放”的还有县妇联主任虞秋娥。我“解放”后，就在县军管会的领导下，协助军管会文卫组做一些具体工作。这是我在“文化大革命”时期的第一次“解放”。

1976年10月，江青反革命集团粉碎后，在全国开展“揭、批、查”运动，清查与江青反革命集团有牵连的人和事，以进一步肃清其流毒和影响。浙江省的“揭、批、查”运动“一边倒”，被清查的都是造反派“省联总”观点的人和事。而嵊泗却别出心裁，另搞一套，把已结合进县革命委员会任副主任的原两派头头莫金龙、李永定作为清查运动的重点，并把我和县委书记李秀成作为两派的幕后支持者和资产阶级帮派的挂帅人物进行批斗。后来，因实在找不到有价值的可以给我们“定罪”的材料，只好不了了之，宣布“解放”，调离嵊泗，另外分配工作。李秀成调到舟山渔业公司当副经理，我调到地区任浙江师范学院舟山分校（后改名为舟山师专)党委书记兼校长。这是我在"文化大革命"时期的第二次"解放"。

其实,我一生中还有过一次解放。1949 年春,我还在浙江省义乌县李乡塘下的"方氏宗祠"稠城中心小学读六年级。那正是插秧季节,风和日丽,万里无云,屋顶上,几只喜鹊"叽叽喳喳"叫个不停。心忖,常言道"喜鹊叫喜事到",难道有什么喜事来临不成?果然不一会儿,七八位身穿浅灰色军服的解放军战士,雄赳赳,气昂昂的进入学校,解下国民党的青天白日旗丢在地上,换上鲜艳的五星红旗,易帜换代,啊!解放了,义乌解放啦!"解放"两字,无限美丽和神圣,这是决定我命运和前途的真正的解放,在我心中永不忘怀,永远珍惜。"文化大革命"中的"解放"也好,"揭、批、查"中"解放"也罢,都是特定历史环境下的特殊产物,也是人生舞台上的特殊插曲。我根本没有把它当一回事也没有对任何人心存"芥蒂"。这几次都是我亲身经历的珍贵史实,值得记取。痛定思痛,从此以后决不让"文化大革命"悲剧再次重演。

作者简介:

方贤福,籍贯:浙江金华。曾任中共嵊泗县委副书记,浙江水产学院党委副书记,舟山文化局局长兼党组书记。

四十春秋一岗位

——我与嵊泗中学

钟国祥

作者

1958年8月26日，我们一行5人，于早晨7时许，从定海乘上“中浙二号”轮，一路破风顶浪，风雨兼程，经过老圹山，出桃夭门，由内航道进入甬沪航道。浪渐渐增大，原在舷旁观景的人们，纷纷回“白鸽笼”铺位上卧息，我亦随进，上下颠簸，左右摇晃，身体无法贴铺，呕吐之声不绝于耳。下午3时许，船泊青沙后滩横剑门西侧，“喔咙咙洞”一声，铁锚和铁缆，一股脑儿抛入港中，人喊“到了”，大家舒了口气，离岸尚有几十米远，有一舢板来接旅客，小船偎依大船舱口，一高一低，一大一小，大小两船，上下摇晃，接不着口，只见大船舱口，两个高大壮实的船员，一人一手把一位旅客拽到舢板里，舢板里二位船老大一人一手接住按入叫“蹲下蹲下”，叫人抓住船沿，这样装了十余人一船，摇向岸边，前后接了十几趟，我们大概是第五船上岸。终于脚踏实地后，沿崖下小径，攀到岗墩。在岗上平坦处，我见到一具大鱼的骨架，数米长，一节套住一节，灰白色每一骨节若竖直，像一只小板凳，人称鲨鱼骨头，与我在自然博物馆见过的小恐龙骨架极相似，这是我在泗礁岛上遇见的第一个海洋动物，甚觉新奇。风雨中，随其他旅客穿行过青沙滩村小街，两边多为平房，房上压着石块，绷着绳网索条，人说为了防大风吹去瓦片，这在内陆从未见过。出街巷，多见低矮似馒头状的草房子，我们沿山路行进了三四里，翻过一处叫

“牛突肚”的山冈，见房舍渐密，雨中又下坡二里许，到长弄堂口，人们指点着几排坚实平房——县政府目的地到了。进门朝里，左一排靠里几间是县文教科办公室。这时，一位女同志热忱出迎，后才知是倪惠娟老师，这是我们在嵊泗遇见的第一位教育界的同事。一番寒暄过后，我从衣袋里摸出介绍信，她打电话叫嵊泗中学过来领人，不久，大张（张紫章）、小张（张如成）两位老师来迎接我们。南行半里许，到达长弄堂毛家坑口的校园，一路风雨，终于安顿了下来。

这一安顿，将我、我的事业，我的家庭都安顿下来了，时间跨度达 40 年之久，我的人生将在此度过。

就我了解的嵊泗中学演进和发展

1952 年立项，1953 年创办秋季招生，校址曾有三处。最初在菜园镇羊府宫，借菜园小学校舍，挂牌“嵊泗初级中学”；1954 年在菜园镇长弄堂口建新校，1955 年 2 月启用搬入；2003 年 7 月搬入东海路 50 号，占地面积 61192 平方米，总建筑面积 27180 平方米。

学校名称亦有六次变化：嵊泗县初级中学（1953 年）→舟山市第四中学（1958 年 7 月）→嵊泗中学（1960 年 9 月）→上海市嵊泗中学（1960 年 12 月）→浙江省嵊泗中学（1962 年 6 月）→嵊泗中学革命委员会（1970 年 10 月—1978 年 9 月）→嵊泗中学（1978 年 9 月—至今）。

嵊泗中学除完成本职能的普通教育任务外，亦曾担当过嵊泗县各类人才培养的“孵化器功能”；开办过渔技班（1958 年 8 月—1960 年）；上海市嵊泗教师红专学院（1961 年 9 月）、小学数学教师培训班（1974 年）、中学数学师范班（1976 年 5 月）、干部文化提高班（1984 年）等。与兄弟学校的互动：有舟山第一中学 1959 年拼入，1960 年分拆。菜园中学（并入 1991.7，分拆 1995.2）。

嵊泗中学从初级中学（1953 年）→初高中完全中学（1958 年）→高级中学（省三级重点高中，省二级重点中学 2004 年）共培养初中 51 届，158 个毕业班，4006 个毕业生。高中 51 届，203 个毕业班，10072 个毕业生。加上肄业生，转学、辍学生，初高中学生总数约在 15000 人左右，为户籍人口仅有 8 万人的嵊泗县，培养了大批有文化的公民。为这 15000 余人辛勤耕耘的教职工，前后共有 478 人，其中行政领导和职工为 102 人，一线教师 376 人。2013 年一线教师全部本科以上学历，获国家级荣誉称号的有6人(蒋仲伟1984年,钟国祥1987年,陈永平1993年,泮雪芳2001年,邱军锋2001年,赵群鸣2004年)。据1987年以前统计,为重点大学转送合格新生46名,其中名牌大学13人[北京大学2人(戴祝运1997年,毛辉2000年),清华大学1人(虞洪辉1987年),复旦大学3人(谢宽理1964年,许逸1978年,周王卫1984年),浙江大学7人(林国平1963年,方舟1977年,赵丽华1979年,韩其国1980年,虞俊辉1982年,朱小磊1983年,郑波1983年)]。

师资流变留下的历史踪迹

我在嵊泗中学工作40年,共事过的教职员工几百位,为留下历史,故勉为其难,凭些许记忆,按时序将他们记述如下:

一.学校历任领导(校长、副校长,书记、副书记,革委会主任、副主任,实际负责校务的教导主任)

1950—1960年:

何秋阳(县文教科副科长兼副校长) 王槐庭(教导主任)

徐文达(副校长、校长、书记) 华鹤亮(书记,实际未到任)

方贤福(副校长)

1970—1980年:

王基法(副校长、革委会副主任、物理教师)

斯小青(部队指导员军宣队队长,革委会主任)

强润泉(革委会主任、书记) 毛和根(工宣队队长,副书记)

俞小青(工宣队队长,副书记) 林祖毅(革委会副主任,副书记)

陆峈(县委宣传部长兼任校长) 孙桂祥(副校长、书记)

许星元(文教局副局长兼书记) 蒋仲显(校长、书记)

沈有林(校长、书记) 郑洪章(校长、书记) 时令娣(书记)

1990—21世纪后:

林明忠(校长、书记) 邱军锋(校长、书记) 郑建军(书记、校长)

注:最后三位均为嵊泗中学毕业生,返校任教任职

二.三元老(1953年来嵊泗开创嵊泗初中)

1.周长清(1953—1980年)教数学、地理、外语,由舟山中学调来

2. 吴延惠（1953—1954 年）教语文，后考入山西大学中文系，离校

3. 石宝新（1953—1954 年）教音、体、美，后调离转去商业部门

三. 初创阶段的教师（1954—1958 年）

1. 肖仪音（1954—1974 年）女：教务、生活辅导，教数学

2. 何梅生（1955—1959 年）语文，退休返乡

3. 李隆华（1955—1960 年）教语文，调去舟山中学

4. 杨其群（1955—1956 年）语文，调离

5. 吴良祚（1956—1959 年）之江大学历史系肄业，教历史后调舟山中学

6. 方汪云（1955—1979 年）毕业于湘湖师范，从舟山中学调入，教化学后调菜园中学

7. 金良善（1955—1960 年）毕业于湘湖师范，从舟山中学调入，教数学后调嵊山中学

8. 张如成（1955—1970 年）毕业于锦堂师范，从舟山中学调入，教音、体、美，后调普陀中学

9. 李启寅（1957—1959 年）毕业于杭州师专物理科，从舟山中学调入，后调温州一中学

注：以上教师大多从舟山中学调入，除吴良祚、李启寅为大专毕业或肄业，其余均为中专或高中生。

四. 初办高中（1958 年）配套师资

1. 胡忠斐（1958—1963 年）毕业于杭州师专物理科，后调普陀中学

2. 吴钖兰（1958 年）毕业于杭州师专数学专科，来校后即调嵊山中学（1960—1964 年）又调入本校，后回老家任教

3. 陈剑慧（1958 年）毕业于宁波师专中文科，来校后即调普陀中学

4. 王锦华（1958—1990 年）毕业于浙师院—杭州大学生物科并教生物、英语。任上退休

5. 钟国祥（1958—1998 年）毕业于杭州大学—浙师院地理系教地理，任上退休

6. 方贤福（1958—1960 年）毕业于杭师专中文科，教语文，后调入文教局、县委

7. 钟美娟（1958—1962 年）毕业于杭师专中文科，教语文后调文教局

8. 陆维诚（1959—1978 年）上海水产学院本科毕业教渔技知识、英语，后调入水产部门

9. 许示（1959—1988 年）大专毕业，由县委部门转入，教语文，直到离休

五．本校初中毕业，舟山师范等中专毕业，来校任教的有：

蒋萍、刘圣治、高仁裕、俞友成 4 人。

六．上海（上师院，上外院）支援教师，共 17 人

戴永春、童庆珊、王顺德、梁葆诚、朱文娟、李文远、王云泉、许祥辉、林立峰、王光榆、蒋钟伟、邢荣祥、沈德福、王基法、郑洪章、蒋仲显、杨锡珊

七．“文化大革命”前，本校高中毕业后去高校深造然后回母校从教者：

俞忠义、林海棠、平荷菊

八．“文化大革命”前后，通过正常途径调入的有：

郑硕栋、厉始奂、徐志勇、冯安民、沈有林

九．驻军家属来校任教

王茵、章振坤、宋之娟、步兰香、宋德香、华玉英、胡晓珍、王忆川

十．改革开放后，引进人才，通过有关部门介绍进校从教：

吴振德、俞秉钧、杨鹂、徐霞芬、时令娣、姜梅华、俞贽其、胡蓉、侯立群、徐才德、施佰铭等。

十一．从本地中小学或机关单位调入的教师：朱玉珮、李美娟、杨正林、洪良鹏、周贯一、姚骏元、戎天锡、姚锦文、吴德定、叶新年、胡衡华、王灿花、孔仁娟等 14 名。

从菜园中学并入时一块进入嵊泗中学的有胡鹏年、徐圣庆、娄小青、陈永平、徐秋菊、方贤良、方显清等 37 位教师。

十二．工农兵大学生到校任教有：吴德定、鲁嫦娥、陈信国、陈文根、郭忠祥、杨春池、王水菊、胡国祥、胡松年、刘敏儿等。

嵊泗中学

十三．恢复高考后，本校高中毕业生进高校深造后，陆续来母校任教（含部分菜园中学并入的教师）共 231 名。（名单略）

后勤职员（总务、校医、校办厂、工友、食堂、图书管理员）等，他们保障了整个学校长期正常运转，功不可没（名单略）。

建校初期的几位教师印象

周长清老师：从舟山中学调来，主教数学和地理，一口宁波腔，一手清秀的瘦金体板书整齐、漂亮，乐于帮助后起的教师，对学生和蔼可亲，待之如子女，有不少离校学生，长期与之保持联系，可见深受学生爱戴。抽烟很厉害，办公桌与衣服上常见烟尘，休息日或晚上，好饮点黄酒，脸庞总是红彤彤的，由于阶级出身“偏高”，在 1961 年海峡两岸紧张阶段，为清理国防前线，被退还宁波，后落实政策，重返学校，帮助后勤工作，直至退休。

王槐庭老师：学校创办的第二年，从舟山中学调来，任教导主任，学校实际负责人，奉化籍，新中国成立前毕业于宁波高级工业学校，学业基础十分扎实，建筑工艺为专长，中学各门功课大多胜任，主教数学，一口宁波腔，深受学生爱戴，写得一手老宋体楷书，写字台上除书、练习本外，还有一块钢板，几筒蜡纸，日夜伏案为学生刻印学习资料、试卷等。他的爱人肖仪音老师，也协助他刻印全校的试卷、资料，肖老师一口湖南卷舌音腔，一手刚劲有力的颜体书法，老师们总喜欢请她代刻试卷和教学资料，她总是笑着接受，她也教数学，兼任女生生活指导，王、肖二人于抗战时期在重庆相遇、相识、相伴。在阶级斗争的年代，他们曾作为重点对象受到批判，但始终坚持教书育人的人生信念，挺了过来。后调岱山从教。

王槐庭非常乐观，休息时，搬把竹椅，在走廊上，拉起胡琴，亮亮嗓音，来几段京戏或甬剧，婉转的琴声，让我们这些每天工作 14 个小时以上，宿舍—课堂—办公室三点一线的年轻教师，顿时心花开放。

何梅生老师：是当时最年长的教师，也从舟山中学调来，在校教 5 年语文，长者风范，一手好字，据说新中国成立前生活不安定，一度以卖字为生，擅长古文，功底深厚，乐于助人，为人谨小谨微，一股子知识分子气度，说话轻声细气，课堂上学生非屏声静气，否则听大不清他的讲话，因此学生们均拉长耳朵倾听，让学生得益匪浅，与之相依为命的爱人，俩人租住在群众的草房内。1959 年退休回老家嘉兴。

李隆华老师：偕妻和三个子女也借住在老百姓的茅草屋，生活十分艰苦，但教语文认真负责。由于性情容易激动，有时讲话有失分寸，学生有点不买账，反映到领导耳中，往往在教师的政治学习时遭批评，又由于他懂日文曾做过日本人的翻译，因此更成为思想改造的对象。后全家调去定海，在舟山中学任教。

吴良祚老师：新中国成立前就读之江大学历史系，新中国成立后之江大学院系调整撤销，他就调到舟山中学，后调嵊泗中学教历史，深得学生欢迎。由于他专研太平天国历史且卓有成效，在权威期刊上发表多篇论文，虽长期从事中学教育，最后受南京太平天国研究所之聘，离开了嵊泗中学。

李启寅老师：是当时最年轻的老师，教物理之外还担任团支书工作，成天笑呵呵地与学生倚在教室里、混在球场上，打成一片，他从舟山中学来，后又调回舟山中学，2013 年校庆 60 周年受邀来校相遇，音容笑貌依旧。

金良善、方汪云两位老师：分配到舟山中学，经短期培养，又转来嵊泗中学，一个教数学，一个教化学。基础扎实，在嵊泗中学任教多年，后一人调任嵊山中学校长，一人调任菜园中学校长。

张如成老师：艺术型人才，小个儿，性情活泼，带领学生学音乐、美术、体育。课内外结合，搞得有声有色，节假日带领学生文艺宣传队，活跃在田间地头、街巷村落、驻军营区，去小岛、外岛。其在校期间是嵊泗中学社会活动最活跃的时期，后调普陀中学。

方贤福、钟美娟老师：他俩是夫妻，又同教语文，方老师还任副校长之职，工作认真负责，待人忠厚诚恳，不久调县里工作。

胡忠斐老师：一口余姚腔普通话，担任物理课。有不少学生经常钻在实验室里与他一起搞物理实验。

许示老师：新中国成立前参军当文化教员，是离休干部，编辑县委、县政府的《嵊泗通讯》刊物，调入嵊泗中学任语文教师，直至离休。

张楚善老师：舟山中学毕业的高才生，思维清晰，擅长外语和数学，当时嵊泗中学缺乏俄语教师，就聘他前来从教，一口流畅的俄语，挂满笑容的脸庞，师生关系十分融洽，深受学生喜爱，后因爱人关系调定海教育局，长期从事中小学数学教育研究，为舟山市出色的数学教学领头人。

张紫章老师：本县黄龙人，从黄龙小学调入，一手魏碑体楷书非常漂亮，来校后任总务主任，有长者风范，人尊称为“大张老师”，有关学校后勤方面的事，事无巨细，亲力亲为，在艰辛条件下关心改善师生生活，带领师生搞校舍建筑，亲自办好食堂，开展劳动教育等，退休后回老家黄龙，一直活到九十几岁高龄，是位口碑甚好的“长者”。

徐文达先生：嵊泗中学首任校长，干部出身，有文化，有实干才能，但对教育业务不大熟悉，以“无为而治”理念，领导学校，尽量发挥每位教师的才干。是一位和蔼的长者。“文化大革命”中受到冲击，含冤而去，嵊泗中学失去一位优秀的长者。

21 世纪以来的嵊泗中学的师资，已是老教师的第三代“门生”了，90 位一线教师全部大学本科学历，个个是青年才俊。

“铁打的营盘，流水的兵”，一拨拨师生进来，一茬茬师生离去，在这不断的更替中，嵊泗中学在演进在发展。

作者简介：

钟国祥，籍贯：江苏。曾任嵊泗中学教师，县政协副主席。

我的嵊泗情愫

蒋钟伟

作者

嵊泗,我魂牵梦萦的第二故乡,我脑海中最为敏感的兴奋点,每当听到、看到"嵊泗"这两个字,就会热血沸腾、激动万分。故乡的人、故乡的事犹如朵朵浪花跳跃在我记忆的大海中,一浪一浪向我迎面扑来,是那样的亲切、生动、鲜活、甚至还带着些许咸涩的渔家气息,沁脾勾魄,令我心醉。我在那片美丽的海岛,生活、耕耘了整整 25 年。教了一届届学生、交了一批批好友,是领导的关心、同仁的帮助、学生的努力、家长的信任以及家人的支持,使我从一个上岛还不满十九周岁的不谙世事的小青年,成长为一名受嵊泗学生家长欢迎的教师,获得了很多的荣誉,让我的生命充满欢乐和幸福。海水退潮的时候,把五彩的贝壳留在沙滩上,我要把美好的回忆,留给我的第二故乡。

初为人师

1961 年 9 月 2 日凌晨,船泊在小菜园码头外,我们上海师范学院应届毕业生一行 15 人,在许示老师带领下,分批坐上小舢板,爬过滩横头,上了泗礁岛,在张如成老师率领的欢迎队伍锣鼓声中,穿过泥泞的菜园一条街,来到长弄堂的嵊泗中学。初来乍到,一切是那么的新鲜、那么的好奇。记得第一顿早餐是在学生食堂(大竹棚),听说有"咸鸡",大家都很高兴。要知道那年月,早餐能吃到咸鸡真是件大好事,可端上来只看到咸菜和馒头,原来嵊泗方言咸菜叫"咸鸡"。吃完早餐，环顾学校，一栋二层楼房（办公楼）还算像样的，还有就是平房，操场在农田中。心想：这哪是县中，校舍这么土。接着我和杨锡珊就去爬山，爬到长弄堂水库上面的山顶看风景，第一次站在山顶看大海，眺望远方，海天一线，感觉真不错。可分配工作时，我惊呆了、傻蒙了！他们大部分留在菜园的嵊泗中学、水产技校、教师红专学院，只有我和上海外语学院的沈德福（人还在上海）二人去嵊山中学。想到要与刚有点熟悉的"亲人"们分别，还要坐船去外岛，眼泪一下子涌了出来，满肚子委屈，茫然地无言以对。大家都安慰我，会多联系的。我想，说好是到最需要、最艰苦的地方去，我又不是第一个，已有上海来的医生和小学老师在外岛工作，服从分配是第一。我就只得无奈地等候去嵊山的船。黄槐庭教导看我闷闷不乐，关切地宽慰我：不用担心，这是让你们年轻人接受考验、锻炼成长。然后他以个人名义，专门为我亲笔给嵊山中学的校长和老师写了两封介绍信，我非常感动，心想到嵊山后，一定努力做个好教师，不让他失望。想不到离开学只有二天，事情出现转机。那天黄昏，我愁眉不展地看着杨锡珊他们打篮球，黄教导把我叫到二楼教导处，告诉我明天不用去嵊山了。我简直不相信自己的耳朵，连问三遍"真的吗？"他说：真的，嵊山中学由金良善老师（原嵊泗中学的老师）去，你留下接替他的工作，第一项是教授初二、初三两个年级五个班级的平面几何，每周 12 节课（5 份教案）；第二项担任初三甲班班主任。我转忧为喜，一口应承，并表示一定努力工作。事后才知道工作担子之重，现在想来还真有点后怕。首先是教学，两个年级的平面几何，也就是全部的平面几何（高中是立体几何）教学，对刚出校门、没有教学经历、初为人师的我来说，难度非常大，要熟悉全部教材，要把握重点、难点，还有大量的题目要解，何况教平面几何要在黑板上画几何图形。面对的又是即将毕业的初三学生。当接下工作，仔细一想又蒙了，不知该从何着手，是黄教导给了我信心和勇气。他说亲自带教我，要我边学边教，一切听他的，先通读教材，提前备课，课前试讲，上课前先将教案给他审阅，帮我修改后（往往提前一周，包括板书设计）要我再抄一遍，且要我把教材中的例题、习题（包括他另外布置给我的课外难题）全部像学生做作业一样做一遍，并要我多听教代数的周长清老师的课。开始一个多月，黄教导几乎每堂新课都来听，课后给我讲评指点，手把手教我在黑板上画图，连怎样用彩色粉笔等细节都加以辅导。黄教导是宁波奉化人，也是支援海岛教育来的。现在想来，他可称得上嵊泗的中学教育拓荒者，他的教学功底很扎实，思路敏捷、字迹工整；治学严谨、一丝不苟、循循善诱的教学态度深深感染了我，让我终身受益。其次是班主任工作，一上手就是毕业班，又是中途接手，学生的年龄和我相差不大，一般只比我小三四岁，还有个别人比我大；学生除泗礁本岛外，还有来自金平、花鸟、大小洋山等外岛的寄宿生。面对他们真可谓一筹莫展。是刘圣治、张如成二位老师带我做班级工作，为我介绍班级情况，教我如何找学生谈话，如何组织班级核心，发挥班、团干部作用，陪我一起深入学生宿舍关心他们。让我深切体会到“爱学生”的真正含义，领悟到“爱心”“真情”是做班主任的基本功。那一年里陪伴我成长的还有一位曾和我同住一室的总务主任张紫章老师（大张老师），他是嵊泗黄龙人，有着本地海岛人的性格。他像严父慈母那样照顾关心我的生活。我早晨早起锻炼、晚上熄灯前看书的习惯是他带出的，就连现在我喜欢虾干、花生过黄酒也是受他影响。因为我年龄小、个子不高，又为了区别比我大的张老师（嵊泗话蒋、张同音），从那时起“小蒋老师”就替代了我的名字。时至如今，我回菜园，还有很多人叫我“小蒋老师”而不知我的名字。1962 年 8 月这届学生，除章益生、王岐祥二人毕业前参军外，全部毕业，少数进高中，多数回乡工作。初为人师的一年是艰苦的、忙碌的，但挺充实。那一年里闹过不少笑话、出过不少洋相。例如被学生惹得赌气，停课离开教室；又如要我还没谈过恋爱的班主任处理班内的早恋问题等。但这一年给了我很大的锻炼，学到了许多，收获极大。让我懂得了人是要有压力的，也使我明白了只有师生感情深、教学能力强、学识人品好的教师才是学生喜爱的老师。正当我踌躇满志迎接新一届学生时，因执行“精兵简政”政策，通知我调离教师岗位，去县文化馆搞群众文艺工作。

有缘嵊山

1963 年 8 月，接到调令回归教师队伍，由我和童庆珊老师两人去嵊山复办嵊山中学（1962 年因“精兵简政”停办）。真是和嵊山有缘，两年前没去成，想不到两年后还是要去，只是两年前还是一所初中，现在停办一年，一切得从无到有，从头开始。学校属嵊山镇政府领导，由嵊山中心小学代管。当时我想，去就去，到嵊泗工作已二年了，去年冬季带鱼汛时，我曾跟随县里渔场指挥部到过壁下、嵊山，那个热闹场面给我留下较好印象。没想到了嵊山才知道，嵊山中学坐落在嵊山镇箱子岙背后的“青石子坑”，几乎没有住户，校舍只有两排平房，面朝大海，连操场也没有。加之停办一年，甚是荒凉。放下行李，只觉心中空荡荡。此情此景，联想起在上海师范学院读书时，观看过的苏联电影《乡村女教师》，我俩戏言，就做一做海岛男教师，盼望有个美好的未来。我俩翻山去大玉湾、鳗嘴头、后头湾，在箱子岙走街串巷、家庭访问、说服动员，好不容易凑了 18 个学生（13 个男生、5 个女生）组成一个班，童老师全面负责学校工作兼班主任、教语文，我教数学、英语、音体美兼会计（差不多每月要坐船去菜园报账，当天来回）。嵊山的条件艰苦多了，学校周边有坟堆，刚开始点的是煤油灯，一到晚上就有些害怕；岛上用水很紧张，每天得挑水，有时还得用脸盆在屋后的山缝蓄水，一盆水要用好几次；搭伙在嵊山供销社食堂（在箱子岙），一日三餐都要翻山，山上山下来回跑。但我们还是坚持着，尽力按要求办学。学生人数虽少但心很齐，刻苦懂事，学习努力，成绩不错。一年后又招了一个班，调来了周贤成、杨宏基、王增友等老师，两年后张子启任校长，条件逐渐好转，工作、生活慢慢适应，学校也像样了，有三个年级三个班，学生近百人。今年（2016 年）春节期间，分别了 40 多年的几个嵊山学生在菜园相聚，我激动万分，逐一报出这个班 18 个学生的名字，真是有说不完的话、讲不尽的事。那年月，号召知识分子走与工农兵相结合道路，在嵊山镇政府和学校安排下，我到嵊山养殖队办夜校，有段时间和他们一起住在生产队和渔民家，一有机会随他们下海参加劳动。是嵊山的学生教会我游泳、摇橹、织网，是嵊山的渔民教会我下海拖乌贼、养海带。在养殖队，从海带的育苗到收获全过程，他们手把手教我，收获时，我能摇着小船跟他们去收割，也能挑着两串刚从海里收上的海带（起码百把斤）一步一步蹬上泗洲塘岗顶（有百把级台阶）。在夜校，教他们学文化，开展文艺活动，我为养殖队排的文艺节目还参加了省里的会演。课余时我还参加嵊山镇文化站活动，创作排练舞蹈《鱼水情》、小戏《半统锚缉》等文艺节目，还被邀参加枸杞团部的军民演出队，为驻地军民演出。各级领导很关心我的成长，1965 年我被评为舟山地区半工半读先进教师，暑期去莫干山疗养。1971 年我被调到县文宣队离开嵊山。回眸那段日子，丰富多彩，犹如一池春水，流转生香。嵊泗人待我像亲人一样，我与他们结下了深厚的友谊，深切体会到了海岛人的热情、豪爽、真诚、朴实，加深了我对第二故乡的感情。回忆往昔，意犹未尽。

重返嵊中

1978 年 2 月，我离开县文宣队，回归教师队伍。因当时已开学，人事都安排了，就去菜园中学(西方庵)代教语文。辗转 16 年，暑期后终于重返嵊泗中学。记得离开文宣队时，文教局民山局长叮嘱我："手心手背都是肉，你在舞台上出彩，在讲台上也要出彩。" 我信心满满地暗下决心，舞台上我是大家喜爱的演员，讲台上我也要成为学生家长深爱的老师。这届学生是恢复高考后的第一届初中生(即嵊泗中学 1983 届高中)，是从菜园地区(包括金平、黄龙)各小学统一招来，共两个班。安排我和时玲娣老师任班主任，我教两个班数学，她教两个班英语，语文初一是童庆珊老师，初二是戴永春老师，其他任课老师都很年轻，精力充沛。学生大都是 1966 年出生的，属马，与我相差 24 年，有家长戏言："一匹大马带一群小马，希望能带出千里马。" 因离开文宣队才半年，家访时还闹了笑话，学生、家长都奇怪，"甫志高" 怎么到我家来了(我曾在越剧《江姐》中饰演甫志高)。三年后他们大部分升入高中，一部分考入中专。我和时老师又各接一个班，也就是嵊泗中学 1987 届高中(因 1986 年暑期我要调回上海，严永章老师接手我的班主任和教学工作，带他们至高中毕业)。学生毕业时，特邀我回嵊泗和他们一起等高校录取通知书。

重返嵊泗中学的八年里，我主要教了这两届学生。与初为人师时相比，我已不是刚出校门的上海小青年，而已是在嵊泗生活工作了十七年的半个嵊泗人了，也算是个老教师了。最大的不同是，我融入社会，回到讲台，看到的不仅仅是一个个学生，还看到了每个学生背后家长那一双双深切期盼的眼睛，他们都是和我有着深情厚谊的亲人和朋友，他们把孩子交给我，就把他们的希望寄托于我。我感到肩负的责任，我要教他们的子女成才，成为家庭的有用之才、祖国的有用之才。我从早到晚和他们在一起，早晨带领他们在操场、山路间跑步，通往李柱山、长弄堂的山道上，留下了我们"上北京""长征路" 的脚印；校园内、大树下是与学生谈心的好场所；晚自修前的散步是与学生交流的好时光，熄灯前到宿舍督促学生保证睡眠；休息日和他们一起洗衣服、晒被子、爬山、游泳，插旗岗、大悲山的上空见证了我们野炊的身影。每次寒暑假，等外岛学生全都回家后我再回上海，开学提前一星期回学校作准备，迎接学生。从身体素质、品德修养、学业知识、生活琐事各方面关心他们的成长，着眼身边一事一物，鼓励一点一滴的进步，尽可能成为他们的良师益友。由于自身素质修养、知识底蕴、教学手段、工作方法等方面存在许多不足，留下不少遗憾，但我和时老师紧紧依靠任课老师，齐心合力拧成一股绳，使这两届学生获得较好的成绩。现在他们中有留在海岛，为建设美丽家乡做贡献的，有在省内定海、宁波、杭州等地的，也有在上海、北京、深圳、香港以及远在美国、加拿大、新西兰等国外的，他们活跃在各行各业的各自岗位上，成了中坚力量。每当收到他们的情况通报、节日问候时，我浑身浸润在甜蜜、愉悦中，是他们陪伴我度过了最出彩的八年时光。这“嵊中”的八年成了我生命中最美好的一章。在这里我加入了中国共产党，在这里我当上了县第八届、第九届人民代表，在这里我被评为县、地区、省乃至全国的先进模范，赢得了较好声誉，他们成了我的骄傲，成了我一笔最大的财富。

愿她更美

2013 年，嵊泗中学 60 周年校庆时，1987 届高中毕业生翁吉义、车海平、陆军波为感恩母校、感恩家乡、感恩上海及外地支援海岛教育事业的老师们，出资成立以我名字命名的“浙江钟伟嵊泗中学教育基金会”，为家乡的教育事业添砖加瓦，我受宠若惊、受之有愧。我由衷地感谢各级各任领导，感谢我的同仁，感谢我的学生和家长，感谢第二故乡给了我欢乐、幸福，给了我今天的一切。对于明天，心向阳向暖，手拥抱春天。我愿我的第二故乡——嵊泗的明天更美、更灿烂！

作者简介：

蒋钟伟，籍贯：江苏无锡。曾任嵊泗中学副校长。

苏南聘师

马克奋

一个新的主意

作者

1951年春节大年初二上午，我在菜园镇街上走了一转，回到嵊泗特区宣传部。这里是借用老百姓的一间约有十几平方米的小楼房，部里人员办公、餐饮、住宿一室多用。我刚拿起一份《记录新闻》阅览，楼梯传来一阵熟悉的脚步声，郭行同志进门来了。我见她若有其事的样子，就说："郭行同志请坐，可有任务？""今年年初前后，嵊泗特区党委办公室收到乡里送上的工作报告，反映村民要在村里办小学，让孩子能就近上学读书。可是没有教师，请上级领导派教师去任教。""那我们快请松江专署文教处帮助。"我随口插话。郭行同志又说："待办的村里小学要教师，已开办的小学也缺教师，当前要及时解决这个影响嵊泗教育事业发展的问题。现在我有一个新的主意，内陆无锡县教育局局长曹子芳同志，我在苏南与他共事过。曹局长办事热情，踏实认真，我相信他能帮助我们。为此，我想请你出差一次，去苏南联系，争取多请一些小学教师来。"郭行同志微笑望着我，期待回音。我想这是一件要抓紧筹措的事情。"好啊，哪一天出发？""军管会有条部队船去上海，明天下午4时上船，你就准备去。特区办公室工作介绍信、出差经费，借件黄布棉大衣路上御寒我会办好的，我个人也写封信，说明具体情况。还有，现在是春节期间，路经上海，你可以顺便到嘉定老家看望父母亲，让两老也高兴！"郭行同志既细致负责交代了任务，又善解人意说到了我看望父母的心里愿望，革命大家庭温暖的一股热流在我体内涌动。

这条路走得对

大年初四上午 11 时左右，我到嘉定县葛隆镇老家，进门叫了爷娘，两老喜出望外，笑容满面。父亲问怎不预先写封信告诉家里，母亲忙碌着把热气腾腾、喷香扑鼻的菜和饭端放桌上说："快坐拢来，吃饭了。"

晚上，父亲要我同床睡在他身边，便于聊聊久别思念的心情。

"讲讲嵊泗列岛那里情况。"父亲先向我提问。我简要叙述嵊泗列岛地理上靠近上海，是东海海域国防前哨要塞之地，是华东的大门；讲了鸦片战争之后英帝国主义为进一步侵占中国，在嵊泗列岛建筑了驰名中外的花鸟山国际灯塔的故事；又讲了解放前渔村劳动人民悲惨的苦难生活，着重讲了解放后嵊泗军管会、嵊泗特区党委领导剿匪肃特，恢复渔业生产，1950 年嵊泗解放后嵊山渔场第一个冬季带鱼汛，江苏、上海、浙江、福建沿海渔民几万人捕捞带鱼喜获丰收，大大鼓舞嵊泗渔民。在共产党领导下生产、生活会一天天好起来的美好前景的信息。父亲静静地听了我对嵊泗情况的汇报后说："我也讲一件高兴的事情给你听，去年秋场里，镇上干部通知我到县里去开会，进了会场知道出席会议的都是子女参加了革命的父亲或母亲。我们听了县里首长作的形势报告，报告讲了国内外大事，联系嘉定实际情况，深入浅出的革命道理，有一些也能听懂。县政府设午宴招待开会人员，县里好几位领导干部还向大家敬酒，当县长给我们桌上敬酒时，我把县长斟满杯子的酒一饮而干。县长给老百姓敬酒，我也觉得十分荣幸。我们家里，原来我是要在你三兄弟间留你在家里的，是出于家庭需要考虑。而你在嘉定解放初去县委办的地方干部学习班，培训结束就参加革命队伍，我心里不舍又不安。现在，我知道你是为服从革命需要而离开家庭走上了革命道路

左 1：从内陆支教到嵊泗的薛维颖老师，左 2：时任副县长黄忠悫，左 3：县委书记郑福员，右 1：宣传部部长陆榕，右 2：时任县长王永根

的，这一条路走得对，我放心了，望你在外面好好为人民服务。”“爷啊，你把家庭需要与革命需要的关系，能在思想认识上统一起来了，我心里很高兴。明天早上我要去苏南执行任务，请爷娘保重身体，以后我再回来看望老家。”

无锡老师请来了

走出无锡火车站已是中午时分，我进附近饭店吃了客饭，饭后在路上几经问讯，终于找到无锡县教育局。见一位工作人员，便与之交谈，他热情地领我走到曹子芳局长办公室，我上前恭敬地叫了一声“曹局长”，连忙把出差工作介绍信和郭行同志亲笔信呈上。曹局长看了工作介绍信，细读了郭行同志信件，对我说：“关于来无锡招聘社会知识分子去嵊泗任小学教师，我们一定尽力支持，并立即通知乡里教育干部宣传动员，办理这件事情。我写个介绍信，你先住进苏南行署招待所休息，可随时来局里听候消息。”

正月初十早餐后，辞别苏南行署招待所，我提早进无锡县教育局，8时后，一个个肩背手提行李的人员陆续来教育局报到了，共13人，其中有2名女青年。曹子芳局长10时半在小会议室召集开会，他主持会议并讲话：“各位同志，你们怀着革命的热情，自愿到新解放区嵊泗列岛支教工作，我代表无锡县教育局表示热烈的祝贺！嵊泗列岛解放时间短，百废待举，岛上人民迫切要求让自己儿女上学读书识字，为此嵊泗特区来人招聘教师。嵊泗列岛位于长江口外，是华东的大门，国防的前线，去那里工作，也是爱国主义的行动。去那里工作的物质条件是艰辛的。嵊泗出门是海，岛际往来要乘船，晕船呕吐真是难受，所以去嵊泗工作，生活上有个适应的过程，要有作好吃苦耐劳的思想准备。当然工作条件也会渐渐好起来的。在你们就要启程之前，我向各位提出一点希望，你们到达嵊泗要依靠当地群众开展工作，办好学校教育事业。要做到在群众中生根、开花、结果。今天，无锡县教育工会特备午餐招待大家，表达欢送盛意。祝你们平安顺风到达嵊泗列岛。现在，请嵊泗特区宣传部马克奋同志讲话。”我紧接着说：“首先，我们对曹局长语重心长的讲话和无锡县教育工会招待欢送的盛情用热烈鼓掌来表达衷心的谢意。今天下午，我们要离别无锡，晚上到达上海提篮桥区昆明路嵊泗特区供应站招待所住宿，在上海候船去嵊泗列岛。我们现在实际形成整体行程中的一支队伍。为了确保陆上海上的行程安全，顺利到达嵊泗，请各位加强安全观念,保护好自己物件,维护集体行动的纪律,不要擅自走散队伍,严防发生意外事故。”我请许国璋同志(许后来分配到枸杞小学任校长)协助我一同做好行程中的服务工作,同老许一起来的青年教师有薛维颖、程佐锷、华萍芳等 13 人。其中薛维颖老师自 1951 年到嵊泗,一直工作到退休。薛老师等内陆人,为嵊泗海岛教育事业奉献了她(他)们的青春年华。

这一天,海上有点风浪,当船开出吴淞口外,许多人晕船了。其中一位年轻教师,呕吐不止,遂大声说:“快停,快停,不要向前开了,赶快给我找一辆三轮车,我要回家。”经他这一喊叫,大家都笑出声来,海面上哪有三轮车啊。

东方泛起鱼肚白色,我们一行乘坐的部队便船从上海驶进菜园镇渔港锚泊。天光大亮,小舢板船工背送我们上沙滩登岸,郭行同志已获讯我们这班船到达,早在沙滩迎候。她笑逐颜开地带领无锡老乡分居几户群众家里休息。她又穿梭般地到各家与老乡谈乡情、话岛情,了解情况,沟通思想。

第二天上午,郭行同志在一家居民群众堂屋里召开迎接无锡教师座谈会。特区党委组织部部长江革同志光临会场,与无锡老乡见面。他讲述了嵊泗列岛简史和渔村中心工作。勉励老乡们安心工作,为建设新嵊泗多做贡献。郭行同志简介嵊泗教育现状,请大家有什么想法、意见、要求谈谈。无锡教师知道了江革部长、郭行同志都是从苏南来嵊泗工作的,有亲切感。有人说:“我们是自愿来的,海岛情况不同内陆,我们能克服困难适应在岛上的工作和生活。”“岛上解放军、地方干部、从内陆上来的人很多,我们要向这些同志学习,不怕困难,不怕吃苦,努力为海岛人民服务。”“海岛分散,来往坐船,为了革命需要,领导分配工作我是听从分配的。”郭行同志听了大家的讲话后说:“我们都是来自五湖四海,为了一个共同的革命目标走到一起来了,这是毛主席的话。我们是为人民服务的。因此,希望各位教师树立努力为人民服务的思想,切实做好本职工作。”最后,郭行同志宣布人事分配并把工作关系的介绍信发给各位教师。新来的无锡教师愉快走上了本岛、外岛的人民教师工作岗位。

作者简介:

马克奋,籍贯:江苏无锡。曾任嵊泗特区宣传部文教科科员、嵊山区中心小学校长、马关公社中心小学校长、嵊泗技工学校副校长等。1986 年 9 月,在县教委离休。

我是第一代嵊泗新闻播音员

周兰钰

作者

2015 年 10 月，我踏上阔别三十多年的嵊泗广播站旧址。斗转星移，物是人非。广播站早已迁入新址，嵊泗已发生翻天覆地的变化，唯独我们自己打的那口小水井面貌依旧，附近的居民仍在用井里的水洗衣了、浇地。小水井是我们青春的见证，潺流不断的井水年复一年，似乎在向人们讲述着那个年代我们艰苦创业的故事。

我当上了播音员

1973 年 4 月 15 日，我从部队复员后被分配到嵊泗广播站工作，记得那年我刚满十九岁。从部队到地方，从卫生员到播音员，是我人生道路的重大转折。那天我怀着既喜悦又忐忑的心情，踏上了新的工作岗位。

广播站地处菜园镇的一个山岙里，我家住在马关，当时从菜园到马关要翻一座山，所以平时我都住在单位里，每周日回家一次。广播站站长季敬军是浙江义乌人，他工作认真，管理严厉，背地里我们都叫他“四只眼”。到单位的第一天，季站长就把我带进录音室，他拿出一篇稿件，让我嘴巴对着话筒读一遍。我按照在学校里朗读课文时的样子高声念起来。念完后，站长摁了一下旁边那台机器上的按钮，上面的两个塑料圆盘缓缓转动起来，我刚才读的稿件一字不差地从里面传出来。当时我很吃惊，不知道这是什么新式武器，围着机器看了又看，站长告诉我这叫录音机。实话说我的普通话并不好，前后鼻音不分，还夹有山东腔，只因从小在部队里长大，比土生土长的嵊泗人稍好一点。一周后我正式上岗，开始用普通话录制新闻节目。就这样我走进了播音室，成为嵊泗广播站第一位普通话新闻播音员。

每天早上，当我从广播喇叭里听到自己声音时，心里很骄傲，很得意。假日里，我硬把母亲拽到附近农民家，让她在喇叭底下听我的声音。那段时间，我觉得工作简单轻松，没什么压力，整天得意洋洋，陶醉在自我欣赏中。是一个偶然的事件，让我突然从陶醉中清醒过来。那天下早班后，我去商店买东西，听到两个营业员正在议论说，广播站来了一位新播音员，声音蛮好听，可惜今天字读错了，鹿茸读成了鹿耳。这不是在说我吗！我听后脸一下子涨得绯红，顾不得买东西，一路小跑赶到单位，翻出《新华字典》查看。这一看让我羞愧难当，仿佛肩上一下子压上了千斤重担，沉甸甸的再也漂不起来了。这件事给了我很深的教训，从此后，我备稿很认真，碰到有疑问吃不准的字词，再也不敢随便读了。当时《新华字典》是我最好的老师，随身携带，字典上我用红蓝笔做过许多记号，到退休时我翻烂了三本《新华字典》。

广播站建在一个斜山坡上，有一条约一米多宽的小路通到坡下。单位里除了办公用房和几间宿舍外，没有水，没有食堂，没有厕所，按照现在的话说，进出口都成问题。平时喝开水要到街上老虎灶去打，吃饭到外单位搭伙，搭伙的地方也只是一间简陋的民房，吃饭大多是站着的。对我们女同胞来说最不方便的是没有厕所，无论大小便都要到山坡下面的公厕里去。平时还好，如果碰到特殊情况或者闹肚子，跑都跑不及。为解决饮用水问题，站长带领我们自己动手挖水井。在办公室楼下的一块空地上我们破土动工，每天播音结束后，我们便投入挖井劳动。当时并不知道地下一定能挖出水来，仅是凭着一股热情，跟着领导干。我们用的是最原始的挖掘工

广播站旧址

具，锄头、铁镐、畚斗，男的挖，女的挑，大家每天一头汗、浑身泥，经过一个多月的辛苦劳动，硬是用双手挖出了一口井。小水井的建成基本保证了居住在单位里职工的饮用水。如今四十多年过去了，这口井依旧保留着，仍在发挥作用。

作者在壁下岛县渔场指挥部广播室播音

广播站除我之外，还有两名地方话播音员王亚红和姚仙华，当时单位里就我们三名女青年，三人年龄相仿，既是同事，又是好朋友。刚到单位时，我感到陌生、孤独，是两位小姐妹给了我许多关爱，工作上帮助，生活上照应，使我很快融入这个新的群体。我们三人分早、中、晚三班轮流值机，下机后我负责录制新闻节目，她们两人兼会计和出纳。当时除了物质匮乏生活艰苦外，精神生活更加枯燥单调。站长盯得又紧，没事不准下山。风华正茂的我们，常年被关在山上，颇有困兽之感。于是我们就变着法找差事，借机去街上溜一圈。所以每天去老虎灶打水就成了我们三名女播音员的专利。

当时我最害怕的事是值夜班，晚上同事们都下班回家了，只有个别家住外地的职工留宿站里。广播站地处偏僻，没有路灯，夜里到处漆黑一片，每走一步路都要靠手电筒照亮，四周寂静得吓人。值夜班时，我们三人有时会按捺不住寂寞，一边用耳朵监听节目，一边在底下偷偷地看小说。一次姚仙华值夜班，她正低头看书，猛一抬头，发现对面窗上，一个黑影一闪而过，当时她被吓得魂飞魄散，心怦怦直跳，原来是站长老季在暗中监视我们。我想得找个法子治治这位吓人的领导。机房窗外有一条宽约六十厘米左右的夹道，我们找来半桶白石灰，把窗外对面的墙刷白，我又拿来一条橡皮筋，两头捆上小石头，一头塞在夹道的墙缝里，另一头塞在机房外墙的缝里，设置了一颗“悬雷”，白天拿下来，晚上搁上去。一天我正在值夜班，突然听到外面“哎呀妈呀”一声喊叫，我连忙拉开机房门，只见站长老季手扶着墙一瘸一拐的从夹道里走出来。“站长你怎么了？”我明知故问。“没什么，没什么，”站长连连摆手说。次日，我把站长“中雷”的消息告诉亚红

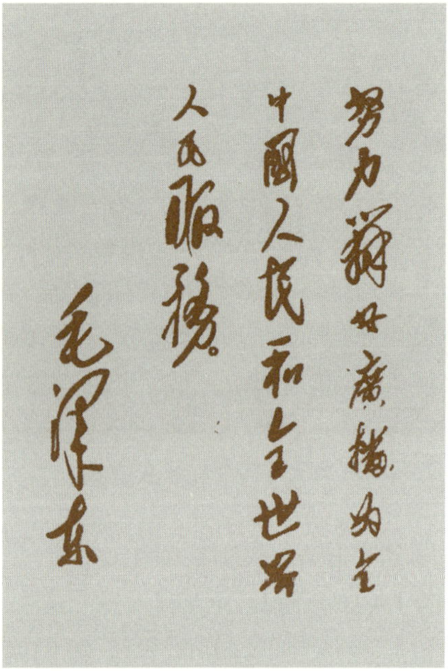

毛泽东题词手迹

和仙华时，我们三人捧腹大笑。

青春真好，青春不寂寞！

难忘的县领导

1974 年 10 月，国庆节刚过，站里负责编辑工作的叶正康老师每年冬季要上渔场，编写《渔场简报》。那年渔场需要播音员，我就跟叶老师一起被派往壁下渔场，随渔场指挥部下岛支汛。从菜园到壁下，要乘一个多小时机帆船，上船不一会就开始呕吐。肚子里翻江倒海，我趴在铁桶上吐得昏天黑地，瘫倒在那里。到了壁下，还是两个人架着我的胳膊拖下船的。晕船的滋味太难受了，支汛两个多月，中途我一次也没有回家，因为怕坐船。在壁下我们住在渔场指挥部二楼，这里紧靠海边，白天站在窗前，能清楚地看到海上过往的帆船，晚上睡觉能清楚地听到浪花拍打礁石的声音。当时我的任务是负责渔场的播音宣传，播送《渔场简报》上的内容。在那里，我第一次近距离地接触到当时县委、县政府的最高领导和下面最基层的劳动者。当年县委书记坐镇渔场，县委办主任王宜康、秘书李植安及县属各部们领导都在小岛上支汛。干部们廉洁奉公、身先士卒、平易近人的作风和渔民兄弟憨厚朴实的个性以及他们宽阔的胸怀，都给我留下了很深的印象。当时的县委书记李秀成、县长王永根经常深入船头。李书记和我一样是山东人，空闲时常和我一起拉家常，有时把我叫到厨房，帮忙包饺子。一天吃中饭，我刚坐下，李书记就向我招手："小周快过来，这里有好吃的。"他夹起一块鱼放在我碗里说："尝尝这个，这种鱼你以前肯定没吃过。"李书记告诉我这叫鲥鱼，产量很少，是鱼中珍品。这条清蒸鲥鱼铮亮，透骨新鲜，味美至今难忘。那时渔民们捕到珍稀鱼类经常送到渔场指挥部给领导尝鲜，领导们大多把鱼拿到食堂，供大家享用。渔民给领导送鱼时用绳子穿在鱼嘴里，手拎着大摇大摆进出，大喉咙嚷嚷，从不避人，也不藏着掖着。他们坐在领导床边汇报工作，饭点到了和领导一起去食堂吃大锅饭，说说笑笑，无拘无束。那时干群关系密切，领导威望很高。一次我想买些带鱼风干带回家，当船老大得知我是渔场指挥部的工作人员，来渔场支汛的，二话没说，拿了半筐带鱼往码头上一扔说："不用买，吃完了再来拿！"半筐带鱼透着蓝光，每条都像刺刀一样，笔挺铮亮不打一点弯，在家里从没看到鲜度这么好的带鱼。在渔场，我跟渔家大嫂学剖鳗鲞、做蟹饼、织渔网，我还用破开的尼龙绳给李书记、王县长每人钩了一个杯子套。所谓杯子，实际上就是装酱菜用的玻璃瓶，酱菜吃完了，瓶子用来当水杯。第二年十月，县里召开大会，我坐在前排录音，见两位县领导手里依旧拿着那个玻璃瓶杯子，外面依旧套着那个我钩的白色尼龙杯套。为了证实没看错，会议一结束，我就上台去收话筒，又借机仔细看了看，没错，还是那个旧杯子、旧杯套。那一刻我永远都不会忘记，现在想起来仍然很感动。

渔场是男子汉战天斗海的地方，女性很少，整个渔场指挥部就我和打字员两名女青年。因此每次渔船回港，总会有青年渔民找些事由往指挥部广播站里溜。一天，来了三位青年渔民，其中一位瞪大眼睛看着我，我俩几乎异口同声指着对方问："你怎么也在渔场啊?！"这位渔民姓徐，我俩是初中同学，他比我高一级，是学校里有名的捣蛋鬼，经常欺负女同学。一天早上，几名女同学去食堂门口接洗脸水，都被他捣得空盆而归。我却不怕他。我打开水龙头，他故伎重演，把脚放在龙头口，让洗脚水流到脸盆里。开始两次我都不响，把脏水倒掉重接，第三次我接了满满一盆水，朝他身上猛泼过去，然后拎盆转身就走。他气得跳下洗漱台，在我背后狠狠打了一拳，我转身"啪"的一下，顺手给了他一耳光。他手

作者（前排中）到船头采访

捂着脸，一下子愣住了。后来我当兵去了，他下海当了渔民。真是不打不相识，那天我们聊得很开心，以后他又来过几次，还给我送来鳗鱼鲞、黄鱼鲞等。

那年从渔场回家时，我带回满满一大纸箱各色鱼鲞，还补发了三十多元伙食补助，我用这笔钱买了一斤半毛线，给自己织了一件大红毛衣。那个年代，我们钱不多，但很知足；广播站单位不大；但很温馨，物质匮乏，但幸福满满。

人的支点不是骨头，是心态！

险遭牢狱之灾

在嵊泗广播站，我工作了十一年，人生最美好的青春年华都留在这里，我就像一棵小树在这里慢慢长大成材，开枝散叶，结婚生子。十年当中我经历了许多，甜酸苦辣都历历在目。最让人恼怒和哭笑不得的一件事，是我差点被当成现行反革命抓起来。那是粉碎江青反革命集团后不久的一天，县里召开公审大会，审判现行反革命。那天我值夜班，本来下午休息，被临时叫到会场领喊口号。公审大会结束后，其中一名现行反革命当即被拉到山上，就地枪决。从现场回来，时间已经很紧张，我一路小跑赶到单位开机。晚上六时多一档节目结束后，还剩几分钟空余时间，我顺手拿起一张唱片转放出去。这张唱片是刚刚被解禁的电影《洪湖赤卫队》插曲《看天下劳苦大众得解放》。“文化大革命”期间大批文艺作品被封杀，百花凋零，站里没有几部音乐作品，拿到这几张新唱片，我如获至宝，一有空当就放。没想到这首歌闯了大祸，我险遭牢狱之灾。第二天我被叫到县公安局，一位青年警察负责审问，他的提问荒唐可笑。下面是提问中的几句对话：“你为什么要放这

作者（前左1）在壁下岛

首歌？”“这首歌是新到的，很好听。”“你们以前认识吗？”“不认识。”“你知道吗？今天放这首歌不合适！”“不知道，我没有接到任何通知今天不能放这首歌。”“你在这个岗位上应该想到！”“领导都没想到，我能想到吗！”警察围绕以上三层意思，翻来覆去的提问。我被问的又上火又无奈。后来改我问他了。“这是一首革命歌曲，为什么不能放？”“主要是后面的几句歌词不妥，比如娘啊，儿死后你要把儿埋在洪湖旁，让儿常听那洪湖的浪等等，有替反动分子鸣冤叫屈的嫌疑。”真是天大的笑话！本人出生革命军人家庭，从小接受革命教育，读书时是三好学生，当兵时是五好战士，我凭什么要给一个八竿子打不到的反动分子鸣冤叫屈！“如果今天不是枪毙反动分子是他们家里娶媳妇，我放这首歌是不是很革命了？国家这么大，全国这么多省市，每天都可能有反动分子被执法，你能告诉我哪天哪个时段能放什么歌曲，不能放什么歌曲吗？”警察被我问的无话可答，最后把本子一合说："没办法，是领导叫我来的。"这件事不了了之。后来有人告诉我，是因为我根红苗正，身上找不到一点劣迹，如果我是嵊山人（注：被毙的是嵊山人），和那位有点瓜葛，或沾亲带故，那就死定了，判个十年八年不成问题。这话一点也不夸张。那个年代，每个人阶级斗争的弦都绷得很紧，说话办事小心翼翼，千万不能和反革命这三个字沾上，否则一辈子就完了。

岁月如梭，弹指间十一个年头过去了。1984 年 7 月，我从嵊泗广播站调到定海广播站，后又被调到舟山市广播电台。调来调去始终没有离开广播。我在广播战线工作了整整三十七年。三十七年中，在各级领导和同志们的帮助下，使我这样一名“文化大革命”期间的初中生，逐渐成长为具有高级职称的新闻工作者。回首往事，感慨万千。我真心地热爱广播，把一生最美丽的年华都献给了广播，任何钱权的诱惑，都没有把我从广播线上拉走。我也真心地感谢广播，因为是广播伴我成长成熟，是广播成就了我一生的事业。

岁月如金，且行且珍惜。

作者简介：

周兰钰，籍贯：山东。曾任嵊泗广播站播音员、定海广播电台副台长、舟山文艺广播电台副台长。主任编辑，舟山市第二届、第三届政协委员。

在嵊泗列岛的日子里

蔡炳兴

作者

1960 年,嵊泗列岛划给上海,我被上海新华书店派驻到嵊泗列岛工作,从 1960 年起至 1992 年退休,在嵊泗列岛度过了 32 个春秋。回忆往事、思绪万千。

初赴列岛工作的一幕

1960 年,嵊泗列岛划给上海市,嵊泗列岛行政名称改为上海市嵊泗人民公社(1962 年,又划归浙江省,改名为浙江省嵊泗县)。我被上海新华书店派驻到嵊泗新华书店工作,与我一起去嵊泗列岛工作的还有朱愈文、费安世、管国琴等五人。第一次从上海出发去嵊泗时,正逢海上风暴多的季节,在上海整整等了一个星期后才乘到船。那天晚上,我们在十六铺码头登上"中浙二号"船,船型很小,似部队登陆艇,开出吴淞口不久,船上下颠簸,我就头晕呕吐了,难受了整整一夜,吐到连肚子里黄水都出来了。次日晨,船到嵊泗列岛后抛锚在海面上,等待岸上民工用小木船驳运。约过半个小时,小木船终于出现,摇摇晃晃靠拢客船,民工投出缆绳,把两艘船稳定住后,再由客轮上船员拉着乘客的手,一个个送上小船,然后一船一船把乘客摇上岸去。我乘着船工摇着的小木船离开了客轮,约又是半个小时,终于登上了小菜园码头。上岸后,见到了来迎接我们的当地书店经理许潘林,在他带领下,我们一行五人爬上小菜园山顶,沿着山上的小路,步行到小菜园街上,在向南的菜园小街转弯角上,我们看到了新华书店。许潘林把我安排在书店门市部的阁楼上,说是我的宿舍，也是书店的办公室。就这样，我开始了嵊泗列岛的生活。

列岛书店工作的岁月

当时嵊泗军民买书的确很难。因为他们居住在嵊泗大小岛屿上，岛与岛之间又分得很散，交通极不方便。当地民谚：走路要爬坡、出门要跨海。根据列岛实际情况，要解决嵊泗军民“买书难”的问题，关键就要解决好书店工作人员思想认识问题，让全体职工树立好为人民服务的思想。我们通过加强思想教育，切实帮助书店工作人员提高思想觉悟，充分认识书店卖书就是革命工作，鼓励他们努力为军队和地方服务，做一个受军队和地方欢迎的图书发行工作者。在这基础上，我组织书店俞善来、姜立松、方富民等同志，成立一支流动售书服务队，长年累月，不怕苦、不怕难，爬坡跨海，出没在海岛军营、渔村。即使在“文化大革命”期间，我们始终坚持为读者服务的思想，做到门市部天天开门，哪怕两派武斗，海上交通中断，我们在驻军部队支持下，乘着部队登陆艇去上海组织书源。可以说，在书店工作的十多年间，我一有空就主动去部队、渔村搞流动服务，先后踏遍了嵊泗列岛十二个乡镇和驻有部队的所有小岛。

嵊山镇原是个渔场，每年冬汛有华东地区“六省一市”10万渔民汇聚在这里，捕捉带鱼，为了做好为渔民服务工作，我一方面赴上海组织图书货源，另一方面专程去渔场租借民房开书店。鱼汛一到，我们就组织书店工作人员，携带几十包图书，奔赴渔场安营扎寨，为渔民服务。在书店工作期间，我们的服务不仅丰富了部队、渔村文化生活，同时在解放军和渔民身上，学到了书店学不到的东西。解放军坚守海岛的英雄本色和渔民在海上与大海做斗争的不屈不挠的精神，是我

1991年4月，省文化厅副厅长毛昭晰（中）在舟山市文化局方贤福局长（左一）陪同下考察嵊泗县图书馆

们学习的榜样，也是我们克服困难、战胜困难、做好工作的强大动力。

列岛知青工作的那些年

1969年，毛主席发出了“知识青年到农村去，接受贫下中农再教育”的指示，全国掀起了知识青年上山下乡的热潮。1972年，我调到县机关内务局知青办工作，当时知青办工作人员少，面临问题也很多，涉及知识青年上山下乡的动员、安置和管理教育等问题。那时，我们既要深入菜园、嵊山两镇的居委会开展动员工作，又要做好知青插队的落实工作，还要经常去各知青点蹲点，了解知青思想动态，帮助解决生活困难问题。如在南长涂插队点，存在着严重的饮用水问题，当地几乎没有水源，靠着山沟沟里流出来的水，用来烧饭、洗衣，后来通过发动知青扩大山沟水道面积，装上水管，砌了一口蓄水池，才基本满足了需求。各地知青都有战胜困难的事迹。

几年中，全县安置插队知青120人，有南长涂50人，菜园农业队25人，基湖农业队20人，五龙农业队12人，箐基岛5人，薄刀咀8人。此外，安置外地插队知青39人，其中萧山建设兵团20人，内蒙古建设兵团6人，黑龙江大兴安岭8人，尚志县5人。

在几年的上山下乡中，出现了不少先进单位和先进个人，涌现出了许多优秀知识青年，许洁、周纪珍、邬志林等，还有许多知青成为各行各业的优秀骨干。

1980年，县内务局在基湖老虎山脚下，创建了嵊泗县技工学校，局长刘忠君担任了第一任校长，我和马克奋为副校长，培养了50名机械、汽车驾驶等技术人员。

1983年，国家结束了知识青年上山下乡工作，各地插队知青陆续返城。

首任列岛图书馆馆长

嵊泗县图书馆原是文化馆的一个图书室。1981年12月，县政府批准建立县图书馆，根据当时实际情况，确定图书馆与文化馆一套班子两块牌子，配备了一名专职副馆长。1986年2月，县图书馆与文化馆正式脱钩，任命我为嵊泗县图书馆馆长。1988年，县机关党委〔1988〕18号文件任命我兼任图书馆党支部书记。

上任后，我着手筹建新图书馆，规划建筑面积1425平方米，预算投资约55万元。当时，县财政经济困难，“三材”（钢材、水泥、木材）又十分紧张，但在县委、县政府领导的重视下，取得省文化厅支持，划拨了15吨钢材，县计委帮助安排了所需的水泥和木材，并邀请清华大学图书馆系毕业的李明华教授，来嵊泗实地考察，从选址到设计等诸方面，为我县图书馆建设提出了宝贵的意见。1987年8月，在图书馆建设期间，省委宣传部部长孙家贤又亲临嵊泗视察，了解新馆建设情况，并给予我们具体指导和鼓励。新馆建设共十多个月，于1989年5月如期竣工，内部设施和功能齐全，其中，一楼有容纳150人的演讲厅、传达室、接待室、经营服务部、儿童阅览室，二楼有报刊阅览室、租书部、休息室、半开架借书室，三楼有闭架阅览室、普通图书阅览室，四楼为参考工具阅览室、地方文献室、辅助书库、采编室、行政办公室。在当时，嵊泗县图书馆堪称嵊泗列岛上现代化建筑的一道风景。开馆之日，省文化厅图书馆处处长苏尔启和嵊泗县县长黄忠懿共同参加了剪彩。

1990年5月，经中共嵊泗县委宣传部批准，图书馆成立了嵊泗县读者协会，选举产生了首届理事会，当时担任县政协副主席的许示当选为会长、金德章为副会长，我当选为副会长兼秘书长，王辉、王松宽等人担任常务理事，邱宏伟、金文海、胡国祥、陶其林为理事，会员总共有35人。

同年，图书馆开始编印《图书馆工作简报》和《信息参考》，为提供科技信息和推动图书馆工作发挥了积极作用。《信息参考》印出后，引起了县委徐显伏书记的关注，亲自打电话给文化局黄明局长，称赞图书馆编印的《信息参考》很好，要求在人力、物力、财

1987年8月，浙江省委宣传部部长孙家贤（左）到嵊泗视察，了解新馆筹建情况

力方面给予关心支持。

1991 年 4 月，省文化厅副厅长毛昭晰在舟山市文化局方贤福局长陪同下，专程到嵊泗县图书馆考察。

我在嵊泗县图书馆工作六年，于 1992 年 3 月退休。在职期间，嵊泗县图书馆先后被评为县、市“文明单位”和“军民共建先进”单位，我个人被县机关党委评为“优秀党员”、省文化厅“图书馆先进工作者”，1989 年 5 月还被中华人民共和国文化部授予“全国图书馆先进工作者”荣誉称号。

作者简介：

蔡炳兴，籍贯：江苏无锡。离休干部，曾任浙江省嵊泗县图书馆馆长。

我所经历的嵊泗幼教事业

吴银屏　口述　周苗　整理

作者

1957 年 7 月，我从杭州幼儿师范毕业，自己要求到祖国最艰苦的地方去。8 月，上级把我分配到了菜园，办起了嵊泗的第一家幼儿园。地址选在菜园镇老的渔行万顺行的房子里。房子很简陋，泥土地，乱糟糟的。那时候群众还没有送子女读幼儿园的意识，第一届入园的幼儿才 22 个，都是机关子弟，有县委领导李秀成的儿子、臧福彬的儿子等。

园里条件差，没有厕所，小朋友的大小便只能使用马桶，我每天都要拎着马桶走一些路去外面倒。有群众就开我玩笑：老师，你读了几年书？

我回答：我读了十二年呀。

“那你读了十二年，怎么还要来这里倒马桶呢？”

想想也真是，我在家里也没做过这个，但为了事业，为了小朋友，也不考虑这么多了。

1958 年的上半年，入园的幼儿多了一些，有 76 个了，就开设了两个班级。随后，“大跃进”运动开始了，上级提出要“鼓足干劲生产，放开肚皮吃饭”的口号，大办钢铁，发展渔业生产。要解放妇女劳动力，就要把她们从在家带小孩的状态中解脱出来，菜园镇的每个村都办起了幼儿食堂和幼儿班。把幼儿集中起来吃饭，然后在幼儿园上课，这些办法都是为了解放妇女劳动力，让她们可以放心地投入劳动生产中。

在菜园四村王家道地，东海剧院对过，我们办了个菜园中心幼儿园，规模最大，有四个班级。另外，还有一些幼儿园是借了群众的房子堂前间办的。

当时大家忙于工作和生产，把小孩托付给我们都蛮高兴，既能吃饭，又能学习，他们就能全力搞生产了。记得菜园镇有个副镇长，叫王忠华，拉着个六岁的小孩，来园里对我说："小吴老师，这个囡我交给你了。"这一幕我现在还记忆犹新，想起来就难过——因为那一年的吕泗洋海难，王副镇长没有回来。

这样一来，泗礁本岛的乡镇，马关、青沙、五龙看到菜园幼儿园办得这么好，可以让幼儿吃饭、上课，解决了大人们的后顾之忧，都学着办幼儿园。1958 年下半年到 1959 年这段时间，整个泗礁本岛办起了很多幼儿园，社会上就形成"小孩要上幼儿园"的思想。

幼儿园办起来后，师资不够，就通过镇上的推荐，招了一些地方上的青年，沈利菊、董满珠、周满菊，都是那时候招进来的。招进来后，需要培训，白天上课，我就利用晚上的时间，教她们唱歌、跳舞、制作玩具等。

1950 年代幼儿园小朋友做游戏

我又成立了一个菜园镇娃娃文工团，成立以后，作用很大，被请着到处演出。县里开三级干部大会，也拉上去表演。到马关，为部队慰问演出。当时在社会上名气很大。

对其他乡镇的幼儿园需要进行辅导，那时也没有汽车，到五龙，走山路要走两个钟头，早上去，晚上回来。去马关，当地人说翻座山，很近的，结果一次翻山时迷路了，看见几个解放军战士，说：你哪里去？我跟他们说明情况后，他们就把我送下山来。那时年轻，胆子也大，翻山越岭都是一个人去的。

在所有的幼儿园中，菜园镇办的幼儿园最好。幼儿入园率达到 99%。1959

年上半年，被评为全国儿童少年先进集体，由那时的妇女主任方彩球去领的奖。

幼儿园遍地开花，但后来问题也显露出来，毕竟办幼儿园需要资金支持，当时连一些教师的报酬都无法落实。到了 1960 年，相继关停了一批幼儿园，只剩下菜园地区还办得挺好。我们还联系了当地驻军八连，用他们的房子来办幼儿园，有了四个班级。

1961 年，嵊泗划归上海后，上海方面拨了一些资金，给我们幼儿园造园舍，还分配来两个老师，菜园镇幼儿园的教师数量达到了 8 个。

“文化大革命” 开始后，我不当园长了，原因是家庭成分不好，我父亲是开店的小商人。不当园长后，就一直在班级里带小孩。到了 1978 年 8 月，县妇联成立了一个幼托办公室，把我调了过去，专门负责搞全县的幼儿教育。县妇联很重视幼儿教育，刚来调我时，我也犹豫过，因为我知道幼托办的工作量很大，要上山下海的。幼托办平时很忙，去嵊山、洋山交通都不方便，主要靠大捕船等一些渔船，往往要在码头上等半天。我打小没乘过这种船，不习惯，经常晕船，吐得一塌糊涂。那时小岛上还没有像样的码头，船到了以后，都要从岸边的石壁爬上去，又高又陡，很危险。

1982 年，嵊泗成立了儿童少年工作委员会，主任由副县长兼任，办公室就设在妇联。每年到了一些节日，主管副县长都会到各处去慰问。妇联也把幼教工作作为一项主要工作来抓，对妇女干部的考核，其中有一条就是看幼教工作的成绩。我也依靠这些乡镇的妇女干部，通过她们帮助落实办幼儿园的各类事项，如人事、选址、房舍等。

我的工作重点就是把每个乡镇的幼儿园办起来，挑选合适的师资人员，要求会唱、会跳、普通话标准、会制作玩具。我先把马关做为试点，随后向大洋、枸杞推广，经过一段时间的努力，其他有条件的村也都办起来了。

办幼儿园过程中，有不少困难，首先是一些群众对此有误解，他们认为：小孩进幼儿园，不过是去管管牢。他们不晓得幼儿教育有大学问。幼教可以提高小孩的素质，能促进德智体美全面发展。

幼托办的任务除了办幼儿园，还有一个是进行家庭教育，提高家长教育子女的素质。在菜园办起了家长学校，请一些卫生系统、教育系统的人去讲课。到了 1985 年，还在菜园办了个中心托儿所，地址选在驻军三营大礼堂，这样一办，菜园一些机关的工作人员最拥护了。

嵊泗在整个舟山地区,幼教事业算搞得蛮好的,获得过舟山地区儿少先进集体。我们的幼儿教育有一定特色,平时会把渔村的内容放进课程里,教小朋友认识各种鱼类、虾类和渔船等。1986 年 11 月,在嵊泗开了次全省教育现场会,主题是结合渔村实际,如何加强幼儿教育,我们办家长学校的实例,也在会议上作为经验向全省做了介绍。全省参加会议的有 80 多个代表。代表们认为,嵊泗幼儿教育的速度在全省领先,普及面也广,社会上的支持度大。

这些年从事幼儿教育,我体会到要做好工作,首先要有领导重视,从县里的领导,到妇联和各乡镇的领导,没有他们的支持,幼教工作就没法开展。再一个就是要有人才,要搞好幼教工作,要有人来做。所以我们办了多次培训班,以此来提高教师们的综合素质,还要培养她们对幼教事业的热爱和责任心。

作者简介:

吴银屏,籍贯:浙江宁波。曾任嵊泗县菜园镇幼儿园园长、嵊泗县幼托办公室主任、县政协委员。

海星中学诞生记

王祖恩

俗话说:“物以稀为贵。”我说:“校以特出名。”嵊泗县海星中学的创办就是典型的一例。其“特”在哪里呢?其一,学校是由6个边缘小岛乡政府联合开办的全寄宿制初级中学(后扩展到9个乡镇政府联办),委托县教育行政管理部门管理,学校实行董事会领导下的校长负责制,这一模式在全舟山市乃至全浙江省是很“稀”有的。其二,学校校名由时任嵊泗县县长黄忠悫亲自定名,意即“海上明星”学校。时任中共浙江省委书记兼省长薛驹在视察学校挥毫题写校名;尔后浙江省两位副省长和其他领导来嵊泗视察检查工作时总会到海星中学视察,这也是不多见的。

作者

嵊泗为什么会创办这种办学机制?这是实施九年义务教育的需要和从嵊泗海岛特点实际出发的结果。中共十一届三中全会以后,为发展教育事业,中央相继发布了《中国教育改革和发展纲要》、《中华人民共和国教育法》、《中华人民共和国义务教育法》及其实施细则、《关于教育体制改革的决定》等文件,省、市也即发了贯彻中央指示的文件。历届中共嵊泗县、县人民政府、县人大常委会领导,把教育放在优先发展的战略地位。从1986年开始,有计划、有步骤地分期分批实施九年义务教育,并着手调整学校布局,提高办学效益和教育质量。县教育局根据县政府的九年义务教育实施规划,组织力量,全力抓好抓紧义务教育工程。首先开展全面调查分析嵊泗的地情和教育现状;海岛多且分散,交通不便,信息闭塞;教育摊子大,学校设置多且规模小,设施与师资跟不上发展需要,教学质量偏低等。而实施九年义务教育不单是量的普及，让学龄儿童少年“进得来，留得住”，还有质的要求，使每个学生“学得好”，达到国家规定的标准。县教育局把调查的情况、困难和建议向县委、县政府领导如实汇报。1987 年，为解决海岛学校布点多、规模小、效益低的弊端和教育质与量的矛盾，切实提高办学效益。加快九年义务教育实施进程，县委、县政府采取果断举措决定撤销金平、绿华、花鸟、小洋 4 乡小学附设初中部，创办海星中学，由上述 4 乡和壁下、滩浒 2 乡联合办学。指令县教育局具体负责筹建工作。一方面县政府召开 6 乡乡长会议，县长黄忠悫详细阐明联合办学的意义，还定名“海星中学”，征求乡长们意见，6 位乡长赞同县政府的决定，并表示回乡后认真做好群众工作，力争早日联办。另一方面，县教育局依照县政府的决策，立即组织以教育科为主的队伍，又抽调菜园中学许祥辉、黄龙中学李亚舫等校长（内部定为建校后的领导班子成员），与教育科一起，开展建校筹备工作。多项筹备工作同时并进。一是深入 6 个小乡，开展广泛的宣传教育，取得乡村干部和群众的认同与支持，消除“学校办到家门口”的偏见，奠定群众的思想基础。二是安排好学校的领导人员和教职工，任命许祥辉为首任校长，确保按时开学。三是与当地驻军协商，借用驻军营房为校舍。驻军首长非常支持，腾出位于基湖村的一批营房，免费借用。经过短短紧张的工作，9 月 1 日顺利开学，6 乡新生 4 班。全校设 2 个年级（已招 4 个附设初中部的二年级学生），学生 300 余人。这样，一所新型的初级中学诞生了，成为全省最大的乡镇联合办学的初级中学。

海星中学

海星中学实行董事会领导下校长负责制。1988 年 3 月，成立董事会，董事长由 6 乡乡长轮流担任，第一届董事会董事长是金平乡乡长陈信宽。董事会每年召开两次会议，商计解决办学经费（根据各乡在校学生数分配）、控制流生，研究学校重大事宜，并听校长和秘书长工作汇报。董事会下设秘书处，由我和首任校长许祥辉分别兼任正、副秘书长。秘书处负责办学日常工作和乡间的协调工作，有时受董事会委托，研究解决学校中急需解决的问题。学校校长由县教育局与董事会协商后任命。校长接受乡政府和县教育局双重领导。1997年，在全县学校布局调整中，五龙乡初级中学停招初一新生，划归海星中学招收。1998年、1999年，五龙、马关、枸杞3乡镇的初级中学撤销，并入海星中学，学校扩至22个教学班，在校学生增至1085人。海星中学的乡联办、县管理的办学模式，得到省、市、县各级领导的首肯、关心和大力支持。浙江省副省长许行贯、李德保和省、市教育行政部门领导到嵊泗视察检查工作时，也都到过海星中学，听取汇报，观看学校面貌，作了指示，兼慰问学校师生。海星中学自创办以来，各级领导都非常关心海星中学的发展，在财力、物力、人力上给予全力支持，使海星中学的办学条件不断改善，校舍簇新，设施齐全，设备先进，学校面貌大变。

海星中学自创办以来，坚持全面贯彻国家的教育方针，依法治校，依法施教，以“学会做人、争做主人”为培养目标，以“安全第一、质量第一、科研兴校”为办学宗旨，全面推进素质教育，培养学生良好的思想品德、行为习惯、自理能力等，促进学生德、智、体全面发展。学校多次获得县、市、省级先进荣誉称号；教师、学生在县、市、省和全国各类教学比赛，科研论文评选，学科（知识）竞赛中获奖，成为一所领导肯定、群众满意的新型学校，为高一级学校和社会培养了一大批新生力量。

海星中学的创办，加快了嵊泗九年义务教育的实施。1994年，海星中学的办学单位6个小乡通过省人民政府的“两基”（基本普及九年义务教育、基本扫除青壮年文盲）评估验收，成为基本普及九年义务教育乡。2000年，海星中学承担的9个乡镇的初中段义务教育任务，各项指标均达到“两高”（高标准普及九年义务教育、高标准扫除青壮年文盲）标准，使嵊泗成为全市第一个高标准普及九年义务教育县。由此可以证明县委、县政府创办海星中学决策英明。

作者简介：

王祖恩，曾任嵊泗县教育局教育科长，县政协委员。

第四编

发展纪事

记泗礁电厂的建造

郑福员　口述　周苗　整理

作者

1982年6月，我到嵊泗县就任县委书记。那时嵊泗的基础很薄弱，经济也很困难。经过一段时间的调研后，我认为要把嵊泗的经济搞上去，必须要搞工业。一个县不管你是农业县或是渔业县，我认为还是要以工业为主。工业是基础和根本，国家的现代化也要靠工业，一个城市、一个农村，要实现现代化，都要靠发展工业，因为这个农产品、水产品生产出来要加工，这就是工业呀。

要在嵊泗搞工业，前提是要解决电力不足的问题。嵊泗当时的电厂规模很小，建在菜园镇的长弄堂水库大坝下面，用柴油机发电，到九点钟就要停电，柴油机发电成本又高，靠这种电力怎么能发展工业呢。电力问题不解决，嵊泗工业上不去。只好想办法造火力电厂。当时有很多人认为，嵊泗办火力电厂不大可能，但我心里有数，对办电厂信心蛮大。以前我在舟山办过纺织厂，原本打算用三年的时间，结果我只用了一年多的时间，后来轻工业部、省经贸厅专门开会总结表扬。因为有这个经验在里面，我就打算用一年的时间来建电厂，纺织厂那么大的工程也只用了一年多，那电厂肯定也能建成。

建电厂前选址的问题很头疼，讨论了很多次，一直定不下来。搞火力发电，它需要烧煤，会产生大量的烟尘，嵊泗风大，要考虑到风向的影响，最大限度地减少烟尘。本来打算把电厂建在小关岙，但大家一讨论，认为哪个位置太偏了，于是又打算建在高场湾，但也不行，嵊泗南风天多，电厂的烟尘都会被吹到菜园镇来，后来打算建在青沙，可是青沙的山冈高度低，西北风一吹，也挡不住烟尘。选

1982 年郑福员在县党代会上作报告(右 1),右 2 县长王永根

来选去,最后就定在菜园和青沙之间的长坑火钳山嘴。这个地方非常理想,有很多有利的条件。一是地处电力负荷中心,距县府所在地菜园镇仅一公里左右。二是港区内风浪小,具有良好的建造码头和海水循环泵房的条件。三是厂区布置不占良田。四是有足够的淡水来源,可以满足锅炉用水和生活用水的需要。五是地基岩石裸露,有建厂条件。六是有利于与老电厂联网运行。七是锅炉产生的煤灰可由县建材公司综合利用,并有足够的堆放场地。

县里对电厂工程很重视,配备精兵强将专门搭建了班子,成立了电厂工程指挥部具体负责工程。委派强润泉副县长主要负责抓这个事情,后来又调来唐隆光副县长。我把搞设计的唐瑞海调到了嵊泗。他是舟山设计院的,泗礁电厂就由他来设计,把他调到嵊泗可不容易啊,他家属是农村户口,这问题要帮他解决,还要解决他家属的工作问题。在外地,只要是工程师级别的人才能调动工作,就可以解决家属户口等问题,但唐瑞海是助理工程师,我就提出,根据嵊泗的情况,可以降低标准,这样才把他调过来到了电厂工程指挥部。

再就是从舟山纺织厂借调了基建科长来搞基本建设,这个基建科长在纺织厂建设过程中有很多经验,我也了解这个人,就想办法把他借调过来了。

我专门找物资局局长朱德华谈话,并让县纪委书记到场,当面对朱德华交代:你这个物资局要保证电厂工程上马,确保建设过程中的物资供应,一切物资保障工作都由你负责,如果不能及时供应,使工程进度滞后,要受纪律处分。这样一说,对朱德华压力很大,也确保了物资的供应。

1983 年 7 月份,县政府召集泗礁电厂设计施工、建设单位、银行、电力等部门开协调会议,会议开了三天,会上决定:施工单位 7 月底进场,8 月初进行现场准备和开工。土建总工期定为一年，其中锅炉房要求在1984年3月交付使用，汽机房、主控楼、水泵房要求在1984年6月底前交付使用。本工程在1984年第4季度投入生产，所有部门必须围绕这一目标开展工作。

电厂开工建设后，我对这个工程投入了很多精力，经常去现场看，和施工人员一起商量。其间也想方设法推进建设，以求缩短工期。过年时我去检查进度，发现工程主体的大梁还没浇筑好，我一看这不行啊，就和大家商量，要赶在过年前把大梁浇筑好，再利用工人过年放假的这段时间来做保养，如果不这样，那时间上浪费太多了。这几个措施还是蛮有效果，一年不到，电厂就建成了。

建电厂的经费有限，考虑到节约成本，打算使用旧的发电机。浙江省电力工业局无偿调拨了5吨锅炉2台、1500千瓦汽轮发电机组1套。这些设备是黄岩马鞍山电厂拆迁下来的东德旧机组，已经运行了近20年，我们就委托有关部门对设备做了鉴定，运了回来。

泗礁电厂工程共投资280万元，开拓厂区面积2万平方米，建设厂房3200平方米。至1984年8月正式并网发电。

作者简介：

郑福员，籍贯：浙江定海。曾任中共嵊泗县委书记，舟山地区工业局局长，舟山市交通委主任，市交通管理局、港航管理局局长，舟山市市长助理。

往昔的水产供销公司

王宜康

作者

当年（1980 年以前），嵊泗水产供销公司担负着海洋水产品供销流通贸易任务，既服务于渔业生产，也是完成计划调拨任务、争创地方税收的重要来源。在 20 世纪 60 年代至 70 年代中期，全县渔业海水产品生产量年均 6 万吨左右时，县水产供销公司（以下称县公司）的收购量稳定在生产量的 80% 左右。最高收购量的 1961 年，共收购海水产品 45405 吨，占年生产量 51757 吨的 87.7%。当年冬汛，县公司组织 116 艘总载重 6000 多吨的冰鲜船，1200 多名收购人员，随渔船出海在洋面收购，渔民生产到哪里，冰鲜船收购到哪里，一个冬汛就收购带鱼 14500 吨，占冬汛生产总量的 98%。这对完成计划调拨任务、增加地方财政收入和促进企业发展都带来极大利好。

自 1970 年代后期，由于主要经济鱼类资源减少，渔业体制改革逐步加深，收购政策和购销体制的不适应，两种市场、两种价格矛盾的存在，鱼货外流严重。加上县内渔工商联合企业逐年发展壮大，水产冷库越建越多。而县公司又从洋面收购鱼货逐步转为港口冷冻厂、库收购等原因，造成收购水产品数量大幅度减少。到 1981 年，收购总量 5096.65 吨，仅占年水产品生产量的 9.2%。可想而知，从过去收购量稳定在占生产量 86% 左右，降到是年的 9.2%，压力太大了。1981 年，县公司首次出现严重亏损。在这种情况下，向县内渔工商企业单位，有偿转让了 17 艘机动船（1408 吨）。县公司正滑向下坡路。

新上任不久的中共嵊泗县委书记郑福员，在基层调研时发现县公司现状。

在一次县委常委会上提出如何解决县公司的问题。经讨论决定：成立地方国有企业——嵊泗县海洋渔业公司，同嵊泗县水产供销公司合并，实行两块牌子、一套班子，成立党委会。加强党的领导，改革机构体制，发展捕捞生产，搞活购销经营，调动企业的积极性，以达到保核定派购任务收购量，保计划调拨任务的完成，扩大税源，增加地方财政收入，促进企业创新发展。

1982 年 11 月下旬，郑书记打电话给我，要我去他办公室。见面后，他直说了县委研究的决定，要调我去搞水产企业。我立刻回答说："我一无海洋捕捞理论知识，二无实际工作经验，要我去搞这家企业不合适吧！"郑书记说："你在县科委，现主要抓风力发电机组的试验，这对全国来讲有重大意义。调你去搞这家企业，对县里来讲更有现实意义。"反复做我思想工作。最后我只好表态：服从组织分配。不过我想提个要求，就是要邀请县水产局既有实际捕捞经验又有理论知识的曾岳祥同志和县水产公司有多年购销业务经营经验的韩满昌同志，组成三人考察组，去外地考察取经。郑书记当即同意，并表示派人去联系此事。时隔三天，三人见面，商讨考察事宜。先后去了舟山海洋渔业公司、上海市海洋渔业公司和上海市水产供销公司。一星期后向郑书记做了汇报。随后就办理调动工作手续。

1982 年 12 月 22 日，成立嵊泗县海洋渔业公司，同嵊泗县水产供销公司合并，实行两块牌子、一套班子，成立中共嵊泗县海洋渔业公司、水产供销公司委员会。调任顾丁良同志任党委书记，我任副书记、经理。俞根华、冯振跃为委员。书记、经理到任后，立即展开工作。首先召开了党委会，认真学习县委对县公司的指示，研究了党委和县公司的工作。

随着国家对海水产品解决鱼类收购政策的放宽，渔业生产作业单位带冰出海生产，改变了鱼货收购方式。特别是两个市场、两种价格，县公司再不改变过去独家经营的理念和作风，肯定要走向绝境。于是，党委决定，要冒着风险，闯出一条新路，要想方设法开拓国内外营销市场。同时决定，闯新路必须遵守三条原则：一是要坚决执行国家购销政策，努力完成收购派购鱼货和计划调拨任务。二是要坚定改革创新，一手抓捕捞生产发展，一手抓开拓国内外营销市场。三是要坚定商业信誉、商业道德，以信用谋合作、求双赢、共同发展。

针对捕捞生产的现状，采取协商选调和社会招聘相结合，招聘捕捞船员。从全县发展海洋捕捞生产鼎鼎有名的五龙公社，选调老大（船长）和技术骨干。共

第一排:左 1 浙江省水产进出口公司代表邹美琴,左 2 嵊泗县水产公司经理王宜康,左 3 日本"丸寿"船老板,左 4 嵊泗县人民政府县长黄忠悫,左 5 嵊泗县水产公司工程师裴国成,左 6 嵊泗县水产公司沈轮机长

第二排:右 1 浙江省水产进出口公司周翻译,右 2 嵊泗县水产公司顾船长,右 3 日本大洋渔业陪同人员翻译渡边先生

选调和招聘捕捞船员 150 人。可以说,捕捞队船大、网具新、人强、技术精。但是生产单位太少,只有机动渔船 8 艘。要增加生产单位,就要投资造船增网具,钱从哪里来?我们采取借"鸡"生蛋的办法,先搞集资再投资。从捕捉市场信息中得知,北方的大城市人口多,吃鱼非常困难。具体分析河北省石家庄市,人口众多,机关单位多,驻军特别多,老百姓都喜爱吃东海鲜带鱼,有钱而买不到鱼。于是锁定石家庄市。打算闯上门去。当机立断,我和县公司业务、沪办负责人韩满昌、陈琼华三人,冒着寒冬北上石家庄市,直闯市水产供销公司。拜谒公司领导,讲明来意和合作意向。当时市公司领导和业务负责人都非常感兴趣。并表示,此事牵涉之广,要向市商委领导汇报后再定。第二天下午,市商委领导高主任热情接待我们,并当即表示,市公司尽快派人去嵊泗考察,如条件具备,就在嵊泗商定合作协议。五天后,市公司张副经理、业务科刘科长等三人,由沪办人员陪同来到嵊泗。第二天,双方商讨合作意向,最后达成合作协议。甲方:石家庄市水产供销公司,投资人民币 120 万元(无息),支持嵊泗县水产供销公司发展海洋捕捞生产。在三年内,按投资总额分年供应、产地批发价、以带鱼为主的经济鱼类。乙方:嵊泗县水产供销公司,在三年内,按投资总额分为:第一年 20%、第二年 30%、第三年 50%,每年 12 月初前,供应以带鱼为主的经济鱼类。价格随行就市,按产地批发

价结算。供足投资总额的鱼货后，协议终止。县公司拿到这笔资金后，立即进行新改建4艘机动捕捞船，赶在1984年冬汛前投产。以后两年，采取类似合作方式，增加捕捞船只，达到14艘。这时捕捞队年产经济鱼类近2000吨，可作为提供调剂收购派购任务不足的额度，充分体现了两公司合并的优越之处。

如何开拓国内外营销市场，这是县公司的重点课题。首先对东海临近嵊泗县的海水产品加工企业和黄海吕泗港海水产品企业的收购、加工、销售情况进行调研。要闯出一条外销出口渠道。当时得知，国内最活跃的鱼市场是广州市。我们想去闯一闯。1984年炎夏，我同外贸业务负责人裴国成、分管沪办负责人冯振跃三人，带着"三刀"螟蜅鲞、野生干淡菜、三矾海蜇皮等海产品，以及酱菜、咸蛋、虾皮、紫菜等下饭小菜南下闯广州。到达广州市的第二天，就到出名的一德路水产品一条街。确实名不虚传，海水、淡水产品非常丰富，鲜、活、冻、干鱼、藻类都有，价格比产地高得多。逛了一段路，看到一块"广州市水产进出口有限公司"的牌子。商量后，决定闯进去。走上二楼的公司业务科，廖科长接待我们。我讲明来意后，拿出带去的海产样品。廖科长一看，就说产品质量很好，并说公司主要做冰鲜和冷冻的鲳鱼、黄鱼、墨鱼片等海水产品，直接销往香港市场。我说这些品种的冷冻产品我们都有，他很感兴趣。于是请出廖经理一起商谈此事。谈得很融洽，都有合作经营的意向。当时，我们发出邀请，请市公司尽快派人去嵊泗县公司实地考察，商谈合作事宜。一星期后，廖科长同业务员小李来到上海的我县公司沪办，由沪办同志陪同来到县公司。百闻不如一见，廖科长参观石柱冷冻厂、渔需物资供应部、水产品供应门市部等单位后，确认县公司很有实力。同时得知嵊泗渔场资源丰富，出口产品数量多、质量好。感到双方合作条件具备，发展前景看好。并表示，回市公司研究后立即回复。廖科长回到广州后很快给我来电，约我到上海商定协议。我们共议了五条合作协议：

一、乙方广州市水产进出口有限公司给予甲方嵊泗县水产供销公司无息贷款人民币100万元，作为支付货物定金。每年1月3日前后汇入甲方银行账户。甲方在每年12月28日前后汇入乙方银行账户，以便于乙方继续向银行贷款。甲方在广州市范围只能同一家合作，如同时同另家合作，应作违约处理。

二、甲方每年提供乙方，以冷冻鲳鱼为主的海产经济鱼类2000吨以上，分期分批运达广州市港口指定码头。每月数量200吨左右，分2次运达。

三、价格随行就市，参照嵊泗县产地和广州市销地，按当时行情协商定价。

定价确认后发货。货到验收合格后，3 日内将货款汇入甲方银行账户。

四、甲乙双方互通信息。甲方及时通报货船进港停靠码头时间。乙方提前做好卸货和补给准备工作。安排：第一天船员休整，第二天卸货，第三天补给燃油等必需物资和生活必需品。双方密切配合，努力做到运输船每半个月往返一航次。

五、本协议暂定三年。协议生效后，双方严格按照执行。如遇争议，协商处理。

协议生效后，县公司立即启动向外组织货源。首先瞄准县内渔工商冷库，完成派购任务外符合外销质量的鱼货。同时组织人员去黄海吕泗港水产品加工企业，上门洽购。在很短时间内就收购一批符合外销的鱼货。有了货源，如何安全运达广州港口，这事经研究决定，将县公司的一艘净载货量百吨的九号冷藏运输船开通这条航线。对船员、船只办理了保险，（货物每批按实量保险）。首次开航后，县公司派人与市公司共同去码头迎接、慰问和帮助卸货、补给物资等。返港时，总有一名书记或经理迎接、安排开茶话会，交流情况，表扬好人好事，解决实际问题，以使大家心情愉快。在县、市公司合作的三年多过程中，九号冷藏船全体船员非常辛苦，为县公司做出很大贡献。船长王满章，在一次遇险后的茶话会上激动地说："自从开通了广州这条航线，阿拉（我们）全体船员照顾家庭和处理私事的时间大大减少，而战天斗海、日夜连续劳动的强度大大增加。不仅如此，有时还要冒着生命危险去拼搏。可是到了广州港，县、市公司都有人来迎接、慰问，一起卸货，帮助补给。返港之后，总有领导亲自过问，一肚子怨气就瘪掉了。多装快跑的干劲又鼓起来了。"正是有了全体船员付出的辛苦，带给县公司丰厚的回报。正常的情况下，平均每航次可获净利润三十万元左右。

1970 年代的水产公司加工厂

县、市公司很顺利的合作了三年多。

1985 年年初，中共中央国务院下达了〔1985〕5 号文件《关于放开政策，加速发展水产事业的通知》（即十条指示），要点是其中第六条，调整水产品购销政策，水产品一律划为三类产品，产销见面，市场调节（即取消了派购任务）。这时的县公司如虎添翼，可以放开手脚大干了。首先，进一步巩固和扩大收购鱼货渠道，拓展出口产品范围和渠道，提高产品质量。同时，加速基础设施建设。对县公司直属的石柱冷冻厂改建增加库容量和扩建 500 吨级深水码头。新建黄龙冷冻厂，大洋镇渔工商企业合办水产罐头食品厂。海上捕捞渔船继续增加，又新增一艘净载 200 多吨冷藏船，陆上运输车队车辆不断更新。特别是在县城菜园镇中心地带，将原渔需物资供应部及县公司办公之处 6000 多平方米的三层大楼改建成嵊泗县当时为一流的“海味酒家”，附设“宾馆部”。新建渔需物资仓库和办公大楼，另设渔需物资供应门市部。原大楼的改建，特邀上海华东建筑设计院总设计师龚洪涛设计。海味酒家同上海南京东路扬州饭店合作。从海味酒家选派两名副经理严亦萍、张炳章带领 10 名职工，到扬州饭店培训 3 个月。开业时，扬州饭店特派两名大厨现场指导。开张当天，国家特一级厨师、扬州饭店经理李跃荣和总设计师龚洪涛专程来嵊泗祝贺。正在舟山渔区调研的国家渔业局局长卓友詹也到现场贺喜！晚上，大街上亮起高大的“海味酒家”附设“宾馆部”霓虹灯，真是热闹非凡，为县城增添了繁荣景象。开业后的酒家、宾馆，天天顾客满堂。“福、禄、寿”三间包房和住房都要提前数天预订。这一服务设施的开业，不仅为县公司开创了经营新路，还为县城留住了来嵊泗旅游和合作开发之客人。

回忆走过的路，感受颇深。在当时，虽在“试水”市场经济，但真不知道什么是市场经济。当时只知道这样一个道理：即严格遵守商业道德、讲诚信、守信用，做到合作双赢。所以，同石家庄市公司顺利完成了三年的协议，并成为后来多年的销售客户。同广州市公司签约预付人民币 100 万元无息贷款，连续了三年。在合作过程中，没有发生大的争议。仅有一次，县公司在山东组织收购一批共 20 多吨对虾，从海上直接运往广州港。事先双方没有议定价格，经营结果获得微利。我方向对方提出异议后，广州市公司很快给县公司返回利润人民币 6 万元。总之，县公司在同各方合作时，都坚持讲诚信、守信用，做到合作双赢，结果是双方满意，共同发展。这也是 1986 年夏，我同办公室主任邵培军回访上海、北京、石家庄、沈阳等多家合作单位领导时，共同得出的结论。从“尝鲜”或试水市场经济的实践中，认识到市场经济是“法制经济”也是“道德经济”。同时明白了一个道理，社会发展过程中，不仅需要物质基础，还需要精神追求。人不仅是“经济人”，更是“道德人”，两者是密不可分的。人或企业单位的信用度越高，在竞争中越会获得成功。

作者简介：

王宜康，籍贯：江苏南京。曾任中共嵊泗县委办公室主任，县水产局局长，县海洋渔业公司、县水产供销公司经理、党组书记，县政协主席。

改造基湖沙丘

王宜康

1965 年 8 月，舟山社教工作团嵊泗分团进驻嵊泗县。参加运动的军队干部和地方干部共有 600 多人。国防部副部长、南京军区司令员许世友，到嵊泗县马关公社蹲点，参加社教运动。嵊泗分团领导都由舟山社教工作团领导兼任，分团团部设在嵊泗县机关大院。团党委书记、团长曹思明（舟嵊要塞区政委兼舟山地委书记），副书记、副团长有 5 位，其中军队干部 3 位、地方干部 2 位（舟山地委副书记崔晓东、副书记兼舟山专署专员王裕民）。

在社教运动期间，泗礁本岛的干部、群众对基湖沙滩上的沙丘危害群众的生产、生活和当地驻军在大沙滩东西两端设置多处“打靶场”扰民之事提出了许多意见。由于关系到对大自然的改造和军与民的大事，过去长期未能解决。当团部主要领导得知此情况，给予高度重视，及时派团部办公室两名工作人员（地方、军队各 1 名），到当地了解实情。当时基湖地区的现状是长 2200 米、宽近 300 米的大沙滩，连接沙滩上大大小小的沙丘，尤其是冬天，西北暴风席卷滩上沙丘时，吹向东南方向坡地直至山巅，形成横跨菜园、马关、五龙行人必经之路的一片茫茫沙地。群众中流行这样的顺口溜：基湖大沙滩，黄沙到处流，强风难睁眼，烈日好煨蛋，行人过此路，受罪又受难。再加上“打靶场”实弹演习时，在沙滩东西两端竖起“禁止行人通行”的牌子。这时行人过境，既要翻山越岭，又要穿过沙丘，还要等待“解禁令”，实在太不方便。因此对改造沙丘和搬迁“打靶场”的要求非常强烈。根据群众的反映和了解的实情，团部领导分别同嵊泗守备区司令部、政治部有关部门负责同志及县、镇有关负责同志交换了意见。最后召开了军队和地方共同参加的协调会，达成共识。另外安排好“打靶场”的地点，很快进行顺利搬迁。从此保障了行人不受时限地安全通行。关于改造大自然之事，在一次社教工作团会议上，曹思明、王裕民提出在基湖沙滩的沙丘地带“挖坑、移土、种黑松树”的建议。经过讨论决定，全民动员参加义务植树活动。1965 年冬，召开了县级机关、企事业单位，菜园镇各部门、居民和当地驻军参加的“向基湖沙滩进军，改造沙丘义务植树动员大会”。副团长康明才（嵊泗守备区政委兼嵊泗县委书记）作了动员报告。大会提出的要求和目标是挖一个坑，填一担土，种一棵树（黑松树），浇一桶水，分片包干，包种保活。三年连片，十年成林，建成为人民造福的绿化基湖山。

经过全民十多个冬、春的辛勤培育，终于形成一望无际的郁郁葱葱的黑森林。1983 年春，国家科委、水电部和浙江省科委、电力局、机械厅共同组织在嵊泗县召开 18 千瓦、40 千瓦风力发电试验机组鉴定会议。会议期间，北京科教电影制片厂来嵊泗拍摄风力发电科教影片。片子拍完后，制片厂的同志对作背景的基湖沙滩赞不绝口：这片沙滩，面积开阔平缓，海水蔚蓝清澈，沙质细而坚硬，滩后面的黑松满山覆盖，身临其境，真是风景宜人，美不胜收，令人流连忘返。这里完全可同“北戴河”媲美，从此被人们誉为“南方北戴河”。正是“南方北戴河”的开发，大大提高了嵊泗的知名度。从浙江、上海等省市和国家科委、旅游等部门的领导、专家及许多知名人士接连来到嵊泗。许多有识之士提出，嵊泗有海洋、海岛自然风光的特色旅游资源和独特的区位优势，背靠沪、杭、甬，临近普陀山，完全可以大力开发国内和国际旅游。在上海市和浙江省旅游部门的支持下，嵊泗的旅游业于 1984 年起步。当时与上海华亭集团联合组成全县第一家“泗海旅游总公司”。基湖海滨浴场于 1985 年 5 月建成，在嵊泗解放 35 周年纪念日（1985 年 7 月 7 日），泗海旅游总公司在海滨浴场举行揭牌仪式。从此，嵊泗的旅游事业进入实质性启动。

1987 年 9 月，省委书记兼省长薛驹来嵊泗考察时，为嵊泗旅游事业的发展作了“嵊泗列岛基湖风景旅游胜地”和“观海景、尝海鲜、游海水、买海货”的题词。1988 年 8 月 1 日，国务院批准嵊泗列岛为国家风景名胜区。

有人说，基湖沙滩，应该是嵊泗旅游的出发地，没有基湖沙滩，就没有嵊泗的旅游。也有人说，没有对基湖沙丘的改造，就没有现在基湖沙滩的魅力。这不能不说是“社教”运动的一件好事。

作者简介：

王宜康，籍贯：江苏南京。曾任中共嵊泗县委办公室主任，县水产局局长，县海洋渔业公司、县水产供销公司经理、党组书记，县政协主席。

我任副县长后几件难忘事

李凤耀

我当了一次民事调解员

作者

1987年4月，我由县委组织部调到县政府，经县人代会选举当了一名副县长，具体分管教科文卫体和计划生育工作。在这几项工作中，让我最费力的是教育和计划生育两项工作。教育工作方面的主要困难是改造学校危房的巨额资金难以落实。当时县级财政年度安排改造资金仅二三万元，大量的基建资金须向省教委、省财政厅争取；而计划生育工作的难度，是计划外怀孕妇女量多面广。当年计生工作的重点和难点就是到处寻找“大肚皮”，然后送到医院施行“人流”或“结扎”节育手术。后面第二项难事，让我在一段长时间内，头顶心似数十枚小针扎刺，疼痛不已。去医院做检查，看不出什么问题，去看陈保罗医生，他说你死不了的。人是没死，但我头顶开始大量脱发，逐渐成了秃顶。虽然，当时的计生工作很难很难，但大量的难题是乡镇计生干部、渔村基层干部，首先接触并给予解决的。作为县里的主管领导，我要出自肺腑地感谢他们，感谢他们在我任职副县长的两届时间里，对我分管工作的支持和帮助。但是，基层也有不少解决不了的问题。这时就需要县计生部门派员下乡去指导工作，甚至须由县领导直接出面去解决问题。在我任职期间，遇到过几次计生部门处理不了，要我出面解决的难题。其中一次，就让我这个副县长当了一次民事调解员。

1990年10月14日下午，我突然接到县计生委主任朱点光从大洋镇打来的电话。当时，他正带着一个工作组在大洋镇指导开展计划生育宣传月活动。朱说：这次宣传月大洋镇有十六名结扎对象，经过镇里和工作组的摸底工作，绝大多数人表示认可，但她们同时又一致表示，要看某家一个妇女去不去结扎。如果这个妇女结扎了，她们都会结扎。因此，他们共同关注的这名妇女，成了全镇结扎对象的"钉子户"，而这个钉子户的男人，是个体渔民，身上常备"小尺子"（即匕首）。朱点光的来电意思十分清楚，绝大多数结扎对象的思想工作基本上都做通了。只有这一家钉子户，他不敢去做，也做不了，要找领导出面去解决难题。村里解决不了，找乡镇也解决不了，找县里主管部门，也都解决不了，当然应由县主管领导出面解决。

第二天是星期一，为了预防出现我一个人在场难以掌控的意外局面，动身前，我向县公安局借调了一名从局领导岗位上退下来的老公安章长华同志，跟随我一起去大洋工作。他的任务不是去动员宣传，只是作为我的随从保镖。如在我工作期间，出现非正常局面时，他就从中劝解，作个见证人。我们两人到达大洋镇后，首先找镇分管领导，详细了解这家钉子户的来龙去脉。原来这个渔民姓刘，是个体渔民，他一个人可驾驶一条渔船去钱塘江口捕鳗鱼苗，是个身高力强、外表凶悍的渔民汉子。几年前他家与上下坎的一个村干部家为琐事发生多次口角争吵，甚而发展为双方男女殴打。曾经从自家道地打到村里，从村里打到镇政府。其中一次双方殴打时，把刘家母亲的一个大拇指打伤了，失去了手指弯曲功能，按伤势等级鉴定为轻微伤。事后，刘家一面去舟山洋岙医院治疗，前后花费近 4000 元，一面向大洋边防派出所、大洋法庭、镇政府等讨要说法，甚至向市法院递过诉状，结果都不了了之。为什么一桩看似简单的邻里纠纷案，乡镇和县里职能部门都熟视无睹，拖了多年不予处理解决？原来那位村干部不仅是村干部，还是半脱产的镇干部。事后，县公安局某局长还去他家吃过饭。这样，刘家作为一户普通老百姓当然拼不过了。这次全县开展计生工作宣传月，他老婆亦在结扎名单之列。于是，聪明的刘老大抓住机会，提出结扎是计生工作，是基本国策，政府号召我们百姓要听，那么，百姓因邻里纠纷受到伤残，政府要不要管呢？如果政府这次把我母亲拇指伤残的事处理好，不用你们政府动员，我自己也会把老婆送去医院结扎。

事因清楚了。虽然我不是司法干部，理应不该参与处理此事。但是，事情明摆在这里，如我不去解决这个难题，那么这次大洋镇的结扎工作就会流产，今后其他各项计生工作也难以开展。并且,如全县各乡镇仿效大洋,给县政府也出些难题,那么这种局面谁来收拾?当时,县委徐显伏书记正好带领县政法系统各部门主要领导在大洋镇召开政法工作现场会。他们比我先到大洋,也巧,我和他们都住在望海旅馆。当天吃过晚饭,我先拉了法院李院长问及此事。他说知道,也看见过市法院转给县法院的刘家诉状。当我再想进一步问他为啥至今没有处理时,他对我笑笑走开了。走在后面的县检察长老朱来到我身旁,我又向朱检察长请教这桩因邻里纠纷造成轻微伤案该怎么处理? “老李,你是湿手抓面粉”。说完这句话,朱就走开了。听到这里,我也不去找公安局领导了。因为找他,更得不到什么结果。

难道事情真这么难吗?我不信,我从来相信,事在人为,公理自在民心。我决定尝试一次,努力一下。以往几年,我在县委组织部工作期间,下乡特别多,与各公社、乡镇、大队(村)等领导结识了不少朋友。每个大队(村)的支部书记,当时都由县委组织部发文任命,我当过组织干事、干部干事,每个大队(村)里都有我的人缘情脉。我必须利用这个优势,把有限的积极因素都调动起来,让更多的群众来支持计生工作。所以,接下去的几天里,我先后拜访了发生邻里纠纷案所在村的老支书和与那位村干部一起长大的要好朋友——大洋信用社夏主任和刘家大舅子等多人,向他们表明来意,强调大洋这次计生宣传月任务繁重,请求他们协助我做好有关人员的思想工作。我的诚心感动了他们,事后他们都做了很多工作,为我下一步的工作铺了路,垫了底。让我接下去直接找刘老大和那位村干部做工作,减少了很多阻力。

外围力量动员起来,并且帮了大忙。我就直奔主题,与发生摩擦的二家人直接见面,分别做工作。我先约渔民刘老大,借用镇政府计划生育宣传员办公室

作者到金平乡指导计划生育工作(前排右3)

与他谈话。在场的就我、章长华和渔民刘老大三人。一开始我先做了自我介绍，说明来意，然后请刘老大讲述发生纠纷的前前后后，我很耐心地听，也不插话，让刘老大痛痛快快地讲完，他拿出其母亲在定海洋岙骨科医院看病的一大沓医药发票，我未细看，只是粗略地翻了一下。问他，这件事你想怎么了结，有何诉求？刘老大很直爽、很实在。并非我原先想象的那样难弄、那样强硬。他只说，你们官官相护，吃亏的总是百姓。我不求赔偿多少钱，只想争个理、出口气。我很喜欢、很欣赏刘老大这种耿直和通情达理，就试探性提出了我个人的三点调解意见。我说，第一，邻里纠纷双方有责，对方是党员干部，又使你母亲受伤，所以责任主要在对方，你方是吃亏的。对方须向你家赔礼道歉。第二，双方殴打，各有损伤，对方当时也有不少皮外伤，而你母亲伤势稍重，已构成轻微伤，医药费支出较多，由对方补贴你家 500 元，作为象征性的精神安慰。第三，邻里关系是要长久相处下去的，和睦相处最为重要。要求你们双方不计前嫌，着眼长远和睦，我会让镇司法助理员把这三点意思形成一份司法调解文书，立字为凭，并以此为戒。刘老大听了。当即表态："这好，这好，我家完全同意。"

接着，我就找那位村干部谈话，把我了解纠纷全过程后的看法告诉他，把刘家较为通情达理的诉求告诉他，把这次大洋镇计生宣传月的结扎任务告诉他，希望他从一个党员干部的角度，识大体顾大局，重新认识，重新处理好已经过去了的这件邻里纠纷案。说起来也真巧，这位村干部是我 1979 年刚到县委组织部考察吸收第一批公社新干部时，在考察对象培训班里就认识的，后来又和他有过数面之缘。所以对我的谈话，他听得进，表示接受。临走前，我要求他回家去好好做他母亲和妻子的思想工作，大家一起努力，保证这次调解工作顺顺利利。我又告诉他，如你家没啥意见，我就把你们双方约到镇里，双方见面表示和好，并立个调解文书。党员干部就是党员干部，只要把事情讲清楚了，把道理讲透彻了，没有做不好的思想工作。那位村干部回家后，很快就做好了其母亲和妻子的思想工作。当天下午，在镇政府办公室，我、章长华和两家主要当事人，大家坐在一起。镇司法助理员小张当书记员，在双方表示愿意和解、和睦相处的前提下，由小张助理起草了一份包含上述三点内容的司法调解文书，并交由双方签字保存。一桩久拖不决的邻里纠纷案，就这么圆满地解决了。这件事，也让我生平第一回，也是唯一的当了一次民事调解员。

第二天上午，也是我和章长华同志来到大洋工作的第六天。朱点光同志喜冲冲地来到我住处，“解决了，解决了，刘老大陪他老婆一大早就到卫生院手术室结扎了。”当天午饭后，我和章长华同志坐船回菜园。

在全县开展计生宣传月的活动中，在参与计生工作过程中，类似的难题常有发生。我记得，县里其他领导，如傅文良副书记，许洁副书记，沈善法人大常委会副主任，他们都像我这样处理过不少难事。正是因为县委重视，县四套班子深入基层，以身作则，县计生部门和各乡镇、村的基层干部，都善于反复、细致、耐心地做好群众思想工作。所以，我县计生工作各项考核指标一直位居全市、全省前列。为此，1988 年度、1990 年度嵊泗县连续二次被浙江省政府评为省计划生育红旗县；1991 年 11 月嵊泗县又被评为全国“七五”期间计划生育宣传工作先进单位。

一起难忘的海事谈判

我经历过一次让人难忘又尴尬的谈判，并且是双方力量绝对悬殊而一方只有被告资格的海事谈判。

那天 1992 年 1 月 19 日下午，我参加完市教委在普陀六横召开的教育工作现场会议，正在定海原南码头等候上船回嵊泗。突然听到身后有人喊“李副县长”，我转身一看，原来是定海办事处王孝睦同志。他神情紧张地告诉我，傅文良副书记打电话给他，让他到码头把我截住，去沈家门处理一宗海事案件。事关紧要，我马上随他回办事处，并简略得知：我县一艘公安缉私艇，误把上海市海洋渔业公司的一艘捕捞渔船作为走私船只“打了”（截住的意思），结果反被某基地的一艘海军舰艇和数条上海渔船一起押解回港，停泊在沈家门边防工作站码头，而当天在那条缉私船的我县三名公安干警也被暂扣在边防工作站(直至半个月后，才获行动自由)。天哪，我虽从 1990 年 5 月起兼任县政法委副书记，但我并未具体参与过“打私”（侦查、打击走私活动）这种法律政策性很强而且内情极其复杂的事件。况且，县里专门成立了“打击走私工作领导小组”，他们比较熟悉打私工作的政策法规，而且县里的打私工作已开展多年，他们也有丰富的工作实践经验。现在，既然县里定下来，我也只好被“赶鸭子上架”了。但是，我深信自己在大事面前有沉着应对、敢于担当的勇气和能力，在嵊泗工作多年也有较好的群众基础和工作方法。我必须尽自己所能为县里排忧解难。那一夜，人虽躺在定海办事处，脑海中却不时涌现出第二天谈判桌上可能发生的种种场景，我失眠了。

第二天清晨，县公安局局长乔洪潮同志，开着不知从哪里借来的小车，到办事处接我去沈家门。一路上，他向我介绍一些关于事件发生的前前后后。原来，这次出海执行打私任务共有两条船只，都是从福建方向租来的旧登陆艇，略作伪装，在舱面上钉上一块木板牌子，编为“嵊公一号”“嵊公二号”。每条艇上还有十来个外地雇员，我县局只在每条艇上派有三四名公安干警(持枪的)。这些外地船只和雇员均在“打私”方面干了好多年，平时在船上都身着迷彩服，除了没警徽警号，远看起来很像部队战士。可惜的是，他们的身份背景比较复杂，我方既不了解他们，也不太好管理指挥他们。可以说他们是一伙要钱不要命、见钱眼开的乌合之众，这就注定了，利用这批人“打私”，早晚会出大事的。那天两条船出海不久，一号艇因机器漏油，被迫在普陀冲上一沙滩，因修理机器，后来未曾出海。二号艇继续前行，不久，福建人发现了上海渔业公司一条捕捞船只，怀疑是走私船。因为当时多数走私船都会伪装成捕鱼船，在甲板上放一些网具之类的东西，避人耳目。所以福建人马上对这条“走私”渔船穷追不舍，而上海渔船也误认为遇上了海盗船，也加大马力拼命想甩脱，同时也马上向附近公司所属渔轮，向上海方向甚至向农业部求救中心发出求救信号。由于我方租用的登陆艇在马力上已经作过改装，至少在 17 ~ 18 节航速，远比一般渔船快，所以没用多久，就追上了上海渔船，迫使他们停了下来，并靠拢登了上去。因为我公安干警不适应海况，会晕船，平时一般都睡在舱里，都是靠福建雇员在甲板上瞭望观察的。因此，等我公安干警出来，福建人早已敏捷地跳了过去，开始了翻箱倒柜式的搜索。没发现啥疑点后，我公安干警让福建人撤回，但福建人发现船上有一舱散冰，硬是认为走私货物就在冰下面，坚持要翻舱检查。这时，得到求救信号的某基地一艘海军舰艇赶到了，在邻近海区生产的其他上海渔船也来了。见此情景，我方船只已知道没法脱离现场，只好被押解回港。那你们为什么要雇用这批不可靠的外地船只和雇员呢？乔局长告诉我，各沿海省份，“走私”活动都十分猖獗，而且“打私”队伍也鱼龙混杂，“空手套白狼”的现象时有发生。我公安局就在这种背景影响下，把福建方面长期从事“查私、打私”的船只和雇员一起租用过来，改头换面，伪装成我公安边防缉私艇，利用福建人查私、打私数十次，成果颇丰。据 1992 年县大事记记载：“至年底，共查获走私烟 2800 箱，价 350 万元。”谁知道“老鬼”也有失手的时候，于是就发生了上述的这次事件。快要到达沈家门了，乔局长再三要求我，不要公开他的真实身份，就把他作为一名专职司机，每天接我往返定海与沈家门之间。我答应了，在处理这个事件的日日夜夜里，乔从不走进谈判地点，更不参与双方谈判。

上海市海洋渔业公司在沈家门设有一个办事处，在舟山食品厂内。当我一走进会议室，就见上海一行人已在那里等候着，经双方各自介绍，才知道双方力量竟是这么悬殊。上海方面来了渔业公司正、副三位经理，公司聘请的常年法律顾问，上海黄浦江水上派出所负责人以及渔业公司下属主要部门的人员，共十余位，嵊泗方面就我一个人。坐下后，上海方面因有所准备，一开始就把我县缉私艇的“打砸抢”行为作了一个简单通报，接着提出强烈抗议和要求我方赔偿的方案，从捕捞产量损失、柴油耗费、船只人员和设备的一些损伤，列出了一份清单。面对此情此景，我方是肇事者、过错方，我从没参与任何查私打私工作，不懂如何处理海事纠纷，又不在案发现场，我根本不知道讲什么好。除了表示歉意，向上海方赔礼道歉和表示愿意承担一定的经济补偿外，只能反复强调嵊泗与上海作为长期友好邻居，嵊泗在解放初和六十年代初期，和上海同属于一个行政管辖区。上海历任领导一直是关心嵊泗的，两地领导几乎每年都有数次相互拜访。就在1992年初上海市委吴邦国书纪、黄菊市长到嵊泗考察，我县四套班子领导也几乎每年去上海拜访。我本人也是上海嘉定人，而你们上海渔业公司的老大和船员中也有相当数量的人是从我们嵊泗招工去的。我们嵊泗和上海本是一家人，现在有了这件不愉快的事情，我们完全可以坐下来心平气和地好好商量，好好解决的。同时我再三强调，我是嵊泗县委、县政府派来的，代表嵊泗方面来协商问题的，我一定努力把事情处理好。当天下午，我带了乔局长，买了一大筐香烟、水果，抬到那只被“打击”的船上，态度诚恳地向船老大、全体船员表示了慰问和歉意，使船员们对这次事件不满意甚至愤怒的情绪有了一定缓和。回到定海办事处，面对着上海方提出的赔偿清单，我不知从何着手，因为我既不懂渔业捕捞又缺乏海洋知识，怎么去谈赔偿问题？当晚我与傅书记通话时提出了个要求，能否派一个懂得渔业知识又有海上纠纷处理经验的人来帮我一把。不料，第二天来了一位刚从舟山水产技校毕业不久的小青年，一时也帮不上忙。好在我当过一届组织部部长、二届副县长，在人脉关系上有着较大优势。时任舟山市经委副书记、副主任的郑某某，原是市委组织部组织科科长，我请他与舟山船厂联系好，等上海渔船来厂修理时，只要把事故中因船只碰撞和人为造成的船体损坏部分进行简易修补，不必进行大修。

第二天，我先后去一渔公司找了孙信昌经理，到二渔公司找了曾岳祥经理，向他们了解他们公司的捕捞船队最近几天在洋面的捕捞情况，鱼类品种是什么，每天捕获量是多少，市场销售价格怎么样，以及渔轮的柴油消耗量如何测算等有关情况。

第三天，在有了一定的思想准备和必要的数据资料的情况下，就和上海方继续进行赔偿的第二轮谈判。在此前，乔局长也没空闲。他去边防工作站看望被扣押在那里面的三位公安干警，并进一步了解事故实情。事后，乔局长告诉我，那天公安艇去检查上海渔船时，该船上基本没捕到鱼。这就意味着，也许上海渔船刚开到渔场，尚未正式捕鱼，也许还未遇上鱼群，还未捕到大网头，但是这个信息对我谈判人来说，是个好消息。就是说，这次事故对上海渔船的捕捞产量，实际上还未产生实质性的损失。在赔偿方案上不能作为一笔实际损失。于是，我在谈判时据理力争，也许上海方也考虑到两地友好关系，赔偿额度从四五百万元降至几十六万元左右，他们认为这是一个双方基本上都可以接受的数字。晚上，我向傅书记电话汇报后，傅书记要求我继续和他们谈，尽量把赔偿费用再降下来，我向傅书记也提出了建议，鉴于上海上层领导与我县的友好关系，可否让我县驻上海工作部同志请上海市府有关领导或有关部门联系并请他们出面，与上海渔业公司打打招呼，或许对沈家门的谈判更有好处。果然没过一二天，傅书记来电告知："李凤耀，你可以回来了。"因为上海有关方面给上海渔业公司打了招呼，赔偿一事基本上就不了了之。最后究竟赔了多少，我不知道。听说，我县公安局只是象征性地赔了个一二万元，一场严重的海事纠纷就这样落幕了。由于几天的日夜操劳，我的咽喉后来长达数月一直嘶哑，可是，是值得的。

事后，上海《新民晚报》登载过这个"打私"事件的信息，《报刊文摘》在第四版的头条位置刊登了《缉私乎、海盗乎？》一文，中央电视台也在某档节目中作过新闻报道。当时的一段时间，我县的这次事件，在江浙沪一带对海上进行渔业生产的船只，产生了一定的负面影响。我们作为共产党人，应敢于坚持真理，善于改正错误。但愿这样的尴尬事情，以后不会发生。

一次行政执法行动记

1995 年 8 月份，根据群众举报，在基湖村四脚凉亭水库边，有人在建造地藏宫。菜园镇立即派员前往核实，果真如此。该庙宇建筑面积近400平方米，占地面积一亩多，地处水库临近，容易对水质造成污染，影响菜园居民饮水质量，对基湖村旅游产业，会造成不良形象。另外，无论从土地使用或宗教活动场所等角度来讲，都没有报请政府有关部门审批同意，完全属于非法占地，属于违法建筑，必须予以拆除。摸清情况后，菜园镇马上向县里有关领导做了汇报。县领导的态度是坚决拆除。当那些发起建造地藏宫的主要人员得知这一情况后，一边加快建庙进度，一边在村口设了望哨，一旦发现县里动静就敲锣告诉村里群众，同时唆使普通信徒每天去施工现场集结，人多时达二三十人。镇里多次去现场劝告教育，对抗情绪很大，根本听不进去。面对这种工作难度，菜园镇曾想尽办法协调与造庙群众之间的对立情绪。做了许多具体工作。同时，镇里领导及时向县领导汇报信息动态，多次召开县属有关单位的协调会议，在8月28日协调会上，镇委领导要求菜园镇基湖村干部，有多少力量都要出来参加，并根据县领导意见，对参与行动的各县属部门分配了抽调人数：公安30人（包括菜园派出所）、法院20人、检察院10人、司法10人、土地农林各7人（共14人）、宗教办5人、城建20人。经与县领导商定，28日是地藏宫自行拆除的最后期限，同时约定28日晚上，镇里有关人员按分工继续上门做工作，29日上午8:30有关领导前来参加。继续开会，进一步商量有关具体事宜。

为什么要拆除一所庙宇这么艰难，为什么要抽调政法系统公检法司和政府几个部门这么多人联合行动去拆除一所小庙？！本来这所庙宇属于非法建筑，属于违章建筑，把它拆除合理合法，是政府有关部门行政执法行为。究竟难以处理的症结在哪里呢？我认为是这件事涉及相当数量的一大批群众，究竟采取什么措施，是轻不得也重不得，“下手难”。二是在我们党员干部和公务员队伍中，“鬼神”之说仍有较大市场，包括我自己在内，如果不是组织上下令，大多数人不敢也不会去冲撞和得罪“神佛”的。从理论上讲，我们共产党人是唯物主义者，是无神论者，不相信世上有“鬼神”，也不会惧怕“鬼神”。但“鬼神”之说在人们头脑中，仍然占有很大市场。所以，当部署及开始拆除小宫小庙具体行动时，我们的思想上有迟疑，行动中有推诿，甚至束手无策，得过且过，最好能不了了之。

那是1995年8月29日的下午，我突然接到刘宽宏副书记电话，要我去他办公室。一到那里，刘副书记很严肃地告诉我：“老李（他一直这么叫我的），我想让你明天上午带队去基湖村拆除地藏宫。队伍我都组织好了，明天上午八时在县灯光球场集中，由你全权现场指挥。我做你后盾，会守候在办公室。那边无论发生什么事，你有什么要求，及时与我联系，我会全力支持的。只要你那里没结束，我就一直等在办公室，等你胜利归来。”我事先没有一点思想准备也根本没想到这个“难题”会落到自己头上。事先，刘副书记他们和菜园镇是怎样商量和决策的，执法人员应从哪几个部门抽调多少，谁去现场指挥，我的的确确不知情。为此，我也就和刘副书记推脱了一阵子。我认为自己不适合当现场指挥，同时又向刘副书记推荐了几个理应比我更合适的人。谁知我所推荐过的人选，刘副书记都已做过工作，实在出于没办法，刘副书记才找了我。看到刘副书记那么着急那么真诚，我动摇了。我知道，县委组织这么强大的党政联合执法力量，说明了县委、县政府的态度与决心，是势在必得，必须完成任务。于是，我答应了刘副书记。回到部里，立即召开会议，对第二天的集中行动做了分工部署，主要任务就是负责把地藏宫的佛像，妥当的转移到大悲山去。

第二天上午 8 时许，当我到达县灯光球场时，一支近二百人的队伍正整装待发，公安乔洪潮、检察院唐鲁江、法院李远东、司法王松宽、城建项存平、土地农林翁完成、菜园镇陈松华等参与行动的部门负责人都已带着自己的队伍，等候在操场上。出发前，刘副书记向全体参与人员作了扼要动员，又把几个部门负责人叫到跟前，再三强调在现场处理中一定要听从“老李”指挥。接着我对各部门头头提了点要求，菜园镇主要负责庙内外群众的动员撤离工作，公安局主要负责庙外围观群众的疏散和警戒安全工作，城建主要负责拆除违章建筑，宗教局主要负责佛像搬移工作，其他各部门协助公安、菜园镇共同做好庙内外群众的动员撤离工作。任务明确，队伍开拔。我们还没走近地藏宫，就见庙外路边菜地里站满了人。走到庙门口，看见院内通道上，只要有空的场地上，大殿内外，近百名阿姨阿婆全都跪拜在地上，有的手拿点燃“香火”的；有双手合十，口中念念有词的，真是人头攒动一片嘈杂。只有当你走近他们时，才听得清楚，有的人在诵经，有的人在诅咒，尤为恶毒者，把参加执法人员的父母子孙一起咒骂在内。这种恶劣复杂的氛围，我有生以来从未遇见过，让人产生畏惧。既来之，则安之。根据原定部署，我首先让公安局把庙门外的围观群众疏散开，远离庙宇，拉起一道警戒线，预防庙外群众冲进庙内，其他各支队伍全都处在庙门外和警戒线之间，等候听我下一步的指令。我自己则果断地踏进庙门，拿着手提喇叭，一边往大殿方向走，一边向跪地群众宣讲党的宗教政策、土地法规和县委县政府工作意见，再三反复地劝告她们自动撤离。可是那些铁了心干到底的阿姨阿婆们对我置之不理，毫无动作。我已经跨进大殿里边了，再往前，就要踩到跪地的人了。我已经没有退路，至此形势逼得我不得不采取非常措施。我立即转过身来，面对着庙门，向正从庙门走进来的陈松华大喊一声："松华，请你赶快带领镇里干部把跪地人群搀扶起来，撤出庙院。"松华立即付诸行动。但是地上群众那么多，菜园镇干部不够，甚至有的阿姨阿婆刚把她扶起来，一不留神，她又躺了下去，所以必须二个干部去搀扶一名跪地者。见此情景，我马上接着喊李远东、唐鲁江、王松宽、翁完成、项存平赶快进来，一起协助菜园镇把庙院内的跪地群众一一清理出场。不一会儿，院内除了执法人员，已无闲杂人等。于是我招呼宗教局人员进入大殿，搬走佛像，当即送去大悲山。接着，让项存平指挥拆违人员开始拆除工作。只见他们一个个熟练专业的身姿，爬墙、上树、抛索扣结……没多少工夫，几条绳索好多人在下面用力一拉，呼啦啦，屋顶塌了，大梁倒了……

这时，我才如一块石头落了地，心里踏实了。马上报告刘副书记，大功告成。当时，时间大约是中午12时。最后，我让菜园镇留下一部分协助城建局完成善后处理工作，要求城建把一些大件建筑材料运回去，以防死灰复燃，防止基湖群众重返庙宇闹事。其他各部门全部撤回县里。一场执法规模空前强大，围观群众数百上千的拆违行动顺利地结束了。这次联合执法行动，对1996年省市统一部署全县范围内开展的"双清"工作，无疑起到了示范作用。据统计，在全县"双清"工作中，全县共拆除未经批准的寺庙34处，改作他用的庙宇14处，使全县滥建庙宇的现象得到了有效的制止。

作者简介：

李凤耀，籍贯：上海嘉定。曾任中共嵊泗县委组织部部长，嵊泗县副县长，县政协副主席兼统战部部长。

吸收公社新干部经过

李凤耀

1979 年 4 月下旬，浙江省委发了〔1979〕36 号文件，批转省人事局党组《关于农村人民公社（镇）的行政编制和干部配备的报告》。报告中指出，为了实现全党工作重点的转移，加速农业生产的发展，根据当前公社干部数量少、年纪大、体质差的现状，急需加强公社干部配备，吸收一批中青年干部。由于我县地处海岛、公社规模小、人口稀、交通不便等实际情况，省委〔1979 年〕36 号文下达给我县公社（镇）行政编制 142 名，吸收干部指标 82 名，公社编制占公社人口的比例为 2.07‰。全省平均比例为 1.03‰。同时省委要求此项工作，必须在 1979 年年底以前完成。

嵊泗于 1950 年 7 月 7 日解放，从上海、江苏方向来的大批干部支援海岛工作。数十年很快过去了，长期在公社（镇）担任领导职务的干部都已 50 多岁了，接近退休。公社干部的老化现象，我县比其他县区更为突出。这次吸收新公社干部，真是极其难得的“及时雨”。

时间紧迫，任务繁重。县委十分重视这项吸收新公社干部工作，组织部门更是肩负重担，责无旁贷。马上从基层抽调了四名公社（镇）组织委员（嵊山陈祖荫，马关陈珍球，菜园任文永，黄龙张新坤）和我们组织部同志共同组成了三个选拔考察小组，由胡关祥，王岐祥和我各带一个考察组，分别负责泗礁、嵊山和洋山三片的选拔考察工作。下乡前，部领导组织大家认真学习省委〔1979〕36 号文件。省委 36 号文提出，“吸收新干部的对象，首先从按省委〔1977〕56 号文件规定选拔的补贴工分干部和原有的半脱产干部中吸收。其次，从农村骨干的优秀青年（包括下乡知识青年）中选拔。”“吸收干部，必须严格掌握干部条件和审批手续，经过考核，择优录用。要按照毛主席关于革命事业接班人的五项条件，同时注意到有一定生产实践和业务技术知识，把有培养前途的青年干部选拔进来。”应掌握年龄在30岁左右，并有半年试用期。经过考察，符合条件的再转为正式干部。学习会上葛绮英部长指出："这次吸收新公社干部数量大，范围广，涉及全县十四个公社（镇），是我县有史以来的第一次。吸收大批本地干部，充实到公社（镇）工作，将使基层干部队伍结构乃至全县干部队伍的结构发生巨大的变化。这是一项政治任务。你们这次下乡考察选拔的重点是第二种对象，即渔村骨干和优秀青年。任务明确。"我们三个考察小组分头下乡。和我一个考察组的，是时任黄龙乡党委组织委员张新坤同志。我俩负责花鸟、绿华和黄龙三个乡的考察选拔工作。张新坤同志长期在县粮食单位工作，担任过粮站站长、粮管所所长等职，熟悉渔村，了解民情，且为人热情。和这样一位老同志一起工作，让我受益颇多。在整个考察吸收公社新干部的过程中，我主要参加了以下几项工作：

第一项是下乡考察。我们做到这么两点：（一）坚持德才兼备的标准，实事求是地开展考察。就是说，每到一地，我们首先听取当地党委的推荐意见，再去大队党支部了解推选人选。如果两级党组织意见一致，则把推荐人选列入选拔对象，如二级党组织意见不一致，则把意见不一致的人选，当作下一步到基层群众中去了解考察的重点。这种情况我们各组都曾碰到过。例如，某公社党委在介绍推荐对象时，谈到有一位推荐人选在大队党支部一关上卡壳了。为此，我们考察组在深入推荐人选的所在村落、生产单位时，带着问题去了解，扩大考察面，向更多的群众了解。结果，绝大多数群众都肯定这位推荐人选，是个年轻有为的好老大，他原则性较强，能自觉维护集体利益，敢于揭发不良现象，生产上积极带头，以身作则。只是，他作为群众代表，曾在大队党支部一次整风时，给支部个别干部提过意见。原因清楚了，这是一位年轻好老大。于是，我们协助公社党委和大队党支部再次协商，摆事实，讲道理，最终该大队党支部达成共识，一致同意推荐。（二）坚持走群众路线和背靠背、面对面的考察方法。在听取两级党组织的意见后，我们必须深入到考察对象的家中、生产单位（船只）中。找熟悉了解被推荐人选的周围邻居、单位同事，进行个别了解或小型座谈会等形式，开展考察了解。如有两级党组织反映不一致的问题，或群众中反映不一致的情况，为避免偏听偏信，我们除了寻找更多的群众了解核实情况外，基本上都要和被推荐人选本人直接接触，和他们谈天说地，包括从生产、工作、家庭、经历等情况，在离开考察地前，我们再和当地党委主要领导交流考察意见，尽量使我们考察后拟定的吸收人选与当地党委的意见达成共识，或者至少可以做到求大同、存小异。在下乡考察这个阶段中，全县 14 个乡镇 54 个渔业大队，分散在 26 个住人岛屿上，而我们三个考察组走遍了 51 个大队 23 个岛屿。对基层党组织推荐出的 129 名考察对象，逐一进行考察，逐一写出考察报告，回组织部进行汇报。我和张新坤一组，通过下乡考察，拟出吸收人选 12 名，黄龙、绿华和花鸟各 4 名。

我参加的第二项工作，是集中培训。部领导在分别听取了三个考察小组的考察意见后，初步拟订了一个新公社干部吸收对象的名单。为了进一步进行考察，做到好中选优。于 1979 年 8 月 20 日至 9 月 2 日，把拟订吸收对象集中到原县委党校和县水产局正在举办的老大、老轨培训班放在一起学习培训。部里派胡关祥和我具体负责培训班期间的有关事宜。培训班上，政治学习五天，业务学习七天，由水产局安排的吕财宽、俞忠信、徐银根三同志分别辅导海上避撞、海图、柴油机维修等专业技术知识。培训班结束前，又进行政治理论和文化业务的书面测验。我们组织部的这批学员，平均得分 95 分。当然，通过培训和测试，有十名同志因基础知识相对较差而被淘汰。为此，有群众说，这次选拔吸收干部，真是“板筛筛，米筛筛，认真负责足了”。

我参加的第三项工作，是新干部培训班。经过党校集中培训和专业技术知识文化理论书面考核，又经组织部反复商议并向县委主管领导汇报后，前后分成二批，向地委组织部申报请求批准。第一批新吸收干部 36 人于 10 月中旬由县委组织部发文通知。第二批 13 人于 12 月中旬，由县委组织部发文通知。用好干部是选拔考察干部的目的，为了更好地加强培养新吸收公社干部，经报请地委组织部同意，在 10 月 15—30 日，在县委党校又举办了为期 15 天的新干部培训班。其间，为培养新干部的独立工作能力，成立了临时党、团支部，支部成员都由他们自己推选担任，由他们自己过组织生活。我和胡关祥同志，只是旁听生，不去组织指挥。当时，党校食堂吃水较紧张，学员们每天早晨争着挑水、抬水，自己编写黑板报，其中一个小组在短短半个月的培训期间，共出了九期板报 ...... 见此情景，县委党校的同志说：“这期新干部培训班是党校有史以来，历次学习班中最好的一期。”在党校培训班后期进行新干部体检中，有一位同志因身体不够合格，未被正式吸收，另行安排工作。

新干部培训班圆满结束，组织部根据个人的才能和不同特点，根据量才录用、人尽其才的原则，对这批新的公社干部进行了工作分配。在分配使用上，坚持做到三个原则：(一)有利于新干部开展工作。把熟悉远洋生产作业的新同志分配到远洋生产作业地区，把熟悉近洋生产作业的新同志，分配到近洋生产作业地区，使他们到达工作岗位后，能很快适应和展开工作。（二）有利于新干部健康成长。海岛地域小，亲缘关系多。新干部如在当地工作，开展工作会很难，得不到应有的锻炼。所以，要对这类干部的工作地点进行岛际交流，为新干部健康成长创造条件。（三）有利于老干部发挥骨干作用，做好“传帮带”。在新干部分配前，部领导向每个公社（镇）的主要干部逐一交代介绍每位新干部的特点特长，要求他们认真负责地做好“传帮带”工作，把能否带好新干部作为衡量老同志工作好坏的一项标准，促使老同志更加用心做好榜样。同时，也让新干部人虽未到，单位对他们已有所了解，促使新干部工作更加努力，为人更加谨慎。

在考察吸收蔡宏舟、陈忠祥等35位同志和徐明、施海平等13位同志二批新公社干部的同时，组织部门另外考察批准转正定级了鲍龙华、杜利华等31名补贴工分干部和半脱产干部。从而使我县十四个公社（镇）干部平均年龄从42.47岁降为34.35岁。在48名新吸收公社干部中，担任过大队党支部书记、副书记、支委的11名，担任过机帆船老大、副老大，出网老轨等主要技术职务的29名，党员32名，团员10名，其他非党群众中大多是建党对象。他们的平均年龄26岁，基本上都具有初中、高中文化程度。分配工作后，他们成为公社基层干部的一支新生力量。成为我县渔业生产战线的一支骨干力量，为促进我县实现渔业现代化打下了良好基础。事后为了进一步提高这批新吸收干部的整体素质，组织部又分别通过举办初中补习班、高中文化补习班，推荐他们升入县委党校干部中专班和省市委党校干部大专班，进一步深造，让他们的综合素质更上一层楼。1982度组织部门又吸收了8名新公社干部。正是因为吸收了这一大批新干部，为日后的机构大改革和干部队伍的“四化”建设，奠定了基础。正是有了这么一大批年轻有为的青年干部，让我县在较长时期内保障了渔村基层的社会稳定和全县经济工作的持续发展。

作者简介：

李凤耀，籍贯：上海嘉定。曾任中共嵊泗县委组织部部长，嵊泗县副县长，县政协副主席兼统战部部长。

渔业合作化运动回忆

沈善法

作者

1952年，我在嵊山区团委工作，当时只是听说，渔民要组织起来，进行集体生产，接着在时年秋汛，青沙乡渔民王祖成带头办起了全县第一个渔业涨网生产互助组，紧接着时年冬汛五龙乡渔民吴正芳带头办起了第一个渔业捕捞生产的互助组。全组有48人参加，吴正芳任组长，孔阿利任指导员，这两个互助组办起来后，渔民的生产积极性都很高，在全县起到了示范作用。到1953年，嵊泗县出现了渔业互助组的大发展，全县发展到201个，入组人数达到1436人。但是这些互助组，绝大多数是临时性、季节性的，一季生产结束，互助组也就结束，有的下一汛再组织。但是也有一部分是常年互助组，由几个生产单位组成。虽然也规定“参加自愿，退出自由”，但是基本组员是不动的，如吴正芳等互助组，他们还制定了一些规章制度，如“统一核算，收支入账，按劳分配”等。

1953年12月6日，中共中央公布了《关于发展农业生产合作社的决议》，中共舟山地委积极响应，迅速行动，决定在嵊山渔场就成立渔业生产合作社，当时我被县委从嵊山区团委抽调到县委试点办社工作队。地委决定第一批在嵊山渔场试办五个渔业合作社，其中普陀、岱山三个，嵊泗县二个，即五龙乡和马关乡，在12月底的一个风暴天，在嵊山镇渔民草屋大礼堂内，召开渔业合作社成立大会，舟山四个县的渔民都参加了这个大会，地委领导向各合作社进行了授旗，宣告了合作社的正式成立。县委非常重视，立即从全县抽调了十多名干部，集中到渔场,组成两个试办渔业合作社的工作队。我被分配在马关工作队,当时马关在嵊山渔场捕带鱼的有 5 只背对船,我们就去了 5 个干部(每只船上 1 名)随着渔船出海,随渔船回来,一边生产、一边工作,当时我们工作队的 5 个人是于脉彦、杜青古、蒋得裕、娄广江和我,我落实在傅安品(带头船)船上。在第二风出海生产时,遇到了西北大风,生产渔场在壁下“三亮门”,渔船(都是木帆船)立即回嵊山泗洲塘港口避风,船到港口后,一检查,5 艘船只到了 4 艘,娄广江同志在的那艘船,未到泗洲塘港口,当时县里还没有渔业指导船,又没电信设施可以联络,大家急得真像热锅上的蚂蚁,结果因为风暴时间短,被打到浪岗山避风的娄广江这艘船,风小后立即回到了嵊山,人、物都无损失,算是虚惊一场。通过一段时间的工作,在嵊山就选举了沈利康为马关乡渔业合作社社长。

带鱼汛结束,回到乡里,又增加了工作人员,胡明洲、丁惠琳等领导同志也都参加了马关乡的办社试点工作,继续发动群众,除了申请报名入社扩大合作社外,对船只、网具等申请入社,并按当时的市场价格,通过评议小组折价登记,还发动社员进行现金投资,同时选举产生了合作社的理事会和监事会,建立了各项规章制度。到 1954 年上半年,试点工作基本结束。五龙、马关两个乡,入社渔户 880 户,入社渔民 1150 人,入社渔船 210 艘,网具等折价入社 20 余万元,现金投资 6 万元。

1954 年 8 月,浙江省农工部召开沿海互助合作座谈会,总结交流试办初级社的经验,嵊泗县是我和俞林生两人去参加会议的,我们两人都从未去过杭州开会,两个人都带着铺盖来到杭州(因为我们到舟山地委开会,都是自己带铺盖的),结果报到以后,安排我们住宾馆,到省里开会带铺盖,后来成了笑话。

合作社试点工作结束后,地、县都先后举办了互助合作干部训练班,我县有县、区、乡 200 多人次参加了训练班,先后又分两批试办了渔业合作社,到 1954 年年底,全县共办起了渔业生产合作 18 个,参加的渔民达 522 户,占渔民总户数的 86.89%。入社的渔船达到 1807 艘

1955 年初,贯彻了浙江省委“全力巩固,坚决收缩”的方针,渔业合作化运动曾一度停滞发展,有的是大社分小社,有的是合作社又转为互助组,有的还动员退社。如花鸟乡两个渔业社转为互助组,枸杞、绿华、黄龙北港、大洋等地采取了分小社和动员退社的办法。把全县原来的 18 个渔业社,除了转组以外,分成了 27 个小社。

时年 10 月，中共七届六中全会通过《关于农业合作化问题》决议，特别是毛泽东主席关于农业合作化问题报告传达学习后，批判了右倾思想，合作化运动从停滞转入了发展，出现了新的高潮。嵊泗渔区很快在黄龙、徐公、西绿华、壁下、滩浒、洋山 6 个乡新建了 8 个合作社，共发展 1566 名渔民入社。到 1955 年底，嵊泗全县已有 36 个渔业生产合作社，入社渔民达到 6154 户，占渔户总数的 92%，入社劳动力 7443 人，占渔业总劳力 94%，合作社有资金 257.15 万元，其中船网工具折价款是 105.7 万元，入社股金 129.43 万元，现金投资 22 万元。

在这一批办社中，我受命到徐公乡办合作社，开始县互助合作部决定派三个人为一个工作队，叫我负责。后来抽调拢来的人员太少，各工作队分不过来，决定叫我一个人去徐公乡办社。当时他们还开玩笑说，你是"一个人"的工作队，队长队员都是你，你一个人说了算，你是"权"最大。同时部里还规定了时间，要一个月把合作社办好。原因呢是两条，一是形势迅速发展之需要，二是徐公是小岛，既无交通渡船，又无通信联络设备，来去都要派专船接送，所以采取规定时间的办法。这样我也就只好按照这个规定时间来安排工作计划。

徐公乡是一个很小的岛，岛的陆域总面积只有 1.323 平方公里，全乡只有 100 多户人家，500 多人口，100 多渔民，我去之前有两个渔业互助组，当时的乡长叫庄信华，副乡长叫黄根来，县里派了一只小木帆船把我送到徐公，我住在徐公唯一的一座小庙里。吃饭在乡长家里搭伙。我在向乡里汇报来意后，当晚就搞了一个办社计划，计划是分三步进行，第一步：1. 宣传教育，发动群众。2. 摸清基本情况。3. 申请报名，入社登记。时间 8 天至 9 天。第二步：1. 船只网具申请入社，进行折价登记。2. 酝酿理事会、监事会候选人名单，商议会计、保管员人选。时间 10 天。第三步：1. 进行选举。2. 进行分工。3. 建立各项规章制度，确定会计、保管员人选。4. 进行总结，宣布合作社正式成立，时间 10 天。一共用了 29 天时间，第三十天，县里派了一只小帆船到徐公乡把我接了回来。

1956 年，渔区渔业生产合作社要从初级社向高级社方向发展，县委派出工作组到五龙乡进行试点，当时我是县互助合作部在五龙蹲点的驻社干部，我也参加了试点工作，五龙乡有四个村，5000 多人口，1000 多渔民，当时把全乡的渔业合作社、农业合作社、信用合作社、供销合作社都进行合并，合并为五龙乡渔业合作社，合作社是政企合一，社长由当时的五龙乡乡长王忠根担任（王原是国家干部，改为合作社评工分，参加合作社分配），五龙乡渔业合作社成了全县的第一个高级合作社。到 1957 年,全县基本实现了渔业生产合作化,合作社共有固定资产 460.3 万元,其中个人船网工具折价入社款 144.3 万元,占 31.34%。

1958 年秋,当时舟山渔区各地正在探讨,在渔业高级社的基础上如何再进一步发展问题,嵊泗打算在五龙乡办集体渔庄,正在这时,地委渔工部通知召集各县商量这事,嵊泗县去参加会议的是孙永堂和我。会议开好后,因没有交通船(交通船是三天一班)又遇上台风,我们在定海整整被关了六天,其他县都早已回去进行贯彻。有的县集体渔庄框架已经搭好,如岱山南峰办起了八一集体渔庄,但是等我们回到嵊泗,情况已经突变,就是"大跃进"、大办钢铁、大办人民公社已经开始,办集体渔庄的事,嵊泗就没有贯彻实施过。

时年的 10 月,撤销嵊泗县建制,建立政社合一的嵊泗人民公社,隶属于宁波地区舟山县领导,(舟山地区改为舟山县)。

嵊泗人民公社下辖有菜园、五龙、金青、马关、黄龙、嵊山、枸杞、花绿(花鸟绿华)、大洋、小洋 10 个大队和滩浒、徐公、壁下三个直属中队。

嵊泗人民公社从 1958 年 10 月成立到 1962 年 4 月恢复嵊泗县建制后结束。担任公社书记、副书记的有:

书记:李秀成

副书记:宋德铭、王洪福、孔阿利、周桂荣、王永根、李友仁、张福顺、金泉欣、于脉彦。

工作机构有:

办公室、组织科、宣传科、监察委员会、党校、肃反(清理)五人小组、嵊泗报社。

嵊泗人民公社社长、副社长有:

社长:孔阿利

副社长:于脉彦、朱省三、秦桂英、赵荣先、姚益民、金铭海、刘阿章、沈善法、杜青古、徐锡根、张福顺、张达昌。

工作机构有:

办公室、计划统计科、物价委员会、公安分局、武装治安保卫委员会、工业交通委员会、水产科、财贸粮食委员会、财政分局、商业分局、财贸办公室、文教卫生科、农林建设科、生活福利委员会。

嵊泗人民公社是综合性的社会主义经济组织,又是渔农工商学兵相结合的社会主义基层组织，全社内所有生产资料为人民公社所有，生产经营由公社统一管理，统一核算，劳力统一安排，实行供给制和工资制相结合的分配制度。其口号是："组织军事化，行动战斗化，生活集体化"，大办公共食堂，公社统一实行包"吃饭、理发、读书、医疗"等供给制，全社有 10597 户，24303 名社员参加嵊泗人民公社。

1959 年 2 月，中共中央对人民公社提出了"统一领导，队为基础；分级管理，权力下放；三级核算，各计盈亏；分配计划，由社决定；适当积累，合理调剂；物资劳动，等价交换；按劳分配，承认差别"的方针，嵊泗人民公社体制也做了调整，采取"统一领导，队为基础，分级管理，两级核算"的规定。

1962 年 10 月，中共中央发布了关于《农村人民公社工作条例修正草案》（即"六十条"），当时嵊泗已恢复县建制，原来嵊泗人民公社下属的 10 个大队和 3 个直属中队，都改为了公社，公社下设（各村）大队或生产队，有的是三级核算，有的是两级核算，也有的是一级核算（如滩浒公社）。

随着形势的发展，到 1980 年左右，乡镇体制先后恢复，人民公社体制也就逐步取消。

作者简介：

沈善法，曾任嵊泗县渔业委员会主任、县委渔农工作部部长，嵊泗县人大常委会副主任。

共挑重担闯难关

沈善法

1962 年 4 月，嵊泗又恢复了县的建制，原来嵊泗人民公社所属的大队都成了公社（公社前是乡镇）。5 月初的一天，县委领导对我说，叫我去黄龙公社工作，书记是驻黄龙部队营政委郑洪来兼任（当时备战任务很紧，凡是驻军有营以上部队的乡镇，书记都是部队首长兼）我担任副书记，负责主持日常工作。

黄龙我曾去过很多次，都是调研、蹲点等工作组去的，有 5 个岙口，7 个大队，以近洋渔场涨网生产为主，黄龙的东南西北海域都是黄龙人的涨网桁地，黄龙人曾说：无论是白天黑夜里人在岸上，我们的网窗都在进货。黄龙在我印象中，在嵊泗来说，是一个比较富裕的乡，从外表上来看，也比较明显。是人口多，全县 14 个乡镇，8 万人口，只有黄龙一个乡超过 1 万人口，比当时菜园镇、嵊山镇的人口都多，二是人口密度高，全县每平方公里是 1367 人，黄龙是 1964 人。三是瓦房多。房子的密度也高，没有平地造房子，老百姓把房子都造到半山上。四是就业率高，男人涨网，妇女拣货加工，基本上没有空闲劳力。五是债务少，队里基本没有贷款。老百姓欠债也少。在国家三年困难期间，我也听说，黄龙遭刮“五风”之害，损失严重，现在困难不少，组织决定我去黄龙工作，我当时的心里很急，现在公社里只明确三个人，两个已在黄龙，是黄龙的本地人，一个是竺善德，一个是戎罗尺，他俩都是黄龙公社的副主任，其余要等县里抽调以后再去报到。为了急需开展工作，县委临时又安排了两个同志，一个是何德才、一个是俞忠信为工作组与我一起去黄龙开展工作。

我们三个人来到黄龙的第一天是中午的 12 时，竺、戎两同志已经给我们安排好了两件事，一是吃饭，在黄龙供销社食堂搭伙，二是住宿，因为公社没有房子（连办公室都没有），把我们安排在南港三队会计室旁边的一间仓库里，用拣货板搁了三张铺。安排好后，下午就在我们住地开碰头会，先由竺、戎两位副主任介绍黄龙当前的群众思想、生活、生产准备等情况，未听之前，只听说有困难，听了以后，突感吃惊，究竟情况如何呢？

一、“五风”（官僚主义、强迫命令、瞎指挥、浮夸风、共产风）的损害：黄龙的“共产风”，有七个不要钱，什么吃饭不要钱（办大食堂，吃大锅饭）；小孩子读书不要钱；看病不要钱；理发不要钱；乘航船（岛间渡船）不要钱；修补鞋子不要钱；缝纫店做衣服不要钱等。说这是共产主义的萌芽，是按需分配，其实钱是要的，是由集体统一支付罢了。

还有浮夸风，什么“人有多大胆，海有多大产”。1960 年，舟山地委召开渔区工作会议，当时的黄龙渔业大队，获得了七十多项渔业奖励，在统计上作了许多改变，把海蜇的产量从三矾改为头矾计算，有的改为以只计算，每只为五十斤。凡是海里捞上来的都可算产量，谁报得多，谁就是先进，谁实事求是，你就是缺乏大跃进思想，是保守、是右倾，常常要被当作“白旗”拔掉（撤职、降职或批判）。

再如瞎指挥风、强迫命令风，造成的损失也很严重。当时的口号是要敢想、敢说、敢做，只有想不到不怕做不到。说“蒽油”“铁栲”好染网，速度快，成本低，效果好，黄龙人后面再加个“法”字，叫“蒽油染网法”和“铁栲染网法”，既没有试验，也没有实践，一下子就全面推行，结果一些崭新的渔网，用都没用过，全部烂掉，损失惨重，“五风”刮得集体空、社员穷，会计室账上无钱，仓库里无物，而社员分不到红。

二、介绍了当时群众的生活和生产状况，黄龙七个大队中，除了峙岙队经济情况比较好以外，其余六个大队，都是很大一部分群众已无钱买米，无米下锅，要生产自救吧，大队又无钱买生产资料，干部、社员都愁眉苦脸。他们想每个渔业队社员发 5 元钱，给他们买米，渡过眼前的难关，钱都还未筹措齐呢。实在是难啊……

当天晚上就我们几个人继续开会，进行集体分析研究，主题是当前应解决那几个最主要的问题，（因为问题很多，不可能一下子解决）分析商量以后，确定急需解决三大问题：一是钱；二是毛竹；三是争取投产时间。群众生活买米的钱，队里买生产资料、生产工具的钱，一定要落实好，否则生产自救是句空话。商量确定：买米的钱由各大队自己解决，因为他们已经在筹集买资料的钱，我说我来想办法。如果钱的问题得到解决，第二个问题就是毛竹，毛竹问题难度确实比较大，根据我们当时分析，山区不是没有毛竹，包括我们浙江（浙江是产竹的大省）更不是没有砍伐毛竹的农民，而是我们政府的规定不符实际，我说我是嵊泗人民公社分管渔业的副社长，我很清楚，嵊泗抽调一百多人组成砍伐队，由龚景明任书记，朱孝华任队长，到福建去砍伐毛竹、背毛竹，商业部门再到福建去运毛竹，你说为什么，是农区没有劳力，没有技术么？都不是，当时农民根本没有进城打工，都在家里，技术更不是问题，他们祖祖辈辈都是靠毛竹生产、生活的，无论是砍伐、背竹、撑竹排，都有丰富的经验，我们的砍伐队是无法与他们相比的，那么为什么他们不愿意干呢，一句话，就是钱太少，毛竹的价钱太低，规定只有几角钱一支竹，通过队里，再到农民手里。已寥寥无几，农民说有得工钿无饭钿，有了饭钿无工钿，是亏本生意，所以他们不干。分析之后，从福建砍伐毛竹运到黄龙来解决生产自救的急需，这根本不可能，无论是规格、数量、时间，都不可能达到黄龙之急需。如果没有毛竹，其他资料就准备齐了，也仍旧无法投产，那怎么办呢？商量的结果，是自己到浙江奉化去采购毛竹，黄龙与奉化在历史上就有购销关系。如果这两个问题得到解决，第三个问题就是时间。涨网生产与其他作业不一样，它一定要小水打桩，大水产窗挂网，准备工作很多，时间也很长，我们计划四月半水（农历）一定要投产。算算时间还不到 20 天，如果四月半水不能投产，困难又会加大，五元钱买米已将耗尽，再要筹款，谈何容易，这天晚上的会到此结束。

第二天召开了各大队的书记、队长会议，先由他们汇报群众的当前生活情况和各队的生产打算，情况就是这些，就是具体了一些，如需要毛竹 8000 支左右，买生产资料的钱要一万余元，这个会议时间很短，只半天时间，任务明确一下，分了一下工，任务是：各队回去要开个党支部会，要叫党员要振作起来，要有信心来克服困难，二是要摸清困难户的情况，要动员亲帮亲，邻帮邻，保证不饿死一个人，每个渔业队社员发五元钱，各队要抓紧筹措，尽快发下去，买资料的钱，公社去想办法，就这样，会议结束，各队都回去先把工作做起来。

第三天一早，我就从黄龙又回到了菜园县城去想办法弄钱。当时我没有去县委、县政府向领导汇报，我怕转来转去拖延时间，问题又不一定得到解决，我就直接到商业局、县水产公司等单位，找他们领导，向他们借钱，我利用我原是嵊泗人民公社副社长与他们之间接触多，互相都了解，关系也不错的优势，我把当时的黄龙实际情况，向他们作了介绍，要求他们给予帮助，这些单位的领导听了都很同情，并都表示愿意帮助，一天跑下来，完成了一万多元钱的任务。其中商业局就给 7000 元。当时的商业局局长是刘青发，他是黄龙人。对黄龙的情况不仅是很了解，而且非常关心，愿意帮助。

第四天下午，我又从县城来到了黄龙，公社几个人立即开会商量，钱已落实，商量主题只有一个，就是采购毛竹；怎么采购，谁去采购。黄龙的涨网毛竹，国家是有计划分配的，供货单位是商业局生资公司，我们自己去采购是不符合当时的规定的。如果出了问题，上面要追查的话，可能会受到批评，甚至于受处分，最后决定：一、不向上面汇报，如果汇报万一不同意，我们的所有计划会全部落空。二、不对外讲，只我们几个人知道，三、万一上面追查这件事，我说我负主责。那么谁去呢，商量后，叫戎罗尺副主任去，他对奉化非常熟悉，戎罗尺同志虽然身体不太好，气管炎经常要发。但是他当即表态，他说："好，我去。"接下来就商定了有关的几点要求：

一是规格、质量、数量要符合我们的需要和要求。

二是价格按国家规定，运费可以商量定。

三是一个星期左右完成。

四是交货地点：尽可能在乍浦港，我们派船直运黄龙，这样可以大大地减少中间环节。节省时间，减少支出，节约成本，同时我们还集体商定用公款买两条飞马牌香烟作交际用，第二天老戎就起身前往奉化，时隔三天，戎就发来电报："事情按原定要求办妥。"接电后，我们就立即开大队干部会，布置做好运毛竹的准备工作，把毛竹的计划分到小队，由小队各自派船，大队都要派干部前往，特别强调要确保安全，绝对不能出任何问题，又过了一星期左右，电告"可到乍浦运竹"。大队干部亲自带队，有机帆船、木帆船，一齐往乍浦港，一下子把毛竹运到了黄龙，各个岙口的沙滩边上全是毛竹。岸上的一些老年人，妇女等都出来观看，这一批毛竹质量特别好，都是"五龄"以上的老竹，毛竹的颜色不是绿色，而是有点发黄，这种竹不仅轻，浮力大，而且海水不容易渗进竹去，今年用后，明年还可以继续用，最起码可以多用半年。

毛竹一到，已经是闯过了第二关，从干部党员到广大社员脸色很快起了变化，从紧锁双眉的脸已开始微露笑容，冰冷的心，也开始升温。接下来就要闯第三关，就是四月半水（农历）能否产窗，挂网投产。算算时间十分的紧。这一个担子不是少数人能够挑动的，而是公社、大队、党员社员要一起来挑才行。通过一段时间的实际工作，对我们教育最深的是：老百姓不光是听你讲得多好，而更重要的是看你做得如何，干部党员都冲锋在先，社员群众都日夜奋战，有的做桩头、有的扎根、有的打边索、有的装网、有的落窗竹……分工协作，齐头并进，有的干部一昼夜只困三四个小时的觉，眼睛都熬红了，有的干部党员带病坚持工作，哪里有困难，哪里就有他们在场。通过大家的共同努力，完成了各项准备工作，及时地打下了桩，产窗挂网投入生产，可以说这是闯过了第三关。

投产的前两天，都是涨些虾潺、小鱼和虾等鱼货，生产还不错，等到第三天，由于前几天一直刮东南风，结果大量的乌贼闯进了黄龙的涨网桁地，多的一网有五六箩，（一箩 60 ~ 70 斤）少的也有一二箩，渔船装得大玉肋都贴着水。过去说满载而归，这是大家的希望，而今天成了现实。但是又带来了一个新的难题。就是鱼货处理，如何做到不烂掉一只乌贼，做到丰产丰收，这不是说一句话可以做到的，当时黄龙又无电话，要向县里汇报。要专门派船去县城找领导，可是时间又不允许，正在为难之时，也不知道是谁说的，说是峙岙门口抛着水产公司一只冰鲜船，船上有电台，我就连问都未问，立起身来就快步赶到峙岙，一看是嵊泗水产公司 103 号船，我非常熟识，这是公司的“妇女”号，船上除船长是男的外，大副、机舱、水手和报务员都是女的，这艘船，我在县渔业指挥部时，曾几次借用过做临时的渔业指导船，还开过电话会议，我就立即上船，找来阿玉（报务员小名），我说你快把电台打开，接通县渔业指挥部陆台，我有急事向领导汇报。（因为陆台日夜有人值班）电话接通以后，我就找孔阿利副县长（孔原来是渔民老大），我把今天的生产情况和日产大约是多少说了说，就提出鱼货处理意见：即 50% 左右由大队加工，50% 由水产公司收购，水产公司要分海陆两条线来收，海上南北港岙口都要有冰鲜船，陆上黄龙各岙口都有收购站点，但要加强力量主要是雇一些临时秤手、破鲞由后方妇女，一分为二，一部分给大队加工，一部分给水产公司加工，要保证不烂一只乌贼。孔副县长同意我的意见，并立即布置水产公司实施，很快黄龙的各收购站点，在各岙口的沙滩上都铺满了篾垫，把称好的乌贼都倒在篾垫里，黄龙的后方妇女全部出动，来到沙滩破乌贼鲞，还用小船驳到小黄龙去晒。乌贼一直到五月初水都发得很好，每天都开两潮洋，“三星”等远的桁地，时间来不及，用机帆船拖着木帆船去生产。

县委非常重视，确定到黄龙公社的干部，主任赵荣先、组织委员薛国祥、宣传委员刘友根、武装部长孙桥良、团委书记周和鸣、妇女主任叶丽球、文书孙斗泉等都先后到公社报到。加上原来的三人，这样公社就有十个人了，情况交流之后，工作就进行分工、分片包干。

就在五月初水(农历)的时候,县委李秀成书记,到黄龙公社来检查工作,他先到有关大队开座谈会,了解在职干部群众的反映意见和要求后,来到公社召开公社的全体干部会议,先是我们把前段工作进行了汇报,然后李书记作了一个很重要的讲话。他在肯定黄龙前段工作以后,对我们提出了三点要求:

第一,要迎难而上,他说工作是一定会遇到困难的,但办法总会比困难多的。干部干什么呢,干部就是要努力的干,只要大家积极想办法,困难真是可以战胜的。

第二,要时刻把老百姓装在心里,老百姓的生活、生产、要求、希望……等等,时时刻刻我们心中都有个数,要帮助老百姓解决实际问题,努力一步一步地实现他们的要求和希望,为人民服务不能是个口号,更不要讲空话,而是要有"实货"。

第三,要努力把党的队伍建设好。要把党的各个组织、党的干部和每个党员建设成不怕苦、不怕累、不怕难、团结战斗、奋勇向前的战斗队伍。

李书记的三点要求,不仅是我在黄龙工作四年牢牢记着,而且在后来的工作中、一直到现在都未忘记过。一遇到困难,就会想起他的教诲。同时也会经常想起李书记的为人,他为嵊泗人民向上级提了许多意见和要求,特别是为嵊泗渔民办了许多的实事,众所周知。而他对自己的家里都非常的严,他的妻子是山东人,是一个老共产党员,人很和气,也有一定的活动能力,我们都叫她李大嫂,而一直没有安排过任何工作,到 93 岁过世还是家庭妇女。在他们这个队伍里,还有好多领导都是这样,如本地干部王永根,身为县长,他自己的妻子,一直是农业社社员,连一个小工都没有安排做过,这些领导干部在群众中所以威信高,很重要的一条,就是能够以身作则。

会议结束以后,我提了两个要求。一是办个小食堂,因为公社干部常常遇到回来晚了,供销社食堂已经关门,很不方便。二是公社干部住房和办公用房,李书记说,我回去商量一下,后来这两个问题都得到了比较好的解决。

五月半水,又出现了新的情况,乌贼未断,黄龙的各个桁地又闯进了"梅蜇"旺发,涨海蜇是用稻草绳结的网涨的,绳网都尚未结好,怎么办?只好用稀网涨,一天开两潮洋都撩不通,只好三分之一左右的网窗采取甩直筒,鱼货的处理仍按处理乌贼一样,不过冰鲜船不是带冰,而是带盐和矾。这一年梅蜇、伏蜇都发得很好，秋汛结束，我们把向部门借来的钱，全部还清，一年结束以后，据统计黄龙的产量、产值都比上年增加一倍还多。

根据李书记的三点要求精神和我们前段工作实践，我们公社制订了一个公社干部的守则，共五条：

一、时刻关心群众利益，虚心听取群众意见，建议和要求，多为群众做好事，办实事。

二、廉洁自律，要求做到请吃不到，送礼不收，不开后门，不徇私情。

三、公私分明。不损公肥私，如私人需用集体的船只等，要按规定，合理付费（我们执行这条规定后，群众反映非常好）。

四、坚持参加生产劳动。不懂、不会的要努力学习，不说外行话、不搞瞎指挥。

五、深入实际调研，充分发挥每个人的长处和优势，敢挑担子，努力做好各自的工作。

这五条守则，各自经常对照，许多同志都做得比较好，就这样，黄龙的工作比较快地步入了常态轨道。

作者简介：

沈善法，曾任嵊泗县渔业委员会主任、县委渔农工作部部长，嵊泗县人大常委会副主任。

李柱山码头建造经过

汤昌耀　口述　周苗　整理

作者

我是1952年参加工作的，从宁波市职业工程会计训练班毕业，不久后就调到了舟山。1953年舟山成立专区时，需要大量的干部，就从外地调了很多人过去。主要有两个来源，一个是杭州的临安专区，调了很多干部到舟山，另一个是从江苏也调了一些干部。当时舟山设有航运管理所，属于宁波航管处的派出机构，那里缺人，就把我调过去了。到了舟山后，我还是搞计划统计工作，但我一直对搞工程有兴趣，也有意识地向这方面发展。定海道头码头那幢老的交通大楼就是我搞起来的，我是中层干部，但我想法多，有很多鬼点子，领导也挺信任我。那时从省里争取了45万元资金，打算30万元用在定海至沈家门公路的拓宽改造工程，15万元用来造交通大楼。我测算了一下，公路改造工程用不了这么多资金，于是我就向领导建议，把两个项目调换了一下，15万元来搞定沈公路，30万元来造大楼，结果大楼造的又高又好，领导也很满意。

后来，我又调到运输公司等，但一直没有离开交通这块内容，从我参加工作到退休，一直是搞航运管理工作，没有调离过，所以对这个业务很了解，和省里上上下下的同志也很熟悉。

1964年，搞“四清”运动时，把我调到了嵊泗，任航管所所长。到嵊泗后，我心里一直不踏实，夜里也睡不好，为啥呢？因为那时的嵊泗交通事业很落后，没有像样的码头，从县外来的客轮无码头可以靠，只能停在海面上，再用小舢板把客人驳上驳下，特别碰到有些风浪时，很不安全。我担心我管的这块工作早晚要出事。后来我找了几个领导反映情况，说这样不行，要想办法调只登陆艇来。不久后，从定海调了一只部队退役的登陆艇，情况稍微好了一些。

我为啥下决心要调登陆艇呢？是有原因的，出过事故。有一年，东海舰队航标处的总工程师，年纪还不到三十岁，有事到嵊山去，船靠不拢，用小舢板驳过去，结果小舢板翻了，人扣在了船底，救上来已经没气了。后来部队派了只大炮艇，来把遗体接回去，我也陪着去，一路上很难过，现在想起来还很内疚。当时触动很大，就下决心要调登陆艇。

登陆艇来了以后，每次要接驳客人时，我肯定到场的，我水性好，胆子也大，就跟着登陆艇亲自接客人上船下船。有时候心里也想，我是尽力做好我的本分，如果再出事故，要抓我去坐牢，那也没有办法了。以前，嵊泗老百姓开玩笑说，在嵊泗乘船要有运动员的本领，要会跳远，还要会跳高，但是老是让客人跳上跳下，也不安全，万一出个事情，我肯定要背责任的。

当时就形成一个主导思想，要改变这种状况，必须造码头。找县里面的领导商量，都说嵊泗的地理条件不适合造码头，你就不要费心思了。又去找驻军的运输部门，我和他们挺熟，想听听他们的建议，哪里可以造码头。驻军也劝我说，老汤，你就不要费这个脑筋了，嵊泗没有地方造码头的，要造的话，我们老早就造了。

我这个人挺倔，偏不信邪，这么大一个嵊泗，难道找不到一个造码头的地方。我就带了几个工程勘测人员，到处找地方选址，大悲山、高场湾、插旗岗……都走遍了。几遍走下来，感觉青沙的李柱山不错，这个位置挺适合的，又结合海图来研究，发现它的最低潮位有两米以上，潮水落差也不大。再进一步勘测后，地质条件挺理想的，它礁石的水下部位很陡峭，用来造码头很适合，于是大家商量了一下，码头的选址就初步定下来了。

地址选定后，就要找设计单位了，我就联系了杭州的省交通设计院。嵊泗那时候和外界的关系都挺好，因为 1970 年代物资供应紧张，嵊泗的水产品成了搞好关系的有力武器。省交通设计院一听我是从嵊泗来的，热情的不得了，纷纷托我带些海蜒、黄鱼鲞过去。我就尽量满足他们的要求，每次去都是大包小包一大堆。那时社会风气挺好，不兴送礼，这些水产品都按原价卖给他们。

他们还托我代买些上海产的毛线，那时的上海毛线出名呀，因为嵊泗离上海近，相对容易买到。就你带一斤，他带两斤，一来二去，都混熟了，关系好得不得了。

搞码头设计还要经过实地勘测,省设计院就派了些技术人员来嵊泗,安排住在招待所里,吃住费用都是他们自己承担。那些人都喜欢吃海鲜,那时螃蟹便宜,五角钱能买一篰箩,我就帮着去买些螃蟹,让招待所加工了给他们吃。这些人回杭州后称赞说,嵊泗地方太好了,天天吃大螃蟹。结果搞得设计院的人从上到下都抢着来嵊泗。

省设计院勘测后,认为这个码头不好造,有难度。李柱山的水位是够了,但是有个缺点,就是没有腹地,进深不够,以后要发展没有可用的空间。大家商量以后,认为有困难可以克服,再说也找不出比李柱山更适合的位置。经过综合考虑,就决定把码头造在李柱山的南面偏西位置,前面是广阔的港湾,能停泊大量的船只,也利于轮船的进出。而且这个位置西北风根本没有问题,只有在东南风很猛烈的情况下才有些影响。

李柱山客运码头

设计方案出来后,由省海港工程队来负责施工。造码头一般都要打桩,然后再浇筑平台。但是李柱山下面全是坚硬的岩石,根本没法打桩,这可怎么办?省交通设计院动了很多脑筋,也用了很多办法,终于解决了这个难题。先派潜水员下去,把水下凹凸的礁石用炸药炸平。这活不好干啊,很费时费力,像啃骨头一样,一点一点地把礁石基本弄平整,形成基础,然后在基础上浇筑水泥承重柱。用空的大木桶一个一个套在基础上,四周堆上沙袋固定,还要密封不能漏水。等到大潮汛潮水退下去的时候,马上用抽水机把桶里的积水抽干,放上钢筋网,立即用混凝土浇灌。用的是快速水泥,凝固的也快,等潮水涨上来时,基本不受影响了。

基础施工我们特意选在了七八月份,因为那个时间大潮汛潮位退的特别低,对浇筑混凝土非常有利。就这样,今天浇一米,明天再浇一米,有了一定高度后,就算小潮汛也同样可以施工了。我们开玩笑说,这方法是“抢潮水”。码头承重柱都浇筑好后,剩下就是浇平台了,相对的施工难度就小了很多。后来我们的这个方法还成了全国典型经验,面向全国推广。

码头施工期间,还有个非常有趣的事。工程队进嵊泗后,一吃到嵊泗的海鲜后,吃出味道来了。但那时的水产品都是按计划供应的,凭票向水产公司购买,工程队没有门路,买不到,只好来找我。我心想,要高质量造好码头,必须要让施工队吃好呀。于是我就出面向水产公司要求,公司负责的童友根一听情况,马上表示要全力支持。以后施工队买水产品就一路绿灯,都一篰一篰的买回来,吃不光还都晒干了寄回家。所以说造这个李柱山码头,嵊泗的水产品有一半的功劳。

造码头的同时,大桥、公路等配套的工程也相继完成。本来我还打算,想把朝南的山头劈掉一些,用来造候船室,但是因为经费上的困难,这个想法没有落实。

码头前后施工刚好一年,从 1974 年 9 月开始建,直到 1975 年 9 月完工,11 月正式使用。造好后的码头平台长 50 米,宽 10 米,总投资是 45 万元,可以停靠千吨级的轮船。

码头正式使用的那天,来了很多人看热闹,人山人海,挤都挤不进去。老百姓都很高兴,从此以后可以从码头直接上船了。现在有认识我的人会跟我说,老汤,李柱山这个码头造得好啊,都四十年了,现在还在使用。我心里想想,其实也没什么,算是我为嵊泗老百姓尽的一份责任吧。

作者简介:

汤昌耀,籍贯:浙江宁波。曾任嵊泗县航管所所长、县交通局局长。

亲历杭州办事处的成长

胡载文　口述　周苗　整理

作者

我在嵊泗工作了三十年，我可以说有两个家乡，一个是嵊泗，一个是杭州。我毕业后分配到嵊泗农林办，后来又调到政府办，没过几天又调我去组织部。过了一段时间，我感觉实在不适应，每天待在办公室，太闷了，就提出还是调回农林办吧。后来形势挺紧张，说是国民党要反攻大陆，要搞战备教育，就把我调回菜园镇政府。结果刚待上一年多时间，要调我去公安局，还没去报到，菜园镇委就去找组织部部长孙永堂要求，又把我要回了菜园镇政府，这一待就很多年。

1985 年 9 月中旬，我在工艺品公司当经理，县长黄忠焘找我去谈话。他说，老胡，我们准备在杭州筹办一个办事处，你去负责好不好？考虑到你是杭州富阳人，对杭州比较熟悉，是最合适的人选了。我一听，同意了，但是去开办事处，主要的工作任务，你要给我指示，具体是哪些工作内容。黄忠焘当时就提了八个字：宣传、联络、接待、服务。我心里想，我又没做过宣传工作，这怎么办？先把任务接下来，工作反正靠人做的，不懂可以学嘛。黄忠焘还说，有可能的话就帮有关部门做些力所能及的工作，为嵊泗的经济建设服务。他问我，什么时候走？我回答说："10 月初吧。"

去杭州之前要办理调动手续，菜园镇委还想抓着我不放，不让我调走。组织上就做工作，你还抓着不放，就是害人家了，再说是组织上调他去工作，你不放怎么行呢？

我打了个铺盖，还准备了一张棕绷床，都带到杭州去，因为那边到底什么情况，不了解呀。都准备好以后，过了国庆节，10 月 4 日从嵊泗出发，带着铺盖和棕绷床坐船到了上海。在火车站坐火车时，就不让带棕绷床了，说是体积太大了。我急了，找负责人交涉，说明情况，我是去杭州工作，又不是去干啥，中国驻外国大使出去，总也要带些行李的。负责人被我这样一说，笑了，就点头让我把棕绷床带上了火车。

第二天，火车到了杭州。办事处的小朱来接我，天下着大雨，浑身湿漉漉地到了办事处。在我去之前，已经派了小朱一个人在杭州打前站，是从土产公司调来的，在杭州租房子，做准备工作。其实当时还不能叫办事处，是租的半间民房，放了个高低床，还有张桌子。总算是个落脚点了。这么小的房子，也没办法自己开伙烧饭呀，就到省商业厅食堂去搭伙。

我在杭州也是人生地不熟，人没几个认识，路也没几条熟悉。我就想省政府的大门总要摸熟吧，我要向他们汇报工作呀，我打算把这条路先走通。于是弄了辆自行车，一早出去，傍晚回来，跑了十来天，把省政府所属的几十个厅局委办的地址，在哪条路，都摸了个一清二楚。我为啥要先把路摸熟呢？因为我们的书记、县长什么时候来杭州不一定的，到时候我这个办事处主任连路都找不到，不是个大笑话吗？

路都摸熟了，下一步是找上门去，认人了。但我以什么名义去呢？带什么文件去好呢？师出无名呀。当时黄县长最关心的是嵊泗的旅游问题，要开发嵊泗的岛屿资源，搞国家风景旅游区，我就打算先以这个事情为突破口，围绕这个事情开展工作。

我最主要是找省政府办公厅，第二个是省计经委，第三个是省财政厅。财政厅管钱、计经委管项目、办公厅起协调作用，这三个地方先要熟悉，其他厅局也重要，但这三个要重点去做工作。黄县长叮嘱过，嵊泗迫切要解决的事很多，水、电、交通、港口、旅游，还有邮电、微波，这些相关的厅局也要经常去跑。去干吗呢？人都要去熟悉，嵊泗的情况要去宣传。办公厅里省长的五个秘书都和我熟悉了，县长、书记有时候找省长汇报工作，要找他的秘书去协调呀。我一有空就过去，一有空就过去。和财政厅的人也混熟了，有时候他们就和我开玩笑，老胡，你又来了，来讨钞票呀。我虽然听了不舒服，但不能表现出来，只能笑着答应两句。

我们嵊泗有优点也有缺点，最主要的问题是水、电、交通，当时县委书记李世通最急的就是这些事情。但不能老是说缺点，优点要多宣传宣传，让他们知道嵊泗、了解嵊泗。我们的优点很多，一是水产品资源，二是港口资源，三是旅游资源，四是矿产沙子，这是嵊泗的四大优点。

当年 12 月份，省里开了个旅游座谈会，嵊泗是县长黄忠悫去参加，当时还有很多人不知道嵊泗，连嵊泗在哪里都不知道。黄县长就把嵊泗的优点和缺点都介绍了一下，还介绍了嵊泗下一步的打算，并邀请省旅游局王局长和省城乡建设厅胡副厅长到嵊泗视察工作，给嵊泗今后的工作提些建议和思路。开完会，黄县长还向我布置了任务，你一定要把两位领导请到嵊泗去。我当然要接这个任务呀，就去找了王局长和胡副厅长。他们也想到嵊泗去看看，但是有个顾虑，不能两手空空去呀。而且他们认为，嵊泗要发展，想搞旅游，这个牵涉面太大，需要很多部门配合来搞，单靠他们两个厅局还不行。后来他们说，还是先向省政府汇报一下吧。这两个领导很有责任心，就去找了省长汇报，结果就决定，由省政府办公厅出面召集相关部门，一起到嵊泗去。

1985 年冬天，快过年的时候，省政府办公厅主任王宏民就带着二三十个部门的头头，坐省政府的车，直接开到上海，再从十六铺码头坐船到了嵊泗。嵊泗从来没来过这么多的大领导，不要说厅长，就连处长一级的都很少。这些领导大老远到嵊泗后，县里很重视，接待工作也做得很热情到位。大家在一起开了两天会，黄县长把嵊泗的情况详详细细介绍了一遍，同时把水、电、交通等问题也在大会上提了出来。这些领导确实都认真考虑了这些问题，大家都认为，嵊泗的条件的确艰苦，要开发搞旅游困难很多。每个游客一天要用一立方米水，这怎么解决？还有交通，游客怎么进来？回去怎么办？还有老是停电。这些都是制约发展的大问题，而且都不好办，牵涉面又很大。有关的政策问题需要由省里面研究解决，有关实质性的水、电等问题，可以由各部门解决。可是解决这些问题要花钱啊。不是一块两块、一万两万，而是几百万上千万啊。嵊泗又是个穷县，这钱由谁出？

这些领导回去后，就向沈祖伦省长做了汇报。省长也心知肚明，嵊泗他没来过，情况也不是很了解。第二年他就自己带了一批人到嵊泗去了。这次去的人级别更高了，有财政厅厅长、省计委主任、交通厅厅长……都去了。县里又详详细细地汇报了情况，还发了点小牢骚：嵊泗解放三十多年了，老百姓的吃水问题还没解决，电又老是停，交通还很困难，要从舟山、上海转……这些情况一说，省里领导认为要解决这些问题，必须给嵊泗提供特殊政策"吃小灶"，因为嵊泗太小，只能特殊情况特殊对待了。有些事情能定的就当场拍板决定了，有些牵涉面太大，没法定。

那时候，刚好嵊泗在搞换届工作，有将近 90% 的代表提出，要划到上海去，既然浙江省不重视我们，那就把我们划归上海好了，人家会稀罕我们。

会上我们用了个激将法，就把这个事情汇报了。得知这个事情后，省里的几个领导，特别是民政厅厅长就有点发火：是不是你们县长想到上海去？我在会上也讲了我的意见：嵊泗老百姓有点意见是正常的，这些年浙江省对嵊泗的确不够重视，而老百姓就会怀念六十年代划给上海时，他们帮助我们的情况，就形成了巨大的反差。

后来，省政府办公厅专门为嵊泗的问题开过两次会。一次是黄忠懿县长去参加的，几十个厅局长都坐在一起商量，黄县长汇报了工作进展、资金落实情况。还有一次是为了解决嵊泗百姓吃水的问题，我有一个同学是办公厅副主任，就通过他召集了相关厅局开会。

每次开会，黄县长能来就来，来不了就由我代表参加，开完会，我就第一时间把材料整理出来，马上发传真回来，把情况向书记、县长汇报，让他们视情况再做决定。以后办公厅开会，我去过很多次，反正能解决问题最好，解决不了也没办法。每年的经济工作会议我是作为重点来抓的，这是个好机会，能起到上通下达的作用，对我们嵊泗是至关重要的。

经过一段时间的宣传、汇报等工作，省里对嵊泗也逐渐重视了，万学远省长和几个副省长也专程来过嵊泗。我和省政府的几个秘书也很熟悉了，有时候，书记和县长去杭州办事，我就打电话给几个秘书，让他们及时安排向领导汇报工作。

省里给嵊泗“吃小灶”提供特殊政策，的确办了一些事，对嵊泗发展起了很大的作用。

第一个是水。省地矿厅为了解决嵊泗百姓吃水的问题，花了很多力气，打算开发长江古河道，把水抽出来，用管道输送到自来水管网里。几个厅长专门去北京找专家研究长江古河道的具体情况、流向、水质。后来省地矿厅几个厅长，带着人来嵊泗找长江古河道，看有没有利用的可能性，一直到年三十，还在工作船上。这个河道的情况都摸熟了，水也抽上来了，但是大规模利用的难度太大，没有继续下去。虽然后来没有用上这个长江古河道的水，但他们的精神可嘉。

后来又开发海水淡化,在嵊山搞了个试点,但是成本太高。省里又投了资金,修建了一些水库。修水库很花钱,嵊山的大玉湾水库还是省长直接批的。当时有反对意见说,这个水库面积不大,集雨区域也太小,没有修建的必要。但省长认为,嵊山是渔场中心,淡水是保障生产的重要因素,这个水库还是有必要修的。

还有港口,省海洋二所派专家来,开研讨会,后来就搞了个嵊泗中心渔港。

再就是交通。当时县里有个规划,县长张家盟提出来,要海陆空全方位地发展嵊泗的交通。那时舟山还没有飞机场,初步选了两个地址,一个是嵊泗的基湖沙滩,一个是朱家尖。我们嵊泗当然很高兴,这个飞机场一建,对我们的发展有很多的好处。后来,有个副省长来调研,认为飞机场跑道要两三公里长,基湖沙滩长度不够,而且来往的人也不多,考虑来、考虑去,就把飞机场建在朱家尖了。

在海上就是发展快艇,用高速客轮来解决海上客运的问题。我看这几年,嵊泗一直在按这个思路做,而且效果很好。现在旅游季节,一天进出几万人,在以前根本不可能,想都不要想。

嵊泗的发展困难太多,牵涉面这么大,总的来说,原因一是嵊泗太偏僻。不光省里领导下来很少,连舟山市领导也少,领导关注不够,怎么能发展呢?二是离大陆远,要发展企业成本太高,无法形成大的企业,特别是水产行业。三是共享性太差,缺水、少电,铁路通不到,公路进不来,要发展就要花大本钱。嵊泗又穷,一下子也投不起那么多钱,也只能一步一步慢慢来。四是行政区划的问题,短短几十年里,浙江、上海、舟山,把嵊泗划来划去,到最后都没人管了。

我们办事处有领导的重视,也有自身的努力,从最初租用的半间民房,到后来拥有自己的房产,发展很好。我去杭州的时候是在涌金门的羊坝头 115 号租的半间房子,十多个平方米。后来就想办法自己买房子,用嵊泗驻杭州办事处的名义,以两万多元一套的价格向省皮革公司买了两套房子。随后在火车站附近买了三套办公室。接下来在上城区江城路买了三间街面房,那时只有 700 多元一平方米。再后来在中河路和凤起路的交界处造了房子。这个地基是舟山市下属四个区县共同发起,由市政府出面统一买的。但是造房子的时候大家闹矛盾、打官司了,市政府想归自己独有,不打算分给下面各县区了。我当然不肯,起头是大家一起,现在你一个人独吞果实,哪有这个道理?我就打电话给舟山市委书记于辉达,他说,老胡啊,这个事情怎么办?我说,这要靠你办呀,我们四个县区加舟山市一起商量的,钱都掏出去了,你说怎么办?

后来舟山市政府召集我们四个县区办事处开会，他们都不发言，就我一个人讲，讲了一个多小时，市长就当场表态，我听懂了，有数了，等房子造好后，大家平分。后来我们嵊泗分到五百多个平方米。

办事处地方宽裕了，人员也多了，考虑到杭州的单位都是自己单位里就餐的，就筹备办个小食堂，大家都挺高兴的。我定了个标准，中饭吃一顿，自己掏五元，不足部分由办事处补贴一点。如果县里面来人要就餐的话，县长的标准是十元，其他的局长镇长等也都要付钱。考虑到人员来往的方便，又联系了交通部门，开通了嵊泗到杭州的汽车，一直开到办事处门口。办事处也借此开了招待所，提供住宿，既方便客人，又给办事处增加点收入，补贴办事处经费不足的困难。

作者简介：

胡载文，籍贯：浙江永康。曾在嵊泗县菜园镇人民政府工作，后任县人民政府驻杭州办事处主任。

“巧避三礁江”的故事

方伯润

作者

嵊山三礁江，是嵊山与枸杞两岛间的最狭处，相距不过数百米，因靠近嵊山箱子岙港，海底有数块礁石而得名。这里水流湍急，暗涛汹涌，外来船只不熟水路，往往在这里或撞船触礁或被风浪掀翻或卷入海底，海患无穷。过去人们一提起三礁江，就会令人不寒而栗。

那是1957年的冬天，小雪刚过。我当时是省委“社教”工作团嵊泗工作队的队员，在枸杞乡的小石浦村工作。

一天下午，省工作队办公室通知我们到对岸的嵊山岛去协助开展“社教”工作，同去的有四人，陈新民、田夫、黄建勋和我，由陈新民同志带队。我们立即带好行李，到小石浦渔业社会计室等船。

天哪！这么大的风，哪里来的船？气象预报，下午还有6-7级、阵风8级的西北大风。这海上是无风三尺浪，有风浪滔天！这话我到了嵊泗才真的体验到了。

在渔业社会计室，见里面坐着许多人，乡党总支书记黄德正、乡长金阿堂、村支部书记张成忠、村长何德银、还有几个船老大和青年渔民。他们正在研究分析风向、潮流、船怎么走，在什么地方转向、调头，如何应对狂风、恶浪……等等，确保安全过江。这时，乡长说：“找几个年轻力壮的摇橹能手，带好备橹。”张成忠说：“都准备好了。”黄德正说：“沉着应战、遇事不慌！”张、何两人会意地点点头。

这时，张成忠看看前来送我们的朱队长和乡里的领导，说：“现在潮水好，趁早出发吧。”朱队长走过来，检查了我们的行李后，下了出发的命令：“出发！”

我们背上背包，提着装着面盆等生活用品的网纱袋，跟着走出会计室，到了航船埠头，说“埠头”，根本没有什么设施，就是海边能供人上下船的岩礁，俗称“滩横头”。

走近岩礁，见白里带黄的巨浪扑面而来，冲向岩边的小山，发出“啌垌”的响声，浪花四溅，洒向站在岩边的每个人，我抖抖身子。伸手抹了一把满脸咸涩的海水。这时，在起伏的海浪里有两只小船，随着海浪上下不停地颠簸着，吃力地朝我们摇将过来。到了岸边，张、何等人抢先上前几步，接过从小船上抛过来的缆绳，他们一面紧紧抓住缆绳，一面招呼我们上船。送行的人也来帮忙，趁着风浪起伏的间隙，小心翼翼地把我们连同行李一一送上船。我们四人分坐两条船，张、何两人各上一条船，每条船上四个青壮年，两人同摇一支橹，“啊哑！”“啊哑！”使劲地摇，船慢慢地离开小石浦码头，向岙外门摇去。

这两只小船，是当地渔民用来捕鱼的小对船，又称带角船。船体很小，装载量不过2吨左右，平时捕鱼两只船为一对，因其小，就称“小对船”。捕鱼时每只船四个人，拖着渔网口的两端，鱼顺潮水钻进网内。那时船上没有动力设备，全靠渔民用手摇橹。

船出了岙门口，只见白茫茫、雾蒙蒙的一片，分不清是海、是浪、还是雾，真可谓是白浪滔天，海天一色。小船在海上颠簸，一忽儿被推向半空，一忽儿又像落到了海底。我的胃经不起这样的折腾，几个大浪，把我中午吃下去的东西全部“坦白”了。我紧紧地闭上双眼，蜷缩在中舱的两个行李包之间，耳听着四个渔民从胸腔中发出的“嗨呵”声和浪花泼向船弦的“哗哗”声。

不知过了多久，呼啸的风声感到小了点，海浪拍打船板的声音也轻了点，渔民摇橹的号子声也低了点。我慢慢地睁开双眼，向四面张望，见前面有一个山头。我问张书记：

“老张，这前面是什么山”？

他说：“这是嵊山的鳗咀头”。

三礁江大桥通车

我惊叫道:“啊！我们怎么绕了这么大半个圈,到鳗咀头外面来了”!

年轻橹手带着点神秘感地说:“这叫与海浪斗智斗勇呗”。

老张见我有点迷惑不解,接着说:“你看,从三礁江冲下来的这股潮水,有多汹、有多急！加上从两山之间猛刮过来的西北大风,就是万吨巨轮见了它也要发抖,何况我们这种小船,根本无法接近三礁江江心,别说是过江了！我们只好避实就虚,沿着潮流的边缘,顺水而下,这个边缘地带,海阔了潮缓了、浪小了,我们乘虚而入,冲过横流,向鳗咀头的山脚摇去,再回转来向西摇,经大玉湾,水路是长了,功夫是多了,但可安全地到达目的地了”。

“噢,原来是这样。”我会意地点点头。

这时,那个年轻橹手又说开了:“这叫他有他的淫威,我有我的智慧。我们渔民就是这样成天与海、与风、与浪作斗争。”

听了这一席话,我对渔民老大哥那种不怕困难、不畏艰险、临危不惧、敢与大海斗的精神和智慧,深深地感动和敬佩。我好奇地问:“以前你们也有这样走过吗?”

张书记停了停,说:“很少有！不过我听爷爷说,他年轻时为送一个难产的产妇到嵊山医院,就是这样冒着大风大浪,避开三礁江过去的。”

我叹息道:“这三礁江上如果架起一座桥那该多好！”

四个渔民异口同声地说:“是啊！我们也是这么想。”我想,这是一种期盼,一种梦想!

星转斗移,时间到了新世纪的 2011 年,嵊山和枸杞之间的三礁江海面上架起了大桥。

自 1950 年嵊泗解放,整整六十年啊,枸杞—嵊山“天堑变通途”,梦想成现实。

作者简介:

方伯润,籍贯:浙江淳安。曾任嵊泗县政策研究室副主任。

相关链接:“三礁江大桥”是连接嵊山岛和枸杞岛的跨海大桥,2007 年 3 月动工兴建,经艰苦施工,于 2011 年 1 月 6 日建成通车。全长 685 米。

政法工作十四年

朱孝坤

作者

1979年下半年，我从部队转业，分配到嵊泗县检察院工作。由于海岛交通不便，我从岱山长途搭乘部队拖靶船到黄龙码头，再转乘登陆艇到石柱码头上岸乘卡车到嵊泗检察院报到。当时检察院正处在“文化大革命”中被撤销后恢复重建的初期，还没有正式挂牌，包括检察院陈玉书同志在内一共只有七八个干部，没有办公用房，暂借公安局房子办公。检察院党组织还和公安局同一个支部。当时根据省检察院坚持以党的十一届三中全精神为指针，坚持边建边干，以干促建，在抓紧组织建设的同时，紧跟全党的战略转移，把检察工作重点放到保卫社会主义现代化建设上，认真贯彻执行党委领导，依靠群众，执法必严，违法必究，保障民主、加强专政、实现大治、促进“四化”的检察工作方针，全面恢复各项检察工作，为此组织上又调金铭海同志任副检察长，从各单位抽调干部充实检察队伍。到1980年代初期全院已有十几名检察干部。还新建了三间三层小楼办公用房，购置办公用具。检察院内部机构设置为：刑事检察股，经济检察股，监听检察股和办公室。后来根据上级检察机关的指示，检察机关内设机构名称股改为科，增设法纪检查科。刑事检查科分为刑事检察一科和二科。一科职责主要负责由公安提请批捕案件的审查工作。二科职责主要负责审起诉和出庭公诉工作。当年我在刑科工作，后来是刑二科负责人。

检察院党的组织设党组，陈玉书同志为党组书记，同时成立机关党支部，金铭海同志任支部书记。1981 年 3 月任命我为党组成员，县人大常委会任命我为检察员。

至此，检察机关恢复重建工作基本完成，各项检察职能工作进入正规轨道。但是那时候的检察干部队伍面临最大的问题是缺乏法律知识和实际业务能力。全院十几个干部除检察长陈玉书同志是老政法干部外，其余的都来自各行各业"半路出家"的干部，文化程度也不高。

我记得办第一件案子，决定对被告人免予起诉，要我起草法律文书即免予起诉"决定书"。可是那时对各种法律文书的规格、内容等要求都不了解，结果第一稿送领导审批时就退回来了。修改后再送批，又退回，修改再送批这样反复修改四五次才勉强通过。但领导还是批给我四个字"牵强附会"。当时我想怎么办，既然进了政法单位的门，就要有做好政法工作的本事。因此从新华书店购买刑法总则、刑法分则及刑事诉讼法等法律书本，加强自学，增强法律知识。当时领导让我两次参加省里举办的军转干部培训班，对我增强法律知识和提高办案业务能力大有帮助。

1983 年根据全省检察长会议全面贯彻中央三年为期，严厉打击严重刑事犯罪活动的决定和全国人大常委会《关于严惩严查危害社会治安的犯罪分子的决定》的精神。嵊泗公检法三家的职能部门联合办公既互相配合又各司其职，开展一场"严打"斗争，工作进展顺利。但在一次有公检法三家领导和主要办案骨干参加的会议上，对涉及个案处理时产生不同的意见，当时参加会议的市政法机关某领导提出的指导意见中，有三四个案件都打"红钩"，即要判死刑。当时多数同志认为中央严打方针要贯彻执行，但对案件处理还是要根据嵊泗社会治安的实际和案件的具体情节，依据刑法的规定来处理，最后统一了思想，只对一件轮奸案的首犯判了死刑。

1984 年上半年，陈玉书同志到县政法委任副书记，金铭海同志任检察长，章海田同志被任命为副检察长。我经县人代会选举任县人民法院院长。原院长胡仁康同志调县人大常委会工作，原副院长周瑞庭同志退位休息。同时调李远东同志任副院长，但他报到前先到北京培训去了。当时我是光杆司令一个。那时法院的内设机构有：刑事审判庭、民事审判庭、经济审判庭和办公室。另外设有嵊山镇、大洋镇和黄龙乡基层法庭。全院干警约 30 名。当时刑事审判庭除继续坚持"严打"斗争，加强对严重刑事犯罪的审判外还承担历史老案的复查工作。

检察院旧址

新世纪检察院

主要是1950—1970年代的刑事案件，那时期我国还没有“刑法”，只有中央五人领导小组的一个文件为依据。各级都有领导小组。当年我从案件中发现，要捕要判都是凭领导小组和主要领导干部一句话。而材料反映出问题不属中央五人小组文件规定的打击对象。有的很普通简单事件被扣上反革命帽子。如有件案子被告人因家庭粮食不够吃，就向粮食宽裕的人家购买几斤粮食，竟被扣上反革命帽子，以破坏统购统销政策而判刑。又如有一件被判十几年徒刑的长期申诉的案子，根本不属于中央五人小组文件规定的打击对象。年月已久，并证人已不在人世。有的证人已年老，对当时案情也遗忘了，情节记不清，要想查清具体事实是不可能了。因此就对当时有关干部讲把握两条：一条是认定的事实不属中央五人小组文件规定的打击对象的；第二条是认定的事实属一般性事件但被扣上“反革命”帽子的一律平反。关于民事审判工作那时还没有一部完整全面的民法典，只有单行法律，如“婚姻法”，“合同法”等。民法是个重要的基本法，与千家万户、男女老少有密切的关系，公民之间、法人之间、公民与法人之间的财产关系和人身关系，涉及范围很宽。民间纠纷每年发生量很大，除诉到法院处理的外，基层调解委员处理解决的比例也很高。根据实际情况，民庭尤其是基层法庭的同志做好自己手头工作外，经常深入到各村了解情况帮助指导调解委员会工作，把更多的民间纠纷解决在最基层。

1987年4月县人大换届选举。金铭海同志任县人大常委会副主任。我又回检察院并任命我为检察长、党组书记，副检察长章海田同志和刑事检察一科科长孙炳华同志为党组成员。章海田同志为检查院机关党支部书记。后调许岳平同志任副检察长，党组成员，同时任命唐鲁江为副检察长，党组成员。检查院内部机构增设控告申诉检查科。当时全院检察干警二十多名。

1987 年至 1994 年期间，县检察院认真贯彻执行党的“一个中心、二个基本点”的基本路线，紧紧围绕治理经济环境，整顿经济秩序，全面深入服务于改革，坚持把反贪污贿赂作为检察机关的第一位工作。深入开展反贪污贿赂斗争，依法从重从快打击严重刑事犯罪，把各项检察工作推向深入。在这阶段共立案侦办贪污贿赂等各种经济罪案 52 件，其中万元以上大案 24 件。直接挽回经济损失 128.8500 万元，协助税务部门和企业追回资金 52.2 万元。刑事检察工作中：批捕350件383人。起诉348件464人。法纪检察工作共受理玩忽职守、刑讯逼供、非法拘禁等各类法律案件 43 起，其中构成犯罪立案侦查 7 件。对监所检察，根据省检察院指示精神，实行位所监察，(即：在看守所办公)会同公安部门对看守所经常性检查 600 余次，安全检察 250 余次，提出纠正违法 42 次。

1995 年，我离开检察院，调到县人大常委会工作。十四年岁月，我在工作中学习，在实践中提高。为政法工作的发展尽了个人微薄之力，每每忆起，深感欣慰

作者简介：

朱孝坤，籍贯：浙江慈溪。曾任驻长涂某部队排长、副政治指导员、机关管理股股长。后任嵊泗法院院长、县检察院检察长、县人大常委会副主任。

忆县供销社的兴与衰

邬驰宏

供销社的性质与组织形式

作者

嵊泗解放后，成立的第一家企业就是供销社的前身——苏南公司。它的任务是为全县渔业生产和人民生活服务，供应的商品从人民生活需要的吃、穿、用，到渔业生产需要的全部物资，可以说包罗万象。由于涉及面广、供应的范围大，苏南一家企业承担不了如此繁重的业务，产生了供不应求的矛盾。于是，1953年撤销苏南公司，成立各乡镇供销合作社和嵊泗县供销合作社联合社。供销合作社是社员自愿入股、国家扶持的合作经济组织。各级供销合作社的最高权力机构为社员代表大会，常设机构为理事会和监事会。理事会和监事会的主任、副主任由社员代表大会选举产生，县供销社主任、副主任报县政府任命，各基层社主任、副主任由县社任命。供销社虽然点多面广，但经济实力有限。社员股金只占极少部分，绝大多数资金由国家财政拨款，所以有人称供销社为“二国营”。随着嵊泗经济的不断发展，供销社包揽不了全县人民生活和生产的供应任务，于是，商业局、粮食局、盐务局、水产公司、物资局等相继诞生。各部门及所属企业各司其职，各负其责，分工协作，形成了全县完整的流通体制，强化了服务功能，逐步理顺了供求关系。

商业、供销在计划经济时期合并为一家，二块牌子，一套班子。在沪设立办事处，协助各公司和基层社采购商品，曾组建一支船队，运输各种商品和货物。两家分工协作，商业所属的烟糖、百货、五金、食品、石油等公司负责县城的供应任务和批发业务，供销社负责各乡镇的供应任务，商业以批发为主，供销以零售为主，曾是嵊泗流通领域的一支生力军，为保障嵊泗人民生产和生活做出过重大贡献。直到20世纪80年代初才分家，由原商业局副局长陈瑞福任县供销社主任，陆金康等任副主任。分家时，陈瑞福深情地说过一句话："商业、供销是一根藤上的二只瓜，不分是一家，分了也是一家。"从经营业务上讲，这话没有错，商业与供销存在批零关系，相互依存，难以分割。但是企业的性质不同，商业所属公司均为国有企业，而供销社则是合作经济组织。其宗旨是为渔民、渔村、渔业服务。供销社的隶属关系下至基层社，上至全国供销合作总社。所以在全县流通企业改制时，撤销了商业局，保留了供销社体制。

见证发展与兴旺的历程

在计划经济时期，各种商品凭票供应，遍布全县各乡镇的供销社垄断经营，无人与之竞争，因此生意兴隆，财源广进，发展迅速，资产积累不断增长。以嵊山供销社为例，1950年代，商店和仓库大部分租用民房，到1960年代就拥有自己的商店和仓库，到1970年代更是大兴土木。我是1974年调到嵊山供销社负责基建施工的，从1974年到1983年，由我经手建造的有箱子岙百货大楼，泗洲塘综合商业大楼、生产资料门市部、壁下门市部、后头湾门市部、光明村门市部、煤球加工厂、副食品仓库、吹鼓亭职工宿舍。1986年，我调到县供销社以后，后任又将县政府转让的嵊山招待所改建成"陈钱山"商场和宾馆，将副食品商店和百货仓库扩建加楼，其中三层楼、四层楼作为商品房出售，总建筑面积达5000多平方米，总投资约150多万元。这些商场建成后，扩大了营业规模，经营范围从纯商业发展到服务业等。

嵊山是著名的渔场，一年四季都有鱼汛，尤其是冬季带鱼汛，江、浙、鲁、辽、闽、粤和沪六省一市10万渔民云集嵊山渔场捕捞带鱼。每到风暴天，在嵊山港湾避风的渔民，纷纷拥上嵊山岛内，岛上人山人海，供销社各商店挤满了购买商品的渔民。那时的营业模式是封闭型的，前面是柜台，后面是货架，营业员站中间，为了防止柜台被冲垮，柜台前都用白铁管焊成护栏，由于冲击力大，护栏常被挤成扭曲。无数双手伸进柜台向营业员购货，营业员一边收钱，一边交货，没有间歇时间，中饭由食堂做好送到柜台，轮流用餐，个个忙得不亦乐乎，汗流浃背。

这哪里是买，简直是“抢”，一个风暴天往往将不少商品抢购一空。供销社供应的商品为何如此畅销？渔民除了购买必须补充的食品、用品和生产资料外，主要是看中上海货，如上海产的大前门、飞马香烟，五加皮酒，手表，缝纫机，三五牌台钟，永久、凤凰自行车等都是名牌产品，十分吃香。有人说，上海产品是“皇帝的女儿不愁嫁”，不抢才怪。每年带鱼汛前，供销社早就制订了具体的商品采购计划，由各柜组派人到上海，通过驻沪办事处从上海烟糖、百货、纺织、家电等批发部采购好商品，然后由商业局船队派船源源不断地运往嵊山，所以，尽管不断抢购，供应不会断货。嵊山供销社一个冬季带鱼汛的销售额相当于全年的三分之一，1983 年至 1986 年，我任嵊山供销社主任时，每年的销售额约 600 多万元，利润 15 万 ~ 20 万元，占全县供销社利润的五分之一。

县社与商业合并时下属没有公司，所属公司都归商业局所有，80 年代初与商业分家后，才从商业划出副食品、蔬菜、土产、日杂四家公司，后来又成立一家信托贸易公司，共五家。基层社重新布局，枸杞从嵊山分出来，小洋从大洋分出来，单独成立供销社。黄龙社不变，撤销泗礁社，单独成立五龙、马关、青沙、花鸟、绿华、金平供销社，后来又将五龙、马关、青沙合并成立泗礁供销社。职工队伍不断壮大，成立初期全县供销社职工只有几十人，到 80 年代末发展到近千人。全县供销社成立时的资金包括社员股金和国家拨款，估计不到 10 万元，到 1990 年代我调离时，净资产包括固定资产和货币资金增加到 2800 多万元。

供销和商业在计划经济时期一直兴旺发达，欣欣向荣。当时社会上有人将银行说成是“金饭碗”，财政税务为“银饭碗”，而将供销和商业称为“铁饭碗”。但在成立初期，到供销社工作的却很少有人问津，供销社的干部、职工要政府从外地调配，如嵊山供销社的老职工张素琴、何荣华、吴化明、詹忠义、徐惠娟、金应鳞等都是中学毕业后，由政府从定海、沈家门等地分配到嵊山供销社工作的。随着供销社业务的不断扩大，需要补充队伍，开始从社会上陆续招收职工，到 1980 年代，供销社的职工队伍超过了商业系统。但是这些职工的思想、业务、文化等素质不高，特别是文化素质，大多数只有小学程度，最高学历是中专生。不过供销社的业务操作要求不高，只要会开发票、会打算盘、会做报表、会加减乘除的就行。这是时代的特征，也是历史的必然。

感受衰落的阵痛

中共十一届三中全会以后，由阶级斗争转移到以经济建设为中心，实行改革开放，允许私营经济发展。于是，以第三产业为主的个体商业如雨后春笋般地兴起，他们经营灵活，善于创新，不分昼夜地活跃在市场中。嵊泗只有 8 万人口，其市场犹如一块“小蛋糕”，原来由供销、商业二家瓜分，个私商业兴起后，这块“小蛋糕”受到上百家个私商业的“蚕食”，供销、商业所得的份额寥寥无几。受个私商业冲击后，供销社的经营业务日渐萎缩，销售下降，利润滑坡，陷入困境。那时我已任县供销社副主任，据我记忆，1989 年全县供销社利润仅 5 万元，跌入历史最低谷。县社所属 5 个公司，9 个基层社全部亏损，只有 1 家仪表厂盈利。此后，基层供销社依旧如“王小二过年一年不如一年”。为了求生存，图发展，县社按照省社的指示精神，转换经营机制。曾采取联销计酬、利润分成、抽资承包等多种形式的责任制，与职工的利益挂钩，虽然调动了职工的经营积极性，但是由于没有从根本上打破“大锅饭、铁饭碗”的体制，收效不大，依旧走不出困境，挽救不了“江河日下”的命运。因此，到 1996 年，经职工代表大会讨论通过，经县体改办批准，对县社所属公司和基层社实行改制。所谓改制，就是改变企业所有制的性质。意味着企业的重组或解体，职工的转业或失业，是一场关系职工命运的痛苦改革，难度十分之大。好在改革开放已 10 余年，在经历由计划经济向市场经济转型过程中，绝大多数职工意识到供销社体制已不适应市场经济的要求，存在生存危机，改革是大势所趋，不可阻挡，所以并不反对改制，只要求给予出路和社保、医保给予保障。这些要求完全合情合理，县社根据上级的文件精神，结合企业实际，出台了各项安置政策。如对分流职工按工龄给予经济补偿，继续保留养老保险和医疗保险关系，对离退休人员的社保、医保纳入社会统筹，将解体企业的门店以优惠价转让给原职工继续经营。财税部门也开绿灯，对分流人员创办企业或从事个私经营的给予三年免征营业税的照顾，县人事劳动部门举办转业培训班，介绍和推荐部分自己创业有困难的职工再就业等。少数企业安置资金不足的，由县社调剂或拨补解决，从而安定了人心，保证了改制的顺利进行，解体了泗礁(包括五龙、马关、青沙)、金平、花鸟、绿华、小洋五个基层社，枸杞、黄龙供销社分流人员，保留架子。将嵊山、大洋供销社与县社所属公司改建为有限责任公司。当时，改制工作从制定方案到组织实施由我为主负责操作，自知责任重大，天天担心出事，对于大批职工下岗、离职，内心一直惴惴不安，似乎感到有负罪感，直到下岗、离职的职工通过自己的努力，在商海中有的成为私企的业主和个体经营者，收入颇丰，有的在各行各业中找到了适合自己的工作，生活安定，才渐渐心安。虽然当时背后曾有人骂、有人怨、有人恨，但我并不介意。我想，任何人遇到失业都是痛苦的，难免产生怨恨的心情，他们无论对谁发泄都应该谅解，只要他们熬过改革的阵痛，找到生活的出路，就会抚平心灵的创伤。

通过改制，虽然精简了机构，减轻了负担，打破了“铁饭碗”，优化了企业所有制结构，但由于各种主客观因素的制约，经营业务并未出现转机。各公司和剩下的基层社靠出租房产维持生计，县社机关靠财政拨款过日子。曾经兴旺 40 年的供销社从此衰落。

释疑与或许

有人质疑，浙江内陆各县区的供销社都欣欣向荣，蒸蒸日上，为啥唯独嵊泗供销社难以为继，“日落西山”？因为内陆县区的产业都以农业为主，化肥、农药、棉花、茶叶等重要生产资料和产品都由供销社专营，仅这部分的收入就可保证盈利。改革开放后，土地承包到户，调动了农民的积极性，他们除了种粮外，还种植蔬菜、水果等经济类作物，并发展猪、禽、蛋、鱼、虾等养殖业，这为供销社带来了服务契机，供销社与农民结成利益共同体，成立各专业合作社，一面支持农民发展生产，一面为农民推销产品，形成产供销一体化的服务功能，促进了供销经济的发展。经济实力雄厚的供销社还发展工业、房地产业以及其他服务业。所以内陆县区的供销社在广阔的市场中能够立足并可大展宏图。而嵊泗虽是纯渔区，渔业生产资料需求量很大，但供销社没有一样专营权，渔业生产最需要的柴油却由石油公司专营，没有供销社的一点份额。嵊泗县供销社也曾探讨和尝试过发展工业和其他产业，但缺乏资金、技术和人才，都没有成功。所以，嵊泗县供销社已“回天乏力”，难有发展前途，只能顺应历史的潮流走下去，或许还能出现转机，或许一直维持现状，或许退出历史舞台。

作者简介：

邬驰宏，籍贯：浙江岱山。曾任嵊山供销社主任、嵊泗县供销社副主任。

我在洋山的那几年

顾丁良　口述　周苗　整理

作者

我在1978年被调派到大洋公社革委会担任主任、党委书记，直至1982年12月。在这将近四年的时间里，我决策并参与了大洋的建设工作，也亲身见证了大洋的众多变化。虽然时间已经过去了三十多年，但至今想来仍历历在目，不能忘怀。

办渔工商

1979年洋山办起了嵊泗第一家渔工商，这是为当地老百姓办的一件好事。

我到洋山公社当书记后，看到内陆上发展农村经济，心里就想我们干脆搞个“渔工商”。洋山是嵊泗重要的渔业地区，由于“文化大革命”影响渔业经济的发展，渔民生活也比较困难。要摆脱这个困境，只有实行鱼产品自产、自运、自销，把渔业经济搞活。大洋乡村企业有一定基础，又近靠上海，当地资源丰富，妇女可以顶半边天。

抓渔业生产、办企业发展经济需要大量的办事和管理人员，最迫切的是要考察调整大队领导班子和乡里有关办事机构。洋山的干部责任心都很强，但是当时的各队领导班子有些不团结现象，也受一些“左”的思想影响，导致有能力有本事的干部升不上来。公社派下去的脱产干部一是少，二是不熟悉情况，工作主要还是依靠基层的党支部，必须选择一些年轻，有文化有能力的同志充实到支部里去。思路定下来后，就开始动手调整了。

比如一队龚新华又是书记，又是带头船老大，实在太忙，他一出海，队里就没人管了，这也不是办法。就让刘士定当队长兼副书记，来帮龚新华分担一些工作，一队沃米祥调到镇里管乡镇企业。

二队书记鲍子章年纪挺大了，施阿开是队长，施阿开那时还很年轻，又有一定的文化，抲鱼在洋山也有名，总是排前几名，在洋山老百姓中也有很高的威信，于是就把他调过来当书记了。渔工商办起来后，包括围垦都需要人，就把鲍子章调过去了。

三队干部多，人才多，姚应龙当书记。潘得来因年龄大，又是老干部，把他调来抓围建海塘工程。后来又把潘得来调到地毯厂去，地毯厂有 400 多人，属于蛮大的厂了，也需要人来管理。潘志明由三队调来管渔工商。

四队洋东书记是金宏定，做事很公正，威信很高，从来不搞私人关系。我去洋东多次，从来没有吃过一只蟹、一条鱼，说明他这个人很正直很有原则，仍由他当书记。

经过这一番大的调整，各个支部班子人员都团结，有积极性，开始集中精力搞企业、渔工商。

当时大洋公社有三十多艘机帆船、近百艘大捕船，每年消耗的冰数量非常大，生产的鱼也大多卖到上海等地。渔民出海需要用冰来保鲜鱼货，鱼收购来后也要加工处理，为了最大的保障集体和渔民的利益，于是决定先把冷库办起来。考虑到成本问题，就打算打山洞办地下冷库。经过几次实地查看和商量，地址就选在了外雄鹅外面的小山，在小山上打了个山洞，安装好机器。冷库要制冰需要淡水，于是又在部队的坑道井下面打了口井，就这样前后花了两年时间把冷库办起来了。

渔工商设了三套班子。一套是代表公社负责管理工作。一套负责外面市场的信息收集工作，从三个队各抽了一个人出来，成立工作组长驻上海，每天及时地把上海的鱼价反馈给冰鲜船和冷库，可以按不低于上海的价格从渔民手里收购鱼货。否则价格低了，渔民就不肯卖了。渔工商一共买了三条冰鲜船，另一套班子是跟着冰鲜船下渔场，主要负责督促渔民不能私自把鱼卖到其他地方去。

同时，为了提高渔民生产的积极性，又制定了合理的利润分配办法：渔工商包括冷库、冰鲜船的经营利润按三七开的比例分配，三成归渔工商，七成返回给四个大队。这七成的收入按照每个大队的销售数字销售发票，依照比例来分配。大队再按照每条船的投售数字来分配。这等于把每个大队、每条船、每个渔民的利益和渔工商捆绑在一起，每个渔民都是渔工商的股东。这个方法出来后，渔民们都有点不相信，有些怀疑。经过一年的实行，渔民的收入有了很大的增加，大家都很高兴，生产积极性也大幅提高，把鱼卖到外地的现象也基本消失了。

这个办法不仅让渔民兄弟受益，集体的利益也得到了极大地保障。从1978—1981年，四个大队用四年的时间把全部的渔民倒挂的预支都还清，每个大队开始有了盈余和积累。

办乡镇企业

为了发展大洋的经济，增加老百姓的收入，让群众真正富起来，又办起了很多的乡镇企业。公社领导层都非常重视，还特别成立了专门的机构乡镇企业办公室来管理这些企业。

大洋有很多的宝贵资源，都可以用来发展地方经济。一是利用离上海近，和上海方面比较熟悉，关系也比较好，就为上海搞来料加工。上海提供原料，大洋出人，从上海请来有技术的老师傅来传授经验。上海地毯厂生意非常好，出口一条羊毛地毯，可以赚一辆轿车的利润，业务忙的都来不及生产。我们了解到这个情况后，就联系上海，把订单拿到大洋来加工。1977年蔡婉龙筹办洋山地毯厂，自己动手盖了厂房，办了食堂。创办初期只有7台机器，像织布机一样的机器。我去洋山后发展到100台机器，一台机器要三个人操作，100台机器就要300个人，再加上其他管理人员、辅助工，一共有400多人，在整个舟山来讲，也是蛮大的企业了。

大洋的空闲的妇女很多，要解决这些妇女的就业问题，又办了玩具厂，生产布娃娃。办了编织厂，生产钩花毯子桌布。还有手套厂、铁皮包装带厂、服装厂、修船厂、羽绒衣厂，甚至还有小化工厂。这些厂里面，要算温度计厂效益不错，原本一只温度计可以让好多人使用，后来讲究科学卫生，温度计实行一次性使用，这下消耗量大增，温度计厂的效益一下子好了起来，一直开到现在。

另一个是大洋当地的资源，大梅山上的石头很多，质量也非常好。当时的县委书记郑福员到洋山调研时就建议，可以开发利用这些石头来做文章。于是就找门路，办起了花岗石厂。生产的花岗石质量好、花纹美、耐酸耐碱性强，适用于高级建筑物的墙面装饰和化工企业做硫酸缸、硫酸槽，产品行销上海、北京、广州等大城市。花岗石厂办起来后，效益非常好，为大洋的经济发展带来了强劲的动力。同时，上海的南汇、川沙等地进行围塘填海，需要大量的石料，于是就把生产花岗石产生的石料运销到那些地方。另外，当时洋山地区造房子用的五孔板都需要到菜园来买，运输不方便，费用也高。为了解决群众的这一困难，就办起了水泥预制板厂。利用石矿产生的下脚料，矿砂、矿粉、石子等材料，生产五孔板，方便群众。

企业办起来后，大洋公社的经济收入有了很大的提高，就打算办一些和群众有密切关系的事业。当时大洋对外的交通很不方便，到菜园和上海芦潮港两三天才有一个航班，群众对改善交通的呼声很高。于是公社出钱买了一条机帆船，把航班增加到每天一个来回，在方便群众出行的同时，也为促进大洋经济发展提供了便利条件。

公社大办企业的同时，一些村队也瞅准机会办了一些企业。比如雄鹅队，投资 50 万元，利用空闲妇女劳动力，围了好几百亩海塘，打算来搞对虾养殖。后来由于各种原因亏了本，这些海塘就由县里的盐业公司用来搞晒盐。

洋东村迁移

大洋公社洋东队总共 500 多人，三对机帆船，一只大捕船。嵊泗的“小岛迁，大岛建”这个政策，是最早在洋东实行的。为什么会把洋东迁出来，是有很多原因的，主要是这样几个原因。

第一，交通问题。洋东是由四个小岛组成，薄刀嘴、沈家湾、中门堂、筲箕岛。碰到一些生病、生小孩的急事，靠一只小小的船来来回回做交通船，非常不便。

第二，教育问题。小孩的教育也不行，就只有一个老师，要教四五十个小孩，语文、数学、体育都靠这个老师来教，教育质量可想而知，老百姓的意见也很大。

第三，年轻人恋爱困难。大洋乡镇企业和地毯厂办起来后，一些年轻姑娘就去大洋工作上班了，结果年轻后生都找不到对象，大洋本地的姑娘也不愿嫁到洋东去。只好去外地找一些身体有点残疾的人嫁到洋东。

我到大洋公社当革委会主任、书记后，带了工作组下到洋东。洋东老百姓都有搬到大洋去的要求，一些老头老太太到我面前说：“顾书记，无论如何要做做好事，阿拉年纪大的又没有退休工资，总要靠这些年轻人养，可是年轻人对象找不到，都想到大洋去，侬看这咋办办。”

看到百姓要求这么强烈，我就决心把洋东搬迁当大事来办。首先要解决造房的土地问题，没有地基怎么办？前几年洋山计划围塘，本来打算搞盐场、养对虾。上面拨了 30 万元资金，但是碰到“文化大革命”，各方打来打去，没人管这个事，那笔钱也一直没用。那个围塘的地方正好用来做地基。我把这个情况向臧福彬县长做了汇报，不久，县里就同意了。

接下来就开洋东大队支部会，支部里有两种意见，支部书记不同意去大洋，其他人都同意去。这怎么办呢？于是就发扬民主，开全体村民大会。每人发张白纸条，愿意搬的写个“去”，不愿意搬的写上“不去”。老百姓很高兴，写的都是“去”。

支部书记不肯搬，说：“我宁愿留在洋东，不能捕鱼了我就养羊种地，饿不死。”我就找支部书记去谈话：“县里面都同意了，所有的群众也同意，这个事情就这么定下来了。”

按照搬迁的方案，落实了相关政策，一个户头分两间地基，加一个灶间。由大队集体出资统一平地基，房子由老百姓自己造。为减轻群众造房屋负担，我针对当时的高价（议价）和平价物资双轨制的现实，找建设局的倪品根要了些平价水泥和钢筋。支部专门派了一个人脱产负责这件事。老百姓自己把洋东的房子拆了，把还能用的瓦片、木头等建筑材料，用船装到外雄鹅，开始造房子。老百姓的积极性很高，结果两年不到，房子都造好了。

洋东队的搬迁从 1980 年 6 月开始，按分批搬迁的方法，直到 1984 年迁移完毕，总共迁出 125 户 543 人。

作者简介：

顾丁良，籍贯：上海嘉定。曾任大洋公社党委书记、主任，县监察局局长。

青春献给嵊泗畜牧事业

何玲菊　口述　周苗　整理

一

作者

1960年，我从杭州农学院毕业，分配到舟山地区农科所，还兼了农校的教师工作。不久后，农校和农科所都撤销了，所有人员由舟山农林局统一调配，就这样，把我分到了嵊泗。那时嵊泗刚从上海划回来，我是1962年9月11日到了嵊泗，1981年调回杭州，在嵊泗整整工作了二十年，可以说是把最好的青春时光留在了嵊泗。

刚到嵊泗时候，还没有成立农林局，只有一个农林办公室，工作内容包括农业、畜牧业、水利这三块。“上面是系统，下面是笼统”，办公室总共才几个人，但要承担很多的任务。

由于我在学校学的是畜牧兽医，就让我来抓畜牧业生产。当时嵊泗的畜牧生产还是个空白。原先有个叫胡载文的，学的也是兽医，但他会治病，搞生产不会，畜牧生产和畜牧兽医是两个专业，有很大的区别，我是两个专业都会，既能搞生产，也能搞兽医。我去的时候，嵊泗畜牧业还没搞起来，胡载文也没有用武之地，就把他借调到了农业队，然后又调到菜园镇当文书，以后一直搞行政工作了。

搞畜牧生产是县里面的一个工作重点，一直以来，嵊泗有吃肉难的问题，县里就下决心，一定要解决这个难题。当时嵊泗人吃的猪肉，都是一个月两趟从平湖地区运过来。用船装到小菜园码头，“扑隆通”往海里一扔，猪自己会游到海滩上来，然后再一只只抓回来。这个办法很好，如果用别的办法，效率太低，猪是活的，一只一只装卸太麻烦。猪到岸上后，再运到西侧角的屠宰场里。但嵊泗受气候影响太大，碰到大风天气，船开不了，猪就运不进来，老百姓就吃不到新鲜猪肉，只能买冰冻的和咸肉了。因此，县政府就下决心要把这个问题解决好。

县政府就号召百姓自己养猪，还要办畜牧场，但是办畜牧场一点基础也没有，困难很大。县里专门成立了一个班子，县长亲自挂帅，让农办主任倪品根具体负责，把我找去当参谋，每个公社让副书记来抓这项工作。还制订计划，县里要办个良种场，每个公社要办种猪场，每个生产队要办牧场，要解决嵊泗军民吃肉自给问题。

第一个工作是办畜牧场，地点选在基湖岗墩，位置很好，旁边还有个水库。随后又在马关办了四个畜牧场，分别在大关岙、小关岙、石柱、劳动村，都办了起来。另外在五龙的边礁岙、青沙的石子岙也都办了一个。不仅在泗礁本岛办，还向小岛发展，大洋山、枸杞、嵊山也办了，办这些牧场，我都参与了，和他们一起出谋划策。

办畜牧场养猪，首先要引进猪种，县里专门安排了一笔经费，是向省里争取的事业费。猪的品种好坏，关系到以后的出肉率。好的品种能长到四五百斤，甚至可以到六七百斤。品种差的，养来养去才一百多斤，引进优良品种就很重要。我们通过上海市畜牧站，引进了一个苏联的品种，叫“大一克拉”，能长到三四百斤。又去杭州的浙江省农业厅大关山牧场引进了“丹麦长白猪”，最大能长到五六百斤。引种只要引进公猪就行了，母猪可以用我们本地的，问题不大。从外地把猪种引进来，以后再把猪仔分送到各个公社、生产队的畜牧场里。

畜牧场办起来了，但问题也来了，猪要吃东西呀，这饲料问题怎么解决啊？我就想办法。我和省市对口单位比较熟悉，就打报告向上面申请，上面对嵊泗的情况也很重视，后来把嵊泗畜牧场的精饲料列入省农业厅畜牧局的计划。要解决饲料问题仅仅有精饲料还不够呀。就想了个办法，去找了粮食局长，和他商量，以后运进嵊泗的米，都改成谷，运到嵊泗以后我们自己碾米，这样剩下来的米糠就可以做饲料喂猪了。粮食局长一听有道理，以后就不运米了，都改成谷了。喂猪还需要青饲料，但是嵊泗土地少，不可能大量种植，就去上海、嘉兴平湖等地，引进了能在水面上繁殖生长的革命草、水葫芦、水湖莲三种水草，利用一些小水塘、小水库养殖，种这些水草几乎不用花成本，繁殖也很快，就解决了青饲料问题。但是这些水草有季节影响，到了冬天就不生长了，还得想个办法解决冬天时候猪的饲料问题。我看到嵊泗老百姓都有种番薯的习惯，初冬时候收过番薯后，就把番薯藤丢在地里，我就灵机一动，这些番薯藤刚好可以做猪饲料呀。于是在菜园和基湖办了两个小型的加工场，把各种番薯的下脚料、番薯藤、番薯叶都收集起来，运到加工场里粉碎，储备起来给猪冬天吃。

还有和外地开展合作，我们卖鱼粉给他们，他们卖饲料给我们，这样猪饲料更有保障了，用这样的四种方法，总算解决了猪的吃的问题。

省里还给了一笔开展畜牧业的事业费，金额是八万元，用来盖养猪场的房子。以后，省里每年都会拨一笔经费给我们，一个是补助给畜牧场，一个是给每个公社的兽医做经费。省里和县里都支持这个畜牧事业，畜牧场也办得不错，这条路算是走通了。

二

还要解决的一个问题是给猪治病的问题，猪要生病呀。搞畜牧事业最要紧是要解决技术力量缺乏的问题，这对发展嵊泗畜牧事业至关重要。以前没有兽医，要给猪治病太麻烦，有一次，青沙有户人家一头猪生病，就用两个人抬着，到农林办来找我。那时农林办在县政府大院里，里面正好开大会，外面猪就哇哇地叫，害的大会都开不成了。老百姓当中还有个笑话，说人生病了找陈保罗，猪生病了找何玲菊。叫他们不要抬来，都不听，还是经常抬过来。

接下来要筹办一支畜牧技术队伍，要通过他们去宣传、去治疗。我培养了16个技术人员，其中只有两个是男的，其余14个是女的。嵊泗的情况有些特殊，整个浙江女同志做兽医给猪看病的很少，但我们却有14个这么多，因为嵊泗男的都下海捕鱼，只好由女同志来做兽医。这些人都是各个公社(乡镇)选派出来，然后我再给她们培训，又送到上海奉贤的畜牧兽医站去学习进修，和奉贤的兽医站商量好，我们提供黄龙产的鱼粉，你要帮我们培养兽医。女同志学兽医毕竟有些困难，但是没有办法，只好硬着头皮学，一个月不行，就两个月，两个月不行，就三个月。大家都憋着一股劲，学习很努力，结果一个多月基本都学会了。

后来县政府拨了些经费，在基湖岗墩搭了三间房子，建了个兽医站，以后猪要治病，都让送到那里去。本来五龙有只猪，一到发情期就叫的不得了，给它吃避孕药也没用，有兽医站了就都可以解决了，养猪、看病、结猪都没问题，基本都稳定下来了。

三

驻嵊泗部队办有酱油厂，生产剩下来的粉丝、豆粕都是非常好的猪饲料。我就找到部队的后勤部门，提出我们和部队搞合作，我们出技术，他们出地方，在基湖四队那个地方搞了个畜牧场，专门养种猪。通过这个畜牧场向整个嵊泗的部队输送猪种去繁殖。本来下面的连队要养猪，就必须去抲小猪，上船落岛的抬来抬去非常麻烦，有了这个畜牧场就方便多了。连队里要养猪了，只要给他一瓶精子，一根皮管，拿回去给母猪输进去就行了，非常简单。

部队的良种场办起来了，地方上的良种场也要办呀，县政府和商业部门筹集资金，抽调人员，专门在南长涂搞了个地方的良种场。刚好碰到知识青年下乡，要人有人，要钱有钱，就把良种场办起来了。供应本地养猪就方便了。后来又发展了养种鸡，嵊泗本地鸡的品质不好，从外地引进了一些好的品种，有上海浦东的三黄鸡，还有杭州的产蛋鸡，引回来后都放到南长涂的良种场里养。那时负责同志是商业局的俞富林，场里一有事情，他就马上打电话给我，我也及时地赶过去。

还从山西引进了奶山羊。我们嵊泗的婴儿没有牛奶喝，县政府提出来要给婴儿喝鲜牛奶，找我去商量。我认为在嵊泗养奶牛没这个条件，要么养几只奶山羊试试，给婴儿喝羊奶。但是羊买回来后让谁养呢？这可需要很高的技术。刚好嵊泗中学几个老师要搞研究，正在找课题项目，我就联系了他们，把羊交给他们养。这几个老师也很高兴，在校园里搭了个棚，每天按时挤奶。这山羊挺聪明，一天没挤奶它就会“咩咩”的叫唤。挤好的奶放到钢精锅里煮煮消毒，然后供应给菜园镇里的一些婴儿。后来因为产量不高，经济效益不是很好，就没继续下去，把羊都送给个人，让他们自己去养。但这个课题研究是成功的，说明嵊泗可以养奶山羊，也具备这个技术力量。

除了养奶山羊，还搞过荒岛养羊。我去滩浒岛时，看到对面有个小岛，叫长白，草木长的非常茂盛，我就想试试荒岛养羊。让滩浒的妇女干部林阿英买了些小羊，放到那个岛上去养。不久后，有个地质勘测队到那个岛上搞勘测，回来后说，岛上到处都是山羊了。后来有些渔民知道长白岛上有羊，就去偷偷地抓，渔民也真聪明，嫌褪羊毛麻烦，就用绳子绑着拖在船屁股后面，两个钟头过后，山羊身上的毛全没了。偷的人一多，管又管不好，这山羊就繁殖不起来了。其实这个荒岛养羊真的很好，就是买几只小羊的成本，也几乎不用管理。我把这个方法向部队推广，建议他们也可以试试，成本不高，又很简单，羊养大了还能改善部队伙食，后来驻马关部队在白节山也搞了荒岛养羊，据说现在那里还有很多羊。黄龙旁边的小岛很多，我去黄龙时就把老百姓召集起来开会，建议他们也可以发展荒岛养羊。后来总结出两条经验，一是小羊刚出生时容易被老鹰叼走，就必须在荒岛上要搭个棚子，可以保护小羊不被叼了。二是在秋季天旱的时候，要在岛上放上桶，装上淡水给羊喝。只要解决这两个问题，养羊很简单，几乎不用管理。

“文化大革命”后期还推广过养水貂，由舟山地区供销社牵头搞这个项目，从英国引进的种苗。在黄龙的一个山岙里造了水貂养殖场，为什么会选在黄龙，原因是这里渔业以近洋张网为主，捕上来的小鱼小虾非常多，可以作为水貂的饲料。水貂性情凶猛，牙齿很锋利，需要关在铁笼子来养。有一次我去帮助解决问题，手不小心放在笼子旁，突然一只水貂从笼子里伸出头来，一口就咬在我手上，一下子就咬去一块肉，血流了很多。

水貂的毛色很漂亮，有棕色的、有宝蓝的、有红色的、有浅黄的，在市场上很畅销。开始两年，养殖场效益很好，赚了不少钱，只是后来没人去抓这个事情，水貂场就没办下去。

四

我们海岛气候条件好，再加上预防工作做得到位，基本没有发生过大的疫情。当时发生过一个病，是从外地传进来的，叫水泡病，传染很厉害。这个病是部队从外面进冰冻猪肉时带进来的，主要是在部队牧场里传播，在地方牧场情况还好。部队的牧场是花了大力气建起来的，可不能出事啊，只好采用见猪就杀的方法。这么多猪杀了以后，部队也不敢吃，扔了又可惜，怎么办呢？我了解这种病，只要把猪肉煮熟了就没事，可以吃的。于是让部队准备了大铁锅，把猪肉割成一块块煮熟，再用盐腌起来放到七石缸里，以后食堂里可以烧菜吃，这样就不会浪费了。这个病发生在泗礁本岛，没有扩散到外岛。我每个星期都去各个牧场，和他们一起消毒、打药水，忙了一段时间，总算把这个病情控制住了。

冬天的时候，鸡容易得鸡瘟，往往一个晚上，鸡全部死掉了。好不容易养大的鸡，死了太可惜，老百姓都很着急。我想要把这个事情办好，就跑到浙江省农业厅下属的兽药厂，买来治鸡瘟的药，一天两次给鸡打，情况就慢慢好起来了。那时一些机关单位都养着鸡，什么商业局、粮食局、县直机关，都是我去一只一只地打药水。

五

每年的春秋两季是猪容易生病的季节，我就要经常下小岛去督促他们打预防针，和他们一起去打。有一次去大洋山，那次经历真的太惊险，能把人吓死。那天，我完成大洋的工作后，要去小洋山。但我对地形不熟悉，下午五时左右，大洋山的妇女干部毛爱菊把我送到军用码头。正好有只机帆船要去小洋山，我就坐在那边等着。可等了很长时间还没开船，怎么回事呢？原来船上的渔民刚刚请过太平菩萨，正一起喝老酒呢。等他们老酒吃饱，都已经七点多了，冬天 11 月，天已经墨擦黑了。船才开到一半，起大风了，浪翻天一样，船就在那里颠，人坐也坐不住。我吓得“骨骨抖”，心想，这下要“报销”了。旁边一个大姐，看我这个样子，就抱住我安慰说，不要哭不要哭，没事的。这样过了大概十多分钟，浪小了，总算把心放下来了。船到了小洋山后，那大姐把我送到公社里，于腾云看到了忙问，小何，你脸色怎么这样难看。我说，我差一点就见不到你了。于腾云连忙让人给我准备了吃的，又找个地方让我休息。第二天一早起来，就继续去打预防针。等工作都做完了，再从上海坐船回到泗礁。小洋山没有直接到泗礁的船，只好到上海坐部队的船回来，这桩事情对我的印象最深了，想想都后怕。

有一次我到滩浒去打预防针，去的时候，船刚刚靠上码头，一个浪过来，把我衣服裤子全打湿了，一只鞋子也掉海里了。上岛后，我只好去找林阿英要衣服穿。后来因为大风，在滩浒关了七天，就住在林阿英家里。那里又没有蔬菜，就天天吃咸菜烧鲳鱼，整整吃了一个星期，吃得我以后看见鲳鱼再也不想吃了。

那时和部队的关系也十分融洽，嵊泗驻军所有的连队我都去过，他们畜牧场里有事情，我肯定去的。有一次，基湖部队半夜里来了三个人找我，说他们有一头牛生病了。我那时怀着老二，肚子很大了，但情况紧急，没其他办法，只好跟着去了。去了一看，原来那头牛吃了太多的草籽，胀肚子了。于是给它喂了些菜油，又放了些气，牛就没事了。可回来的时候出事了，那天刚好下雨，基湖岗墩上的泥路被雨一淋，全变成烂泥路了，滑的很。我穿着胶鞋，一不小心摔倒了，“哗啦”一声就从坡上滚了下去。送我回来的两个解放军可吓坏了，这下完了，小孩肯定保不牢了。我爬起来，手上脸上都擦破了，身上都是乌青，但万幸的是小孩没事，本来再过一个多星期就到预产期了，总算运气还好。

菜园五队有条水牛，养得很健壮，有一次生小牛时出情况了，子宫外翻，队里派人来找我，我也没见过这种病，再加上我正怀着老三，八个月了，行动也不方便，水牛那么高，我这样一个孕妇，够都够不着，怎么办呢？刚好长弄堂部队有个姓庞的军医路过，我连忙叫，老庞老庞，来帮帮忙。庞军医还带了个战士，我就教他们怎么操作。把牛赶到盐务局仓库里，那里有个斜坡，把牛牵到坡下，找几个人把牛抓住，我和庞军医在斜坡上面，一起把牛子宫塞回去，外面再缝上针。过二十四个小时再拆线，这样总算把这头牛保住了。如果不是解放军帮忙，这头牛估计就损失了，那时候牛像宝贝一样。农业队很感激，还给我写了封感谢信。

还有一次，马关汽车连的一头牛，也是吃了太多，胀肚子了。连里就派了辆三轮摩托车来接我。开到石柱三岔路口时，转弯太快，摩托车翻了，人一下子就飞了出去，滚到了路边，手脚都摔伤了。幸亏有路基挡着，否则掉下去就危险了。

最危险的一次是去北朝阳，给部队牧场打预防针，一起去的还有食品公司的徐才德。那时也没有路，只有很小的羊肠小道，抓着草、攀着藤，爬一段走一段。我一个不小心，一脚踩空了，人就向山下滚去，滚了两圈，就本能的抓住了一把刺藤，也顾不上疼了，抓牢了就不肯放了。如果不是那把刺藤，人要是真的摔到石壁下面，肯定没有性命了。徐才德也吓坏了，连忙把我拉上去，我胳膊、膝盖都摔破了，手掌上都是刺。到了连队，他们找来卫生员，帮我检查、包扎，然后我继续给牧场的鸡鸭打预防针。这件事算是最危险了，现在想想，我真的命大。那时嵊泗的条件差，上山下岛不方便，如果是个男的还好，但既然我来做这个工作，那再苦再危险，也只能我来挑这个担子。

六

我经常要出差下小岛，三个孩子还小，不会照顾自己，就让他们外婆从老家过来，帮着带他们三兄弟。后来，1978 年的时候，他们外婆去世了，就托付给隔壁的邻居们，黄育才啊，农林局的李水琴。我们住的房子一排是十户人家，有时候我出差下小岛，都是左右邻居来照顾小孩的。有一次半夜，老二喉咙发炎，哭了很长时间，结果整排房子的人都起床来问，怎么了？怎么了？夏天的时候，小孩都想去游泳，但我又不会游泳，那怎么办？结果，单位里的一些男同事就一个个结对子带去了，有的还开玩笑，跟我去游泳，出了事可不负责哦。现在养一个小孩都感觉费力，我那时养三个，虽说辛苦，但有了邻居和同事们的帮助，感觉还不是很困难。

有几次不放心，就带着最小的老三去出差。一次去大洋山，坐县里的指导船去，让老三在铺上睡觉。过一会，刘阿华来叫我，玲菊、玲菊，你儿子把衣服都脱了。我连忙去看，原来小孩太小晕船了，身体发热冒汗，就自己把衣服一件一件都脱了。

有时去杭州办事、进疫苗，也是带着老三去的。经常是身上背一个装疫苗的大冷藏瓶，前面抱一个小孩，手上再拎一大包行李。我先生在上海工作，有时就到火车站接我。但工作人员不让他进站台，他就指着我，对他们说，她这样一个女人，你说能不能接。工作人员一看，也没话讲，就放行了。每年都要到杭州去进两次疫苗，把三个小孩都放在家里也不放心，就只好用这个办法了。

我在嵊泗二十年，把最好的青春时光都献给了嵊泗，现在回想起来，感觉还是很值得的。嵊泗是风水宝地，养育了我们一家。我的三个儿子都是在嵊泗出生成长的，一个是小学三年级回到杭州，一个是初中二年级，一个是读高中，在嵊泗参加高考，才到的杭州。嵊泗人的热情、善良给我们一家留下了深刻的记忆，对待我们就像朋友和亲人，我们也把嵊泗当成自己的家乡，把自己当成嵊泗人，真心希望嵊泗能越变越好，发展越来越快。

作者简介：

何玲菊，籍贯：浙江桐庐。曾任嵊泗县农林水利局畜牧兽医员。

忆南长涂种畜场知青点

袁文光

作者

1970年代中期，嵊泗县商业局在菜园镇高场湾南长涂沙滩旁边办起了一个种畜场。种畜场养起了母猪、公猪，培育了一大批猪仔、土鸡苗种，既解决了当时海岛群众饲养家禽、家畜所急需的一批苗种，丰富了县内肉食品的市场供应，又为县内一批知识青年上山下乡搭建了一个劳动锻炼、成长成才的平台。我作为一名带队干部，也在这块广阔的天地里受到教育和锻炼，使我终生难忘。

1974年，市场上供应的商品匮乏紧张，粮、棉、油、肉、糖等大多数食品和副食品都要凭票供应。当时曾听到这样一个故事，住在县内一块悬水小岛上的一位渔家大嫂，为了儿子结婚，想养一头肥猪办喜事，就相约了另一位渔嫂到宁波采购猪苗。当她俩兴冲冲地采购好两只猪苗、几十只家禽苗种，乘一条渔船返家半途时，渔船遇到了一股急流，船体左倾右斜，受到惊吓的猪仔被一个浪头打入海里，使她俩心痛不已，欲哭无泪……。

时任嵊泗县商业局的副局长俞富林是一名敢于担当、为民解愁的好干部。他代表县商业局党委向县里打报告，要求建办一个为促进和发展海岛饲养业，丰富县城市场供应的种畜场。县领导经认真研究，批复同意，并要求该场作为县知青办下属的一个知青劳动锻炼点。

俞富林说干就干，带领几个工作人员经过几天的踏勘和论证，选中了一块坐北朝南的高场湾南长涂占地约200多亩的荒山坡作为场地，聘用了县商业局土木工程师陶包甫为技术指导，边设计、边进料、边施工。三个月时间，就建起了10幢约300平方米的水泥平房。作为场里的宿舍、食堂、办公室、会议室等用房。

以后又搭建起饲养间，饲料间、工具间等棚房 200 多平方米及猪棚间、苗鸡孵化房等 30 多间。

该年 4 月，县里安排了首批 100 余名历届初、高中毕业生到场里报到参加劳动锻炼，他们中有当时的嵊泗守备区司令女儿宋佩芳、枸杞团团长儿子张东海，县人武部部长叶德法女儿等一批部队干部子弟和地方干部子弟。后来下来劳动锻炼的有县长王永根女儿王琼、沈善法儿子沈承宏、沈银根儿子沈军等一批批县机关企事业单位干部职工子弟近 300 多名知识青年。

种畜场把这批风华正茂，朝气蓬勃，有理想，有抱负，有文化，有知识的青年人，按其特长和爱好，分成了养猪班、生产班、财会室、食堂，配备了炊事员、采购员、卫生员、后勤管理人员等，还与南长涂山岗上某高炮连结为共建单位，进行半军事化管理，边生产边军训，边劳动边学习。

为了使知青们尽快熟悉和掌握劳动生产技能和饲养技术，俞富林聘请了县农林局何玲菊为技术顾问，常请何玲菊来场指导。当时任高场湾村的党支部书记兼村长的王林利为种畜场场长，王青春等 5 位农妇为技术辅导员。

当年场里就饲养了 50 头母猪，5 头公猪。大半年就生产出猪仔 400 多只，除场里自己养了 100 多头肉猪外，其余都供应给菜园镇周围乡镇及各悬水小岛上住着的一批急需猪仔的饲养户。到第二年下半年，已向县食品公司提供肉猪 100 多头、肉鸡 6000 多羽、猪仔 600 多只、鸡苗 4000 多羽。

南长涂土地贫瘠，杂草丛生，但水源充沛，光照良好。知青们开荒垦田，割荆除草。经过几个月的精耕细作，种植了各种时令蔬菜，如青菜、大白菜、萝卜、大蒜、番茄及番薯等。除部分自己食用外，其余当作青饲料喂猪喂鸡。而猪、鸡棚里的粪便又运到田里当肥料，循环利用，科学栽培，使土地越种越给力、越耕越松软，种出来的作物称得上是绿色果蔬、上乘佳品。当年该场种出了一批优质榨菜。个体匀称，颗粒饱满。经县蔬菜公司加工成 1000 多坛上佳成品，投放市场后，消费者吃了都称赞："榨菜色泽光亮味道鲜美，

南长涂知青点旧址

好吃足勒。”

那些年，知青们还在场里种了几亩西瓜。西瓜地用猪鸡粪垫底，加上精心管理，田上藤叶葳蕤，长势喜人。到收获时，摘来一只，一刀劈下，“嘭”的一声，吃在嘴里，喜在心头，难以忘怀。

种畜场里最辛苦的要算饲养班。这些小青年刚放下书包，走出校门，在家里衣食来自于父母，到场里劳动锻炼一个时期后，像换了一个人似的，食欲增加，身体强壮，精力充沛，干起活来不怕苦、不怕累、不怕脏。捋起衣袖，卷起裤腿，割饲料，拌麦粉，喂猪，哺育猪崽、小鸡苗。清除猪鸡粪，打扫猪鸡舍。尤其是一批女知青、巾帼不让须眉，不爱红妆爱猪崽，在母猪临产时守夜值班，为母猪摩腹催生，精心呵护。

在南长涂种畜场，最令人敬佩的人是老场长王林利。当时，老王已经50多岁。他以一个老共产党员的胸怀和情操，服从组织安排，来到这条件简陋的地方当场长，在场里忘我工作了六个年头。(1979年该场停办，知青全部回城安排工作。他和其他五位农民阿姨又回到原地)。在这六年中，他没有星期天、节假日，坚守在场里同广大知青生活在一起、劳动在一起，开荒种田，喂猪拌料，传授劳动知识。他为人热情诚恳，心地善良，白天与知青们劳动谈心，晚上还拿着手电筒到各宿所巡逻走访，看到了劳动一天的知青已在床上休息或睡觉，自己才放心地回到住处休息。每年的春节，他总是同几个工作人员在场里值班，喂猪喂鸡，看护田里种的作物，让知青们回城与家里父母团聚，欢度佳节。他经常对我们说，这些小青年干的体力活，又在长身体，要让他们吃得好、休息好，让他们家长放心。

1978年，县商业局党委同意在南长涂种畜场成立党支部，派陈显达同志任支部书记，王林利同志任副书记。对要求进步的入党积极分子进行认真培养和考察，把已条件成熟的优秀青年及时吸收到党内。1979年国家恢复高考，从该年开始，每年都有部分优秀青年考入大学殿堂，有部分有志青年应征入伍，成为一名光荣的中国人民解放军战士，也有部分青年被县属有关单位录用为职工。1979年年底，根据上级文件精神和当时实际，县里不再派知青到场里来。在场里的60多名知青都被县劳动部门安排到全县各机关企事业单位工作。几年后，他们中的大多数都成为各单位的骨干和中坚力量。

作者简介：

袁文光，中共嵊泗县委宣传部退休干部。

第五编

岁月留痕

动乱年代的坎坷经历

李植安

作者

1963 年，我由部队转业到嵊泗县商业局，被分配做人事工作。当时，我是一个 23 岁的小青年。“文化大革命”后期，我从一个普通的工作人员，逐步被提拔为县委办公室主任，县委组织部部长。1983 年，全国机构改革，又从县委组织部部长岗位上被提拔到舟山地委任副书记兼组织部部长。没过几年，连升好几级。那时，我才四十出头，有不少同志纳闷：这是怎么回事呢？其实，我自己也不知道组织上会这样重用我。这个问题，连想都没有想过。现在，我老了，已是古稀之人了，我想把这其中的缘由，我的经历写出来，不是为了标榜自己，而是我对真实历史的回顾，也是为了让下一代了解历史，记住历史，不让“动乱”再现。

在嵊泗二十多年岁月，正是我的青春年华。嵊泗是我的第二故乡。在这中间经历了十年史无前例的“文化大革命”。这个十年，是我人生最难忘，最磨砺意志，最考验我的党性的十年。讲我的经历，这是关键的十年。事后想想，真不是一件易事。

1966 年，“文化大革命”开始，因为我做人事工作，岗位决定了造反派把我当作年轻的“走资派”或所谓“资产阶级反动路线”的执行者，用造反派的话讲，要将我打倒在地，再踏上一只脚，永世不得翻身。当时，全国上下一片混乱。打倒一切，可谓砸烂旧世界。各级组织、领导一律靠边站。我有想不通的地方，没有哪位领导可以给你指点，因为他们中有的支持造反派，成了响当当的革命领导干部，多数领导自身难保。我只能独立思考，自己的行为自己负责。

全国各大城市先后混乱。很快红卫兵大串联，小小嵊泗岛，没过多久，所谓战斗队像雨后春笋。各种观点的造反派林立，大鸣、大放、大字报。当时，一个人也能宣布成立战斗队，写出大字报，都是自封的。这派那派，当时还有中间的逍遥派。最遭罪的自然是所谓"走资派"了。我被批斗，戴高帽，罚站，挂黑牌，跪板凳。更痛苦的是"坐喷气式"，也就是由两名造反派战士将我的手从背后反转，一直往上抬，抬到我痛不欲生的地步。

造反派批斗我，叫我写检讨、认罪书。我无非就是"很不理解，很不认真，很不得力"。这么个检讨法，自然是过不了关的。造反派要打倒我，除了要我承认"执行了资产阶级反动路线"外，还要我"触及灵魂"，所谓"触及灵魂"，实际上就是要我出卖组织，出卖同志，出卖原则。这才是对我的真正考验。"文化大革命"中期，战斗队中的一些人员，因为涉及其复杂的政治经历或背景，从私心出发，逼迫我交出"人事档案"。回想当时的情景，就像电影里国民党的政特组织，刑讯党的地下工作人员一样，其凶神恶煞般的眼神，其训斥囚犯般的语气，用双拳敲桌子，把玻璃台板都震裂了。对我真是咬牙切齿、欲置之死地而后快。此景此情，真是刻骨铭心，终生难忘。他们这样做恶，倒促使我更坚定了保护档案材料的决心。我苦笑着跟他们说："我年轻无后顾之忧，你们把我打死也就行了，我不能也不会违反组织原则。"

"文化大革命"中记不清造反派对我开了多少次批斗会，看批不倒我，说我顽固不化，就让我受皮肉之苦。先叫我到煤球厂做煤球。当时做煤球，基本上是手工操作，工作一天下来，眼睛是白的，从上到下变成了黑人。他们这样做不过瘾，又叫我到小菜园油库倒翻油桶。当时渔民买柴油，也是手工操作。要将公司的一桶桶柴油翻灌到渔民的空油桶中。如果没有相当力气，出一身汗，休想将满满一桶柴油翻转过来。后来，又叫我到食品公司下属屠宰场去杀猪，早晨四时起床，开始工作，要保证当天早市的鲜肉供应。手工杀猪也很有意思，二个人配合，杀手要抓住猪耳朵，帮手要揪住猪尾巴，抓住猪后腿下肚，二人用力将上百斤活猪使劲摔到杀猪凳上，全力按住它不能让其动弹，一刀下去，对准猪心，见血直喷才算完成。如不见血，就是杀了猪，它还能满地逃窜。这样猪肉质量就不好了，就是"奔血"了。杀猪还是个技术活。当时我年轻，这些苦活、累活根本击不倒我，反而让我放下烦恼、乐在其中。油库、屠宰场的职工，他们不管我是不是走资派，一直给我以同情与温暖，至今让我难忘。

对我批斗也是“常态”了，最让我不可接受的是，因我是人事干部，有一些青年，是我从渔村招来，给他们搞培训、把他们送上工作岗位。我们之间无怨无仇。想不到“文化大革命”中，他们看这混乱形势，也要打倒我，不但不感恩同情，反而落井下石，站到斗争我的第一线，在批斗我的大会上，打倒我的口号声比别人都响，这从心理上深深刺痛了我。当然有正义感的同志还是不少的，患难见真情。他们有的暗中给我安慰，或给我通消息，让我在黑暗与苦恼中见着一丝亮光，我终身不忘。

除了学生停课闹革命外，有的工厂企业也停工，机关事业单位早已瘫痪，甚至出现“打、砸、抢”不得安宁。解放军奉命“支左”，就是支持“左派”，同时维持社会治安。嵊泗地处海防要塞，有陆军，也有海军。因为观点不同，今日陆军支持这一派，没过多少时间，海军又支持另一派。原先“支左”的解放军撤走了，形势逆转。一般群众站队站错了，站过来就是了。但作为批斗对象的我就更苦了。正如当时流传的“转不完的屁股站不完的队，写不完的检讨认不完的罪”，这样又得重新低头认罪。因为两派都要批斗我。

十年“文化大革命”，以粉碎江青反革命集团而告终。我在“文化大革命”逆境中始终坚持“相信群众相信党”，挺过来了。孔子说“六十而耳顺，七十而从心所欲，不逾矩。”我到七十有余，才慢慢悟出我在“文化大革命”后所以得到组织上提拔重用的缘由，我想除了工作需要外，不是我有什么才能。我分析是组织上在观察干部中，发现我经受住了十年“文化大革命”逆境的考验。

作者简介：

李植安，籍贯：浙江宁波。曾任中共嵊泗县委办秘书、主任，县委组织部部长，县委副书记，中共舟山地委副书记、组织部部长，宁波市检察院检察长，市人大常委会副主任。

涛声永不息　心潮逐浪高
——追忆我在洋山岛的“学渔”生活

顾天高

作者

楔子

2016年元旦前夕，整旧迎新，为适应耄耋之年的诸多不便，决定改善一下居住条件，搬进电梯房，搬家最麻烦的是处理旧书报。明明知道来日不再方长，精选几本经典之作闲时阅读即可，却还是什么书都舍不得扔。连早期的手稿也觉得弃之可惜。

那一天，夫人从旧书中发现了一个油印的小剧本，纸张泛黄，她问我：扔不扔？我接过来一看，两眼圆睁，喜出望外：怎么被你发现的，太珍贵了，这是历史档案，无价之宝呀！夫人笑了笑：什么历史档案，不就是你去嵊泗列岛体验生活时写的那个破剧本吗？演出过吗？又没有打响，有什么保留价值呢？……我没有回答，默默翻开那已经不易辨认字迹的油印本，青年时代的生活重新被唤醒，连剧本中写的人物也开始在脑海中活跃起来，那海水的咸味，渔港的喧闹、不息的海涛、出海捕鱼的记忆……一点一滴，像永不走样的录像，拉着我回到那个充满活力的年代……

告别西子湖，落户洋山港

那是1963年的夏天，我在浙江话剧团当编剧，当时，搞文艺创作提倡深入生活，道理很简单，不熟悉热火朝天的建设者们怎能写出好剧本来？于是，我选择了大海，因为在我年轻的脑袋里大海最有诗意，最浪漫、最有想象空间，也最有浙江特色。很快，我的愿望得到剧团领导的支持，还专门派了一位机要秘书把我护送到远离杭州千里之遥的东海之滨，称之为“带职下放”

离杭之前，我邀了几位好友话别，断桥上摄影留念，西湖畔饮茶叙旧，似乎要“西出阳关”的架势。当时只知道要下放到嵊泗县的某个渔区去当渔民，却不知道嵊泗到底是在何处，查了查地图大家才弄明白，那是舟山群岛的北大门，祖国东海的最前哨。因为长期生活在西湖，太宁静太舒适了，一提起大海就有惊涛骇浪，风云突变的诡谲感。然而，终究当时很年轻，喜欢冒险，对于将要迎接我的学渔生活充满着神秘的期待！别了西湖，别了杭州，相信再见面时，我将是个黝黑而健壮的海岛人。

坐了半天火车才到宁波，等我们赶到码头轮渡已经开走，第二天，送我的秘书老周决定乘最早的渡船，因为到了舟山的定海还要转乘去嵊泗的船。海上交通如此不便虽然事先有一定的思想准备，但全部日程都要“听天由命”实在无奈。中午在舟山地区文化科报了到，文化科科长张素芬是驻军家属，为人热情，说，一切都已安排妥帖，让我跟随洋山文化站的叶正康同志立即赶航班去嵊泗洋山岛，那里才是我真正落户的地方。我的天！还要坐二次海船？叶看我的表情就笑了：这就是大海的“下马威”，海岛生活的第一个考验就是不能怕晕船！以前有个演员下生活，一到船上就吐，黄胆水都吐出来了，最后死活要跳海，把我们急得没辙只好把他绑在桅杆上了。我听了后哈哈大笑，不以为然地拍拍胸膛：放心，我喜欢大海，决不会晕船！他对我笑了笑：好，看你的。从舟山到嵊泗的船上，我们一直在聊天，虽有风浪我泰然自若表现确实不错，但谁能想到，嵊泗到洋山换乘了小型机帆船，几个横浪打过来，整条船都摇晃起来，颠簸得毫无规则，我吐了好几次，最后真的吐出黄胆水来了，只好躺在船舱里一动不动挨到了洋山码头。洋山岛迎来了一个狼狈不堪的不速之客。也是我下放生活的第一个见面礼！

他带着我熟悉“岛情”

叶正康是复员军人，和我同龄都属牛。我们俩一见如故，途中聊天就非常投缘，他最多的一句口头语就是：到了洋山你就听我的！于是，我一上岛就住在

作者在洋山同渔民出海生产(后排右 2 为作者)

他家,吃在他家,成了他家的一个新成员。洋山岛并不大,我跟着他到处转,不多久,许多人都认识了。他的熟人多,接触面又广,公社干部、渔民老大、商店营业员、学校的老师、部队首长、码头小贩、家庭妇女……各式人等,都是他的朋友,不仅交谈亲切,平易近人,连工作也像拉家常,好像都是自家人,所以,我称他是洋山通。

正康的两条腿很利索,带我把整个大洋山走了一圈,就把我累得趴下了,他却只是小菜一碟,晚上继续跑渔业队采访,说是要写个新闻报道。

晚饭后在油灯下,我重新看了一下地图,原来,洋山离上海已经很近,我从杭州出发,绕了一个大圈子,路途花了好几天,实际上,两点之间最短的距离还不到500公里,连“千里迢迢”都称不上,当年怎会想到半个世纪后的今天,小洋山竟变成了一个大海港,杭州的汽车可以通过跨海的东海大桥,直接开到家门口。这几年,我们国家经济实力的巨变,仅从这大桥,这大港,还有填海、铺路、海上旅游业的快速发展,(包括岛上“民宿”如雨后春笋般崛起),都是当年无法想象的变化啊!

我就这样落户到了大洋山渔业大队,担任第三大队的俱乐部副主任和团支部副书记。成了真正的洋山“渔民”,一群青年渔民成了我形影不离的好朋友,海滩上晾晒鱼干,整理渔具的妇女们把我当作她们的后备劳动力,连渔民家的小孩子也是我的新伙伴,他们整天跟在屁股后面要我讲故事,还给我起了个外号叫“故事滩”。

醉人的海滩

潮涨潮落，波涛滚滚，长长的海滩被冲刷成一湾美丽的土黄色长地毯，赤脚踩上去松软平滑，只是少了一些弹性。我和孩子们最喜欢在那里拾贝壳，抓小蟹。然而，大千世界纷繁多彩，海滩也不是千篇一律的优美，我们大队前面的海滩颜色就是灰黑的。看上去并不诱人，但它是渔家理想的避风港，渔船可以直接停到家门口。这里的滩涂特别肥沃、物产丰富，除了鱼、虾、螺、蟹还有许多会弹跳的鱼和形状各异的贝类、寄居蟹等，我很喜欢傍晚时面对夕阳游泳，把船头当作跳台，向着大海纵身一跳，那种自由翱翔的感觉是城市里游泳池中永远找不到的。渔家的孩子们很喜欢看我跳水，他们虽然长年生活在海边，却只会捏着鼻子蒙头往下跳，对我的“标准式”崇拜不已。纷纷要求跟我学，我提出，要有来有往互拜为师，让他们教我摸海蜇的本领，他们都笑了：摸海蜇还要什么本领？实际上摸海蜇真是大有学问的，因为海蜇会散发出一种液体，一不小心弄得人全身发痒，非常难受。它是海里的一种软体动物，有头有尾，有鳃有脚，会蠕动，能呼吸，捕捉时一定要有合适的工具和技巧。特别是海蜇旺发的季节，涨海蜇与加工海蜇都必须由最强的劳动力来完成，大量的食盐将硕大的新鲜海蜇压缩成餐桌上的佳肴，要经过“三矾”的复杂过程，这是我万万想不到的。回想当年大海的资源丰富，劳动力也便宜，吃海蜇就像吃野菜一样不值钱，太可惜了，现在再到洋山时，再也见不到海蜇丰收的壮观场面了。

作者顾天高当年落户居住地在洋山文化站

我在队里只能算个半劳力，经常跟着妇女们在滩前晒渔网、收紫菜和鱼鲞，偶然也去敲海蛎，挖海瓜子。这些活儿不但不轻松，若是遇到大风突袭，巨浪猛击，危险性也是很大的，据说，老年妇女因此被大浪卷走的悲剧也有发生。

我就在这样的海岛上生活了三年，从新鲜、有趣到渐渐适应，但我似乎天天在期待着奇迹的发生，盼望创作灵感的降临。

海岛的台风季节是最冷清的，连交通船都停开，有时候书报杂志要十天半月才来一次，那个年代没有电视，广播也常中断，整个小岛寂寞得令人窒息，就像和世界隔绝的孤岛。

记得那是一个漆黑的夜晚，因为台风断电，全岛都在沉默中忍受煎熬，镇上的店门紧闭着，码头一片寂静，任凭大风肆虐，偶然，发现有几个手电筒的亮光在行进，我吃惊地问：这个时候还有小偷？正康摇摇头：不，岛上少有小偷，那是大队干部在巡夜。是担心仓库被台风掀盖子。他话音刚落，果然有人大声叫喊着跑来：不好了，海上翻船啦！这个惊人的噩耗，是渔家最大的灾难，立即搅动了整个渔岛。家家的门户像接到了命令都敞开了，顾不得狂风暴雨的阻挠，人们一批又一批涌向海边。不多久，电灯亮了，店门开了，小镇上人来人往，议论纷纷，传告着各种消息……

又一阵骚动之后，妇女孩子们呼喊着亲人的名字涌向码头——第一批人回来了，他们一路上讲述着海上救灾抗风的惊险过程，让家人们一起分享胜利的喜悦。我实在分不清到底哪条船出了事，只觉得整个小岛就像一家人一样，相互关切，他们的情感是相通的，命运是紧紧联结在一起的，一家有难百家相助，决不像城市高楼内的邻里那样，互相冷漠。第二天我才知道，翻进大海的机帆船是外岛的一条带头船，回港途中不熟悉航道触了礁，是我们的“滩许一号”领着大家全力抢救，最终才转危为安。因为这次抢救，“滩浒”号损失巨大，被称为发扬共产主义风格的海上大营救。我和正康不约而同，被这种崇高的忘我精神感动了，认定这就是最有生命力的创作素材，下决心要写个真正渔民生活的戏！这一下我们的办事节奏立即起了大变化，再也没有了空闲，似乎洋山岛也跟着我们失去了宁静和寂寞！

滩浒岛是个神仙来过的地方

滩浒岛在浙江省的地图上都不太好找！小得实在不起眼儿。总面积 0.49

平方公里,人口一千人,是当年洋山公社三个岛屿中最小的兄弟。但是它的名声可不小,来嵊泗之前我已经在报纸上多次看到关于这个小岛的报道,这次又碰到了他们海上救难的事迹,所以登岛实地采访的欲望非常强烈。正康又是我的领路人,事前帮我“备课”,了解小岛的知识,还讲述了许多关于滩浒岛的传说,其中印象最深的是孝子葛孝祖背母逃海的故事,据说古代嵊泗和舟山是连成一片的大都市,自称“京东国”,但那里的统治者骄奢淫逸,民不聊生,招之人神共怒,玉帝决定要塌京东为“大海”,命“八仙”中的吕纯阳去淹灭“京东国”,吕神仙怜惜众生,不忍好人坏人同罚,便下凡普度贤良,他访得渔民葛孝祖勤劳诚朴,自强不息,是个孝子,便告之:看到自己祖坟石狮眼中出血即背母逃离劫难,葛孝子果然看到,便背着母亲往西逃去,海水一路尾随在他脚后跟,逃一路,塌一路,从花岛直到滩浒的白山岛才停止,身后成了一片汪洋,嵊泗也成了列岛礁群。这就是滩浒岛的来历。听了这个传说颇有感触,孝字当头和义字当先有相承的联系,我对这个神仙来过的地方更加向往了。

登岛之后,接待我们的是大队书记徐鸿庆,他是一位 30 多岁的中年人,个子不高,两眼有神,特别微笑时露出一颗小虎牙,增添了许多亲切感,他的妻子也随夫落户在滩浒岛,大家叫她杨同志,是工作上的好帮手,家庭中的贤内助,猛一看他们俩都像老师,没有一点海岛人的样子,但是,几次交谈后就能发现,他们对渔家的风俗民情,小岛的古往今来,每家每户的世代变迁,都了如指掌,尤其对年轻人的思想需求、性格、爱好、都有独特的分析,所以,队里的老老小小都把他们看作亲戚或朋友,他们的家就像一个聊天室!有空就来串门、喝茶、谈家常、川流不息。在渔区小岛,竟然有这样一对知识分子型的支部书记夫妇,真是太难得了,我曾贸然问他:在这里当领导很不容易吧?徐鸿庆却笑笑说:容易,人是由思想支配的,只要摸准他们在想什么就好办。我接着追问:你又怎么抓得到这么多人的不同想法呢?他不加思索地说:了解他们需要什么?为他们服务呀!你不为别人做事,别人怎会跟你走?共产党就是个服务百姓的党。他的这些大白话我几十年也没有忘记。

海上七日

真正的渔民生活是要在颠簸的大海浪峰中经受考验的。渔业队出海捕鱼,

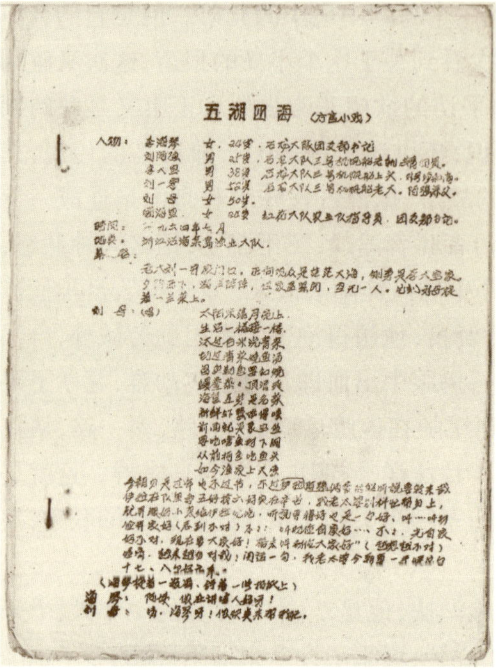
五湖四海（方言小戏）

时间：一九六四年七月

“五湖四海”剧本

海上作业一般要七天到半个月。因为风暴过后船离港，需在海上捕鱼多次，等下一次风暴来临时再回港避风，这就是所谓的“出一风”，远洋捕鱼就要跟着鱼群走了，时间和路程就更没有定数了。

刘老大通知我，明天跟他“出一风”，我激动得一夜睡不着，脑子里尽想着将和惊涛骇浪搏斗的场面，这可是一辈子难得的机会呀！我一定要做一名真正的海上“勇士”。

蔚蓝的大海迎接我们的“洋山 3 号”，伙计们早把我的床位安排好了，就在老轨阿强的旁边，说是为了保护我，还特别装了新的栅栏，阿强提示我各种船上的规矩，其中最主要的就是上船后一切都听老大的，绝对禁止乱走动！

不久，船到大海，天色已晚，离港之后不仅灯火很少，各种噪声也渐渐消失，我还没有一点睡意，刘老大就发出命令：休息了，累了一天早点困觉。军令如山，船内的灯马上熄了，一片寂静。

天微亮，我就盼望看到海上奇景，探出头去，却大失所望，竟然平静得如同躺在西湖的船上，整个水平面上都是细浪微波，空中无鸟，海中无鱼，机帆船连马达都关掉了，我忍不住问阿强发生什么事了？船不会走了？阿强俏皮地说：今天“放假”你爱去哪里都可以。全船的人都笑了。原来，鱼群还没有出现，船上需要做各种捕鱼的准备工作，不能惊动鱼群，打草惊蛇。这是大家聊天的好机会。我对这种“幽静”既失望又无奈，脑子里竟冒出几句打油诗来：

海天一色鸟飞绝，
碧波深处鱼泰然，
龙王欺我“门外汉”，

身囚汪洋封海鲜

阿强接过纸片大声朗读,引来一片笑声。刘老大插话:没有风浪是龙王爷知道顾同志下船来了,不敢放肆,海鲜那能封得住,在船上总是够你吃的,来吧,马上开饭,喝酒,迎接新客人,晚上来个“开门红”!“司令”一开口,全船都热闹起来了,大碗大碗的海鲜,马上端了上来,鱼、虾、蟹、螺样样都有,都是海里刚捕来的,酒是用大药瓶装的,所有人都是满碗满盏、豪气十足,我在他们面前像个小媳妇没有底气,根本不敢碰杯,只好退避三舍,拼命找人说话,天南海北,奇闻趣事,从小带鱼尾巴咬尾巴、大黄鱼咕咕叫救命到孙悟空跟着师傅一网抓住了鲤鱼精,却得意忘形,一不小心把金箍棒掉到了大海里,最后,那个地方就变成了大洋山等等。在渔船上吃鲜鱼更难忘,只吃中段,鱼头鱼尾都被送回大海里去,我总觉得可惜,偷偷向阿强说:我下船按规定每天只交6分钱伙食费,你们这样请客太铺张了吧!刘老大拍拍我的肩说:请客的是龙王爷,他不仅请你,还给我们大家送大礼呐,到晚上你就会看到的,只要有力气,要多少他就送多少!边说边大口喝着黄酒,一副海上霸主的样子,豪爽、开朗、大气,这就是中国的渔民,是真正大海的儿子!

我虽然喝得不多,但酒后一觉睡得昏天黑地,醒来时,只听到船舱外一片紧张的叫喊声,整个船都在不停地摇晃着,听到刘老大正在大声发号令;船上的人都在自己的岗位上严阵以待,他们不让我动,说是安全第一。我按捺不住要亲眼看看海上捕鱼的生动场面,便不顾一切爬到窗口张望,只见整个海面各种渔船围成了一大片,桅杆上的灯火比天上的星星还多,两条船成一组,配合下网,海上作业,要看清潮水的流向,要有统一的节奏,更要测算到鱼群的游动速度,精准起网才能取得最大的收获。这一切都掌握在老大的手中,他的眼光、他的经验、他的指挥能力和果断决策就是胜利的保证。

潮头渔、大丰收,我们船连连捕到了大网头,名副其实是这一“风”的带头船,桅杆上立即挂起了大红旗!全船人都兴奋激动地唱起号子歌来!我没有能帮上一点忙,但是,真真切切地感受到了海上英雄的豪迈气息!

那年冬季,在嵊山渔场

寒风凛冽的冬夜,嵊山渔场却是热气腾腾,一片喧闹。“带鱼汛”唤醒了小镇上所有的生命，迎来了全国各地前来捕鱼的兄弟，人山人海，桅灯林立，整个小岛周围，里三层外三层地停满了各式各样的渔船，分不清哪里是码头，哪里是堤岸。小镇上的人们忙着到渔船上去买最新鲜的海货，渔老大们却要匆匆上岸去补足淡水、蔬菜和船上急需的备用品。拥挤的人流相互碰撞，相互阻堵，又相互嫌让，空气中洋溢着欢乐喜庆的氛围。特别在远处山坡上还临时搭起了戏台，鼓乐声，演唱声，伴着观众的笑声，随风飘荡，诱惑着海上文化生活饥渴的青年人，一批批涌向山顶。非常遗憾的是这种类似“朝圣”的场面，现在已经很难找到了。

20 世纪 60 年代初，中国渔业正处在机械化的发展时期，木帆船改成机帆船是一次现代化的腾飞，渔业生产产量成倍翻番，尤其是鱼汛期，各地的渔船都会到嵊泗列岛来“大会战”，这是大丰收的季节，一片繁荣的景象，俗话说；黄鱼是金，带鱼是银，墨鱼群来了全家不愁吃、穿、行。这几种鱼的鱼汛期，是渔家发财的机会。从吕泗洋到大陈洋都是好渔场。

我和正康早就期盼着这种盛大节日的来临，那几年，每到冬季带鱼汛他都被临时调到“渔场指挥部”担任秘书或通讯部门记者之类的角色，我就跟在他后面当个随从，既可以搜集到最早的新闻和消息，更可以接触采访最生动的人物和场面。与曾任嵊泗县县长的王永根就是在渔场上认识的。他是总指挥，必须在第一线处理各种矛盾和问题，就像战场上的将军。然而，万万没有想到我和他见面竟是在大食堂的餐桌上，我在吃饭，一位文质彬彬的中年人也拿着饭盒在我边上坐了下来，闲谈中知道他是指挥部的人，就鱼汛的各种情况向他请教，看来像是个知情人，思考问题非常周密，连渔民需要的水果、蔬菜备货足不足，柴油、医疗药品等供应够不够都说得很仔细。尤其是鱼群的走向和气候的预报，都在他的掌控之下。最令我佩服的是在这种繁杂的环境中，他还保持着深夜读书看报的习惯。有一天夜里，我们又一次闲谈到“鱼汛”的繁荣时，他竟然说：这未必是好事，我一时哑然了，问：此话何意？他说：只捕不养，海洋资源越来越少，黄鱼汛时还有人在搞“敲鼓”作业，这是吃子孙饭呀！他的情绪已经由忧虑变成了愤怒。老王辩证分析喜中之忧的话给了我抹不去的印象。

“五湖四海”皆兄弟，渔民自己演自己

春去秋来冬复夏，大洋山成了我的又一个亲切的“温馨之家”，清晨在当地

驻军的晨号声中醒来，一股带着咸味的海风，伴随着第一缕璀璨的阳光射向我简陋的案头。

昨晚已经动笔的现代小戏曲《五湖四海》是我和正康共同涉足的一次艺术尝试。构思初步完成便得到时任公社副主任（半脱产干部）的陈阿华的大力支持，阿华是个急性子。他从部队转业到舟山地区水产局。三年困难时主动申请“精简”返乡当渔民，回到家乡后决心要干一番大事，在大队里抓生产、抓思想、抓青年工作……样样都有一套，船头俱乐队也搞得有声有色，我当他的“助手”受益匪浅，因为他办事果断，有魄力，有胆略，敢挑担子，说干就干，合作得非常愉快。听完我们的设想他高兴得拍桌叫好；我们大队文艺人才很多，唱歌跳舞的都有，演戏没演过，让他们也学一学，反正渔民自己演自己。“渔民自己演自己”这一句话使我豁然开朗起来，是呀！在海岛上这可是开天辟地的大胆“创新”，不妨试一试。事后，正康不无担忧地提醒我；弄不好出洋相被别人笑话！几天之后，剧本写好了，阿华听了非常高兴，马上说：演员我也找好了，何阿昌会唱曲艺，金全康爱说笑话，还有大毛会唱歌……一大串名字，都是洋山的文艺骨干。无巧不成书，就在此时，洋山来了一批上海滑稽剧团的演员下岛体验生活，团长是著名表演艺术家田丽丽，她听说有个自己创作的小戏曲，高兴得不得了，主动要了剧本，连夜把唱越剧改成唱滑稽“十景调”，还亲自来排练场作示范表演，最后派出了一位很能干的青年女导演来导戏，真如阿华所说，只要下决心，事情没有做不成功的。

田丽丽的艺术功力深厚，学谁像谁，老渔民、小姑娘个个演得到位，看得大家哈哈大笑，我们写的唱词到了她嘴里也变得句句好听，人物更鲜活了，她每次排戏，总会引来许多“看客”，小屋内外挤得满满，演员们也跟着自信起来，通过排戏真的培训出了一批“渔民戏子”，洋山好像天天有喜事一样。一时间，小岛上锣鼓一响就会引出一大群热闹嬉笑的“戏迷”。

陈阿华向来做事雷厉风行，看到岛上出现如此活跃的看戏热潮更是喜笑颜开。看完排练后对我说：小顾，海岛文艺生活很枯燥，你来了，带了个好头，下一步，我和文化站小叶考虑把这台戏送到各个小岛上去演出，泗礁附近都可以走一走。我的天哪！这一次我们真是“小戏大做”了。

渔民演出队，海上走天涯。

五十多年前，嵊泗县就有一支真正由海上捕鱼人组成的文艺演出队，节目有歌、舞、曲艺、戏曲表演等。演出地点是大洋山、小洋山、滩浒、徐公等大小岛屿，渔民演渔民，内容是反映海上无私救难，发扬共产主义风格的现代小戏曲，剧名叫《五湖四海》。演出受到各岛群众的热烈欢迎，填补了海岛群众文化的一个空白，是嵊泗县文化史上不应该遗忘的一次有意义的艺术活动。

不可否认，当时的条件比较简陋，为海上行动方便，布景道具几乎一概省略，大小节目在船头、岸边都可观看，但渔民演自己的生活、唱自己的民谣，生动、活泼、质朴、真实，其特殊的魅力是专业演员都无法相比的。遗憾的是当时还没有摄录像机，甚至连拍照片的技术在海岛也未普及，至今除了那本泛黄的“油印剧本稿”外，都已如烟云般消失在人们的记忆中了！但洋山的文艺演出队，在周边小岛上成了青年人热议的话题，给他们播下了一颗文化生活的种子。

这次海上巡回演出的经历是我艺术生涯中不可多得的宝贵纪念，看到了海岛百姓渴望文艺的迫切愿望，看到了世代渔民自娱自乐的特殊魅力，也体会到海上交通的不便给文艺下乡造成的阻力多么巨大，这也激励我坚定地在不脱离生活、不脱离人民的创作道路上继续奋发前进！

尾声

海上生明月，滩头听潮音。一转眼几十年过去了，世道大变，人心莫测，尤其是“十年浩劫”制造了许多奇冤假案，也曾不断传来洋山岛各种新闻和小道消息。我一直挂念着那些曾经朝夕相处的朋友们，心似乎一直没有离开过洋山岛，然而，当年只能“日有所思，夜有所梦”，因为当时我自己也曾被关进了“牛棚”，所以只能在梦中魂归大海……

改革开放的日子里，大家都各自奔忙，我因工作关系去过嵊泗，直到退休之后才有机会重返洋山探亲访友。故地重游，百感交集，洋山小镇已是幢幢高楼，面貌一新，今非昔比。然而以前住过的小屋找不到了，岛上的老人、故友，渔村的旧貌都难觅踪迹，甚至连晒渔网、鱼鲞的妇女，滩前摸螺、蟹的孩子都寥若晨星……叶正康还是我的“导游”，一路做好了仔细安排；陈阿华、金全康、当年小会计后来当了支部书记的潘志明等好朋友一一前去拜访，再度相会，恍如隔世，紧紧拥抱不止，谁能想到我们终于又能在一起痛痛快快饮酒叙旧了，虽然半个世纪的分离，岁月给大家增添了白发和沧桑的痕迹，但是，青年时代的热情和豪气依然不变，留在每个人心底的是真情、坦诚和怀念，我们开怀畅饮，一醉方休；肝胆相照，无话不谈……结果，几个人竟然同时醉卧在夜晚的公园凉亭里，不愿起来了！这些老伙伴可都是当年在海上与巨浪搏击的勇士呀！叱咤风云，威猛豪迈，胸中装着强国的壮志，面对惊涛骇浪不变色，他们是普通的东海渔民，更是我记忆中永远昂首挺立的海上硬汉子！

作者简介：

顾天高，籍贯：江苏苏州。浙江省文化艺术研究院编剧。曾任省话剧团团长、省文化厅艺术处处长。1963 年带职下放到嵊泗洋山岛。

记忆中的嵊泗往事

应启新

作者

晕船众生相

我生在祖籍余姚，长在禾城嘉兴，在杭州“入伍”，在嵊泗列岛成长。二十多年的海岛生活，给我留下了许多关于船与乘船、晕船的记忆。

1957 年 9 月，我在浙江省水产供销公司工作时，被抽调到由省水产厅人员组成省委的一个社会主义教育工作队，到嵊泗搞“社教”工作。我在上海漏乘了船，是“掉队”迟到的。我乘后一班“中浙二号”班船到嵊泗，工作队已经进驻枸杞乡了。又正好碰到一次台风，去嵊山的交通船停航。我归队心切，是乘了枸杞乡第二渔业社副社长汤小宝带班的一条只能载重一吨多的小对船（又名带角船）去枸杞乡的。这天一起搭船的还有一个小木匠。小船出了小菜园就有浪了，还有点小雨，这个小木匠先吐了，竟对老大说“给我回去！”汤小宝说：“回去？你看看这位同志，同你一样淋雨，一样晕船难过，他决心多大！”这么一说，这小木匠也只好“硬撑”了。可以说，我一进嵊泗就晕船，吃了一个“下马威”。“社教”工作结束，经省、县组织上商定我被留下来，在嵊泗工作了。

在海岛，总是离不开船。而乘船，就会有晕船（俗称疰浪）的苦恼。别看渔民风里来浪里去，其实他们有的也会晕船。但是他的生活就是要走这条下海捕鱼的“路”了，就得下定决心“苦练”。那就是，再吐也要吃，浪再大也要坚持在船上，回港也不上岸回家睡，坚持在船上“熬”。1959 年至 1961 年，我在洋山工作的时候，就看到过一个大岙村的青年渔民，是陈云根的阿弟，他那年冬汛十六岁入社下海，一个鱼汛苦练下来，看到他人长高了不少，也壮实了许多，小手臂伸出来滚圆的了。说明他练出来了，吃了一冬的鲜带鱼，又参加劳动锻炼，这年轻人就“发育”得更好了。也有的渔民没能练出来，不能上一线出海捕鱼，只能做个“陆上人员”搞后勤工作。当时是人民公社的集体分配制，按劳动技术、职位评工分，按工分取报酬，工分少，收入就少了。

在海岛，也不是每个人都会晕船。我们机关干部中顾丁良同志就从来不晕船。他是上海的嘉定人，在公社工作时可以跟了渔民出海捕鱼，一点不“痛苦”，还听说他还不知道晕船是什么“味道”。这在海岛工作的我们从内陆来的人看来，那真是“幸福”极了。还有一个县里渔业电台姓张的女报务员，花鸟人，也不晕船，可以上渔业生产指导船出海，在船上工作。我们的县长臧福彬也不晕船，他可以随渔业生产指导船上吕泗洋、下大陈洋。原县委书记李秀成虽然管渔业，却也会晕船。一次，我随他去地委开会，随同去的还有二三个同事。这天是乘了水产供销公司的一条冰鲜船去的。风很大，外面站不住，都钻进舱里找床位躺下了。我们是吐了一次又一次。到定海住进地委北门招待所，晚饭已经开过了，食堂饭师傅跟李书记很熟，赶紧给我们热了饭菜，知道我们都晕船了，端出了两小面盆紫菜蛋花汤，一下子就让我们四五人分光了。因为吐得多，失水了，喝汤最合胃口。饭师傅见了就又去烧了端来两盆，又被我们喝光了。差不多一人喝了一小面盆汤。

在二十多年的海船乘坐经历中，我摸索到一种“经验”。当年我们不论是出差外岛或去舟山开会，往往多数是搭乘便船或是乘水产供销公司的运输船接送。热天能在外面就不要进舱里去，外面空气好。能不躺就别去找床位睡，与船的接触面小一点，肠胃的翻动可能也就少一点。相对减少难受的感觉。能站就别坐，那船舶起伏时，自己也主动随它上下动起来，这样可能肠胃动得少一点。只要有可能，我就上驾驶台去，看得远，不容易晕船。但是，有时还是耐不住，会感到人发热，头冒汗，脸发黄，这就是要呕吐了。

人晕船了，翻肠倒胃地呕吐，像是生过一场“病”。有的人只要上岸踏着了土地，就完全“没事”了；而有的人上了岸还要吐，甚至会“病”上几天的。

1957年，我调去嵊泗工作时，往来于上海—嵊泗—定海的班轮是“中浙二号”轮，三天一个航次。上海是晚上九时从十六铺客运码头开船，一般次日早上七时前到泗礁，上下客之后再开往定海；第三天定海早上七时开船，于十四时前后到嵊泗，然后开往上海，到上海十六铺码头是半夜之后了。这是一艘燃煤的美国拖网渔轮改装的客轮，200 多吨的钢质船，虽然吃水深，也很会摇晃，要晕船的人，会吐得很苦。1958 年“五一”过后，我从吕泗洋渔场的戤效港回县，在上海搭乘“中浙二号”轮回嵊泗，这次船上乘了象山越剧团的人员，他们是去嵊泗演出的。越剧团的人很多不适应海上航行，许多人剧烈地晕船、呕吐，船舱内只听到绍兴口音：“我要‘冒’哉”！呕吐声是此起彼伏。

当时没有码头，交通船来了要由菜园搬运站的一种“带角船”摇出去接乘客上岸。因为“中浙二号”吃水深，菜园港内水浅，船往往泊得很开，小船摇过去有一段路的。遇到潮汐的退潮时，船就泊得更开，差不多停在了基湖沙滩的外面，乘客要等相当一段时间才能上岸。在这个过程中，船要摇动晃荡，有的人忍不住又吐开了。也正因为那时没有码头，所以，即使上海来船到得早了，也只能抛锚，等到天亮了，小船才能去接送旅客，以保证安全。

人晕船了，有的还能克制，找个适当的地方呕吐。有的人难受得会不顾一切地“乱吐”。1959 年春节过后，舟山县里召开三级干部大会，办公室张达昌主任派我先去报到搞会务。这天上海—嵊泗—定海(那时还不靠大衢山)的航线是“浙机五号”木壳机动船代“中浙二号”轮的班。这“浙机五号”比“中浙二号”小多了，又全是统舱，舱面上只放点草席让乘客在席子上面或是坐着，或是躺着，当然也就在这席子上行走了。同我一起乘这船去定海的有原金青大队党总支书记徐锡根，他是要调到岱山大衢岛的岛斗大队去担任党委书记，到舟山县委组织部去报到的。我们俩人一起靠壁坐在那草席子上。这条船小，不像“中浙二号”吃水深，一定要绕过金鸡山再转向北丁星往南向定海航行。所以这船起航开出“金鸡门”，很快就到北丁星海域。这地方很会生浪。浪一起，吃水很浅，像“豆壳”一样漂在海面上的“浙机五号”就晃荡起来了，立即就有人开始呕吐。我们看到一个老太太先扑向那只小木桶吐开了。这船小，什么东西都小，连只供乘客呕吐用的木桶也小而又少，小桶的口径不过十五厘米，高约二十多厘米。这个老太还在呕吐，一个年轻点的妇女也要吐了，她熬不住，不顾那老太还在向小木桶呕吐，就也扑向那只小木桶吐去，竟全都吐在了老太的头上。这老太被她来了“这一手”，倒是“止吐”了，大叫“是我头呀！”“是我头呀！”我们旁边的人看了真是十分的同情：能责怪这年轻妇女吗？她实在是没办法啦！这老太也就没同她吵起来。

可以想想，这位老太这一头呕吐物在这颠簸的船上怎能清理掉？

1959年的冬季，我刚到洋山工作不久，接到公社党委召开三级干部会议的通知，会议是贯彻中共中央关于农村工作的十二条指示信，纠正“大跃进”以来“五风”错误，以期扭转因“五风”造成的困难局面。因为大队的渔船都去嵊山渔场捕带鱼了，是请洋山部队的一条机动船送我们去泗礁菜园镇的。这一船乘的大部分是女干部，都会晕船，这天风又大，一路上呕吐的人很多。开始，她们还能克制，吐在盆、罐里，传递出来让坐在舱外的我给倒掉。后来不行了，有的人就吐在那舱里的“地面上”了，吐得“一塌糊涂”，还有人坐不住了，就躺在那有呕吐物的舱板上。弄得身上“一塌糊涂”也都不顾。本来，这些大队女干部出门去泗礁、上公社里开会去，再困难也总是穿了自己最体面一点的衣服的，这一躺，就弄脏了，也不知后来上岸之后是怎么收拾的。

在海岛，出门就是这么“苦”。真还有这样的人，一想到要乘船就会“晕船”的。滕子良同志就是这样的一个。1963年夏，县委有个工作组在黄龙公社的黄沙岙大队蹲点，工作组组长是当时县农业局局长沈善法，有个组员滕子良，是当时县政府信访室的干部。一天他们正在吃晚饭，接到一个电报，是通知滕子良回县里去。他看到这个电报，就想到又要乘船，乘船就又会晕船，这样他就开始“难过”了，吃不下饭啦！第二天早上，大队里有条船要去泗礁办事，他正可以搭乘回去。同志们送他到沙滩上，他问：是哪条船去泗礁？大队党支部书记刘同生指了岙门外的一条正在那里摇晃着的船说：就是这一条。滕一看，就蹲在沙滩上吐开了。这样会晕船的情况是奇特的，当然也是个别的。但是会“岸晕”的人也有。我妻子宋蕙莲在邮电局电报房当报务员的时候，有时报务员要替代轮休的送报员，

作者（左1）探望原县委书记李秀成夫妇

作者(左 1)与县人大常委会部分常委在东海大桥上合影

当一下电报投递员出去送电报。一次她送一份电报去到小菜园的一条黄龙乡的船上。她走到那里看到摇晃着的船,又闻到一股海腥味、鱼腥气,就晕得吐了,第二天轮休,她躺了一天才好转。

1973 年 5 月,870 吨的交通船“浙江 801”轮替代“805”轮,往来于上海—嵊泗—定海的航线,1975 年 10 月又建成了李柱山码头,条件是好多了。1984 年 11 月,“浙江 805 轮”又投入这条航线,使航次增至三天两班。但是要晕船的人还是会晕,还是要吐。有一年,我们一家乘“浙江 805”轮去上海过春节。她们母女俩都晕船,躺在一个床位上,一个吐了另一个吐,我备了两只大杯子,坐在床位边照顾,她俩要吐。吐了马上去倒掉冲清爽给备用,晕船的苦,给她们的印象是太深了,至今还说晕船太“可怕”了。

1985 年 1 月,我调出嵊泗到嘉兴市工作,到 1996 年 1 月满六十岁,就要退休了。工作到这年 4 月,我对市人大常委会分管我们代表工作委员会的副主任方艾说,我在办退休手续之前想回嵊泗去一次,看看那边的老领导、老同事。她说好的,我们组织一下,一起去一次,也可以交流学习那边的人大代表工作经验。这样,各县、市、区人大常委会的代表工委各去一人,市人大常委会丁师尹、方艾两位副主任加上我们办公室的同事,一共去了 15 人,借了一辆面包车。那时去嵊泗已经不是从上海十六铺码头乘船过去,而是从芦潮港乘“车客渡”轮,连车带人一起过去。这样水路近多了,三个小时可到嵊泗李柱山码头。那天风浪并不大,可是我们同行的还是有人晕船呕吐了。

第二天,县里安排了我们去嵊山岛参观,大家高高兴兴地上了县里的渔政船准备去嵊山。不料,船出小菜园码头行驶不过十分钟,就起浪了。我们同行的人们,围绕着客座舱那只大脚盆周围都蹲在那里吐开了。方艾是躺在那沙发椅上,用一本杂志挡着脸孔，说不出话了。这时，陪同我们去嵊山的县人大常委会主任王忠元从驾驶台下来，说：老应，这么多人呕吐了，这一路上过去，浪还要大，我们回去吧！方艾听到这话，就一下子跳起来说：好，好，回去！就这样船舶马上掉头回到小菜园，大家上岸，回去另作安排。事后，方艾副主任说：我那天虽然没吐，总感到好像会要“出事”一样的难受。想想你们在海岛工作真不容易！我说，在海岛工作，乘船呕吐是常事，必要时还要在船上工作呢！我们有的从内陆调来的同志经过锻炼，能在船上工作。如陈恭义、王永煊他们在1960年代就能在渔业生产指导船上，不顾风浪大小，都能坚持工作的。

1976年夏，我随县委副书记李秀成（当时县委书记是嵊泗守备区副政委徐文富兼任）去地委开会，记得是传达毛泽东主席的有关指示。那年头传达毛主席的指示是“不能过夜”的，我们必须下午赶回去，晚上开会传达。李副书记向地委领导要求下午派船送我们回去。地委办公室派了“舟山三号”船。这条船有500吨位，那天又没风浪，条件很好。因为已经通知家里晚上开会要传达，我就在船上的下舱找了个可以写字的桌子，把毛主席的指示加上县委领导该讲的话，结合嵊泗实际，整理好一个讲话稿备用，到机关交给了李副书记。

二十多年的海岛工作，我看到的、听到的、自己经历的种种晕船的“苦相”，真是很多很多，说不尽，也写不好。

洋山往事诉后昆

1958年，嵊泗被撤销县的建制，改制为嵊泗人民公社，辖区内的乡、镇也改制为公社的大队建制。

1959年11月下旬的一天，公社党委分管组织工作的李友仁找我谈话，指出我是学生出身的机关干部，没经过基层工作锻炼，决定调我到大洋大队去担任大队文书工作，我的工作移交给由县人民银行调来的胡关祥。12月1日，我去大洋山报到，在这个小岛上工作到1961年9月1日，重新调回原岗位。以后多次出差或派去洋山帮助工作，我因此对洋山比较熟悉，感情是比较深的。

那时泗礁到洋山没有交通船，人员来往一般都要搭乘便船。我在菜园沙滩找到了一条大队里来泗礁办事的木帆船，问明了开船的时间，在第二天一早，带着我的全副家当（一套被褥、一只父亲用过的小提箱、一只办公室买油印机的包

当年建设中的东海大桥桥墩

装小木箱，放了书籍和杂物，还有一只网袋装了面盆和两只饭碗等），在沙滩上爬上船，等潮水涨起，就开船了。

这条船是洋山新宫村人潘通才当老大的张网船，受大队的派遣，到泗礁买渔用物资。同船有个叫傅恩德的年轻人，他自我介绍说是大队的会计，上海回乡知青。他还说知道我是新调去的文书，大家都知道有个文书要调去洋山。

船在中午涨潮时驶进大岙沙滩。那段时间正是冬汛带鱼生产的旺季，大队的渔船都去嵊山渔场了，此时的大岙沙滩上显得空空荡荡。大队党总支书记于腾云、大队长陈根华等一批领导干部也上嵊山渔场（驻壁下岛）工作去了。我向副大队长许明生（原任县财政局副局长，一个四川籍的老同志）报了到，他带我去原来洋山区卫生所的老屋内，安排了一个房间，支起了床，寝室就解决了。然后他又找曾经在原洋山区政府食堂当过炊事员的白姓妇女，索回了一张三屉写字台，作为我寝室里的桌子。这样我就“上班”了。

大洋山虽是崎岖列岛中最大的岛屿，面积也仅有 4.17 平方公里，包括归大洋大队管辖的洋东的扫基、中门堂、沈家湾等住人小岛屿（洋东另有一小岛薄刀咀归属小洋大队）。当时，辖区内居民 800 多户，人口 4000 多人，有四个渔业队、八个行政村。东平、大岙、雄鹅三个村组成渔业一队，钥匙、小煤两个村组成渔业二队，新宫、洋西两个村组成渔业三队，洋东的几座小岛上的渔民组成了渔业四队。这都是原来高级社的基础和架子，但实行全大队核算。农业则以村组队，村干部也就是队干部。

我到岗以后，首先是要熟悉情况，就在原来从事文书工作的当地青年杨根深的陪同下，到各村、岙去巡回走动，既是为了认路，又是为了认人。大洋本岛七个行政村，除了洋西村位于山上，它有四个自然村，比较分散（解放初期曾建过洋西乡)，其余各村都比较集中。那时岛上没有电话通信设备，遇事需要通知传达下去，我徒步到各村巡回转一圈，也就是一个多点小时。不久，后方的村干部我已全认识了。

公社党委办公室主任张达昌(1960年年初任嵊泗人民公社副社长兼两办主任，不久调舟山县委)曾在大队文书会上要求我们：大队是基层组织，你们文书要“上管方针政策，下管桌椅板凳”。我牢记这一教导，贯彻于日常工作中。工作可谓“包罗万象”。

春节前，渔业干部、渔民们整体从南洋渔场回来了，岛上一扫冷清局面，顿时热闹起来。我的工作也随即忙碌起来，刚到那里一段时期的孤寂感也逐渐消退。这时候我的职责很多，要起草大队党总支部向公社党委的工作报告，要为领导起草一些讲话提纲，要写出单项工作或是专题性的工作简报，并向公社党委办公室报送，供《情况简报》选用。我写的第一份简报是反映近洋两条张网船(记得其中一位老大是新宫村刘阿香，另一条船老大姓张，东平村人)，在汛期内你追我赶争夺高产的先进事迹，报上去后就被选用了。不久，公社纪委的邬仙琴出差到大洋山，对我说：“办公室居其佐讲，小应自己说不会写材料，不是写得蛮好嘛！”她透露的信息给了我不小的鼓励，如果说我还能写出一点东西，就是从洋山开始历练的。

我的岗位职责还有不少行政事务，如管理户籍、办理结婚与出生登记、发放各类票证、进出港货船报“关”签证，等等。其中，我感到最为难的是办理结婚登记。那年月，渔村青年都很早联姻定亲，到当时的法定年龄男二十岁、女十八岁就要来办理结婚登记，我一般都是通过查对户口簿，只要年龄及格的就给予办理登记，哪知户口簿上也会有差错。一次，我查核户口簿后符合年龄条件给予登记了，不料次日，上次因年龄不

建设中的洋山港

及格未核准登记的一位姑娘的母亲找上门来指责，说昨天那个姑娘也不满十八岁能够登记，我的女儿与她同岁，你怎么不给办？使我相当难堪。为此，我向大队妇女联合会主任贺阿珠反映，今后请她帮助配合。贺阿珠是本地东平村人，原洋山区区长俞富林的夫人。她参加工作后一直在当地从事妇女工作，从来不坐办公室（也没有办公室、办公桌椅可以配给她使用），每天走村串户，所以各家各户的情况基本了然心间。以后，谁家的孩子要登记结婚，我先同她沟通，她说没问题的，我就放心地办理登记，就再没有在这方面出过偏差。

1960 年年初，宋蕙莲调到洋山邮电所工作了，我们随即请婚假去上海。那时洋山到上海既没有交通客船，也很少有其他的便船，走的时候是搭乘部队的一条机帆船抵沪的。假期结束前夕，我在外滩四号（军用）码头打听到了第二天早上有一艘开往大洋山的军用登陆艇，艇上的管理人员答应我们搭乘。不料，当我们按时赶到码头准备登艇时却遇到了麻烦。这天，可能风力较大，也要乘这艘登陆艇返回大洋山的团司令部周参谋长发话了，说："这两个老百姓不要上。"当时，码头上清一色的军人中站着我们两个"老百姓"，一个还是新娘子，故而十分显眼，不让乘船，更是十分尴尬。于是，我说明自己是洋山机关干部，要赶紧回去工作，请通融一下。周参谋长说："不行，今天风力大，有危险，老百姓还是不要上。"其实，这些部队干部中，认识我的也有好几个，政治处保卫股张股长就对我说："参谋长是这里的最高首长，他说了，我们就不好再说啥了，你只能下次走了。"既然如此，我请张股长回去帮我向大队里领导上说一下，已经装进舱里的两件行李，也请他告诉邮电所的朱培星所长帮助提取。这样，我俩只得在上海继续住下来，假期竟长达二十天！终于搭乘了"碾庄号"返回大洋山。这是一条大型军用登陆艇，是运送毛竹等营建物资去大洋山的。我俩在后舱门口找到两个可以坐的地方，艇长在巡查中发现了我们俩，关切地询问："要坐一晚上的，能行吗？"他是无奈没能有更多地照顾了，我们是归心似箭，不怕艰苦，只要早日能回洋山工作就行。

交通的不便，真可以说是吃够了苦头。

1960 年 12 月初，大女儿将要诞生，我送宋蕙莲去上海邮电医院待产，产前产后要请我四姐婉韵家照顾，那就还是需要搭乘部队的船去沪。那天下午，因为退潮海水落出，部队的机帆船泊在大岙门外靠洋西一侧，需要步行到山边沿，爬涉海边的礁石，跨上小舢板，乘过去靠近后，再攀登上机帆船。宋蕙莲挺着个大肚子，是多么不容易。谁料，船开出去两个小时到小戢山附近开不动了。原来这是一条试航的新船，经检查，竟然是发动机没柴油了！于是，发信号请正开往舟山的海军一条机动船帮助拖回了大洋山。我俩就又艰难地从大船爬到小舢板，从小舢板爬上海礁石，再过山坡走山路回家去。第二天，又周而复始去搭乘那条军用船，终于在午夜之后到了上海外滩 4 号码头。

还有一次，我到上海去做体检，返程时是搭乘部队最小的那种登陆艇，这次倒是找到了一个休息的床位。不料，船艇驶出吴淞口以后，只感到这条艇上下颠簸得厉害，艇门被浪头拍打撞击发出“嘭、嘭”的响声。我迷迷糊糊地听到战士们忙碌着，并有铁器打击木头的声音，不久，声音沉寂了。天亮以后，我起床看到舱里进了好多海水，水面上还漂浮着一层油污，才明白登陆艇漏了，不由得紧张起来。午后二时许，到了小煤山码头。上岸以后，同艇返回的团里的一位干事跟我说“好险！差点没命了。”据说昨晚如若裂缝没能迅速堵住，后果是可想而知的。我行李中带的一只煤球炉子也被海水浸坏了，一本刚买的新书和准备给孩子使用的一盒痱子粉也全都泡汤了。

到大洋山之前，我已在县委办公室工作一年半时间，已经同大洋山的一些大队、生产队干部熟悉了。那时的基层渔业干部，出身渔工、贫苦渔民，虽然文化程度不高，但懂生产、肯吃苦、能管理，有不少还是技术老大、高产能手。分管后方的干部虽不下海生产，也全部克勤克俭、任劳任怨，日夜忙碌在队里，作风上也绝没有什么多吃多占的，全都靠工分为生。我下放到大队工作之后，与他们朝夕相处，除二队的队长毛志龙尊称我“小应同志”外，他们一般都称我为“小应”。

写材料需要掌握生产情况、典型经验以及群众的思想动态，我因此经常走村串户，摸熟了这些干部的住处，也了解了他们家的成员状况，直至他们妻子的性格为人。如我经常到住在东平村一队的支部副书记龚信华家去，他的妻子名为影月，善于做针线生活，是一位很贤惠的渔家主妇，侍奉婆婆，体恤老公，照料孩子，就靠龚信华的一点工分收入维持家计。他家已生有四个女孩子，还决意要添养个儿子，最后，倒真让夫妇俩圆了美梦。那已是到了“文化大革命”时期了，宝贝儿子取名叫‘文革’，时代特征显著。龚文革子承父业，长大后当了东平的村支书。2003 年 11 月，我回嵊泗时，听说他同港商合资办起了石料公司，已经发达了，可惜他的母亲影月没享长寿。

1960 年代，计划生育还没有纳入基本国策，所以，渔村妇女可以任意生孩子。同龚信华家接连生女儿相对的，是二队的副书记施阿开，他家接连生了四个儿子，还一心想要添个女孩儿，却始终未能如愿。施阿开整天笑眯眯的，待人很和气，是个身强力壮的青年高产老大，拥有“青年突击手”的称号。他的小阿姐施阿满当时任大洋信用社主任，姐夫陈健是县兵役局的科长（后来任县人武部副部长），有了这些关系，我们接触的机会就更多一点。

1993 年，施阿开当选为浙江省人大代表，在省八届一次人代会期间，我是嘉兴人大代表团的工作人员，同舟山人大代表团一起住在杭州的花家山宾馆，相见尤多，我还同龚景明等嵊泗同志一起合影留念。2005 年 12 月，我同王永根等老同志一起回访大洋山时，曾一同去看望已告老退休的施阿开。

当年的大洋二队支部书记包志章，高大壮硕，他的右脚丫畸形，比左脚丫长了许多，外号称“长脚”。日常穿的鞋子没地方买，全靠他的妻子手工缝制。别看他的妻子人精瘦的，在大队搬运队劳动却能同男劳力一样的扛起百斤重的米包。人们说，老包家是老婆说了算的。我看包志章本人不抽烟，却常见他妻子抽着烟卷，这似乎是一个象征，这个老婆不平常。他们家紧邻水产公司收购站，是大岙村去钥匙村、小煤村的必经之地。我在大洋工作一年零九个月，经过他家的次数难以数计，对他们夫妇俩的印象很是深刻。

大洋二队队长毛志龙，主管队里的后勤工作，他虽然不出远洋捕鱼，也不在近洋张网，但他的工作保障了全队生产活动的正常开展。这是一位从小参加渔业劳动，挺和善的渔村干部，赤足走路，剃着光头，挺着厚实的胸脯，显得身体很壮实。他家有三个光榔头儿子，当时还住着两间草屋，就在二队会计室的近处，我去钥匙村找人或通知点什么事，也经常要路过他家的。在我离开嵊泗之后，再没听到他的消息。

二队有两位父子老大：阿爹张阿雪，儿子张元龙，他俩是施阿开的姐夫和外甥，父子俩都是大捕船的老大，捕鱼的能手。张阿雪出身一般渔民，合作化以前做过长元（注 1 ），有丰富的捕鱼经验。

1960 年的大黄鱼汛，正当四月初水的旺汛期，全洋山都在为大黄鱼汛忙碌。那天晚上，大队长陈根华从二队“摸情况”回来，到大队会计室兴奋地说着张阿雪的故事：“张进这么多鱼，统统被他拖进船里，阿雪真是有本事。”因为大黄鱼性喜逆潮流而涌，大捕船网里张进一两百担鱼，在湍急的潮流中，如若技术操作不当，不但鱼没被拖进，网却随潮逃走了。陈根华还描述说：“阿雪现在肚皮撸撸，老酒喝喝呢！”大家知道，张阿雪是大肚子，高兴了有撸肚皮的习惯。我印象中，父子俩都获得了高产，张元龙捕获 400 多担大黄鱼，全汛产量达到 700 多担，是当年全大队的冠军。

二队还有个带头船老大叫陈安旦，也是捕鱼的行家能手。他是我交往较多的一个渔民朋友，吃过他的好多鱼。1961 年的春汛，他帮我从船上买来一篮子吕泗洋的小黄鱼，条条有手板面大，条条有满肚的鱼籽。当时没冷藏设备，他帮我一条条杀好洗净，用盐腌制然后晒干，让我可以慢慢吃一段日子。是年下半年，我调回公社党委办公室工作，他凡到泗礁来办事，总是到机关里来走走，看看我这个老朋友，我就招待他一起在机关食堂就餐（当时妻子女儿还在洋山），次数一多，我的粮票就紧张了，因为那时来我这里吃饭的洋山人还不只他一个。这情况后来被大洋大队副大队长潘永根发现了，他就一个一个地去找来客收粮票并交给了我。当陈安旦对我诉说：“身上带的粮票被大老潘收去了。”听闻此话，我感到很难为情，这是计划经济年代很窘迫的一个缩影。

三队支部书记潘德来，人称小老潘，当大队干部多年，工作经验丰富，在群众中享有较高的威信，他的妻子毛志月同样也是共产党员，村里的干部。当时他们家住的也是草屋，有三个儿子两个女儿，孩子们当时都还未出道，家里经济并不宽裕。潘德来这个同志比较会讲话，也敢于讲真话。1960 年春的一天，舟山县委第一书记张殿奎和书记处书记王尊贤，搞了次“突然袭击”，带了一批干部，乘舟山三号船从滩浒岛来到大洋山。上岸时已经天黑了，就连夜召开干部会，听取大洋大队“学滩浒”的情况汇报，当然也要抓先进和落后的典型。当听了大队总支书记于腾云汇报情况之后，领导们已经不太满意了，这时候潘德来又不合时宜地说了一句：“供销社滩浒收的猪，装到洋山来卖。”他的本意是想说滩浒的畜牧业生产比洋山先进，没想到这话正是张殿奎要抓的

嵊泗县人大常委会 1984 年合影（前排左 2 为作者）

“落后”典型，就被严厉地批判了：“你大洋山还要小滩浒供你吃肉！”

“文化大革命”时期，潘德来不放弃领导，实在是经得起考验。1967 年春，造反派针对他的一次批斗会就要散了，他自己拿掉了头上戴着的高帽子，大声疾呼：“大家别走，队里张网用的稻草到了，全都去沙滩背稻草去！”造反派制止不了，拿他没有办法。

潘德来重情重义，待人至诚。他同上海警备区驻洋山部队的团政委魏国光，在长期的同守共建中建立了深厚的感情，虽然双方地位相差很大，但是维系了几十年军民和同志情谊。1966 年下半年，“文化大革命”开始了，转业在上海第一机床厂担任党委书记还不久的魏国光，就被厂里的造反派赶下台，关进了“牛棚”。潘德来闻讯，专程从大洋山赶到上海，直闯机床厂的“牛棚”，并同造反派评理。在这个人人自危之际，魏国光见潘德来不顾风险来关心自己，真是感慨不已。1990 年 3 月 31 日，当魏国光惊悉潘德来逝世的消息，洒泪写了一首诗，痛悼老朋友：“同守共建为人民，水乳交融情意深。难忘飙风肆虐时，奋战恶浪接大军。永记十年浩劫日，怒斥造反闯牢门。耳顺之年叹早逝，思岛念岛泪沾襟。”其中一句“难忘飙风肆虐时，奋战恶浪接大军”描述的是当年洋山守备部队登岛时，正遇风急浪高，是潘德来等组织渔民冒着风浪，迎接部队官兵登陆上岸。军爱民，民拥军，这就是那个岁月的军民鱼水之情的一个缩影。

大洋一队支部书记刘士定一家有三兄弟，老大刘士定高高的个子，黑黑的脸膛，浑身透着渔民的淳朴与憨厚，担任支部书记多年，工作很踏实，在嵊泗的渔业队主要干部中，属于能力强的一类。1959 年春，在吕泗洋生产的渔船遭遇风浪袭击，海上发生翻船死人的重大海损事故。当时，嵊泗公社党委办公室接到大洋大队的电报，上报“遇难一人刘瑞定”。我们误以为是一队支书刘士定。李秀成书记还说：“这人蛮好的，太可惜了”。老二刘益民是机帆船上的老轨，比他哥哥刘士定稍矮点，人也长得很壮实，常常带着笑脸，讲话时语速非常急。老三刘国民，可以说是我妻子宋蕙莲带教出来的徒弟。

1960 年 2 月，宋蕙莲调大洋山邮电所工作时，刘国民正随班实习不久，也正是在她这位科班出身的师傅的带教下，国民很快地完成了无线电报话机的学习，下渔船当上了报务员。以后，从报务员开始，脚踏实地，勤学苦干，一直到当了机帆船老大。他们家就住在大队办公室（当时大队部设在傅家房子里）的北面，从我的办公室后窗看出去，就是他们的一座三开间的平房，那时他们兄弟尚未分家立户。1960年年终分配时，扣除他家预支和支取鱼鲜的款项，分红到手的现金有400多元。在当年这是一笔不小的数目，一下子分到这么多现金，可以说收入很高的了。但是没多久，这400多元钱就被当家的用完了。这时，老二刘益民的妻子费杏娣已经从小洋山调到大洋山信用社工作，于是老二夫妇想到并提出分家。分家以后，老二益民盖了房子，搬出去住了；老三国民尚未结婚，随母生活。三兄弟都是挣高工分的强劳力，生活安定，家庭幸福。

一队有个支部委员陈惠定，工作很负责，为人处事很冷静。当年，讨论我加入共产党的支部大会就是在东平村他家的草屋里举行的。1960年，他曾患病休息不少时日，以后不能干重体力劳动了，组织上就安排他到信用社当主任。那时候的信用社，不过是大队里的一个小部门，在那里工作并没有像现在这样令人眼热。他从此在信用社一直干到退休，同当渔民相比，可谓是因疾得福了。他的弟弟叫陈宏定，是渔船上机舱间的老轨，每次看到我总是很热情友好。

一队有两个保管员，一个叫陈松庭，大概是小时候生过瘌痢，长大后虽不明显，却拥有个"松庭癞头"的雅号。他瘦长个子，从我第一次见他开始，总看到他奔走在大队保管室—供销社的渔需部—沙滩上的船尾部问事，显得十分忙碌。还有一个叫李信法，他家就住在大岙供销社的边上，他长得个子不高，国字脸膛，头发有点自然卷曲，深度近视，又患有严重痧眼，戴着一副黑边眼镜，这样，当地老百姓也送他个绰号"信法烂眼"。他的女婿是余万全老大的长子，供职上海渔轮公司，在渔轮上当大副。

我曾跟着余万全老大的张网船，出大岙岙门右侧往南开洋去捞鱼货。他家一座破旧低矮的瓦屋，就在我居住的宿舍后面。当时，他约是四十出头的年龄，家里的孩子除了老大已去上海工作，老二通华入渔业社当了渔民，老三通琴在搬运队干重体力劳动，下面竟还有三四个孩子，包括一个生有小肠气的老五，他老婆怀里还奶着一个孩子。这么重的家庭负担，他就显得相对老相，瘦长的个子，背已经有点驼了。"长元做一季，短裤穿一世"。这是形容旧社会贫苦渔民，因为本钱很少，自己又张网做长元，结果弄得一世贫困潦倒的情景。当时，社、队干部经常以他为典型，教育社员要走合作化的道路，才有好日子过。其实，合作化后的余万全老大，因为家庭负担重，队里分配的收入又不高，生活还是十分艰苦的。

可叹这位劳累一世的渔船老大，最后竟遇难惨死在海上。我的脑海里还铭记着这样一个情景：他家屋边，他赤裸着又黑又瘦的上身，穿一条短裤，坐在竹椅子上，座椅两边是稻草和篾丝，正麻利地在那里扎绠，做着张网的准备工作。见我从他身边走过，总是热情地招呼一声："小应！侬到啥地方去呀？"

一队有个渔民，外号叫"引火孱"（系乡土读音，引火的种子的意思），姓陈，大名云根。之所以有这一外号，是因为他年轻时好惹事，人家有什么矛盾，他过去一参与就立即"着火"。我在大洋工作时，他的年龄约近三十岁，身强力壮，是大捕船的上头人马，居住在大岙村，到沙滩去登渔船，或是从船上下来回家，经常要走过我的办公室窗口，彼此说话虽然不多，也蛮有亲切感。有时，我在沙滩边乘着月色纳凉，他从船上下来，也会过来坐一坐，聊聊天。那时，我再没听说他有什么惹是生非的事。

一队当时的机帆船带头船老大叫戴阿朝，是嵊泗最早的一批机帆船老大之一。他留给我较深印象的，不是他的高产纪录，而是他沉着指挥抗风胜利的事迹。

那是 1961 年春汛，大批渔船又一次北上吕泗洋捕小黄鱼，大洋大队有六艘机帆船、五十多艘木帆大捕船北上吕泗洋，不料，又同 1959 年春汛那样遭遇到了十至十一级的大风。嵊泗公社分管渔业的副社长沈善法就在戴阿朝这条船上。这天是 5 月 3 日，中午的气象报告突然说有十级大风，当时渔船在冷家沙附近。吕泗洋水浅滩多，下午 3 时大风一起，顿时浊浪滔天，情况十分危急，有的渔船已被大浪掀翻了，有的渔船"落拱"了。到下午 6 时风力很强，戴老大改向东南方向"闯"了。全船人员都集中在后八尺应对危局，老大与两个"多人"（副老大）都穿上了雨衣，三人紧紧握住舵牙和"上马索"，戴老大一支接一支地抽着香烟，铁青着脸，对沈社长的"落篷"建议一声不响。到晚上 9 时，戴老大终于下了"落篷"令，四个社员爬着过去到桅杆下，这时一个巨浪打来，四人抱住桅杆才没被卷出船外。等"三浪头"一过，迅速将绳子砍断，用篙子将篷拉了下来。风篷落下大家松了一口气。船像飞一样的向东南方向"闯"了。晚上 12 时，大浪把桅后舱的"门头"打掉了，船舱里打进了海水，以至舱里的报话机电台打湿，还被从桌子上掀到了舱底。电台坏了。这时，352 号指导船上收不到戴阿朝船上电台的信号，这意味着戴船出事的可能极大！沈善法可以想象王永根副书记他们会怎么样着急！船像一片树叶一样，被滔天风浪冲得急速漂移，如果任其漂移下去，极有可能也会被巨浪掀翻。次日晨 5 时，戴阿朝老大果断决定："落拱！"

戴老大决定落拱，船员们立即紧张地行动起来。他们将大捕网、两只张大捕网用的大碇做主拱头，又把柱石、船用铁锚作为备拱头，当各项准备工作就绪之后，戴阿朝老大沉着地一声令下："落拱"！一边社员们在龙牙头抛出了"拱头"，另几个人同老大一起拔上船舵，船尾顿时急剧转向在前头，但是船没领直，是"拱头"偏轻，这时老大又命社员抛出备拱头中的两只石柱，落拱成功！这真是惊心动魄的一幕。随船出海脱险归来的沈善法，后来在我们大队办公室向我们有声有色地讲述了这一切，至今印象还很深刻。

当年，大洋大队有个无线电修理工，他叫胡满成，是东平村人，个子不高，小眼睛，人长得很结实。渔船上的收音机坏了，送给他修理，一般都立等可取，本事真不小。他还分管大队里同电有关的一切事务，包括有线广播从竖杆、拉线、装喇叭，都是他的"分内"工作。他还经常抽时间帮助我家挑水，我到洋西贺家井潭挑水，就是他带教出来的。下班后，我俩还曾拉起电灯打乒乓球，可以说他是我挺好的一个洋山朋友。他还曾送给我一只竹篮子，是他的做篾竹匠的姐夫仁庆师傅编制的。

我到大洋山时，大队里有一架功率不大的扩音机，只能装很少几只喇叭，用来播报气象预报，播送新闻联播节目。播音员戴利月是东平村人，也正是满成已经定亲的"女朋友"，只是年龄未满十八周岁，还不能谈婚论嫁。我调离大洋山时，是她接手我的文书工作的。以后，他们成婚生子，戴利月后来改行到当地小学当了教师，胡满成也成了洋山广播站的职工，一家五口生活过得和美幸福。

洋山的人和事还能回想起很多。"洋山军民鱼水情"可说的往事挺多。

驻守洋山的守备部队是在1958年登岛的（最先进驻的是滩浒岛），我最早了解洋山的军民关系是在一个文件上。1958年冬，嵊泗公社党委收到一个文件，是洋山守备团党委书记、政委魏国光，向师党委作的部队进驻滩浒岛以后军民关系的报告抄件，反映了部队上岛以后良好的军民关系。

1959年春节，上海市组织强大阵容的春节拥军慰问团，由副市长金仲华带队来洋山慰问。慰问团的文艺演出阵容是由上海市电影局办公室主任丁小逖带队的上海电影演员剧团，其成员有王丹凤、孙道临、魏鹤龄、张翼等电影界著名演员。军爱民，民拥军，消息传到大洋山，全岛军民欢欣鼓舞。当满载慰问团成员的大型登陆艇到达大洋山时，潮水还没退出，渔民们挽起裤腿，赤着双脚，纷纷从沙滩奔跑到冰冷刺骨的海水里，把慰问团成员一个一个背上岸来。

我到大洋山的时候，驻军部队正在兴建营房，官兵们还住在老百姓的房子里。团部就设在原洋山区党委的用房里，团里的一些部门也分别在渔民家里办公，如团政治处群众工作助理员（一个姓戴的上尉）就住在大岙村古杏仙家的堂前间。可以说，当时凡有条件接待部队进驻的老百姓，都“欢迎大军同志来我家”。军民关系真是亲密无间。据我所知，凡部队建设需要群众帮助做的，地方上总是热情相帮；凡地方工作需要部队支援的，总是能得到及时的援助。小梅山至大梅山的“三八海塘”，就是在解放军的支持下建成的，现在塘内的大片土地上已经建起一批批新房子。

当时，每当有台风来临的警报，部队就做出支援地方抗台救灾的部署，部队领导随时准备应对地方上抢险救灾的需求。有一次，团参谋长还带了参谋人员来大队部坐镇，架起了电话专线，以便一旦出现险情，立即调动部队投入抢险。那天，他们一直守到午夜过后潮水退出，险情解除才回团部驻地。

部队要进行一些副业生产，如捕点鱼虾改善伙食，大队就派出优秀的渔船老大去领导生产，还挤出一些渔用物资，支持部队实现生产计划。每当有重大的节庆活动，军民一起部署，活动搞得更有声势，这应该说更多的是让地方老百姓得到教育与鼓舞。1960 年元旦，军民一起在水产公司收购站的晒鱼场（当时部队还没有大操场）集会，迎接六十年代第一春。军、地首长都讲了话，表达了在新的一年搞好各项工作和生产的决心，部队宣传队还表演了精彩的文艺节目。每当“八一”建军节前夕，大洋山岛上的妇女们纷纷出动，以村、厂（如结网厂）为单位，分别去各个连队为战士们浆洗缝补。1967 年冬，我出差去大洋山，在南汇芦潮港的部队接待站里候船，听部队同志介绍，自从这个接待站建起后，大洋山妇女们经常组织拥军活动，乘船过来为招待所洗被子、缝被子。

“文化大革命”时期，洋山的军民关系也遭到破坏。1972 年冬汛之前，正在洋山检查工作的上海警备区副司令员董常云，发现和了解到军民关系不和谐的问题，就同嵊泗县革命委员会（当时还没有恢复县委）主任徐文富（嵊泗守备区副政委兼任）联系，要求县里派领导干部前去配合上海警备区工作组工作，共同搞好军政、军民关系。县革委会副主任李秀成受命前往，黄育才（时任县革委会组织办公室副主任）和我两人随行。李副主任到大洋山之后，董副司令与他坦诚交谈情况，决定分头做工作，然后召开军政座谈会。会上，军、地双方各自都做了自我批评，并实事求是地提出搞好军民关系的意见和建议，董副司令和李副主任也讲了话，在团结和谐的气氛中，会议开得很成功，为恢复老传统、建立新的军民关系打下了良好的基础。

我当年在洋山工作时是大队的文书，因为这个岗位既要接触领导干部，又要联系普通百姓，所以认识我的人很多。当年驻军的团政委魏国光由此同我保持了多年的联系。那时，他常到大队来同总支书记于腾云、后一任的总支书记俞富林等领导交谈工作，他平易近人，自然也就认识了我。我调回嵊泗以后，一次，魏政委来公社党委访问，其间，领导上还让我参与一些陪同活动，这样，他对我的印象就更加深一点："你是洋山来的。"1965年冬，他在转业之前到壁下渔场去向洋山的同志告别，我正在县渔业指挥部工作，他送我一本当时还很难得到的《毛主席语录》。1970年秋，在上海市第一人民医院门诊部，我巧遇这位已经满头白发的老政委，他正由儿子陪同看病问诊，我知道他在"文化大革命"中的不幸处境，问他现在怎样了？他告诉我还没落实政策，等吧！"文化大革命"结束后，听说他已分配在上海展览馆任党委书记。

注1：长元

"长元制"是解放前渔区的经营和分配方式。据《舟山市志》介绍：具有经营能力和拥有一定资金及占有（或租入）船网工具的渔民，为取得较多的收入，雇佣渔工经营生产，习称"长元制"。长元制支付渔工工资有包薪、开脚、拔份三种，有时混合使用，经营权全操在"长元"手中，收支款项全凭长元经理，被雇渔工无权过问。此经营、分配方式沿续到建国后的互助组建立，"长元制"解体。

上书万里副总理

嵊泗县原属江苏省，抗战胜利后属该省崇明县管辖。1946年改为江苏省直属区，1947年改为"设治局"，1949年置县。1950年7月7日，嵊泗解放，属苏南行署松江专署管辖。同年9月，设"嵊泗特区"，1951年3月，仍置嵊泗县，隶属江苏省松江专区。1953年3月，中央根据彭德怀视察舟嵊海防前线后向中央的建议，决定浙江省建立舟山专区，嵊泗划归浙江省，为舟山专区四个县之一。

1960年9月，中央又决定嵊泗划归上海市管辖。我记得这一消息先传到舟山，嵊泗（当时是嵊泗人民公社）的领导人还不得而知。是年10月间，公社党委书记李秀成去舟山开会，舟山县委的领导问他：去过上海了吗？李书记回答：没啊，去哪儿干什么？这才得知中央已决定嵊泗划归上海了。自1961年1月1日起交接。

会后，李秀成书记回到嵊泗，公社接到上海有关方面来的一个电报，指示从当年第四季度起，嵊泗渔民捕捞的水产品一律向嵊泗县水产供销公司投售，除安排当地必要的供应外，全部调上海市水产供销公司。据此看来，嵊泗划上海市管辖，主要出发点是为了改善困难时期上海市场的副食品供应。当时，嵊泗年产鱼货约一百多万担，既有大小黄鱼、带鱼、墨鱼等主要经济鱼类，还有虾米、海蜇、海蜒、贻贝等海味珍品，确实对解决大城市的副食品供应匮乏十分有利。

上海市委发出〔1960〕248号文件通知嵊泗自1961年1月1日起划给上海市管辖。

自此后，上海市委、市政府十分重视嵊泗的地方经济和渔业生产的发展。这一年，仅机帆船就增加了130艘。为此，公社副社长金铭海带了一个有计委强润泉、渔业办公室邓林章、李福寿、财务部朱亚林等参加的工作班子，长驻上海协调工作。上海市水产供销公司也迅即配调近四十艘机动收鲜船，加强嵊泗鱼货的现场处理能力。当年，上海市水产局局长肖林、副局长黄大明、范纬清（时兼上海市水产供销公司经理）也曾分别来嵊泗长驻。上海方面曾规划在马关的石柱建渔港，造码头，并设想把党政机关迁往石柱，开创新城区。

在这一年里，上海市曾调配和分配了一批医务工作者、师范院校和医科院校毕业生，充实和加强了嵊泗文教卫生系统的骨干力量。如著名的外科医师钱天禧、内科医师陈保罗等，就是1961年先后调配进岛工作的；嵊泗中学许祥辉、朱文娟、蒋钟伟、郑宏章、林立峰等各科教师也是那年从上海师大毕业分配来岛上工作的。同时，还曾调配来一批气象、工业等各系统的工作人员。连新华书店也调来了书店经理蔡炳兴

上海市副市长金仲华、赵祖康曾先后率慰问团、调查组来嵊泗开展工作。经过数月的考察研究，上海市委、市政府发文决定撤销嵊泗人民公社建制，改建为嵊泗列岛党委、嵊泗列岛人民委员会，并准备分设泗礁、洋山等六个人民公社。正当党委、人委的公章发下来且已启用，领导班子还没正式任命时，1962年年初，已经有消息说嵊泗还将改属浙江省领导。以上海市委工作组组员名义，并已经带了大件行李，还有订阅的报纸杂志关系来到嵊泗，准备担任嵊泗列岛党委书记的原崇明县委副书记蔡希峰，也接通知回上海了。

这就是中发〔1962〕152号文件：自1962年5月1日起，嵊泗由上海市改属浙江省管辖。恢复嵊泗县建制，为舟山专区下辖的五个县之一（又新设大衢县）。省委先后调孙永堂、宋德铭、臧福彬回嵊泗工作。孙永堂任县委常委兼组

织部长，宋德铭任县委副书记，臧福彬任县委副书记兼县长。县委书记由守备区政委聂鸣九兼任，副书记李秀成主持县委工作。后来又调朱学勤来嵊泗任县委常委兼公安局局长。这“地方五常委”延续到“文化大革命”开始。

“文化大革命”之后，面对嵊泗地方财政困难，国家投资兴建的项目无望，渔、农、工业生产落后的现状，在机关干部中重燃了“上海情结”。于是，为改变嵊泗的管辖归属问题，我们作过不断的努力。县里一次次地有人向国务院写信，反映和要求将嵊泗改划上海市管辖。曾经写信给李先念副总理、邓小平副总理，可都不见回音。

1981 年年初，我们写了一封给国务院副总理万里的信。这封信由我执笔起草，有副县长强润泉、商业局长沈其章、水产局长王宜康、计委主任王永煊、协作办主任朱孝华等六人署名，再由王宜康通过国家渔业局副局长朱祖武，请他帮助转送给万里副总理。（此信附后）。

当时，承蒙国家渔业局朱祖武副局长的鼎力相助，万里副总理收到了这封信，阅后讲了“我看可以”，就批给民政部办理。民政部办公厅于 5 月 20 日以（81）民字第 25 号文件，批给浙江省人民政府办公厅研究提出意见。省政府办公厅于 6 月 10 日转发给南京军区、东海舰队、省民政厅、舟山地委行署，嵊泗县委县政府等单位，征求各方面的反馈意见。最后，据省里向民政部的报告称：除嵊泗县委、县政府赞同外，其余单位都不同意将嵊泗划归上海市管辖。给嵊泗人泼了一盆冷水。

亲闻洋山深水港的建设

在发出这封信的期间，曾经听到上海方面传来消息：时任党中央总书记胡耀邦在关于上海发展问题的谈话中对上海的时任领导人说：把嵊泗划给你们，怎么样？

在汪道涵任市长开始到江泽民主政上海时，最了解和关心嵊泗的上海市副市级离休干部黄大明，曾为上海市委、市政府三次起草向中共中央、国务院报告，要求将嵊泗县划给上海市管辖。其中就有 1984 年向中央报送的《关于将嵊泗县划给上海市的请示》，提到为了有利于建设出海良港，促进上海航运事业的发展，建设国际航运中心的需要。

上海宝钢也要在嵊泗的马迹山借地建造深水码头，以接纳巨轮卸载从海外运来的矿砂。嵊泗绿华山港也成为上海航运分流减载的锚地,此时,上海对嵊泗的着眼点,已经不是过去三年困难时期的鱼货供应,而是国际航运的大战略。上海为了国家利益的需要必须建设国际航运中心。嵊泗成为上海航运事业发展不可或缺的首选地。完全是从国家大局出发。

1980 年代后一次省人代会舟山代表团会议上,时任省人大常委会副主任王裕民谈到嵊泗的发展问题时说:“上海把嵊泗当成宝,浙江把嵊泗当棵草。”此话掷地有声,一针见血。

上海依然关注着嵊泗。

1988 年 5 月 13 日,担任上海市市长不久的朱镕基就复信嵊泗县县长黄忠悫,说上海同嵊泗的亲密关系,我已从其他同志那里了解了一些。长期以来,上海同嵊泗之间在经济、文化、教育、卫生等方面互相协作,互相帮助,取得了较好的成绩,对两地的经济与社会发展都起到了积极的作用。愿上海与嵊泗之间的合作和友谊得到进一步加强。

此后,上海市的领导人频频访问嵊泗。

1991 年 6 月 22 日至 24 日,上海市人大常委会副主任孙贵璋率市人大代表团 15 人考察访问嵊泗。

接着,上海市的领导人吴邦国、黄菊、徐匡迪为建深水港事宜也先后到嵊泗海域辗转考察。

1992 年 6 月 15 日,嵊泗县党政代表团一行 15 人访问上海,受到市委书记吴邦国、市长黄菊、市人大常委会主任叶公琦等主要领导人的亲切接见。

1995 年 5 月中旬,退休后定居上海的原嵊泗县政协主席王宜康(时任上海经济技术社会发展联合事务所理事、咨询研究员),在上海市副市长夏克强处得知李鹏总理为上海建深水港选址的事到了上海,就立即去他供职的事务所找所长于品浩商谈,建议最好是在嵊泗列岛选址。所里同意这一意见,并有意向做一个研究课题。王宜康马上向嵊泗县领导汇报此事,县长钟达专程赴上海,与县长助理孙为民一起会见于品浩所长,经于所长的引荐,钟达县长同上海市经济研究中心主任王战会面,畅谈有关上海深水港域选址事宜,并委托上海市经济研究中心做《嵊泗建深水港在建设上海国际航运中心中的地位与作用》的课题。

《嵊泗建深水港在建设上海国际航运中心中的地位与作用》的课题曾荣获上海市决策咨询研究特等奖和国家发展研究一等奖。也成为后来洋山建港的基本思路。

1995 年 11 月 19 日，上海市委副秘书长、市计委主任韩正等有关部门领导人一行 15 人专程考察嵊泗。同年 12 月 15 日，上海市人大常委会副主任沙麟、漆世贵考察嵊泗大、小洋山。

是年 11 月 22 日，省委主要领导人在洋山召见嵊泗县委书记、县长，交代说：你们接待上海的领导要经过省里同意。此后两年，上海市的领导人没有去过大、小洋山，更没有去过嵊泗。

1998 年 8 月 13 日，时任上海市市长徐匡迪、副市长陈良宇、韩正等一行到大洋山、小洋山海域考察，登上小洋岛，会见众村民。

1999 年 8 月 4 日至 5 日，浙江省委书记张德江、省长柴松岳、副省长吕祖善、卢文舸、章猛进等一行 15 人到嵊泗考察指导工作。当时张书记指出：这里行政区属于浙江，经济区属于上海。上海要到嵊泗来开发，应该开放。上海在这里要搞什么就搞什么。陪同前去的舟山市市长张家盟（曾任嵊泗县长）问了一句：上海要在这里建港口造码头是否可以？张德江说：可以。这里的开发，“不求所有，只求所在”。此话说得是多么切合实际！

在张德江书记调离浙江之后，尽管浙江还是采取“控制”的思路，上海要办的大事还是要办。

1999 年 10 月 19 日至 26 日，国家计委在上海召开国际航运中心深水港专题论证会，审议在洋山建深水港方案。其间，国家计委副主任等有关专家、领导 150 余人，实地考察大、小洋山。浙江省政府一位领导人也出席了此次论证会，他在会上发言反对此项目建设，表示已经有了北仑港，要充分发挥北仑港的作用，不应再建洋山港。

2000 年，国家批准上海的方案，“借用”小洋山建设洋山深水港，发展上海的航运事业。嵊泗的行政区划不变。

小洋山面积约 1.8 平方公里，在编村民 1423 户，主要以渔业、采石、运输作业为生。由于洋山深水港区工程，小洋山村民积极配合国家重点工程建设，发扬“顾国家，舍小家”的精神，纷纷选择到县城菜园镇、上海市南汇区安家落户。至 2003 年 6 月 30 日，实现了“人走岛空”的预期目标，从而为洋山深水港区工程建设的及早开工，创造了有利条件。

2003 年 9 月，省人大常委会原副主任王裕民从杭州打来电话告诉我：“我脑梗阻两次了，小应，你来看看我。”我随即赴杭州探望。见面后，他说：“我们都是舟山出来的，对海岛有感情，我走不动了，你再到嵊泗去看看，回来把情况告诉我。”

11 月 17 日，我女儿应敏因公陪同《中国审计报》上海记者站刘劲柏站长及记者冷萌晓前往嵊泗摄影采风，我正好随同前往。渡轮驶出芦潮港码头不久，就看到已经建起的东海大桥的一个个桥桩、一座座桥墩和平台。一路上，看见的都是工程船来往穿梭，芦潮港往小洋山一路海域上一片热火朝天的繁忙景象。记者们抢镜头，我也“忙碌”地摄影，我把照片冲印整理，选出满意的，一张张贴在十六开白纸上，每张边上写上说明文字，寄给了老领导王裕民，告慰他的嘱托。他收到后欣喜不已，一遍遍地翻阅，对洋山建港、造大桥的盛况，对嵊泗岛上的诸多变化，非常欣慰，打来电话一再表示“真好呀”！

曾在嵊泗工作过的老同志合影

现代化港口的建成，给人民展示的不仅是一幅壮观的美景，更是上海真把嵊泗当成宝地的实证。

嵊泗的一位老领导曾经对我说过：“嵊泗是被‘划’穷的，‘划’苦的。”这话一点不错。因为划回浙江，使上海初拟的一幅蓝图无以实现；因为怕再划出浙江，省里不再安排建设项目在嵊泗。好在，好事情已经开了头，总还会有发展。洋山港已经显示出它的无穷的生命力，国家建设绝不会到此止步。相信嵊泗的前程会更美好！

作者简介：

应启新，籍贯：浙江余姚。曾任嵊泗县人大常委会副主任兼办公室主任。1985 年调往嘉兴市。

附件:致万里副总理的信

万里同志:您好!

我们是为浙江省嵊泗县的隶属关系问题,向您反映情况和提出建议,占用您一点宝贵的时间。

在向"四化"进军的征程中,大家都想把自己的地区建设得快一些、好一些。我们深深感到,一个县的发展,固然是由它自身的条件和工作发展的成就决定,但与行政区域的归属也有极大的关系。为了使我们嵊泗县发挥以渔为主的经济特点,支援大城市的副食品供应,更好地支援国家的四个现代化建设,同时搞好自身的建设,我们如实反映情况,建议将嵊泗复归上海市管辖,请中央、国务院研究。

一、嵊泗行政区划的历史沿革

嵊泗列岛地处长江与钱塘江的出海交汇处,临近上海市。全县七万八千九百多人口,分住在二十六块岛屿上。县委所在的泗礁岛,离上海的吴淞口六十二海里,离舟山地委所在的定海县七十四海里,我县西部的小洋山岛,离上海南汇县仅二十海里,最西端的滩浒岛离上海金山石化总厂只有十二海里。

由于嵊泗的地理条件,历史上行政归属曾多次变动。据记载,抗日战争爆发之前,当时,整个嵊泗列岛隶属江苏省崇明县,为该县的第五区。一九四四年四月至一九四五年八月,曾将大洋山岛及黄龙岛的南港(即该岛的南半部)划给浙江省定海县。可能是以纬度画线,才将这仅有五点九平方公里的黄龙小岛分属江、浙两省管辖。抗日战争胜利后,嵊泗列岛全部归属江苏省崇明县,一九四六年,改为江苏省直属区,一九四七年改为"嵊泗设治局",至一九四九年建县治。

一九五〇年七月七日,嵊泗解放后,隶属苏南行署的松江专区,一九五三年四月,划归浙江省舟山专区。一九六一年一月一日起,划归上海市管辖,实际工作及经济关系在一九六〇年十月起已接上。一九六二年五月起,又再次被划回浙江省舟山专区。

二、嵊泗的经济特点

嵊泗是个渔业县,周围海域的海水浓度、温度和深度,适宜多种鱼类栖息、繁殖、洄游,又有长江及钱塘江水冲下的丰富饵料,因而形成东海的主要渔场。盛产黄鱼、带鱼、墨鱼、鳓鱼、海蜇、蟹、虾等人民生活需要的水产品,最高年产量在二百万担以上,除当地销售三四万担,其余鱼货均运往上海市场供应,或转运全国各地。岛上农田很少。工业主要是为渔业生产服务的机械及船舶修造工厂。所以有史以来生产、生活资料主要依靠上海市支援供应。一九六〇年十月,党中央、国务院决定将嵊泗划归上海市，当时正在困难时期，嵊泗生产的水产品对上海市场供应确实起了以鱼代肉的作用。

可能是出于军事战略上的考虑，一九六二年年初，中央又决定嵊泗划回浙江。

三、我们的几点建议

现在，情况已经起了很大的变化。为了照顾嵊泗历史上与上海在行政、经济上的密切联系，为了有利于嵊泗生产建设的发展和保证上海市场的供应，嵊泗人民切盼仍将嵊泗划归上海市管辖。理由是：

（一）一九六二年嵊泗划回浙江，可能是因为蒋帮妄图窜犯大陆，嵊泗驻军属于舟嵊要塞区，军政分属两个省、市，不便于统一指挥，不利于战备。我们认为，军队归哪里领导，地方也该归哪里管辖，这不能是绝对的。军队跨地区驻防的情况很多，就在我县洋山区，至今驻军是上海警备区的部队，但那里三个公社也没有划给上海市的某个县去管辖，况且，驻我县的空军也是上海的部队。

（二）从经济关系看，历史上嵊泗渔民一直是将各种鱼货运往上海投售，又从上海采办渔需物资及生活用品运回嵊泗。按照最经济、最合理地组织商品流向，应该是嵊泗的所有鱼货和嵊泗所需的生产、生活资料全部纳入上海市计划安排。

自一九六二年划归浙江省以后，按行政区划组织商品流通，商品倒流，层次繁多，费用剧增，严重影响了市场供应。当年，我县的有关同志写信向国务院李先念副总理反映，要求按经济区划编制商品流转计划和分配商品，恢复历史上传统的、合理的流通关系。此信经李先念副总理批示，国家商业部专门为嵊泗县的商品供应问题，于一九六四年七月九日发出商组字第 934 号文件给浙江省和上海市商业厅（局），建议由上海市按经济区划将嵊泗县纳入计划，组织商品供应。

此举使嵊泗工业品、副食品的供应，在计划经济时期得到与上海郊县同等的特殊待遇。但这只是商业系统的物资供应渠道。其他系统部门尽管很多也是上海产品，却要经由上海运到舟山，再转运至嵊泗市场。进岛的物资渠道是如此，出去的鱼货也有这种情况。去年冬季，上海市为解决市场供应问题，国有水产贸易货栈以现金议价收购，招引外地鱼货投售。嵊泗渔民不顾收购计划安排，擅自进上海港投售，有账可查的即达十七万担，严重影响了本县收购上调任务的完成。而且渔民得了现款，私分的较多，影响集体经济的巩固。

如果嵊泗划归上海市管辖，这一些不合理的商品调拨、物资供应渠道、鱼货投售问题，就可妥善得到解决。

（三）主要为了全面地充分发挥嵊泗这个渔业基地的作用。嵊泗列岛周围就是渔场，也是上海渔轮进出捕捞的必经之地。一九六一年，嵊泗划归上海市管辖时，上海市委、市政府为了充分发挥嵊泗的地理特点和经济作用，不仅积极扶持当地渔业的迅速发展，捕鱼机帆船从一百四十八艘增至二百七十八艘，国营水产供销公司机动收购船从四艘发展到四十三艘，并且计划在嵊泗投资建渔业基地和渔轮补给基地。据我们了解，当时上海有一个发展崇明岛、嵊泗列岛的“双岛计划”。为此，上海市委、市政府先后派出两名副市长、多名部、委级干部、七名局级干部等八十六位同志分批前来嵊泗进行调查研究，规划建港和岛上建设，使上海海洋渔业公司渔轮可以在嵊泗补给、中转鱼货和避风，减少往返路程，节约生产费用，增加生产。可惜，正当上海市委、市政府初步确定对嵊泗渔业基地先投资一千万元规划建港的时候，嵊泗的隶属关系改变了。

我们嵊泗列岛岛屿分散，风浪较大，交通不便，各项建设困难是很多的。自身的财力尚不足地方的开支，技术条件又差，只有在国家的大力支持下才能得到较快的发展。而浙江海岸线长，舟山岛屿众多，有限的资金与物力，不可能较多地投于这个建设难度大而又（处于）边远的小县。如辖制在上海，上海市有了这个纯渔县，就会以大力建设好这个渔业基地。嵊泗建设上得快，对国家贡献可能大一些，且对国防的巩固也是有利的。

现在，我县渔业劳动力有多余，因为船只、工具不足；上海市为解决市场供应，迫切需要发展渔业生产，但渔业公司缺少下海劳力（市区及郊县招工不适应海上作业），因为行政区的分割，又不能来嵊泗招工，以至双方都难以发展生产。

万里同志：在去年十月举行的嵊泗县第八届人民代表大会上，广大人民代表曾纷纷要求大会作出决议：向上级要求将嵊泗划归上海市管辖。这个呼声代表了广大人民的共同心愿。据我们了解，上海市党政领导也有这个设想。

上述意见，我们曾于一九七九年七月写信向国务院、李先念同志反映；一九八〇年，中央书记处建立后，又写信向胡耀邦同志、彭冲同志反映；现在，我们再向您反映，希望中央、国务院在国民经济调整中，考虑对嵊泗行政区划的调整。虽然，这个问题对于全国来说，仅仅是一个小事，却是嵊泗人民的头等大事。我们恳切地盼望得到您的关注。此致

敬礼！

嵊泗县人民政府、县人大常委会机关干部：

强润泉　沈其章　王宜康　王永煊　朱少华　应启新

一九八一年四月三日

回忆胡阿满

章新亚

作者（1970 年代）

胡阿满是嵊泗县渔业指挥部指挥（包括他终身担任的嵊泗县渔场指挥部指挥）。平时，我们都称呼他“指挥”或“胡指挥”，就是地、县领导也这样称呼他。地委、县委只有最资深的领导比如铁瑛、李辉、高子成、卢英贤以及李秀成、石运鼎、王永根等，才有叫他“阿满”的。

有很长一段时间，胡指挥身兼多职，拥有多重身份，获有多种荣誉称号。我不能一一记清，更说不完全。我怀疑，有些恐怕连他自己也不完全弄得清楚，只是在要他去参加什么什么会议时，才知道自己还兼着什么什么职务。如果硬要叫我说一说，也只能是大致的。从时间上由远及近，知道他在嵊泗县枸杞人民公社胜利渔业生产大队党支部担任支部副书记、书记后，又先后是这个公社的党委委员、公社党委副书记兼胜利大队支部书记，中共嵊泗县委委员，中共舟山地委委员，中共嵊泗县委常委、嵊泗县委渔业工作委员会副书记（主持工作），县渔业指挥部党委书记、指挥部指挥、指挥部党组成员，嵊泗县革命委员会副主任（相当今副县长）、县人大常委会副主任。获有地委和县委分别授予的“优秀党员”等荣誉称号。甚至还兼任过国有嵊泗县水产供销公司党委的副书记等。嵊泗是一个纯渔业的县，如果说，县委渔业工委员会是县委“以渔为主”指导思想的承载体、县委工作向渔业倾斜的实践点，那么县渔业指挥部便是县委、县人民政府工作的“半壁江山”，地位之重要，显而易见。所以，纵然他担任有再多职务，留给人们映象最深刻的，还是县渔业指挥部的指挥。“胡指挥”是他最响亮的称呼。

胡阿满（1934.1.3 ~ 1998.7.7），浙江省嵊泗县枸杞乡枸杞村（1952年，在村一头的渔民率先组织起胜利渔业生产互助组。1953年建小乡，嵊泗县下辖乡镇增至19个，枸杞村的胜利互助组一带建成胜利村。“胜利互助组”先后建成“胜利渔业生产合作社”“枸杞乡第一渔业生产合作社”。人民公社化后，又建成枸杞公社胜利渔业生产大队。恢复乡镇政权后，仍称胜利村，一度改称山海村（2002年，境入新置的龙泉村）。枸杞岙口是枸杞岛最大的自然岙口（自然村）居民聚落呈半月形块状分布，中有一溪沟，将半月形一分为二，胜利村为其中之一。曾有写作“勾奇”的。枸杞以岛置乡，以岛名乡。而村名与岛名与乡名重，且两度（1934 ~ 1953、1954 ~ 1958）为枸杞乡（公社）机关驻地，可见这个村地位之重要。村东南五里碑峰顶巨石上镌刻的“山海奇观”摩崖石刻，是明代曾任浙江宁绍驻舟山参将（俗称“舟山参将”）侯继高率官兵驾舰巡哨这一带山海时（1590年）留下的墨宝。

该如何评价“山海奇观”，我不敢妄言。但如今这“山海奇观”摩崖石刻，已被缩小制作成各种模型，在各地风行。像一位睿智的老人，用现代话，娓娓地向人们述说着嵊泗、舟山，乃至整个浙江沿海的文化和历史，关于海洋的、海岛的、海产的、海防的，海洋国土的文化和历史，这倒是不争的事实。我弄不懂，是人杰地灵呢，还是地灵人杰。

胡阿满他出生于民国廿二年（1933年）十一月十八日。此前，上面已有两个哥哥和一个姐姐，他是这个家庭的第四个孩子。生男孩本来是渔家的大喜事，长大以后可下海捕鱼（旧时妇女不能下海，忌讳上船）。可是，父亲是长年给别人家捕鱼的渔工，就是当地人称之为“吃包袱饭”的，一口风一口浪换来的微薄收入，养活3个孩子已属不易，再添丁口，负担不起。所以，他的出生，不仅没有让这个家庭“喜庆”起来，反而感到“多余”。但有什么法子呢？生儿育女，上苍主宰。牢骚只好发在向上苍祈求上：别再添了，人丁“满”了，到此为止吧。如果说大哥二哥的出生，做父亲的还祈求子女们“富”起来，别再像他那样“穷”下去“苦”下去了，名字中间都嵌有一个“富”字的话，那么，对于老四，父亲用了一个“满”字。意思很明白，那就是说，人丁够了，不要了，养不起了！因为二哥叫富法，便顺着给了一个“满法”的名字。南方人称呼中爱加“阿”，“满法”常被呼成“阿满”。时间一久，习惯成自然，倒把“满法”的本名给淡忘了，以后就连私章上刻的也是“胡阿满”。不过这个“法”字似乎也有魔力，满法这孩子从小就循规蹈矩，很听话，少淘气，父母省心。只是旧社会海岛私塾少、学堂更少，家里又连温饱也管不住，与满法同龄的别的孩子读书、识字那回，他却依旧穿梭在家门口的沙滩里、礁岩堆，捡螺拾贝弄滩横，赴水赶潮读大海。当然也会去后山头，爬裸岩，攀树枝，割草斫柴掏鸟蛋；在巴掌地上垦土种菜识自然。只是这孩子天生责任心强，挨到10岁便逐渐担当起提供家庭烧柴的重任来。为砍柴，他小小年纪爬遍了整个枸杞山，哪里有茅草灌丛，哪里多荆棘野藤，他成竹在胸。13岁以后，他砍柴"砍"出了枸杞岛，跟着成年人，往来在枸杞周边各悬水小岛间。风里来浪里去，把砍来的成捆柴草运到枸杞，挑进家里。因为有他的辛勤付出，他家门口的柴篷（垛），总是堆得又高大、又方整。路人一看就知道那是一个勤劳之家。在后来我与他相处的那些日子里，只要我们碰到他又粗又厚又大又壮实的手掌，胡指挥就会说，是捏镰刀柄捏出来的。他还说，到处砍柴那几年，碰到春夏汛，他还要去别人家船上拖乌贼（墨鱼）、抲海蜒。这两种活，劳动强度最大、最吃力的活就是摇船（俗称摇橹、橹手）。他从摇舱橹做起，做到摇大橹、把舵。特别是拖乌贼，他说，乌贼要进网，橹得紧手摇，一丝也不能松。关键时刻，你有力气得摇，没有力气也得摇，简直就要摇煞人！真的，有时摇得眼冒金星、头晕眼花、脸色发白也不敢松手。1958年，"大跃进"，搞技术革新，有人发明用风帆代替摇橹拖乌贼，这要求操作风帆的人技术很高，我也去试过，总觉得施展不开，但施展不开也要弄，领导推广的。后来，宁波动力机厂生产单缸20匹、30匹小柴油机，带角船装上小机器，一车就车到浪岗去。小发明也自然丧失了话语权。还是机器好啊！胡指挥说。夏天洗澡时，每当我们羡慕地凝视他厚实的胸膛，粗壮的两臂，尤其是凸起的三角肌时，他总会憨厚地笑着说，做生活人（体力劳动者）么，摇橹摇出来的。16岁上头，胡指挥就继承父辈的衣钵——给人家捕鱼（做渔工，"吃包袱饭"）。好在不久家乡解放，军民"剿匪肃特""镇反肃反"，共产党和人民政府尤其重视发展渔业生产、加强渔区基层干部队伍建设，救助渔民生产、生活，"三反""五反"同时，培养大批渔民积极分子，去充实基层干部队伍。1952年度过春荒后，胡阿满与众人一起组织起胜利渔业生产互助组。十八九岁正青春、勤劳质朴的他，被公推担任互助组副组长，从此踏上担任基层干部的路。1953年，嵊泗县掀起渔业生产合作化运动，县里选拔互助组的优秀分子，进县互助合作训练班学习训练，胡阿满名列其中。因为学习刻苦努力，成绩优秀，就在训练班加入了中国共产党，成为一名光荣的共产党员。胡阿满是一诺千金之人，从此，他把自己的一切（甚至包括家庭和子女的利益)，都献给了党和人民的事业。时刻用共产党员标准规范自己，对党对人民无限忠诚，党叫干啥就干啥。无私奉献，身体力行，兢兢业业为党工作，为渔民服务。

从 1953 年 4 月起，胜利村互助组建成枸杞乡第一(胜利)渔业生产合作社。社员们看上曾为互助组副组长的胡阿满公道公正，公推他担任合作社监事。1955 年，胡阿满驾着合作社的渔船，与县内兄弟单位渔船一起，首次赴大陈渔场试捕带鱼，并获得成功。人民公社化以后，枸杞乡第一渔业生产合作社建成枸杞公社胜利渔业生产大队，胡阿满全身心投入建设渔业生产船舶动力机帆两用化(俗称“机帆化”，木质渔船安装机器，保留风帆，兼用机器、风帆两种动力)，先后担任木帆船老大(船长、舵手)、带头船老大(带领老大的老大)和机帆船老大、机帆船带头船老大。1962 年中央“七千人大会”后，胜利大队带头船老大胡阿满，先后任中共枸杞人民公社胜利大队党支部副书记、书记，中共枸杞公社党委委员、副书记兼胜利大队支部书记，公社革命委员会副主任(相当今副乡长)，并成为枸杞全公社渔船(包括各渔业大队的带头船)带头船老大，被渔民亲昵地称之为“大老大”。1976 年 2 月后，他被国家吸收为“半脱产”(兼有国家干部和集体干部双重身份，工资由国家财政和社队集体各支一半)干部，是中共嵊泗县委渔业工作委员会副书记(书记由县委书记兼任)之一，行政职务是嵊泗县渔业指挥部指挥、县渔指部党委书记。同时兼有中共枸杞人民公社党委委员，县委和地委委员身份。其间还先后获县委和地委分别授予的“优秀党员”等荣誉称号。同年 7 月起，他先后以中共舟山地委委员身份，当选舟山地区第一届党代会(1976.7.3)代表，浙江省第六届党代会(1978.5.23)代表。以中共嵊泗县委常委身份，当选县四届党代会(1978.9.19)

代表,以县革命委员会副主任身份,当选县七届人代会(1978.9.25)代表。以嵊泗县人民代表大会常务委员会副主任身份,当选县八届人代会(1980.10.21)代表。以县委常委身份,当选省七届党代会(1983.11.24)代表,县五届党代会(1984.7.26)代表。以县人大常委会副主任身份,当选县九届人代会(1984.23)代表,舟山市第一届人代会(1987.5)代表。退居二线后,他仍是县六届党代会(1987.8.31)的列席代表,县十届人代会(1987.4.21)的正式代表。

他被吸收(俗称"转干")为国家正式干部的时间为1979年9月。是年11月20日,中共嵊泗县委行文县委渔业工作委员会(胡为专职副书记)并县水产局(半脱产干部、县委常委、县革命委员会副主任王忠元兼任局长)通知:王忠元、胡阿满两同志转正定级(户口随迁,吃商品粮——编者)此后,胡阿满以国家正式干部身份继续担任上述职务。

1979年的胡阿满

1980年11月后,胡阿满不再担任县革命委员会副主任一职,改任中共嵊泗县人大常委会党组成员、人大常委会副主任,其间还兼着县水产供销公司党委副书记职务。1987年后,胡阿满任县人民政府副县级巡视员,县渔场指挥部指挥。1994年3月退休后,终身担任嵊泗县渔场指挥部指挥,同时被聘为县人民政府顾问。

1998年7月7日7时,胡阿满突发心脏疾病,经抢救无效,匆匆离我们而去。有渔民抹着泪说:大老大出海啦,只是这次出海赶得有点急,甚至没有来得及与家人说一声。也正常,我们扪鱼人赶潮水嘛!

我相信胡阿满在天堂依然在捕鱼的说法,而且依然是带头船老大。抬头仰望浩瀚星空,点点繁星便是仙界渔火,哪颗最亮的说不定就是大老大带头船的桅灯呢。

胡阿满从小捕鱼。捕鱼是他赖以生存的唯一手段。当了干部以后,他还是捕鱼,他捕好多鱼,让好多人富。后来,捕鱼成了他唯一的爱好。捕鱼时,他最投入、最专注、最快乐、最潇洒,也最风流倜傥。那一年,他和舟山名老大郭钦再、陈良银、周叙成等在一起,被舟山地委宣传部摄影干部叶文清抓拍下来,照片保留至今。我反复端详,感觉一群名老大,他们都很英俊,但我们胡指挥最年轻。

为了捕鱼，他问海、识海、读海、敬海，以海为伴。为了捕鱼，他辨鱼、懂鱼、疼鱼、护鱼，与鱼共舞。他深深地爱着海，爱着鱼，爱着与海与鱼有关的一切。因为爱，他捕到的鱼总是比同样付出的别人多得多。分配时，他得到的那一份又总和大伙一样，甚至还要少一些。于是大伙愿意跟他捕，跟着他能增加收入。于是他又把"急需要增加收入的"揽在自己身边，让更多急需要脱贫的先脱贫。于是需要他"揽"和被他"揽"的渔民人数越来越多，地域范围越来越广。以致最后，他把嵊泗县全县渔民都"揽"起来了。成了渔民亲近的"大老大"。那"大老大"是渔民从心底里叫出来的，"大老大"的头衔实至名归。当上国家干部、拥有众多荣誉称号后，他上交不谄，下交不骄，渔民群众打心底里喜欢他、爱戴他、敬重他，由衷地说："大老大人好足嘞！"有人还文绉绉地说："功名只向海上取，真乃渔家一丈夫！"

胡阿满在渔船上

他在指挥部"当家"那回，要不是开会，很少坐在办公室，十有八九在海上。我们说他在为渔民兄弟做义务"渔工"，可胡阿满却另有他自己说法。他说："不是我在帮渔民，是渔民在帮我。不是说我是"指挥"么？"指挥"本领哪里来？介多渔民教出来！介许多渔船，每一风都分散在各个海域捕鱼，从海图上看，各渔船就是各个观察点。在渔场，在船头，召集老大们，开个碰头会，大家都说自己的情况，谈出自己的看法。我便知道了全渔场的大概。根据鱼情、海况、气象和老大们的意见，我们才有确定下一风鱼发渔场中心位置的依据。你们说我喜欢下海，喜欢捕鱼，喜欢和渔民在一起，其实我是在拜师傅呢。离开渔民师傅，离开大海，我这个"指挥"咋当呢？《封神榜》说土行孙姓土，离开"土"就一点"法道"也没有了。我胡阿满姓海，离开大海，我就是木头人一个！当然也有一带两便的，有的生产单位（渔船），长时间捕不到鱼，群众埋怨，老大灰心，我就到这个单位去帮他们捕一风，看看问题究竟出在哪里，也好改正操作思路，增强信心。这种情况是有的。平时，我没有什么好“孝敬”渔民师傅，当他们需要的时候，给点技术，给点经验，给点支持和信心，也还是应该的嘛。你说呢？”说到这里，胡指挥还要憨厚地一笑，把大家弄得服服贴贴。渔民都希望着“大老大”哪天突然会到自己船上来捕鱼，可即便帮大家捕来成千上万斤鱼，他也是一尾不取。这又使渔民十分过意不去。他们总感到“大老大”给予他们的太多太多，又拒他们表达感情于太远太远，连他们想给“大老大”递支香烟，表一个心意的机会都不给。虽说渔民胸襟怀大海，有泪不轻弹，但这样好的“大老大”突然离他们而去，还是让许多硬汉哭倒在地。

我虽然生活在舟山群岛，是土生土长的舟山人，但是出生之地在定海，小时候没有少享受“舟楫之便”，却没有经营过“渔盐之利”，更不用说驰骋汪洋大海了。1976 年，胡指挥任中共嵊泗县委渔业工作委员会（主持日常工作的）副书记那回，我有幸在他麾下工作，是他（当然还有县委常委、县革命委员会副主任兼县水产局局长王忠元，以及 1958 年就任嵊泗人民公社党委副书记的资深领导、县委常委、县革命委员会分管渔业的副主任王永根等其他领导人）为我补上了这一课。跟着他们，我千里踏浪，遨游了东海、黄海、闽海大部分渔场，北至江苏吕泗、南到石浦、大陈、三沙，反正渔船到哪里，我们到哪里。好在那时渔船还没有走出国门到世界渔场，还没有发展“远洋渔业”，否则，我极有可能去国外渔场转悠呢。这是畅想。不过公海倒确实有我们的足迹。记得县里渔业生产指导船刚“服役”时，崭骨始新，人见人爱。渔民见了，总要上去走一圈，伸手摸一摸。

一天，煦日和风，黛山清明，微波细浪，沧海镜平。船长决定，开船试航。因为新船投入生产前必须经过各种检测，做好所有准备工作，包括加油，加水，校车，校罗针。胡指挥奉命跟船，梭巡渔场，我们随行。按照指挥意见，船出泗礁，走大戢，小戢，过鱼山，这些都是渔场基准点，然后到舟山岛，很快跑遍定海港，沈家门港，做完该做的事情。我们几个初登新船的，觉新鲜，一会便离开指挥、船长他们，在艄艉穿梭，进厨房，入中舱，登甲板，攀护栏，只有机舱才少去问津，因为那里柴油味太重，又机器声震耳欲聋，不好待。这一路经过岛屿很多，船员们坚守岗位。我们释怀，迎风逐浪，沿途观景，畅怀抒情，笑逐颜开，海阔天空，侃侃而谈。我还赋歪诗一首，且学着古人样子，读给指挥他们听，以求通俗易懂。诗曰：

崭新渔业指导船，
颜色青灰军装穿。

千吨铁甲碾沧浪，
百数马力驰碧原。
桅顶天线翎子抖，
空中电波话语传。
渔船就作娘船看，
翘首识别打老远。

指挥听了以后，不紧不慢地说，蛮好，蛮好。我知道，指挥是在鼓励。接着他又说“翎子抖”“打老远”蛮好，渔民就是这样说的，说指导船桅顶的天线像京戏里戴啼鸡毛的那样有威风。“打老远”就是渔民平常的话嘛，“打老远”就能分辨、看出是指导船来了。蛮好，蛮好。我听了，心里美美的。

船出乌沙门，过里洋鞍、外洋鞍后，径向四姊妹岛，两兄弟屿。这一路仍走渔场基准点岛屿。怕接下去生涌浪，影响大家胃口，伙房赶紧招呼大家用餐。大家饱餐一顿后，望洋抒意的兴致不减。海水渐呈清碧，后来还看到了带鱼旺发渔场的“白迷迷”海水。船出外洋（那时 80 米 ~120 米水深的海域被称为“外洋”，其实此“外”是对张网、小对作业的内港、也就是岛屿附近的“内洋”作业而言），虽无大浪，但慢涌渐生，一晃一晃的，觉着头晕。指挥看了我一眼说，进舱去休息一会吧？还好，我说。原来，痒浪这东西你想赖也赖不掉，你才有感觉，脸上已经反映出来，有经验的人一瞟你的脸色就知道，何况在久经风浪的指挥面前。指挥知道我在坚持，说，能坚持就好，都是这样过来的。刚过两兄弟屿，前面出现一片双色海水，一股黄色，一股蓝色，浊者自浊，清者自清，互不浸润，界限就是一条线。我十分好奇。我问船长，船长说，潮隔嘛。我依然不懂，指挥说，这是两股潮水。发生原因很多，可能一股来自沿岸，夹带大量泥沙，一股来自外洋，自然就清爽多了。说不定这两股海水温度也大有差别呢，一般说来黄的低、蓝的高。这回是胡指挥做老师了。为什么黄蓝两色不会混淆？是潮隔健，双方力量都很大，势均力敌，接触面（专业上叫“锋面”）才会形成一条线。这条线在海面随着彼此消长可上下左右移动，但在满足他条件之前不会模糊混淆，会维持一段时间。海里锋面纵向有，横向也有。锋面于渔业很有意义。你想想，在一个潮隔里适温游动的鱼，突然间碰到另一个温差很大的潮隔怎不纷纷回头？于是就形成更大的鱼群，为渔民提供捕捞机会。一个潮隔问题，被胡指挥说得如此形象易懂，如此透彻清楚，让我印在脑海里，至今没有忘记，这出于我的意料。我佩服胡指挥的过人的逻辑思维和表达能力。我趁热打铁，直奔主题。问，指挥，海里的鱼究竟是咋回事，一会黄鱼多，一会带鱼多，一会又来马面鱼，您能分析得出来吗？话虽出口，但心里想想感觉有点问得过头，这不是把指挥看作“神仙”了吗？正设法转移话题，没想到指挥就正面回答我的提问。他说，小章，这海里的鱼，就像地面上的草，鱼草鱼草，鱼也是草。你看看，地上的草，有几年这一种多，有几年另一种多，特殊年份，有的怎么锄也锄不尽。草是一个系统，鱼也是一个系统，内部哪年哪种多，都是此消彼长的结果。指挥的回答，彻底把我降服了。因为听得专注出神，疰浪也在不知不觉中没有了。

船到浪岗，船长令下锚，锚链移动声未落，已见有人在吊小艇。他们要登岛？我想。浪岗海水澄冽，空气清新，一片惬意。我想请指挥讲讲有关浪岗的事情，问指挥：你们扤鱼常来浪岗吧？指挥说，常来，也不常来。浪岗带鱼窠，不多也会多。就是说扤带鱼季节，如果到处鱼发不怎么好，这里也有好网头。花鸟东北首，去扤总归有。浪岗比花鸟还要开（向东）一些，更加“有”。但“开”了，潮水健，浪大、风猛、路远。扤木帆船时，有条件到这里来的，不多。因为来的，一要技术硬，心猛（决心大），二要网具新（不易破网）、船硬（牢固、经得起风浪蹦跌）。现在扤机帆船了，谁都能到浪岗来，不稀奇。问题是现在带鱼也不做“窠”了。一番话，引来了大家一阵会心的笑。浪岗三块山，上落实繁难，家有薄粥饭，永勿上此山。传说早些时候，渔民遭风，翻船，爬上浪岗，最后饿死在岛上，临死前题了这首诗，船长说。大家说，诗倒是写得蛮好，这渔民也有文化的，就像小章哪种。他们说笑话调侃我。

“快杀鱼来”！循着叫声，抬眼望去，只见刚才拨弄小艇的几个人正把小艇靠上来，顺手提着满满一铅桶鱼。我还没有弄明白怎么回事，只听他们说，就一支香烟功夫，钓来一铅桶！噢！原来我们扯白水（侃大山），他们钓鱼去了。我们跑过去看，多是虎头鱼，也有几条铜盆、铁盆，还有青郎、花端（真鲷类，石斑类）、个头很大，除虎头鱼条头不出半斤外，其余可在1斤以上，大的约有2~3斤。赶快杀，吃新鲜，我说。船上没有不新鲜的，厨师说。遗憾的是一铅桶鱼没有一条是活的，都是鱼体僵硬毕翘的样子。我纳闷，怎么不弄点海水养呢？船长说，别操心，这东西提出水面就死。人多好用力，大家刮鳞的刮鳞，剪毛（鳍）的剪毛，开膛的开膛，去肚的去肚，下脚料就倒进海里，继续喂鱼。不一会，一铅桶鱼全弄干净送进厨房。没料想厨师竟把他们煮成一大锅，大小不分，全红烧，最后将一大把新鲜大蒜撒上，揭盖，哇！那气，那味，怎一个香字了得！大家一大盘、一大盘地盛，敞怀吃，那才叫得上一个鲜！一阵疯狂以后，我帮厨师收拾残羹，没想到，不管盆里的、锅里的、剩下的，大热天全打冻了。我又大惑不解。指挥说，汤浓，这东西随冷随打冻，说明东西好，鲜度高嘛！我点头赞同。

船长下令，动车，起锚，往海礁。指挥说，外面可能有慢涌，好东西落肚（不能让大家疰浪），小章，你给大家讲个故事吧？我？不，大家一起讲。不管你们谁讲，分散注意力好，指挥说。我脑子一转，决定引起大家注意。我给大家说一个军事秘密。什么秘密？大家一副不相信的样子，但凑拢来了，意思还是想听。1956 年 8 月，浪岗山海域发生过一件大事。美国海军 P4M-IQ 型电子侦察飞机 1 架，从台湾新竹机场起飞，隐蔽接近中国大陆，沿江苏沿海南飞，窃取中国东部沿海城市（包括上海大城市）和人民解放军舟嵊防区的政治，经济和军事情报。我空 4 军第 2 师第 6 团歼击机奉命升空，在黄泽山上空向这架美军飞机开火，将其击成重伤。美机为毁灭其侵犯中国领空的铁证，重伤着火后仍不忘摇摇晃晃地向公海逃窜，最后坠落在浪岗山海域。后来解放军和民兵舰船组织打捞，才在这一带海域捞上飞机残骸及飞行员遗体……这算什么机密？ 20 年前头的渔民都知道，搜索打捞，一段时间，渔船、民兵就这个任务……不觉中，船已到海礁。下锚后，他们还要去钓鱼。这一次我紧紧跟上，还老早就向船长借来钓线，准备好鱼饵（冻墨鱼切成小条）。去的人多，直到小艇挤不下、船长阻止为止。我说，海礁是我们国家门口的“地栿”，走出这里 12 海里，便是公海了，提议大家先去看国界碑。大家都说，好！可艇“老大”不同意，他说船长说过的，钓鱼的时间也不够了，否则回去太晚，下次有机会的。我们只好作罢。海礁钓鱼其实不是“钓”，是“收”。你只要把钩有鱼饵（甚至绑个棉花团也行）的钓线往水下放，甭管放长放短，手感一抖，提上来就有鱼。从开始钓起，船舱里两只铅桶就叮咚叮咚不停地响，直从空桶响到满桶

龙门礁（右）

为止。空山瀚海间，欢呼声此起彼落，哇！大虎头鱼来了！这算什么，看我青郎上钩！哇！花端、花端！不一会两铅桶装满，舱板上还撒了一地。这一会，除烧着吃一些外，大部分被冷藏起来，留着以后慢慢品尝。指导船在机动渔场（公海）转了一圈当晚回嵊山，第二天上午我们三五人应邀去指挥家做客。

指挥家的房子是解放后新建的，低矮的旧瓦房，兵营式，正面3间。子女大了住不下，左首加建一幢2间。墙壁斑驳，家具老旧，房子失修。石垛上爬满野藤，长满野草。女主人姓汤，小指挥2岁，也出自贫苦人家，身材瘦削高挑，动作麻利迅疾。指挥长年下海，日夜忙海里的事，家里养老育小，千斤重担都由她1人挑。每提起她，指挥总会说，我老太婆总是苦足了，嫁我这样的人，太苦了，充满愧疚。我们尊敬地叫她大姐或汤大姐。汤大姐在屋内忙里忙外。一会儿一满桌丰盛的海鲜摆上，招呼我们吃饭，指挥陪同。

新指导船试航给我留下了美好的回忆，一度也拉近了我与船、与海、与渔民的距离，直让我自己欣赏起自己的适海适航适渔天赋来。然而，接下去的折磨，不得不由我对曾有过的自赏结论予以重新评判。

冬汛一天，气象报告，渔场有阵风10级的大风影响。渔业指导船和渔船一起进石浦港避风。我们刚踏上码头土地，正想放松心情，突然接到上级指挥部和省地领导的电报指示：大风临近，紧急催促渔船速即进港避风。各级渔业指导船，分口把关。如管辖范围内尚有1艘渔船没有进港，指导船必须坚持在洋面护持、待命，不许进港。船员立马走上岗位自不必说，在船的指挥部干部原班人马立即返船，以对应急处置。指导船顶着风浪起航。风越刮越大，浪越掀越高。开始，我赖在驾驶室，伴船长、大副他们值班，当然也有想考察一下自己到底有多大能耐的小算盘。指挥和船长几次催我进舱休息待命。我反问他们，你们会疰浪否？他们认真地告诉我：谁都会疰浪，指挥、船长也会，只不过他们不会吐，不会晕，仅表现出疲劳，不想吃东西，见什么都没胃口。叫说有人天生不疰浪的，但他们没有看见过。浪拍击着驾驶台，把玻璃弄得嘭嘭响。突然一个巨浪打上护栏，护栏钢管瞬间扭弯。我赶紧钻进休息舱躺下，躺下是应对疰浪的最好办法。透过舷窗玻璃，我看见船已跌入一个碗底形浪谷，四壁全是高出船体数倍的海水墙，船在“碗底”就如同一只蚱蜢。卷转的浪头一下（接一下地）把船体覆盖。船一会被压在浪下，一会又被送上浪峰。我躺在床上也不济事。身子滚着、移着、跌着、宕着不说，惊魂动魄的是身子时被高高抛起，直上半空。船员睡铺，本来空间就不大，净高不过80厘米，有几次，抛上去头鼻被重重地砸上床铺天花板，弄得鼻青脸肿。我根本控制不住自己，哇哇地吐光了所有食物、清水甚至胆汁，吐光了，身子还是继续作呕吐状，仿佛非要把胃给吐出来不可。偶有不吐间歇，也是头晕眼花、神情恍惚。黑夜里，巨浪中，船员一阵又一阵地忙碌，那是指导船通过电台执行上级指示，命令引导、护卫了好几艘渔船进港避风。我自身难保，全然不知。我担心自己会去另一个世界。事后我把这个"担心"向指挥"坦白"，指挥淡淡地说，没听说过痉浪有把人痉死的。船癫狂了一夜，待晓白透进舷舱，风浪已不如原来，我感觉到自己仍然活着，呕吐物倒本能地全吐在床边的地板上，床内也有一点，但已经干了，酸臭味弥漫在整个休息舱。我不知道上级或船长还要把我们的船弄到哪里去。我躺在床上，却感觉自己飘浮在海面上，神志稍有，然全没有方位感。朦胧中的梦境里似感觉到床下有一团像熊背一样的东西在移来移去。定睛探究，天哪，原来是指挥弯腰在地帮我擦拭呕吐物，这臭烘烘、酸唧唧的东西，先被他用双手一捧一捧地弄进畚箕，然后他趴在地板上用抹布擦拭。此时此刻，我感觉到的不是长者关爱的暖意，而是强烈的负罪感。我下意识地从上铺滚到下铺再滚到地板上，踉跄着捉住指挥的手说，指挥，您别，我自己会……随后眼睛便模糊了。指挥说，浪还很大，你快上床，话未落音，我感觉身子已被"浮"回床上。这有什么，别人我也会擦的。都是海上的人（同舟共济），只不过我出道（适应痉浪）早一点而已。百千情感涌堵在我的喉头，我觉着哽咽地喉头生痛，而且延时许久。风浪稍小，我还是踉跄着下床。大家都长时间没有吃东西，体力和精力都大不如前。我坚持着帮厨房代做黄鱼咸菜汤给大家喝。我把刚捕上、洗净的大黄鱼放入大锅沸水。沸水实际上是去掉咸菜颗粒（切碎咸菜）的咸菜汤。弄碎鱼体，用筷子和漏勺捞出鱼骨刺鱼鳍等所有硬物，只留下鱼肉糜，然后调味，大家你一勺他一勺地舀着吃。我也舀了一碗，但是喝下以后，明显地感觉那黄鱼纤维刺着胃壁的生痛。这原因，是黄鱼太新鲜了，鱼肉纤维太硬，还是呕吐后的胃壁发炎，至今我没有弄懂。

船长似乎故意要放大家一条生路，未经请示上级同意，他把船靠上一个小岛。许多痉浪的一踏着坚实的土地，"痉"意立消，还是原先那样的生龙活虎。我不行，我感觉这岛也是一条船，也在晃动，一脚高一脚低的，尽管客观上坚实，主观上还是不能控制自己的步伐，该高的不高，该低的不低。这是什么地方呢？我努力观察山上植被，试图找出其中答案。我知道吕泗、舟山、三沙渔场山上植被的微小差异。没等我找出答案,商店的招牌却已大方地告诉我,这儿是嵊山。我傻待了一会,才明白自己症浪那回倒是确实“傻”过了。直到中饭后,我才慢慢找回原先的感觉。

这一回“折磨”,让我看到了无限浩瀚沧海的另一面,体验了“波峰浪谷”,领略了“铺天盖地”。此后,我对活跃在船头上的青年渔民特佩服,羡慕并嫉妒他们才有的、能尽情享受大海“福气”的资格。更让我看到了技压沧浪,叱咤风云“大老大”的另一面,体验了“爱兵如子”,领略了“无微不至”。这一回看指挥,也是成岭成峰,他是一座缠云踩雾,招仰聚尊的巍巍丰碑,又是一位白发垂项,佝偻携杖的慈母娘亲!

作者简介:

章新亚,籍贯:浙江定海。曾任嵊泗县渔场指挥部秘书,舟山地委办公室副主任,舟山市史志办主任。

印象李秀成

章新亚

印在脑海中的李秀成，是中共嵊泗县委书记。在嵊泗，他的大名家喻户晓，妇幼皆知。他是县委书记，有时候还不一定是，甚至还有“免职在家”的时候，可我们上下老幼都叫他“李书记”。“李书记”开始是一种职务称呼，后来变成人们对他的昵称了。

李书记1920年8月出生在山东莒县管帅区（1947年，入新置的五莲县）一个叫团林村的佃农家庭里。莒县历史悠久，文化底蕴厚重，代代有名人。但是生活在祖辈租种别人家土地的农家，虽然他从孩提起就熟知小麦、大豆、高粱、谷子以及水稻、甘薯、花生，却无缘亲近识字、读书。幸亏家乡早在1945年前就被八路军辟为抗日根据地，解放得早，时年25岁的他得有机会以民兵、工作员、运输队长、民政助理员、各救会干部等身份，积极投身民族和人民的解放事业，倾生命和鲜血铸就出色的业绩，很快成为党的干部，并补上识字、读书这一课。29岁当上了中共管帅区委副书记，区人民政府副区长。

也就在他29岁这一年，作为解放战争重头戏的“三大战役”进入尾声。是年1月10日，淮海战役胜利结束。

同月，早已作好充分准备的一大批优秀地方干部，打起背包，告别家乡，随大军南下。年轻的李秀成毅然离开敦厚肥沃、朴实的齐鲁大地，融入南下洪流，英姿飒爽，日夜行军，一路工作。沿途先后担任中共嘉定县徐行区委、南汇县下溏区委、城关区委、老港区委等副书记、书记，或“土改”（废除封建土地所有制的革命运动，俗称“土地改革”）、“三反”（反贪污、反浪费、反官僚主义）、“五反”（反行贿、反偷税漏税、反盗骗国家财产、反偷工减料、反盗窃经济情报）工作队队长。在实践中积累了经验，增长了才干，特别是丰富的群众工作经验，逐步形成务实稳健的工作作风。1952年3月，进入嵊泗这个纯海洋渔业的县，任最贴近渔民群众的县水产局副局长。上任伊始，李秀成即带领干部群众，深入洋山（小洋滩浒）、花洛（花鸟、洛华）、嵊山（枸杞）、泗礁（金平、黄龙、徐公）各地区海岛，发动、组织渔民群众，推进“渔改”（渔业民主改革）和海洋渔业生产互助合作，与渔民一起投身耕耘博大、富庶、灵秀的海洋国土。

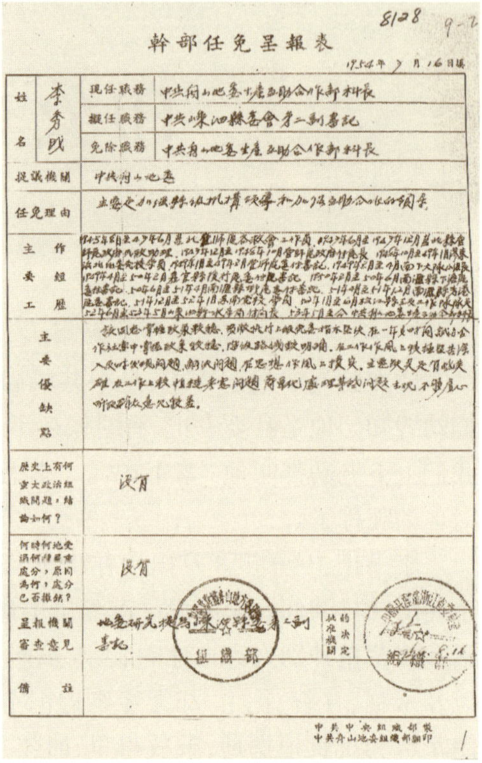
8128　9-2

幹部任免呈報表

1954年7月16日填

姓名	李秀成	現任職務	中共舟山地委生產互助合作部科長
		擬任職務	中共嵊泗縣委會第二副書記
		免除職務	中共舟山地委生產互助合作部科長
提議機關	中共舟山地委		
任免理由	[illegible]		
主要工作經歷	[illegible]		
主要優缺點	[illegible]		
歷史上有何重大政治組織問題，結論如何？	沒有		
何時何地受過何種嚴重處分，原因為何，處分已否撤銷？	沒有		
呈報機關審查意見	地委研究提為嵊泗縣委第二副書記	批准機關的決定	
備註			

中共中央組織部製
中共舟山地委組織部翻印

1954 年 8 月，李秀成从中共舟山地方委员会生产互助合作部科长岗位上调任中共嵊泗县委第二副书记。图为地委组织部上报省委组织部的关于李秀成职务任免的“干部任免呈报表”。

新置舟山专区后，又奉调中共舟山地方委员会，在地委生产互助合作部（后称“渔工部”）任科长。一份 1954 年 7 月 16 日形成的、舟山地委组织部报请省委组织部审批的、有关李秀成职务任免的干部任免呈报表透露出这样信息：李秀成，现任职务：中共舟山地委生产互助合作部科长。拟任职务：中共嵊泗县委第二副书记。任免理由是加强县级机构领导，加强互助合作领导。组织上考察的评语是“该同志掌握政策较稳”“执行上级党委指示坚决”“工作作风积极、刻苦、深入，能及时发现解决问题”“思想作风朴实”。组织上的评价是中肯的。纵观李秀成一生给我们留下的历史足迹，“稳”“实”两字随处可见。其实早在 1952 年 3 月以后，李秀成便把自己的青春年华献给了嵊泗。1954 年 8 月，他任中共嵊泗县委副书记。从 1959 年 4 月起，他任嵊泗县委（公社党委）副书记、书记。直到 1979 年 10 月调离嵊泗，持续 25 年。1983 年 12 月，他在舟山海洋渔业公司领导岗位上（地厅级）离休。晚

1952 年的李秀成

年，唯一令他怀念留恋的，还是嵊泗。1999 年 4 月 14 日 8 时 35 分，他安详地病逝在嵊泗县人民医院，享年 79 岁。

李秀成于我，可谓仰慕久矣。记得我 1967 年舟山商校毕业分配，时值“文化大革命”，“工业学大庆”“农业学大寨”“全国学习解放军”。1970 年，我从舟山地区水产供销公司（鲁家峙）船舶保养厂（今修造厂）工人岗位上被分配到嵊泗。开始心有不爽。原因何在？我在厂里，学技从艺，心无旁骛，还拜了师傅。师从 8 级技工秦文良。他一个上海人，家属子女均不在身边，与我们吃的一样（食堂），穿的一样（工作服），干的一样（8 小时，一身油腻）。可教起我们技术来却是谆谆诱导，深入浅出。回答我们提问，又总会像名师解题一样，让人豁然开朗。我留恋学技术，这是一个原因。另一个原因是嵊泗是离舟山地区行政中心最偏远的一个县，隔海过洋、风涛阻滞、交通十分不便。我忐忑不安。兼有舟山地区毕业生分配领导小组成员身份的地区商业局主要领导人张根土知道后，过来安慰我。说：“小章，不要悲观，依我看嵊泗比地区水产公司好，水产公司虽然是个县级单位，但毕竟是企业，嵊泗是一个行政县，能锻炼人。且嵊泗确实是一个好地方，尤其是有一个好书记。嵊泗的县委书记叫李秀成，木子李，秀气的秀，成功的成。”李秀成！我脑海里立马浮现出太平天国忠王李秀成来。他文武双全，忠贞正直。从小人书的画面中看，还英俊帅气。忠王李秀成受命于危难之际，为太平天国走出困境，实现后期振兴，立下赫赫战功。历史学习到太平天国，我最崇敬的还是李秀成、陈玉成两个人。“李秀成这个名字好熟悉！”我脱口而出。张根土似乎没听清我说什么。顿了一下，接着说：“李秀成与我很熟，我俩很合得来。这个人不简单，孟良崮战役立过功，1962 年以嵊泗人民公社党委书记身份参加中央在北京召开的七千人大会，这在我们舟山许多公社书记当中，他是唯一的。这个人最大的特点就是务实、豪爽、大器。在这样领导下面工作，痛快，有你发展前途……许多人找工作，求找一个好单位，在我看来，找一个好领导比找一个好单位更重要……”“可您也扯得太远了，一个是县委领导，一个是普通毕业生，这挨得上么。”我心里嘀咕。然而，听他这么一介绍，一睹嵊泗那位“忠王李秀成”的风采，我还是跃跃欲试。

我们一行 5 人来到嵊泗，向县内务局报到，一位何姓干部例行地接待了我们，安排我们住进县委招待所（后为北界村大酒店，尔后为华侨饭店）。几天后，又电话召我们到他办公室，为我们开具报到介绍信。2 人到县水产公司，3 人到县商业局。我为 3 人之一。

县商业局机关在菜园街里居民区。我们穿七弄过八弯好不容易才找到。商业局人秘股股长李植安倒蛮热忱，招呼我们坐下，一通快人快语："你们运气好，这一次都留在大岛（泗礁岛、嵊山岛），你们之前，杭州商校毕业生就被分配在洛华（即绿华），现在他已经是那里的骨干了。这样吧，你们把照片给我，我马上给你们做工作证，……报了到，你们便是商业局的人了……噢，你们住在招待所？"李股长口若悬河滔滔不绝，但没有废话。我聆听着，打量着。李股长一袭蓝色涤卡中山装下是一副俏瘦的中等身材，干净利落。面孔皢（liǎo）白，白得像一张纸，这脸仿佛写的就三个字：小白脸。

初来乍到，嵊泗有的是新鲜。但在等待报到的日子里，谁也不敢、也没有心思去逛街。我们成天窝在招待所房间里聊天。一天，门开了，随着一股清风，进来的竟然是李股长。大家一下子兴奋起来。"你们初来乍到，找到商业局也不容易，还是我过来方便。"李股长边说边像打扑克牌一样，把一摞牌子一样的东西拍在桌子上。工作证！我们一拥而上，各拿各的，又互相交换着看。李股长在一旁站着，笑眯眯。绛红的封面，半硬，蛮挺刮，"工作证"三字烫金隶书，柔和整洁。内芯浅色，工作单位一栏硬笔填写的都是"商业局"，看得出书写者临摹的是郭沫若字体。我们欣喜着，抬起头来问："这是您写的？"李股长转过身去，显出一副矜持的样子，吐出一个"嗯"字。我们每一个人的脸上都绽放出满意的笑容，一个个股长长、股长短的热络。说他这么年轻就当上股长，了不起。问他那里人，怎么到嵊泗来了……他说，自己是个宁波人，分配到嵊泗海岛，当营业员，如今奔四十了。说我们读书才好，运气好。他说他参军，当义务兵，不过提前退伍了……参军？我们马上眼放光彩。那时候当兵可是最大的荣耀呢，全国学习解放军，解放军是个大学校。"是陆军还是海军？大学校出来的嘛，怪不得您能当股长。""是空军。"他又一副矜持的样子。"空军？哇！空军怎么还提前了退伍？""哈哈，"李股长淡笑了两声说："你们以为空军都开飞机？我们是地勤部队，天天站岗，天天站岗，除了站岗，还是站岗。几年下来没有离开过营房半步。""您讨厌，所以提前退伍？""哪有这样便宜。我身体不好，生肺结核。不过现在控制了，但身体依然不好。哦……"我马上把它和他皢白的脸联系起来。说不定这是一种症状呢。我心里想。真是天下没有完美的事。这不，这么出挑的李股长也还有点烦心的地方呢。我心里的不爽一下子释然了许多。李股长走了。我们还在议论，李股长阳光，你看，介绍起自己来就如竹筒倒豆子。他把我们当成自己人。女同学金赛珠另有高见，她说，“文化大革命”搞过，大字报贴过，谁的经历还不清楚。谈不上阳光不阳光。大家觉得也有道理。

至于什么时候上班，李股长是这么说的，没有通知你们之前，就尽情地做自己的事情。一旦通知下来，你们就没有自己的时间了。果然，第二天商业局便召集大小领导开会，就在会上，我们分别被百货公司、石油公司领导领走。我和支福成来到百货公司，又分别被百货公司金平、五龙两个供销部主任（姓夏和姓徐）拉走。我们莫名其妙，这工作证上不是明明写着商业局吗，怎么到供销社去了呢？万一查验工作证，商业局有这个人吗？有这个人！李股长肯定地说。原来商业局统着几家大公司，公司下面基层单位是门市部、供销部。嵊泗没有供销社（集体所有制）。除了代销点，全是国有商业（全民所有制）。我们只好认同。打这以后，果如李股长所说“就没有自己的时间了”。几个同学各奔东西，各忙各的，极少有碰面的机会。

我在金平供销部负责棉布和百货柜台，做一个卖布郎。一年下来，我不仅能快速准确剪布，还学会磨剪刀等小技巧。第二年，商业局任命我为供销部副主任，公社党委任命我为公社团委副书记兼机关企事业单位团支部书记，工作当然还是卖布郎。但是公社团委书记岗位是半脱产（工资一半由社队出，一半由国家财政出，身份有点像预备干部那种），上级一时批不下来，位置空着。于是凡是共青团的事，公社党委负责组宣工作的邱委员就找我去做。我着实忙。但是身边围起了一批团员、先进青年。主要是渔民，还有驻军和机关企事业单位的。团活动，军民联防、民兵训练，我们摸爬滚打在一起，相互关系日渐融洽。我生活在被他们信任、爱戴、拥簇的幸福中。虽然繁忙，日子却过得充实、开心。一睹“忠王李秀成”尊容的冲动，也渐而淡忘。

1972 年，转眼到军民庆“八一”，渔民筹早冬（冬季带鱼汛前的准备工作）时节。县里行文下来，要求基层标语上墙，横幅过街，轰轰烈烈，造成气氛。我奉命完成墙上所有标语和过街横幅的字。一些人见我写字不用直尺、不打格子，很好奇，围着观看。事情传到驻军那里，首长陈志让（后在舟山警备区正团岗位上退休）还把我请到营区，教干部战士写标语。我兼职太多，每天繁忙，十分疲倦。一天中午，我难得找个机会午睡，供销部主任夏来法敲开我卧室兼办公室的门，说县领导找我。我吓了一跳，一骨碌起床，还来不及收拾，县委常委、宣传部部长朱世瑞一行人已到门前。夏主任简单介绍几句,丢下朱部长,带着另外两个人去逛门市部,看紧俏商品。那时计划供应紧俏商品,包括的确良、进口手表、座钟等,都按计划分配到各供销部。初见县领导,我惶恐得手足无措。朱部长先环视一下我的斗室,然后坐下,推开我倒给他的没有放茶叶的开水,看着我,笑眯眯了许久,才操着不是当地的,有些普通话味道的口音,问我个人经历,还谈了供销部、商业局的事,谈公社党委的事,共青团的事。他海阔天空,我放不开。最后他话锋一转,直白地说,要把我调到县里去,问我愿意不?这太突然了。我未及多想,自觉是县里总比基层好。问题是我在这基层过得也蛮滋润,县里有这等自在么?朱部长现在喜欢我,一旦长期在一起,他还会这样喜欢我吗?还是先借去吧?我回答说,这样对你对我都有个退路。朱部长看了我一眼,没想到他接下去的反应竟是一阵爽朗的大笑,起身踱步,走来走去。我不知所措,惴惴不安。事后,我找要好的同事商量,究竟选择去还是不去。同事李满球、周凤田等都怂恿我去。周凤田,河南人,长期担任基层妇女干部,随军后才从事商业工作。她丢出的话更尖刻,说我不去就是个“窝囊废”!几经斟酌,我还是决定去。不久,百货公司总会计打来电话,指定专人接替我做10份的报表的任务。做报表很烦人。这意味着我年报也不必做了,我蛮开心。不久商业局又通知我去县委宣传部报到。行前,李满球请来了周凤田及邮电所、卫生所的胡松定等,摆家宴为我饯行。饯行酒喝得大家很开心,他们都很放开,但我总觉得前途未卜,心事重重。到县机关报到第一天,进门看见的第一个人便是应启新,他打老远就喊:章新亚!我好生不解,先怔后楞,他知道我名字?我讷讷应答,以后也不敢主动招呼。应启新是县委办公室资深秘书。县机关人们惯称抑或昵称他“小应”,我比他小,总不能跟着称小应吧?不恭。称他老应吧,没有人这样称呼他的,另类。且老应谐音老鹰,不雅。一时找不到合适的选择,我只得缄口。见着他,绕着走,或用会意的微笑和尊重的眼神什么

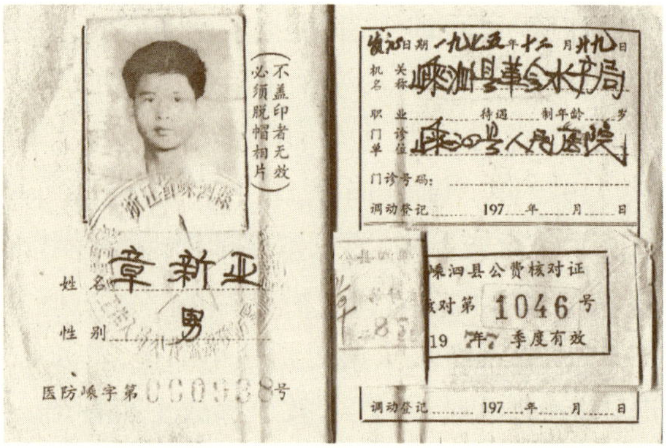

作者在嵊泗县水产局工作期间使用过的证件之一。图为公费医疗证。

的。报到后，朱部长先后把我放到文化馆、宣传部、水产局等，时间都不长，可能出于锻炼和考察吧。朱部长常召我去探讨问题。我发现他比较关心民情风俗。他说当干部一是要掌握上级政策，吃透上级要想老百姓做什么，怎样做。二是要了解老百姓在想什么，希望得到什么。找准"民意"和"官意"的最佳结合点，这是共产党干部的基本功。"官意"可以通过学习、教育、实践来获得，"民意"就靠深入到民情风俗中，去熟读、去领悟、去驾驭。他嘱我留意嵊泗列岛各岛屿居民间民情风俗的差异。比如，为什么洋山才有水牛，为什么黄龙岛成为浙江省好毛竹、大毛竹的归宿地，为什么壁下岛小小一个，居民说宁波话、温州话两种，为什么有说"嵊山人打扮囡，枸杞人打扮船"？朱部长提的问题很多，也很深，我记不下，记不全，还有理解不了的。他告诫我要从群众生产、生活习俗入手，了解领悟。我还向朱部长透露过家中藏有许多旧书的事。在那个读"旧"色变的年代里，他却表现出极大的兴趣，问我都是些什么书，什么年代的，看过没有？我照实回答：有《诗经精华》《尚书释义》《论语注释》《金匮秘籍》《静冈养生法》《定海乡土教科书》《贺郎调》《小五义》《七剑十三侠》《尺牍》，等等。有些，小时候还常看、常读，书是清代到民国的，黄色的楣头纸（父辈这样叫）那种。他说旧东西，让它放着，不要糟蹋。我说"文化大革命"，已经烧了好多了。他说，烧了就烧了，留下的不要烧了。现在烧的东西太多，留下的反而珍贵了，不要烧。因为《定海乡土教科书》有好几套（一套上、下两册），我送他一套。他很高兴。县委办公室主任张文清知道后向我要《三国志》，因为只有单册的，我没有给他，欠了他的情。朱部长研究社会的领域很宽泛、也很广博，但从来不研究人。谈到人，他或是一笑而过，或是转换话题。他说议论人，是大忌。坏话只能当面说，好话可在背后说。他的教诲，让我受益匪浅。有的简直受用终身，十分可贵。朱部长以坚持原则闻名，传说他年轻时曾任岱山某银行的负责人，为抵制一位地委领导一笔不符合规定的贷款，被当场免职。不过这一免反倒把他"免"成嵊泗县委领导了。不过我没有胆子当面向他核实，他也从未提起此事。传说仍然是传说而已。时间长了，人也熟了，胆子也大了，说话也就随便起来了。一次，我问朱部长，您超出分管范围，把我调来调去，为什么这么方便？他又是一阵爽朗大笑。静下来后，笑眯眯地对我说，我都和李书记说过的。李书记？那不就是"忠王李秀成"么。书记抓全面，那当然。我心里想。

1974 年春汛的一个子夜，我被一阵铜锣声和呼喊声吵醒。直觉告诉我：失火了,找人救火呢。我一骨碌起身,披上衣服,循寻锣声和火光奔去。起火的是菜园锯板厂,位置就在沙滩边,周围是民房。火场距县机关干部宿舍约莫有 3 里路。我跑到那里,已是上气不接下气。但见火苗已窜上厂房屋顶,火焰烤得五六十米开外无法近人。场外围观的人山人海。10 多个年轻人正往自己身上倒水,提着水桶欲往火海冲。几位老者拦着不让进,说是进去就出不来了。那怎么办?扒倒居民挨着锯板厂的周边民房,拔出火弄来,保护更多的民房!年轻力壮者立即分成四五个小组,分头登上已被热浪点着的房子,把一桶桶一盆盆接龙似递上来的水,倒向火苗和浓烟。瓦片像退潮水一样被哗哗地赶下去。着火的椽子、桁条被七手八脚地卸下、断开……才一会工夫,热浪周围的房子全被扒塌,拔出做火弄(隔火带),那确实是无奈。但被扒塌民房旁边的一大片民房上的瓦片,也全被踩得稀巴烂,令人十分惋措。待大火全部扑灭,天已大亮。阳光撒在废墟上,凄烟袅袅,别样伤情。受害户主庆幸的庆幸,沮丧的沮丧。看得出,已有社队或居委干部及早介入到重灾户。救火的、围观的逐渐走散,各奔东西。我和一伙五六人的走在一起。水火烟灰把大家弄得湿漉漉、黑乎乎的。上屋顶的脸上更是黑一道白一道,全成野豹糊。我身上蓝色的涤卡中山装被烧出几个小洞,裤和鞋都是湿的,但不黏糊,炭灰迹染在蓝布上也不显眼。天时不早,我打算直接上班去。但是大家惊魂未定,话语不少,一路议论不断。突然似有一股气流擦身而过。唐海儿眼尖,脱口就叫,李书记!我抬眼望去,只见那人魁梧敦实,稳健凝重,厚嘴唇,大眼睛,浓眉毛,板刷头,光看架势,有点像彭德怀将军,与我想象中的"忠王李秀成"形象大相径庭。尽管他此时已 50 出头。李书记并不应答,倒是停下脚步来,审视地扫向我们,蹦出一句话,你们在干什么?这口气如同训斥一群顽童。我们在救火,这是小章,章新亚,你们县机关的,总认识吧?唐海儿指着我说。李书记把目光移向我,很明显,温和多了,接着是浓重的"鼻腔"音,你是定海人?是的。金平调来的?是的。机关里还有谁(在救火)?……李书记,我顾不上看。确实,除非手把手接触,谁的脸我都无法看清。顿了一下,李书记嘴唇微启。估计他还要问什么,我等着聆听。但他看着我许久,欲张还歙,终于没有吐出一个字来。我随他拐向县机关,其余的人陆续散去。途中碰到县计委副主任杨增寿,他被缠住。我顾自向前,他俩互用山东话调侃的声音也随着我的脚步渐行渐远,我径自进办公室上班。

没过多少日子,县里抽调干部,组成工作队,我的名字赫然在册。工作队被划分成洋山(大洋、小洋、滩浒)、花洛(花鸟、洛华)、嵊山(枸杞、壁下)菜园(金平、徐公、黄龙)4大片,分别蹲点到各公社,县领导分头带队。我被分配在菜园片,去黄龙公社。但是,没料想,那天出发带队的竟然会是李书记。指导船送我们。船到黄龙,泊在大岙,据说大岙码头才便于上下。指导船的小艇驳送队员登岸,我跟随李书记他们最后一小艇上去。下船时,公安干部张仲正急着跳下小艇。小艇瞬间受力,一阵大摇晃。驾小艇的赶紧把住舵,人们赶紧去扶李书记。李书记推开大家,淡淡地说,不碍事。确实,他倒站得稳稳当当的。张仲正一脸惊恐和歉意。待小艇启动,大家坐稳,李书记不紧不慢地说,上船,老大忌乘船人跳;浪大,老大忌讳乘船人逃。跳,刚才大家感觉到了。浪大呢,水拍上来,乘在船上的人就逃,躲水么,怕把身子打湿。许多人一齐躲来躲去,就会把船踩翻。所以老大忌讳。上了船,浪大也好,浪小也好,最好不要跑来跑去。李书记说话瓮声瓮气,多舌根音,听起来浑厚,没有咄咄逼人,似口齿不清,却句句在理。有人调侃张仲正,张仲正面生赧颜。

公社机关在南港,我们工作重点也在南港。南港是黄龙最活跃的地方,南港大队是黄龙公社最大的大队,有1000多人口,产出最多,问题也最多。大岙与南港隔着一个山冈,一条卵石路逶延向上,越岗而过,我们一行人包括李书记徒步过岗。登上山冈,南港尽收眼底。长长的沙滩里,近海一边,不时有开洋船回来,人们忙着卸货(张网鱼货)、挑货、加工(烤的烤、盐的盐、晒的晒)。近岸一边,是一拨一拨扎绠的、摇绳的、做桩的人群,忙忙碌碌蚁行川流。岸上民房密密麻麻,南港街把居民区一劈为二。长长的沙滩一头是码头,另一头从山脚到山坡全是石秃(裸岩),烤熟的鱼

南港沙滩。图左侧立4根烟囱者为烤淘灶、张网渔获的小鱼小虾就在这里烤熟(实际上是氽熟)后挑到晒场去晒燥加工;左下角有渔民在扎绠(用稻包竹丝做成索);右下角在做窗(挂张网的方形平竹架)。这是一幅张网生产备料作业图。

货(虾、小鱼)就摊晒在这些自然(也有弄点水泥整理过的)晒场上。一走进街里,踏入居民区,一股臭气迎面扑鼻。街弄小道的路面石块全是湿漉漉、滑溜溜的,稍有不慎就会绊倒、滑跌。路面两侧全是黑水沟,臭气熏天,冒着黑泡。怪不得有人说,天下十八榻,黄龙南港顶邋遢。但邋遢南港却有一奇,那就是没有蚊子。至于南港为什么不生蚊子,有人说是加工海蜇的关系,有人说……总之,至今没有一个科学的说法。知道县委书记带工作队来了,黄龙公社党委书记鲍玉龙早早就迎候在那里,一见面就热情地迎上来,他红光满面的脸上汗涔涔的,看得出已忙碌一阵子了,刮光了络腮胡子的脸透着青光,宏亮带沙的嗓门合着强健有力的双臂指引着我们队伍的行进。公社机关在半山腰,我们跟着七扭八弯的羊肠小道,跨阶过坎,在屋弄里、菜园旁穿行,好不容易走进公社的会议室。早有人准备脸盆、毛巾和洗脸水,大家就着擦汗洗脸、补开水。会议室没有门,通间敞开式,里面摆满长条桌、长条凳。此时午饭时间虽然已过,鲍书记还是饿着肚子张罗着人家开饭用餐。下午听公社汇报,鲍书记唱主角。他从生产讲到生活,从环境讲到环保,从安全讲到治安,从驻军讲到联防,从政策讲到对策……五花八门,滔滔不绝,语言生动,内容鲜活。不觉中,天暗下来了。本来晚上继续,可电灯只能用到晚9时,且忽明忽暗,一闪一闪,于是只好放到明天继续。全体工作队员晚上吃饭睡觉的安排是有下属单位的(如公安、财税、粮食等,在黄龙分别有派出所、税务所和粮管所)各自接走,其余均在公社招待所。招待所在南港街里,天黑了,路还不好走,于是会议一结束,我们纷纷下山。大家睡在招待所楼上的大通间,竹编床铺摇而响,旧式民房地板响而软。李书记算是优待,一人睡楼梯上的亭子间。亭子间原是招待所服务员住的,书记来了,特意腾出来,地方很小,又放的是一张双人棕棚,除了床铺,周围连走路都困难。鲍书记一副很过意不去的样子,双手摊着对书记说,就这条件了,要么住部队(驻军)去。李书记还是瓮声瓮气地说,不碍事,不麻烦人家。第二天,李书记起得很早。待我们醒来,房间里已经没有人了,被子叠得整整齐齐,我们赶紧起身下楼分头去找。天刚蒙蒙亮,不要说街上熙熙攘攘,就连沙滩头也人声鼎沸了。渔村生活十分赶早。沙滩头,李书记正和渔民交谈呢。我们几个立刻围上去,李书记连看也不看我们一眼,继续他与渔民的谈话,很投入。看得出,渔民根本不认识他就是县委书记,大概隐隐觉得他是县里来的干部,问什么,答什么,都一副虔诚的样子。我们催李书记吃早饭去,许多人一脸惊愕,目送的眼光充满着敬畏。待我们走远,有的嘴里还讷讷地重复叫着李书记、李书记。上午继续听汇报，总体意思还是黄龙是嵊泗张网地区的典型，黄龙弄好了，全县张网都弄好了。南港是黄龙的典型，南港弄好了，整个黄龙也弄好了。黄龙渔民爱张网，不爱抲机帆船，祖祖辈辈这样，都成习惯了。张网效益好，抲机帆船赔本。但不抲机帆船，（国家）派购任务（按国家规定价格、品种等必须投售给国家的鱼货数量）完不成。发展张网又碰到种种限制。就像鸬鹚，套着脖头捕鱼，很不爽。也因此派生出许多问题，如瞒产私分，赚外快，自食鱼货称多、算少，甚至不称、不算，集体亏空，人心离散。干部去管，管不严，等于没管；管严了，干群矛盾对立，甚至激化。于是又有干部问题、治安问题、文化教育问题、道德和文明建设问题，等等。最后是向县里要资金、要物资、要干部、要政策。李书记表态：各部门分口把关，密切合作，现场办公，解决问题。需要县里解决的问题，待他回去向县委汇报研究解决。关于张网问题，李书记专门谈了自己的看法。他开门见山地说，黄龙张网是祖宗传下的老饭碗，要捧牢。张网和抲机帆船，分量有轻重，地位一般高。我们干部不能厚此薄彼。江苏人、福建人、温台人的流动张网都张到嵊泗海域来了，我们就生活在嵊泗海域的嵊泗人，搞些定置张网为什么还不理直气壮。至于有些船专门到嵊泗“割谷子”来，“白吃白拿”倒鱼货、斩网窗……这不是偷着张的问题，而是偷着拿的问题，甚至是破坏性、刑事性的。这属治安问题，当作别论。张网有产量、有利益，渔民喜欢，驾轻就熟，咱不能冷待他、轻视他，搞一些妄自菲薄的东西。当然也像抲机帆船需要规范管理一样，张网也需要规范科学管理。网目不能越张越紧、越张越密……张网要严格执行规定网目，严格在规定海域打桩，严格在规定季节挂网。现在张网最大的罪名是杀伤资源，渔政要依法严管、严查、严处理。但同时这又是一个科学命题，县科委、水产局，科技人员、干部要深入下去，多做调查研究，取得第一手的、确确实实的资料、数据，拿出切实可行的办法来。依我看，在黄龙张网桁地，在一定时间、一定海域可能会张上大批幼带鱼、幼黄鱼、小黄鱼、幼墨鱼、幼鲳鱼等，这肯定不行。我们的渔民、渔业干部一定要胸怀大局、心怀敬畏，当机立断斩窗解网，拢洋休渔。我听水产局同志说，只要严格执行张网禁渔期、禁渔区，不放任自流，现在这种大量杀伤资源的情况已经不大会出现了。发展张网生产，还有许多工作要做，还有许多问题等着我们去解决。说到这里，李书记把目光扫向水产局干部、公社干部。弄得在座的都频频点头，悄悄议论：李书记对渔业真是内行到家了。还有，李书记放大嗓门，压住下面议论声说，渔民不愿抲机帆船，机帆船要亏

图为渔民将海水清洗干净的渔获物挑向岸上的加工厂加工。

本，不扣吧，派购任务完不成……有关部门要把这个问题带回去研究。这里有许多矛盾，需要好好研究，细细分析，才能解决。有些，我们自己还不好解决，需要在上级支持下才能解决。涉及方向道路的，还需要上级把关。但是我们自己是否可以在权限范围里，搞一个协调统筹，利益分配，通过资金补偿来实现等。当然这只是一个设想，具体落实起来还很复杂。总之，有一条必须清楚，我们干部，共产党的干部和群众一起干革命，可以带着、导着，甚至催促着群众向前走，但是绝不能拗着群众走。什么时候，群众与你拗得利害了，你就得反思自己的政策是否还有需要改善、配套的地方。要考虑渔民群众的所想所愿……总之，一句话就是要合法合理，循规蹈矩，像搞远洋机帆船生产那样，把近洋张网生产搞上去。理直气壮地搞！李书记话音未落，公社干部和工作队员都兴奋了，大家眉飞色舞。特别是公社干部，特别振奋。议论说，如果按照李书记的思路，我们公社的生产情况，社员的收入分配情况，都会跟目前大不一样。这样一来，全公社的问题也不会这么多，干部工作也不会这么难做，干群关系也不会这么对立。这以后，黄龙张网产业做大到什么程度，我没有全部了解。但后两年壁下因发展呈子网、跃筝网，一改后进积弊，跃在全县前列的事，我是亲眼看见的，那是后话了。中饭就在招待所食堂吃。招待所所以有食堂，是因为住招待所的全是外地到黄龙办事的，有收购虾米的，订购饲料的，销售渔需用品的，还有修船、造屋、做坟和开山打石头的，那时全公社除此之外，再没有一家旅馆、饭店抑或小吃店。这些人只好住在那里，吃在那里，不误工作嘛。招待所办食堂倒是经营性的。我们每个人，包括李书记都用自己的饭菜票购买。鲍书记也一样。头一天，在公社会议室的一餐，按实支付，大家平均分摊，付现金。当天下午，各部门分头工作。李书记另有重要任务，随行人员压缩到最少。又过了一天，李书记要去开会，回菜园。鲍书记派一艘机帆船送他。我和另外两人同行。我们在菜园只过了一夜，第二天就从小菜园码头乘黄龙船回南港。我被分配到以县人行副行长张伯年为组长的团队，工作内容有组织渔民学习，召开社员大会，宣读文件，表扬好人好事等。学习、宣讲、表扬这些事，我做起来还行，但召开社员大会，这是够让我犯难的事，我没有驾驭众人的能力。一次，南港大队社员大会，会场设在网厂里，汽油灯点了好几盏，开会时间到了，好多人还没有来。好不容易到了，时间却已经晚了，我站在台上，示意大家静下来，可没人理会，只顾自己说话，会场照旧闹哄哄。大队书记说话，平时很有分量，这时也不起作用了，他几次大声说："大家安静下来了，下面由工作队小章同志给大家讲话。"人们理也不理，我倒听见旁边有人嘀嘀咕咕：小章？谁啊？喏，就是这个穿军装的小顽，工作队怎么来了个小顽？天哪，我已经做父亲了，还小顽？当然，我知道，他们说我"小顽"，是感觉我气质稚嫩，一眼就看出我没有引领、团结他们的能力。后来，还是治保干部周全坤有能耐，他箭步上台，一副凶相，用嗓子大喊，大家不要吵了，吵什么吵？下面声音一下子压下去了。大队书记见机行事，用清脆、洪亮、宽厚的声音对大家说，下面请工作队小章同志为我们讲话，大家欢迎！于是，"哗"的一阵掌声。掌声便是命令，就如同发令员说"起步—走"一样，走字出口，你不走也得走。

我手里拿着稿子，心里背着口诀(那是张行长教的)"先轻声，后大声，讲的少，挈要领，速度慢，口齿清"，列了一、二、三、四、五点。话是讲完了，心里依然慌得很。走到一旁，心还是怦怦跳个不停。接下来，大队书记周全坤他们又讲了许多。他们说话就如同拉家常，声音一会重，一会儿轻，导着数百社员的听觉神经跟着他们的眼神和手势走。此后，我对基层干部特佩服，认为能当好基层干部的人，才是有真本事的人。"这个长那个长"群众不买你的账。群众只买公平、公正、自身扎硬的干部的账。感悟到基层干部，天天与群众面对面的干部最有本事。机关干部的这个"长"，那个"长"，说不定难为一个队之"长"。除了开会，我还随开洋船出海，实地察看张网桁地。撩过网，挂过仓，倒过货，打过桩。不过都是体验一下而已，实际上派不上用场。还走网棚，进加工厂，去烘干厂。知道了织网、做网、加工鱼货，特别是制作虾米(开洋)的全过程。南港到处腥臭，就数烘干厂喷香。烘干厂厂长叶银达是一个优秀党员，大家都尊敬他。他待人谦和，详细介绍厂里情况，还大把大把地请我们吃虾米。这东西价格太贵。我开始不敢，后来看看他们自己对虾米也不怎么金贵，就从一粒一粒开始吃，直到大把大把地嚼，真是鲜香可口。可是吃了一天之后,再也没有胃口不说,最后闻到虾米味也恶心。厂长说,伤胃了,过段时间会好的。可我从此再没有对虾米有好感过,且一概排斥虾干类食品。我们的组长张行长(我们这样称呼他),中等身材,40 岁开外,海军转业,北方人,基本上说普通话。黑色憔悴的瓜子脸上,总是挂着微笑。忙这忙哪,累的脏的通通自己干,俨然是我们的老大哥。后来,他一只脚扭伤,走路一瘸一拐的,仍不要我们照顾帮助。表现出坚强、硬朗的性格。在他带领下,我们这个组的队员,聚散有序,有条不紊。我在他身上学到了许多好东西。

入秋了,工作队奉命暂告一段落,我们要撤回菜园。说好回去后还要回来的,但是渔民与我们还是难舍难分。渔民的感情就像大海,你初次凫水亲近,他可以波澜不惊,你长期经营,朝夕相处,一旦搅动了他的情感,他可会翻江倒海。那时候,南港渔民多数很穷,家徒四壁,基本上没有内陆农家那样的家具。所有屋料梁、椽、地板都是毛竹和毛竹爿做的,甚至包括床、厨、桌等大型家具。毛竹是张网生产"退役"的,因为浸泡了海水,失去了浮力,生产上派不上用场了。但是用来建房、做家具,烟熏火燀,油光红亮煞是好看。家家户户房屋墙体厚度都在 45 厘米以上,外墙和内墙全是石块。经济条件好一点的人家,所用石块做成豆腐块的那种,差点的连块石也用不起,只能用乱石(不规则的石块)。石块就是后山上开的。黄龙岛是花岗岩山体,裸露随处可见,多数渔民能用简单工具自己取石块或石条。黄龙的石块石材质量好,渔家有全用石头作建材建房(石屋)的,石梁、石桁、石窗、石地伏别具风格。得知我们要走,许多人还是给我们送鱼货。主要是虾干,还有大鱿鱼、鱼鲞、海蜇等。我们一概不收,统统暂放一起。临行头天晚上,张行长安排做一次大走访,顺便挨家挨户退鱼货。以后,我们和许多渔民成了朋友,周全坤、叶银达、沈德根、俞

加工生产出来的虾仁干就是虾米(又称开洋、海米)。图为渔民将虾米按大小、质量进行挑拣、分类。

善德等还隔三差五地到菜园县机关宿舍去找我。大队里发生开心的事，他们要来告诉我，不开心的事也会来告诉我。

以渔为主的嵊泗县，10 月份县机关干部就要上渔场了。按照舟山地区渔场指挥部的安排，嵊泗县渔场指挥部设在壁下（公社），我和李书记他们第一批下去，因为李书记要开一个带头船老大会，誓师大会性质的，他得先去。我要预先写标语，写标语的还有一个李植安，就是本文开头提到的李股长，他也到渔场。李股长写标语很在行，但写两三米见方的巨字没有经验。我告诉他，秘诀就在“笔”上。俗话说如椽大笔，确实写大字得用大笔。怎么个大法？我们找来晾衣服的凉杆竹，足有 4 ~ 5 米长，头上绑个漆刷，蘸上红漆或石灰水，手握一头，人站老远，写出字来不偏不倚，大气磅礴。我俩密切配合，要么他写字、我勾边，要么我写字他勾边。勾边用白石灰。红字白边，老远看来，十分醒目。在我俩努力下，壁下面海的墙、堤、坝、码头都写上巨幅“人定胜天”“捕鱼为革命”等标语，渔民看了很受鼓舞，说这里冬汛气氛是蛮足嘞，像个渔场。投入冬汛的渔船，逐渐都靠泊在壁下了，天气一好，大批渔船就要投入繁忙的冬汛生产。李书记抓住机会，召集带头船老大开会。会场就在指挥部一楼，主席台是四张吃饭方桌拼接的，下面先是长条凳，最后是长条椅。带头船老大们早早就来了，李书记请他们围着主席台落座，桌上放着茶杯，好喝茶。坐长条凳、长条椅的是指挥部的人，各部门到渔场支汛（支援冬季鱼汛的）人。没有开幕闭幕，没有主持报告，也没有议程，主要是李书记唱独角戏和各老大发言，有提问，答话，对话，也有插话，有点像报告式的座谈会样子。但是说来说去，这么多人，总是围着怎样抲好今年冬汛，内容扣得很紧，没有一句题外话。李书记既是召集人又是主持人，又是“服务生”，走来走去给各位老大递香烟。香烟是大前门牌子的，那时候大前门香烟只有领导干部才有得抽。看来李书记早有准备，为了开会，包里除了笔记本，全是香烟。香烟是他用自己的供应计划自己掏钱买的，分给了老大们，他自己就没有抽了。花钱也买不到大前门。香烟夹老酒，渔民好朋友。李书记知道，他还知道老大特别喜欢抽大前门。那时候就像坐小轿车一样，抽大前门可是一种身份的象征。1977 年，李书记托人在上面特批了数箱（一箱 50 条）大前门，拿到嵊泗后，分配到公社干部和带头船老大，干部和老大们一片欢腾。一时间，嵊泗的公社书记，带船老大，人人怀揣大前门。碰到上面来的领导、邻县的兄弟单位，嵊泗渔业干部和船老大分出来的香烟全是大前门，弄得这些人都心里痒痒的，刮目相

李书记(图中间戴老头帽、穿中山装者,其右侧为胡阿满)在渔场召集带头船老大和社队干部开会。

看嵊泗人。穿的确良、抽大前门成为嵊泗人的特征。然而到 1978 年,李书记为这件事没有少向地区派来的工作组作检查,下场是为弄个渔民开心,自己遭罪。这是许多人所不知道的。老大会议,公家不开支香烟,也不开支茶叶。开支香烟、茶叶甚至水果的,只有地区、省里开会才有。更没有领导干部分送的,放在盆子上自取——我见过。会后,指挥部留老大们吃中饭。炒上来几个菜,都是像模像样的。原来是县政府为指挥部食堂派了一个正式厨师。说他“正式”,是因为这个青年厨师是从专门学校出来的,受过正宗厨师教育。

老大们走了,食堂该准备晚饭了,李书记拿来一棵大白菜,示范着教厨师做泡菜,说当早餐,很下饭。这很合厨师心意,因为鱼汛刚开始,食堂菜特难买,且要远去菜园,最近也要开船到嵊山去买。早餐除萝卜干、酱豆腐别的没什么好吃的。有了泡菜,就多了一个花色。但厨房进出人多,谁见了都要问一问,这菜咋啦?李书记做的泡菜,厨师回答。大家吃萝卜干、酱豆腐,李书记吃泡菜,他搞特殊化?他本来就是做给大家吃的嘛,厨师解释。叽叽喳喳的,可能传到楼上的李书记耳朵里。第二天早上,李书记便不吃泡菜了,弄得厨师很尴尬。

李书记一面布置筹备渔场召开全县各部门负责人会议,一面带我们深入各社队渔场工作组了解情况,充实会议材料。一天从壁下回安基,途经水产码头一带,李书记老远就喊,“着火了,着火了!”起初,我们以为他吓唬我们,抬眼定睛,果然,靠在水产码头的一艘冰鲜船后舱黑烟滚滚,我们跑步靠近,没想到上了年纪的李书记,身手也如此敏捷,行动快起来就跟年轻人一个样。在平时,你根本见不着他还有这一副模样,静若处子,动如脱兔。一打听,原来是冰鲜船机舱着火。一时,也没有水和打水的桶,人们便把堆在码头上的带鱼,整篰整篰地往机舱倒。船员探身机舱,我们年轻的站在机舱门口,李书记就在一大堆鱼篰旁,与另一人搭档，把满箩带鱼传给我们。我看见他举鱼箩是一点不费劲的样子，好像在玩，抑或举重若轻吧。整个机舱都倒满了鱼，火也熄灭了。水产公司领导闻讯赶来，有人还拿来开水、递上毛巾，李书记摆摆手表示不要，一句“不碍事”，便带着我们继续往回走。事后我想，这许多鱼倒进机舱，总还能吃吧？要不，代价也太大了。但是，吃，这柴油味咋办？想着想着就回指挥部了。

渔民不在，渔场静寂，晚上没有活动，一些人缠上李书记，要他讲战斗故事。但李书记说，俺没什么好讲。任凭别人怂恿，就是不开口。不知谁揭老底似地说，李书记，你参加过孟良崮战役，立过功，孟良崮打的可是大仗，当场击毙张灵甫，你还没有什么好讲，你骗人。李书记瞪大了眼睛，回头看了看他，不无幽默地说，俺当过兵，扛过枪不假，但俺没有参过军。大家一愣。俺当的是民兵。民兵您立功了？立功那回也不是光因为是民兵，俺是各救会主席，支前运输队长。当时县委书记、县长当支前司令部政委和司令员呢。大家把他围紧了。

李书记的话匣子这才打开：张灵甫是自杀的，不是我们打死的。那是1947年5月份的事。张灵甫，黄埔四期（学员），与胡琏、李弥、林彪、刘志丹等同学。是国民党军74师师长，打日本人时是中国军队74军军长，和我们（解放军）作对时（解放战争）整编成师，因此他是中将师长。这个74师，3万多人，全部美械装备，全过程美国顾问训练，号称国民党“五大主力”之首。李书记娓娓道来。1946年，国民党军大举进攻华东解放区，他打头阵，与我们（解放军）打恶仗。从10月开始，张灵甫与我们二战涟水（苏中）。解放区全民动员，全民抗击，涟水、涟东两县均成立后勤（支前）司令部，县长、书记就是司令员和政委，动员组织支前民工十数万人。10月22日一仗，张灵甫打得我们守卫涟水城南门渡口的解放军全部伤亡。城防主力15团几乎伤亡殆尽。1946年是张灵甫打解放军最疯狂、最得意的一年。

1947年5月11日，担任右翼进攻的第1兵团司令官汤恩伯不待相邻兵团统一行动，即以张灵甫的整编第74师为骨干，在第25师、第83师配合下，向前急攻。配合部队图占沂水，策应74师作战。5月13日，战斗打响，张灵甫先占杨家寨、马牧池等地。当晚，一线攻击部队之1纵、8纵分由张灵甫74师之两翼寻隙纵深楔进，占高地、登要点。其中，1纵构成对敌蒙阴65师的正面阻击，切断张灵甫与25师的联系。8纵切断张灵甫与83师联系，抢占孟良崮东南要点。4纵、9纵10余万人从正面向张灵甫发起凌厉攻势。6纵从鲁南铜山急速北进，于 14 日晨抵达指定位置。在解放军凌厉攻势下，很快，张灵甫外围各要点相继失守，渐向孟良崮，垛庄收缩。一线攻击奏效，解放军指战员群情振奋，上下一致，民工紧紧跟进，一刻不停地上粮弹、下伤员。整个战场一个口号：就是“绝不能让这只恶狼有一丝的喘息！”4 纵、9 纵彻夜猛攻，渐进至唐家峪子、赵家城子一线；6 纵与 1 纵协同，于 15 日拂晓攻占垛庄，切断了张灵甫的退路，8 纵攻占万泉山，与 1 纵、6 纵打通了联系，形成对张灵甫 74 师的四面包围。

张灵甫被围。开始，不慌不乱，进退有序，但他似乎也预感到此次不同以往，解放军人山人海，种种迹象表明，志在必歼。心生恐惧，致电蒋介石告急。但蒋介石错误估计形势，认为 74 师占据孟良崮制高点，享有地利，又自身战斗力强劲，周围友邻兵力雄厚。还以为是终于找到了与华东解放军主力决战的大好时机，千载难逢。于是，命令张灵甫 74 师官兵：“坚决固守，吸引解放军主力，然后一网兜尽。”

在解放军绝对优势兵力压迫和猛烈凌厉攻击下，张灵甫军伤亡惨重，但仍不失王牌军风范，未见溃乱，每一阵地都经数次乃至数十次争夺，防御相当顽强，反击十分凌厉，战况之激烈为解放战争开始以来所未有。双方减员严重。尤其张灵甫兵力渐显捉襟见肘，且时久人疲，没有水喝，粮弹不济。而解放军兵员却源源不断，粮弹充足，民工愈战愈多，愈战愈靠前。张灵甫预感到自己已处绝境，于 15 日下午，在飞机掩护下开始拼死突围。陈粟（陈毅、粟裕）即命令各部熬住困兽易斗阶段，不打死张灵甫这只恶狼绝不松手！张灵甫主要退路早被 6 纵（6 师改编）占领，数次用敢死队冲击，均被击退。另一路又被 1 纵阻击。双方阵地犬牙交错，空间密集。国民党军飞机投下的大批弹药、粮食、饮用水，多数落到解放军手里。

至此，蒋介石才明白，张灵甫即将被歼。急得其下死命令要各部齐头并进，不惜一切代价，拼死也要解张灵甫之围。而此时张灵甫 74 师往日威风的水冷式马克沁重机枪，却因为无水，全部变成了哑巴。解放军一线攻击部队排山倒海一拥而上，国民党军伤亡惨重。战至 17 时，张灵甫写下遗书：“十余万之匪向我猛扑，今日战况更趋恶化，弹尽援绝，水粮俱无，我与仁杰决心战至最后一弹……”发完最后一份电报后，与副师长蔡仁杰，旅长卢醒等集体自戕。怎么？不是说当场击毙的么？不是，是自杀的。李书记不紧不慢地讲下来，大家都是静悄悄的，讲到这里，才有人插话。既然是山，为什么叫“谷”（崮）？山是山，崮是崮，山顶尖，崮顶平。噢——是大平岗！叫孟良崮，跟杨家将焦赞、孟良有关系吧？问话的是一位把麦乳精读作麦奶精的年轻人。大家立即把否定的眼光投向他。没想到李书记说，是的。传说北宋名将孟良曾带兵驻守在那里。可见地方之大、之重要，历来是兵家必争之地呐。李书记出乎意料的回答，又让我们把钦佩目光投向这个绰号就叫“麦奶精”的人。解放军“厚葬”了张灵甫。棺材是买来的，半人多高，十分华贵。张灵甫穿着崭新的解放军军服，躺在担架上，放在棺材旁。临下葬，俘虏中一个少将旅长、8 个上校团长要求最后看一眼他们的师长张灵甫。负责葬礼的解放军华野 6 纵（6 师改编）政治部副主任谢胜坤请示上级。上级都觉得，他们跟着张灵甫出生入死，也属不易，感情难能可贵，就同意了。9 个国民党军将校走到担架旁，围成半月形，跪下，痛哭流涕。他们哭他们师长，也哭他们自己。

这一仗打下来，您立一等功？没有，是二等功，县里开英模大会评的，戴大红花，奖钢笔、笔记本、毛巾、肥皂之类。贵重一点可能就是钢笔，三等功的没有。你们支前运输队有牺牲的吗？有，打仗怎能不死人？死的死，伤的伤。和解放军战士一样评烈士，给抚恤，伤员一样治疗。我命大，才有机会到南方来，当干部……李书记说到这里，心情沉重。大家见状，都不问了，让李书记休息，这才渐渐散去。

第二天晚饭后，大家又围上了李书记，这次大家要求他讲讲到北京参加“七千人大会”的事。这有什么好讲，不就是参加一个会议嘛。据说参加会议的是县委书记以上干部，您作为嵊泗人民公社党委书记参加会议，在舟山是唯一的？人家把嵊泗公社看成县嘛，重视，给县的规格、待遇。全舟山公社书记去开会的就我一个，开始我也不知道，后来才晓得，感到自己责任重大。“七千人大会”俗称“五级干部大会”，参加会议的有中央、中央局、省、地、县委书记，包括重点厂矿企业和部队同级党委书记。正式名称是“中共中央扩大的工作会议”。会期是 1962 年 1 月 11 日至 2 月 7 日，就是那年 12 月初六至正月初三，开了将近一个月，开过年。中央这样安排，也是为了不误农时嘛，这我们理解。会议最大特点是发扬民主，开展批评和自我批评。会上毛主席做了自我批评，周恩来做了自我批评。刘少奇代表中央做书面报告、讲话，会议精神给人印象最深的是党强调实事求是，群众路线，强调民主集中制，书记要当好班长，强调健全党内民主生活，加强集中统一。这对以后各级党委建设起了很大作用。一直以来，我们县委就是按照这一思路开展工作的，至今不变。这一年，在这个会议指导下，中央又开了好多重要的会议，主要是出台具体政策，解决具体问题。5 月 7 日至 11 日，中共中央政治局常委在北京召开工作会议，决定全面贯彻执行“八字”方针（调整、巩固、充实、提高），大幅度调整国民经济发展计划，按照农、轻、重次序综合平衡发展，缩短工业生产建设战线，精减职工，减少城镇人口，加强农业，增加农产日用品生产。7 月 9 日至 11 日，邓子恢在中央党校报告《关于农业问题》，主张建立队包产、组包工，田间管理包到户。特殊的、技术的联系产量包，超产有奖等责任制。

9 月 24 日至 27 日，中共中央在北京召开八届十中全会。毛主席作关于阶级、形势、矛盾和党内团结问题讲话。提出“存在资本主义复辟危险性”“阶级斗争必须年年讲、月月讲、天天讲”。批判“单干风”（包产到户）、“翻案风”、“黑暗风”（高估困难）。

1962 年，因为先有年初的“七千人大会”，所以后来基层贯彻中央具体政策比较顺利，切实达到国民经济“调整、巩固、充实、提高”的效果。李书记讲到的，许多人记忆犹新，当时情景，历历在目。可是，对李书记讲解党的政策理论能达到如此透彻、通俗，记忆力如此之好，许多人还是出乎意料。所以，他话音刚落，大家立即报以热烈的掌声。都说李书记讲得真好。

天气不好，渔船拢洋回港，海上岸上船山人海，渔民们忙着补给生活资料，买米买柴买菜购油，包括买香烟打老酒斩肉买糖。补给生产资料，加柴油，修机器，补网具，做网整网。渔港里的所有大路，全被比大路还长还大的渔网占了。熙熙攘攘、摩肩接踵的人群就在网上走。李书记还是不忘去社队各单位走一走，看一看，还不忘怀里端上个笔记本。我们更不敢怠慢。采来的信息，就发表在《渔场简报》上。一天回来路上，李书记还抬手叫住了两位青年渔民（身上油腻腻的、老轨模样）。这两位渔民推滚着一桶柴油，费力地在网上行进。李书记说，不要在网上滚，要在旁边没网的地面上滚。柴油桶不要把网线压伤、压断了。大家都是捕鱼人，是不？原来这渔网就铺在石子上，石子是修补渔港的备料。两位年轻人一听便领会，一下便把柴油桶挪向窄窄的、尚没有被渔网全覆盖的水泥地面上，回过头来，还感激地看了李书记一看，目光中流露出钦佩。

1978 年新年刚过，县委领导找我谈话，问我打算在嵊泗发展，还是想调回舟山家乡。我丈二和尚摸不着头脑。开始还以为是组织上试探我扎根海岛的坚定性呢。回答说，嵊泗蛮好嘛。领导把“包袱”抖开，才知道：原来舟山地区渔业指挥部多次向各县要求推荐选调青年干部，近日更由地委、行署直接出面，指令各县报送推荐上调的青年干部名单。县领导把我列入人选。但是在正式报送推荐名单之前，还是先要征求一下我本人的意见。我女儿都已5岁了，家里早盼我回去，这不正赐我回家团圆的机会么！虽多留恋，但机不可失，我焉能不去。至于最终调到地委办公室任秘书，行署副专员田文吉说的话是可信的。我持县委组织部介绍信到地区报到那天，在地专机关院子大门口，就遇上副专员田文吉。我们在渔场就认识了，加上行前县领导已与他通过电话，田副专员一见如故，开口就说，你是我们（行署）要来的，现在到地委报到去吧。我们要来的干部，还没有上班，地委就拦着要走了。地委大嘛，我们没有办法。不过没关系，以后我们还是一起在渔场。原来，铁瑛、李辉、高子成，卢英贤主持中共舟山地委工作、任地委书记那时候，地委非常重视渔业。全舟山“人、财、物”都向“渔”倾斜。地委书记带头，各级干部年年下渔场，上船头。每年都有在渔业基层第一线的，年富力强的青年干部充实到地、县两级领导班子及其办事机构来。我便是这拨海浪的潮水给送上来的，包括后来成为我同事的小年轻江跃儿（来自螺门渔业队）、宋建国（来自地区木材公司）、戚燕平（来自朱家尖渔业队插队知青），以及到地区行署办公室的徐盛学（来自地区水产局），都如此。据说那是我们党师法古代“将帅出于士卒”“干部来自基层”呢。这是后话。事情就这样定下来了。我去向李书记告别。

嵊泗县机关干部宿舍依山而起，我们单干户住山腰，李书记家就在山脚。平时，我们走过他家门口，很少进去。这次我是专程拜访。进门便是客厅，大娘（我们这样称呼李书记妻子）在绱鞋，据说她做得一手好针凿。大娘姓张，与李书记差不多同时间入党，也是抗战时期的基层干部，如今却不是国家干部。用李书记话说，就我一个人当干部已经不错了，干嘛还要把家属弄进来，减轻国家负担嘛。大娘叫我小张（他们全家除了李书记，都叫我小张。我估计他们至今也不知道我原来姓章，不姓张）。李书记出来了，没说话。我把事情向他说了，也向他道个别。他说，县委研究好多次了，去嘛。我们（嵊泗）在（舟山）地区里一定要有人，有机会也好帮嵊泗渔业说说话。我说，这儿是我第二故乡，去了也难割舍。是嘛，住久了，生情，李书记若有所思。沉默了一会，突然蹦出一句：我免职在家。大娘立马过来沏开水。李书记缓缓地、轻轻地继续说。我心中有些沉重。除豪爽、正直、务实和任劳任怨外，李书记的另一特质是，在他口中，你听不到半句牢骚话。这是我唯一一次听到他带有牢骚情绪的话。大娘开口了：除了血压高一点，老头子啥毛病也没有，身体好得很。小张，你们放心工作去吧，别惦念。从他家出来，我的心情纠结着。好在第二年快过年的时候，他终于接到命令，去沈家门平阳浦担任舟山海洋渔业公司党委第一副书记。

舟山海洋渔业公司是地厅级单位，与舟山地区平起平坐。但是他的党委归口舟山地委代管。地委开全体会议，扩大会议，重要文件的学习传达会议，舟山海洋渔业公司党委书记，还有舟山水产学院等，都要参加。因为这些单位级别高，干部配备规格也高。加上在以渔为主的舟山地委眼里，他们又是科技苑，智囊团，探索者，试验区，很受器重。地委办公室秘书班子与他打交道也特别谨慎，生怕有什么闪失，招地委领导责怪。工作起来，人总是离得远远的。舟山海洋渔业公司来参会的往往是党委书记陈枫。为了李书记，我总是主动联系舟山海洋渔业公司，主动熟悉陈枫书记。不但开会时热络，平时有任务，也总是由我驱车前往。李书记多次向舟渔公司办公司室主任面授接待我的任务。我每次去舟渔公司，他们的办公室主任总是破规格地接待，全程陪同，配合默契。我在他们单位完成任务，不但速度快，质量也高。地委办公室领导也总是派我去。时间长了，舟渔公司便成了我的任务包干区。我与李书记的关系也更密切了。

以后，双方工作内容变化，李书记更忙了，我也忙碌起来。因为工作原因的见面机会减少。他离休以后，我们更难得见上一面。但我心中一直有他，他心中也不会没有我，这种情感一直维系到他病逝。如今，想象中的“忠王李秀成”形象早已幻灭，印象中的县委书记李秀成依旧赫然。他憨厚的脸庞挂着温和，透着大器，瓮声瓮气的话语声久久回荡，挥之不去……

作者简介：

章新亚，籍贯：浙江定海。曾任嵊泗县渔场指挥部秘书，舟山地委办公室副主任，舟山市史志办主任。

在嵊泗财税局工作的那些事

王菊棠

作者

我在嵊泗工作40多年，最忆在县财税局工作的那些事。

1972年组织上叫我任嵊泗县财税局副局长。1981年1月县人大常委会任命我为嵊泗县财税局局长。

那时在计划经济体制下，财税体制有什么特点？我认为财权比较集中。多地收支都由省核定。收大于支上交，支大于收补贴。增收部分地方与省分成，节支部份归地方支配。我县属支大于收，是属于享受省补贴的县。（收支规模都比较小，1989年我到人大去工作前那年预算收入约2000万元左右，吃财政饭约3000人）。

那时，每年初由省召开计划会议（相当现在经济工作会议），财政会议同时进行，财政局领导随县领导出席，因为确定收支盘子要与计划衔接。收入按经济指标框定，财政单独无法确定。支出按编制，如行政“人头”，教育班级，卫生病床等等。还有建设，修理等事业费，这一块，分多分少就没有标准，通常讲的“切蛋糕”就是指这一块。我们同行之间台下讲，这时就是尿急也要熬一熬，唯恐去方便的时候，错失良机，吃了亏。可见该时的紧张气氛。支出标准很多是中央、省定的。县市都是执行的。如工作福利费是中央定的。差旅费、会议费是省定的。

在全国统一工资标准中嵊泗列岛按七类地区加6%发放。当时杭州、宁波、舟山都是四类地区标准。每隔一类相差3%，嵊泗实际享受九类标准，要比杭州等地高15%，说明国家对海岛干部生活是很关心的。

福利费是按工资额比例提取的，比例是中央决定的。提取后，可以单独取出来，和废品收入（卖旧报纸等）放在一起存入单位其他存款账户中，用于单位福利，不算小金库，不违反财经纪律。当时大部分用于单位经济比较困难同志的补助。如单位同志调动，开个欢送会买些糖果，都在这笔经费中开支。单位推选福利小组掌握这笔经费。

差旅费当时有这样一件事情。乘火车补贴高于乘船。原因是乘火车比乘船辛苦。这对我们海岛工作的同志不公平。我们曾经反映了，不大重视。他们乘的像长江轮，那种豪华轮，当然比火车舒服。有次省财政厅分管这项工作的领导来嵊泗指导工作，他们尝到了晕船呕吐的味道了。回去后才讲嵊泗工作辛苦，乘船补贴标准提高了。

我县财政除规模小、回旋余地小以外，因地理位置关系，比内陆县市有更多的困难。以差旅费开支为例，“麻雀虽小，五脏俱全”，全省性会议没有因为我们小县不需出席。杭州附近的县市，他们早上来，晚上回去，开支很少，而我们出省乘船、乘车，有的单位到省里开一次会就把一年办公费用去了。按人员，班级、病床等编制核定预算，弊病较大。管这么多县市，很难做细，但也确实无实际可比性指标可以替代，所以一直沿用很长一段时间。

而房修、房造等这些事业经费，海岛基础差，百业待兴，又有特殊困难。所以县政府一直处于比较紧张的状态。县财政对单位分配经费，离不开编制。这样人多的单位，回旋余地相对大些，困难相对少些。而人员较少的单位困难就大了，虽然做了些调剂，但受全县财力所限，“杯水车薪”。因苦乐不均，引来对财政“媚大欺小”的批评。

县财政一要保吃饭，开门办公；二要保人代会通过的用款项目；三要保领导视察工作时答应的用款项目。之后所剩无几，“粥少和尚多”，实属无奈。所以很怕单位上门要钱。地方小，低头不见抬头见，害怕交恶。特别明知困难不能解决的，一来倒茶让座先消消火气，有时一起发发牢骚，表示同情，叹叹苦，哭哭穷，最后好像不是他来要钱，而是我要向他借钱似的。

把财力只用开门办公，没有财力搞发展搞建设的，叫“吃饭财政”。把向上级要求资金支持叫“讨饭”。我们当然是属“吃饭”。但“讨饭”我感到不但难听，而且不确切。因为计划经济，国家把财权集中在中央和省。不论你是富裕地区，还是穷困的地区，大有大的难处，小有小的难处，而要向上级争取项目，都有讨要的任务。像我们县因为困难多，主要经省财政厅，为什么不经舟山，因为舟山自己有一块，不但讨不来，有时还要被要点去。像渔业税是渔民缴纳，还要分点去。我不大会讨钱，所以很少出去。有几位同志，他们做得很好。他们待人诚恳热情，深得省财政厅相关同志信任，在分配指标时给我们以照顾。特别是有机会，事先告诉我们，让我们得到好处。

财政厅追加项目，还是很多的。如增收大体可定，解决年初预算缺口和欠款，我们叫“八月十五放光明”。县里也一样，九十月份税收大体有把握，解决一些缺口和欠款。补助形式很多，有戴帽子，专款专用，允许用不完结转下年用。一次性卫生增病床、教育换班级增拨房造房修费，还有海岛有台风，受灾损失、救灾补助等。

社会上反映，像省纪委、财政厅这些实权单位，各地送的土特产，过年过节职工吃不完还烂掉倒掉。

我县是受财政厅照顾较多的小县，送礼情况在我任内只有一次。送礼途中的紧张记忆犹新。1982 年 1 月上旬，县政府领导，为了向财政厅表示对我县照顾的谢意，叫我送去一批水产品，计大黄鱼 100 斤、海蜇头 300 斤、海蜇皮 100 斤。局里有位同志陪我同去，驻沪办事处派车在上海接送。因为过去没有做过，虽在家做了各种准备，但还是估计不足。船到上海十六铺码头卸船装车时，来了五六个人，手里拿着铁钩，讲大黄鱼很好吃，买点吃吃。一边用手里铁钩打算扎鱼样子，我一看着急了，如果出了问题如何向领导交代。那时候治安情况不如现在，硬来非吃亏不可。我一边向他们讲好话，和他们周旋。讲兄弟们弄点吃吃这是应该的。这批东西实在是受人所托，不是我可做主的。如果信得过我，我经常往来上海，可以带点来。我暗示赶紧装货，趁不备，车开出码头，总算没有被扎去。车到金山已是深夜，又遇关卡，戴着红袖章几个人，上车检查，说要收购，我拿着县府办、工商局证明都不顶用。只有讲讲好话，说我们为领导机关代办，只是具体送送，请他们放行。我估计他们可能看这些优质水产品有“来头”，怕烫手，总算没有被扣下。

我们好像“惊弓之鸟”，希望不要再遇麻烦。车到桐乡已是下半夜，又遇关卡。检察人员在打瞌睡，在省内胆子大了一点，冲卡。到杭州已二三点钟。卸完货，连夜回上海。后财政厅有来往嵊泗的领导私下同我讲，最好再送一次，我讲会向领导汇报的，结果我没有汇报，也没有再送。财政厅也没有因此对我们另眼对待。

任职期间我没有向公家报销烟酒、礼品的费用。我县财源少，而培育财税又较困难。以办工业为例，供销两头都在外，原料装进来，产品装出去，增加装卸成本，缺乏竞争力，没有成功。

领导都很重视发展生产，把宝贵资金使用好，投到效益好的项目上去来增加财政收入。

养鸡要有鸡窝，渔船要有避风港，凡遇过台风的都深有体会，这是多么重要和正确。

只有好的愿望，没有科学依据，好事并不一定会办好。从菜园建造渔港来看，这是项多么艰难的工程。多少同志为此付出辛勤的劳动，跑项目跑资金才取得成功，谈何容易。20 世纪 70 年代，要乡村造渔港这现实吗？

五龙黄沙岙堆得高高的石头，一夜功夫沉入海底，渔港没造成，多了个暗礁。小洋山也围了个海塘，因为他们船小，所以规模不大。我去过几次。结果涨潮浑水进，落潮清水出，泥沙沉淀，露出一块晒场。渔船避风不行，晒晒鱼干、乌贼鲞还可以。

靠山吃山，靠海吃海。在现在李柱山码头靠左手，围塘填土晒盐抛下了不少石头。结果没有弄清海水盐分，投资失败。被迫停了下来。幸亏失败的早，否则没有今日的李柱山码头。以上两件事情财政都积极参与的，有的还是力主的。

“人定胜天”，我总感到这个口号不科学，人不能战胜自然规律。你定也好，不定也好，不可能胜天。有时候不是天的东西，如钞票资金，也会变为“天”。不是你说了可以拿到就拿到。不少事情是要受到财力制约的。有的工程失败不是有什么问题成为烂尾工程，是资金链断裂造成的。

时间过得真快，我到海岛工作时只有 17 岁，现在已是八十多岁的老人了。美好的青春年华都和海岛紧紧联系在一起。亲身经历了海岛的巨大的变化。回首过往岁月，我要感恩组织上对我的信任和培养，使我在这样一个重要岗位上有学习和实践的机会。我深深感谢同事们给予我工作支持和关爱，想起这些，阵阵暖流涌上心头。我无以为报，祝愿嵊泗人民永远幸福。

作者简介：

王菊棠，籍贯：浙江宁波。曾任嵊泗县财税局局长，县人大常委会副主任。

我把一生献嵊泗

俞富林　口述　周苗　整理

初到嵊泗

作者

1950年7月7日嵊泗列岛解放之后，为了巩固新生的人民政权，组织上向苏南军区教导队及松江行政公署各机关抽调了100多名人员分赴嵊泗列岛。我那时还在松江军分区教导大队四连当兵，也被选中作为赴嵊人员。大家在9月7日晚上从上海十六铺码头出发，乘坐三艘渔轮，分别驶往嵊山、洋山和泗礁本岛。

我们这批人由于没有海上生活的经历，大部分人晕船，吐得很厉害，我也差不多挺不住了。第二天早晨，船行驶到大戢山以东洋面，我们隐约看到了泗礁山的轮廓，由于我们从小生活在内地，对海的感觉比较陌生，突然看到碧绿的海洋，觉得很好奇，大家争先恐后地走到舱上面，望着一望无际的碧海蓝天，海市蜃楼式的岛屿，无愁无忧的海鸥，使我们终于领略到了海岛大自然的风光美景，见此情景，我感到十分的愉快和兴奋，也忘记了晕船的感觉。

约上午9时许，我们的船停泊到了菜园至金平之间的海面上，然后用小舢板渡我们上岸。上岸后，我们被安排在羊府宫就住，即现在的菜园一小校址。区教导员迟令章同志、区长臧福彬同志住在羊府宫北边的民房里，后来区政府机关也就设在那里。

第二天，我被安排到马关工作队担任队员，队长是从24团调来的，年纪很轻。我们的工作主要是教育群众，发动群众，宣传党和政府的方针、政策，帮助群众提高对党和政府的方针、政策的认识，现在看来这就是叫作群众工作。在这个过程中，我经受了锻炼，提高了为人民服务的本领和能力。

投身基层工作

同年 12 月，组织上宣布叫我担任五龙乡乡长，我真是大吃一惊，我没想到像我这样文化程度不高、科学知识浅薄、综合能力又不全面的人能当乡长，连我自己也不相信。我当时就感觉这是党组织对我的信任和培养。因此我默默下了决心，一定要努力工作，虚心学习，刻苦钻研，拜老同志为师，在实践中不断地锻炼自己、提高自己。当时，五龙乡政府设在中黄沙岙的一座小庙里，乡政府共有八位同志，六位是外地调来的，二名是本地人。从 24 团调来的张学海同志任乡渔民协会主任，另外三位也是从 24 团调来的，一位叫李锦章，其他两位的姓名我已经记不清了。本地人王品根担任渔民协会的副主任，华阿品被任命为副乡长，除了王、华两人不脱产外，其余六人都是享受供给制待遇，集体吃饭，轮流当炊事员和值班员。那时，我们都很团结，很友好，工作上、生活上相互帮助，心情愉快，相互都很尊重。每个星期周末召开民主生活会，自我汇报、自我检查，交流思想，民主气氛很浓。我们跟着学习部队里的优秀传统、优良作风，所以各方面进步很快。在我的提议下，把五龙乡部分村的地名做了修改，将田岙改名为胜利村，会城改为劳动村，边礁岙改为中心村，南、北朝阳、和尚套三地改为前哨村。我们六个脱产干部中，除了姓张的青年常住边礁岙村兼管税收工作外，其余都分村包干。张学海负责黄沙村，小徐负责胜利村，李锦章负责劳动村，我负责前哨村，还有个姓李的负责边礁岙村，不久后我们才知道，原来姓李的是个俘虏兵，后来被部队抽回去了，从此，我们就没有和他联系过。

我们的工作都很尽心尽职，在脑子里根本没有"困难"两个字。非常注意党的组织纪律、群众纪律和原则上的问题，每个人都遵纪守法，阶级立场坚定，在和群众打成一片的同时，努力注意生活作风和经济上的问题。那时，我们一般不到群众家里去吃饭，如遇特殊情况吃顿便饭，也要付钱给群众。在具体工作中，尽可能地解决群众的实际困难，开展生产自救，废除保甲制度，建立和完善乡村级行政组织体系，建立和组织民兵队伍，以我们的言教与身教大力培养地方干部，在短期内取得了较为明显的成效，当时的五龙乡在生产、生活、治安等方面比解放前都有了明显的改善。在培养的一大批地方干部中，孔阿利同志从一名民兵副队长，后被提拔为嵊泗县人民政府副县长。

1951年11月，我被调入嵊山区公所，担任共青团嵊山区委组织委员，兼驻洛华（绿华）乡工作组组长。那时的嵊山区委书记是于脉彦同志，区长是王纪良同志。在洛华期间，我住在西洛华一户姓蓝的大户人家，在这户人家住的工作同志有五六个人，其中有老师，还有我的同事朱志喜同志，大家过着集体的生活，凡是与群众生产、生活、学习、治安、税收等有关的工作我们样样都做，群众称我们为“万金油”干部。

一次意外事件

这一年，我遭到了人生中最委屈的一件事，事情的经过是这样的：因为当时收税全部用现金结算，其中有一笔数千万元（旧币）的税款，由我经手保管。那时，交通不方便，税款不能及时上缴，又没有保险箱，所以只能把经手的税款分成好几叠放进了老式壁橱内，加锁保管。一天，我去东洛华办事，随手把钥匙丢在了八仙桌上。没过多久，嵊山区委通知我去开会，我就利用开会的机会将税款交到了区政府。时隔十多天后，区里又通知我，说有要紧事叫我马上回嵊山，那时，全国正在开展“三反”运动，我以为是区里开与运动有关的会议，根本没考虑税款短缺的事。到了区里后，王纪良区长找我谈话侧面旁敲地对我说：“你很精明，交上来的税款每叠少了二三百元，总共少了数千元。”我听了这句话都明白了，言下之意这笔钱是我贪污了，这简直是当头一棒，我是哑巴吃黄连，有口难辩啊。

钞票少了是事实，但我没有贪污，于是我向组织上申诉，但都无济于事。后来，组织上又派人到五龙乡去调查，把我经手的抗美援朝献款进行了清理核对，结果分文未少，但税款之事，还是给我定了个贪污的罪名。考虑到我平时表现尚好，没有开除我的公职，只撤销我的共青团嵊山区委组织委员的职务，从此，我就背上了撤职处分的包袱。

参加工作队

1952年3月至1955年2月，我被调到嵊泗县委工作队当队员，在这期间我参与了渔区的民主改革和渔业生产互助合作化运动。1953 年 7 月，我随县水产局局长李秀成同志(后任嵊泗县委书记)去大巨田涂村搞渔改试点工作。组长李秀成同志对我的工作比较满意。1954 年 4 月，县委组织工作队进驻五龙乡，县人武部部长肖斧为队长，倪品根为副队长，连同丁跃忠、张小利德和我，一共七个人。工作队的主要任务是开展渔业改革、划分阶级成分。当时的阶级成分划分，原则性很强，政策要求也比较高，根据家庭的财产情况、政治背景及具体实际情况进行划分。渔区的阶级成分分成渔工(雇工)、贫苦渔民、一般渔民、渔业资本家以及渔商、渔行主等。经过前段时间的渔改，当时渔民的政治觉悟和阶级觉悟有了很大的提高，所以工作起来难度也不觉得很大。在工作组的带领下，五龙乡很快就掀起了社会主义改造的新高潮，随之而来的渔业生产互助合作运动也开展地有声有色，进展很顺利。全县第一个初级合作社，以名老大吴正方为骨干的五龙乡初级渔业生产合作社宣告成立，此后，在全县渔农村普遍展开，极大地推动了嵊泗县各行各业互助合作运动的发展。

由于我的工作比较出色，组织上专门找我谈话，准备吸收我入党，并打算由组长肖斧同志、副组长倪品根同志做我的入党介绍人。但是，由于我的经历比较复杂，第一次未被批准，当时我心里很难受，因为以前的经历纯粹是生活所迫，也没有做过对不起百姓的事，组织上如此看我，心理上有点接受不了。直到 1956 年 10 月，我在奉化溪口省干部文化补习班学习时，县委组织部电告校党委，由校党委转告我，我已被正式批准为中国共产党党员，听到这个消息，我非常高兴，从内心上感谢组织、感谢党对我的关心、教育和培养。

扎根洋山岛

1954 年 6 月，我调到大洋办社工作队，那时的洋山区委书记是张福顺，区长是李友仁，经过一段时间的工作，我们很顺利地结束了此项任务。约 9 月初，组织上找我谈话，要我留在洋山工作，并任命我为洋山区副区长。在洋山工作期间，我除了做好日常工作，还考虑了一些深层次的问题。我想嵊泗是一个单纯以渔业为主的纯渔区，要想搞活渔业经济，干部首先要熟悉海洋渔业知识，以便能够从外行中走向内行，领导内行。我暗下决心，平时不仅在岸上学习一些渔业作业的知识，还经常下海与渔民一起参加海上各种捕捞作业，学习海上生产操作技能。

1956年春汛，我第一次随陈安旦老大的对网船出海，赴洋鞍渔场捕小黄鱼，由于过去没有这么长的时间“下海”，没有多久就晕船了，呕吐得很厉害，连胃里的黄苦水都吐了出来。我硬是吐了吃、吃了吐，连续循环了十多天，总算熬过了晕船关，虽然人瘦了一些，但脚跟稳定了很多，身子在船上从站不稳到能够行走。经过近半个月的磨炼，在船上我也能干些挨车筒、摇对橹的活，这些经历对我以后领导和指挥渔业生产有很大的帮助。

1957年3月，我被任命为嵊泗县渔民协会副主席，但没有具体的工作，也没有办公地点和办公经费，名义上是一个机构，实质上是个空架子。县委又派我去五龙乡当干部，那时全国上下正值开展社会主义教育运动。同年11月，我又被调到洋山区，担任洋山区公所区长，区委书记是李友顺，从那时起到1966年5月，我先后担任过嵊泗公社小洋大队党总支书记（1958年9月至1960年6月），嵊泗公社大洋大队党总支书记（1960年7月至1962年7月）。1962年八月嵊泗恢复县级机制，大洋、小洋、滩浒、徐公岛合并为洋山公社，我被任命为公社主任（社长），于脉彦为党委书记，这个公社先属大巨县管辖，后列入嵊泗县范畴。我在这些位置上直至“四清”运动结束。从1957年12月至1966年5月的八年半时间里，我基本上常年随渔船出海，领导和指挥生产，和广大的渔民兄弟同吃、同住、同劳动。在这期间，洋山文化站叶正康同志专门为我写了一篇报道，说我是一位长期与渔民兄弟下海生产的模范干部。公社文书应启新同志也写一篇说我“是一位出色的渔业生产指挥员”的报道，这篇报道曾在浙江人民广播电台作了广播。

三过鬼门关

1959年，是渔业生产船只由木帆船向机帆船过渡的初期，那时，大洋地区也没有几条机帆船，带头船杨阿华单位是其中一条。机械化生产与木帆船作业有很大区别，不仅在时间上、速度上有区别，在操作技能上也有很大不同。我又面临机械化生产的考验，要学习机械化捕捞的规律和技能。经过不断摸索，很快掌握了机帆船作业的一些特点、规律和有利因素，如西风西水潮格下层乱得快，鱼群不是很集中，要分散找鱼群，集中捕捞，特别是冬汛捕带鱼生产，尤为明显。

在抓生产的同时，我十分注意渔船、渔民的安全问题。每到秋冬带鱼汛渔船出海前，都要召开“誓师大会”，在会上我每次都强调有关安全生产的内容，各大队干部也在会上都要表态，目标是生产、安全双丰收。出海之前，我还经常督促队干部、船老大，对每对船都要认真检查，船只、机器、渔具和绳索等是否存在不安全的隐患。在生产过程中，我除了收听渔场信息、鱼发情况外，还及时收听气象预报，随时了解天气的动向，为安全生产提供科学的保证。我在大洋、小洋工作期间，渔船没有发生一起重大海损事故。有一些船老大就开玩笑说：跟着俞主任，生产很安全，他是一员福将。

其实要搞好安全生产，有两条很重要，一是重视，从领导到船员，每个环节都要重视。二是要相信科学，特别是天气方面，不能仅凭经验，还要多听气象预报。如 1959 年农历四月初水，公社大部分渔船都在江苏吕泗洋洋面生产，我蹲点到小洋大队张顺生单位。当时，每条船上除了大捕网作业网具外，两条船并对，可以形成对网作业，所以每两条船上都有一套对网作业的网具。我所在的船与小洋大队大队长柴安生的船，在对网生产时是一对子。有天晚上，船行驶至吕泗洋冷家沙东北嘴头，发现海面上小黄鱼窜上窜下的跳跃，大家非常高兴，这下有大网头捕了。大队长柴安生对我说：鱼这么多，可以下大捕网了吗？我说不能下，因为我已经听过了气象预报，从当天夜里起江苏南部到浙江北部一带有 7 级偏东风，而且还要继续增大。我就对带头船老大李友林和队长柴安生说：吕泗洋暗沙很多，沙形复杂，7 级大风以上会起很大的浪，对生产是不安全的，既然有大风，还是先去避风，待风息了再来这里生产也不迟。这时，夜幕已经降临，又是暗星夜，伸手不见五指，进港去的线路和地形又不是很熟悉。我们在黑暗中摸了一段时间，偶尔看见在我们的前面有一丝灯光在浮动，就朝着灯光方向行驶，那时，风越来越大，船也开始摇晃得厉害起来。幸亏风向还可以，总算使我们 24 艘木帆船安全地到达了东林港。进港后一清点，发现孙明珠老大的一对机帆船不知去向，这让我们很担心。

第二天一早，我和张顺生上了岸，坐二等车（自行车后座）到了南通，在南通住了一夜。第三天，从南通出发，乘车赶到吕泗港。在那里我们找到了舟山地区及嵊泗县驻吕泗港的渔业指挥部，向舟山地区行署专员王裕民同志汇报了情况。经指挥部多方联系，终于找到了孙明珠老大机帆船的下落，原来他们在附近港口避风呢。我总算松了一口气，我所带领的 24 艘木帆船和 2 艘机帆船平安进港，没有出事。后来我们才知道，这次吕泗洋的风灾给渔船、渔民造成了惨重的损失，我县损失最大的是金平乡，有近百人遇难，十多艘渔船沉没。这次是我一生中经历过记忆最深的事件，能从死亡线上逃回来，都是靠了气象预报的功劳，以后我也更加得信赖科学、学习科学。

1962年农历四月初水，我蹲点到大洋一队蒋祥根单位，那时的大洋归大巨县管辖，县渔办主任戎永生同志也与我同船蹲点。我们的船队有规律的到吕泗洋去生产，一天傍晚5时左右，船行驶至冷家沙东南一带进行大捕作业，当时产量还不错，一般都有四五十担，高的有七八十担。潮水也十分有利，如果再下网可能还会捕到大的网头。为了慎重起见，我回到船舱里打开了收音机，听了气象预报，得知晚上起有7级以上大风。我把这情况告诉了蒋祥根，并动员其他渔船，拔碇起网，回港避风。

我们的船顺风顺水得向大洋港进发，当行驶到冷家沙与乌龙沙之间时，风越来越大。当天也是暗星夜，我不放心，就在驾驶台前和蒋老大一起把舵，一直行驶到下半夜三四点钟，潮水退了，船在浅滩搁浅后才松了口气。

第二天，我们的船在回家途中，看到海面上漂浮着大量的船板和几具尸体，有很多船在这次风灾中损失了。那情景真是触目惊心，很惨，到现在还记忆犹新。这次风灾，我们幸亏避得及时，船和人都很安全，一点也没受损失。这是我第二次转危为安从死亡线上逃回来。

1964年，也是农历四月初水，我和县渔办主任沈善法同志一起去公社带头船大洋一队的戴阿朝船上蹲点。那天，也是晚上，我们的船行驶至吕泗渔场的牛角沙一带，气象预报夜里有6～7级，阵风8级的西北风，并有逐渐增强的可能。

根据这一情况，我和沈主任商量决定，我们的大队船应该驶向佘山东50～60海里地带避风，这个海域既没有岛礁，又有利于落栱。我们用大喇叭通知了大队所有的船只，要求所有的船必须做到大碇下舱，毛筒捆紧，做好落栱抗风的准备。

到下半夜，我们的船驶出吕泗洋至佘山东北一带，这时风越来越大，所有渔船将大捕网及锚碇抛进大海，并用绳索固定在船头舱，让渔船顶着风随浪漂流。这样漂了十多个小时，到第二天下午，风逐渐平息下来，我们总算闯过了落栱这一关。

要把栱收回来，危险性也很大，因为收栱时船需要调头，船身会受到横推浪的袭击，随时有翻船的可能。所以大家都不敢掉以轻心，非常的小心谨慎。

那时，我们的船已经漂得很远了，在东海的中间部分，快接近冲绳列岛了。收好棋后，我们凭着感觉，向西稍偏北方向行驶，直到第三天，天蒙蒙亮时，船才到达了泗礁本岛。让沈善法同志上岸后，我们又继续行驶，早上 8 时左右回到了大洋。回家后，我打听其他渔船的消息，家里人说洋山的船都回来了，一艘不少。我十分高兴，像吃了个定心丸，一路上担的心事终于可以放下了。这是我第三次在吕泗洋遇险，从死亡线上逃回来的经历。

作者简介：

俞富林，籍贯：上海松江。曾任洋山人民公社社长，嵊泗县商业局副局长。

记在嵊泗的“四个年代”

陈祖荫

1950 年代

作者

1950 年 9 月，我从松江军分区教导大队四中队调到刚解放的嵊泗列岛。那时人民生活很苦，吃的是杂粮和山芋干，极少数人家能吃一点大米。住房除了庙宇和少量几间瓦片屋外，其余的都是茅草房。生产工具大多数是破旧小船，根本经不起风浪的颠簸，渔民们的海难事故经常发生。外出没有交通船，都要乘便船，岛上也没有一条平坦的路，出门就要爬坡。

岛上群众大都是文盲，小学毕业的都很少，医疗条件就更差。政治上受国民党反动派长期统治，一些群众还有“怕变天”思想，再加上残余反革命势力和海匪频繁活动，群众对党和政府的政策尚存一定疑虑。根据上级指示，要我们工作队发动群众，宣传群众，挨家挨户，访贫问苦，摸底排队，废除保甲制度，依靠基本群众，建立好村乡政权。把反革命势力打下去，真正让人民群众当家做主。组织好生产自救。

次年 6 月，我由小洋调到嵊山镇工作。宣传抗美援朝，保家卫国，划分阶级成分，依靠渔工、贫苦渔民，团结一般渔民。生产上废除“长元制”，搞好互助合作，逐步走向合作化道路。我们工作队同志要和渔民兄弟同船、同吃、同出海。我在夏汛拖过乌贼，在岱衢洋捕过大黄鱼。秋汛在岙门口捕过秋鱼，钓过毛鲿，冬汛捕过带鱼。1953 年，乘嵊山团结队毛方定队长的小对船到大陈岛生产。那时，大陈岛满目疮痍，一片狼藉。每一个居民家中，大门都半开半关，一切家产俱在。居民都给国民党抓去台湾，路上到处都有地雷埋伏。我们所走的路线都是经过扫雷后标记的，渔民们只能根据标记路线走路。在岙门口有一条七八十米长的登陆艇抛在那里，艇上除枪炮被拆除外，其余一切之物均在。那时渔民是集体编队生产，组织性纪律性很强。眼前所有财产都秋毫未动。当时我们生产地点在大陈岛东南的屏风山咀头，早出晚归，汛期过后胜利返回。

1960 年代

1966 年 5 月份，组织上调我到新成立的壁下公社任党委组织委员，郑扬民任书记，王培奇任人武部部长，张仲庆任半脱产妇女主任，吴其正任不脱产公社主任，下辖两个大队。由壁下、安基两块岛组成壁下队，大盘、张其二块岛组成大盘队。全社共有居民 900 余人，有水产、粮站、供销社、教师、医生等驻岛服务人员 20 人。由于干群关系融合，政策贯彻畅通。年底我还和渔船一起南下大陈岛，丰收而归。

1967 年“文化大革命”的号角也吹到壁下公社，郑扬民和我都被打成走资派，要接受红卫兵造反派的批斗。我们有力没处使，有气没处出，就到大盘队和渔民们一起参加劳动，从而学到了不少捕鱼知识。1968 年年初，县领导和军管委同志组织我们到山西省大寨参观学习。1971 年 4 月，根据上级指示，要抓好“一打三反，清理阶级队伍工作”，当时派我和粮站蒋家荣同志外调。11 月份又和驻军(野猫洞连)孙江春同志第二次外调，走遍了山区、海岛，3 个城市、10 余个县城，历时 40 余天。

壁下公社领导班子：郑杨民(右 1)，作者(右 2)，半脱产妇女干部张仲庆(左 1)，人武部部长王培奇(左 2)

回想这五年左右时间里，也是精力最旺盛

时期，相当长的一段时间里受到“文化大革命”的干扰。面对当时现实，我们公社一帮人，按共产党员的标准，按国家干部的要求，尽最大努力和群众一起抓好生产，做好对人民群众有益的事情。

1970 年代

1974 年 9 月份，由县委臧福彬同志带领各乡镇负责后方工作的同志，到外地参观“学习大寨”的经验。我们先赴上海市郊区，金山和嘉定二县，江苏省江阴县华西村，河南省林县、红旗县，最后从浙江省的临安和安吉二县的毛竹区，返回嵊泗。同年 12 月份，参加全县后方“农业学大寨”规划会议。研究了造梯田、绿化造地、春花培育、整地挖沟、选种积肥、超纲要等问题。1975 年，全县召开干部大会，会上要求：为尽快实现大寨县而努力奋斗，同时抓好无产阶级专政理论学习，狠刹资本主义歪风邪气，制止瞒产私分，全社党组开展整风，解决党员干部的私利、统一思想搞好集体生产等问题。

从那时起，我们公社就开始大造西咀洋梯田，工程由我负责实施。我和大岙妇女大队长张东翠以及各小队队长和广大妇女轮流出工：除打石头外、抬石头、挖沟叠石块，全由妇女包下。政治思想鼓动，安排人员送茶水、医务人员值班、整修工具由我负责。大家废寝忘食，工地上红旗招展，你争我夺，一片欢乐景象，响彻山谷。工程共削平面积 100 平方米、高 4 米的一座泥山，筑起 40 米长、1.5 米厚、5 米高的两条石坝。除了重要筑坝技术外，其余都是以后方妇女为主。参加劳动的还有前方捕捞回家的渔民、学校里高年级学生以及驻岛部队（陆、海）军人。共投入劳动 10000 余人次，建成了两亩梯田。另外种了十余亩杉树和毛竹，初步完成了荒山的绿化任务。

1980 年代

20 世纪 80 年代初和 90 年代初，我担任嵊山镇委和县级机关党委的组织委员。在嵊山镇委工作时，抓好中共十一届三中全会公报学习；抓好党的基础知识和党内政治生活若干规则学习；抓好党风建设，搞好每年春节活动，向驻军拜年；抓好先进材料评比活动，协助抓好计划生育等工作。还帮助县委组织部考察干部，由王岐祥、陈忠球和我三人一组，分别考察了五龙、马关、青沙、枸杞、嵊山五个乡镇40余人。在县级机关党委工作时，配合县委、县纪委、宣传部，根据当时政治的形势和党的中心工作，向机关全体党员进行教育，并邀请有关领导上好几次党课；抓好每年"七一"前后党的生日活动，如新党员立誓活动；组织党员演讲比赛和知识竞赛，组织党员参加党日活动，组织各党支部开展工作和学习上经验交流；每年办好30～40人非党积极分子培训班，使他们了解党的基础知识，为经常性培养新鲜血液打好基础；抓好"三会一强"民主生活会议，长期外出党员要向支部做出书面汇报制度。根据成熟一个发展一个，严格把好入党关，决不搞人情入党。每季度还要作好党员的统计报表，如县委县政府换届选举，全力协助做好工作。以上是我的职责，在这平凡的工作中尽力发挥主观能动性。80年代后，我多次被组织上评为先进工作者，这是我在退休前向党和人民交出的满意答卷。

作者简介：

陈祖荫，籍贯：上海。曾在壁下乡、花鸟乡、嵊山镇委及县级机关党委任组织委员。后任舟山第八初级中学校长，县副食品公司支部书记，县委组织员。

嵊泗纪事

——棉被伴我闯东海

冯振跃

1950 年代在嵊泗县委机要组

作者

1952 年，我去杭州参加浙江省新民主主义青年团第一次代表大会，会场设在湖滨。我见到了西湖，真美！水水相连，真大。我以为这就是海，高兴得叫了起来。“大海你好！真大！真美！”我这一叫，我身边的舟山代表听到了，马上说：“这不是大海，西湖不过是大海中的一艘方舟。”我才知海是一片汪洋。听说舟山群岛缺水我不信，汪洋大海，还会缺水，到舟山尝过海水味道。才知海水又咸又苦，不能食用，也不能洗涤。舟山缺的是淡水。

1954 年年初，省机要训练班结束，我被分配到舟山地区嵊泗县委机要组。我同大海结了缘，山村野娃闯东海。我背着棉被，从杭州乘火车来到宁波，又从宁波乘船去了定海。这是我第一次见到轮船，第一次乘轮船，第一次看到海，新鲜又神奇。一上船我放下棉被就往船头跑。船离开码头，驶出甬江，来到大海。周边山峰叠叠，碧绿青翠，船后宁波市高楼林立，随着客船航行逐步离去。天高云淡，海水逐步由黄变青。船越向前开，海越来越大，山峰少了，不见了，是一片汪洋。风也大起来了，海浪也大了。船也开始颠动了，而且越来越颠动。我头开始发昏了。胸口像小鸡在抓，很不舒服。我急忙进舱坐下。当年，宁波到定海船上还有“小笃班”，一边唱一边拉。我闭上眼睛，一边听，一边休息。唱的都是小调,大部分我都会唱,有时也附和轻轻唱起来。船又慢慢稳起来了,周围山峰也多起来了,船进了定海港,靠上定海码头。这是大海给了我一次小试。舟山地委机要科已有人在码头接。那时没有汽车,连三轮车也缺,只得乘黄包车来到舟山地委。一共去了九位同志,六位是同学,都是机训班刚结业,还有三位是省机要处老同志,是省委办公厅支援舟山的。三位同学留在地委机要科,还有六位分别到象山、岱山、嵊泗三个县。两三天后,留在科里的同志已经上班工作,象山、岱山也走了,只留下我们嵊泗二人,住在旅馆里等船。嵊泗离定海最远,当时没有交通船,只有等便船。整天等船实在无奈,外出又人生地不熟,纪律也不允许。这一等,就等了半个多月。船终于来了。我背着棉被和密码包与组长一起上船。船名叫“丁康”轮,既小又慢,但据说是当时嵊泗县最好的船。我接受从宁波到定海的教训,一上船进了舱,打开棉被准备睡。离开码头,风平浪静,船在港内稳稳开。年轻人好奇心促使我又从舱内跑了出来,站在船边看风景。岸边很美,巍巍群山,喧哗街镇。船越开越颠,我已无法站立,急忙扶着梯沿向舱内走去。已经无法控制了,“哗”的一声在楼梯内直吐,我急忙掀开被头,蜷缩在被头里。当时脑子一片空白,愿早日结束这个“灾难”。肚里已吐空,胸口一阵难熬。船舱内一片呕吐声,散发着酸味。舱内污物随着船的波动来回晃荡,已经快沾到我的被头了。我很想起来换个位置,但精疲力竭,爬不起来。夕阳西下,船经过近十个小时行驶终于到了嵊泗县泗礁岛石柱岙口。当时没有码头,只得在岙内抛锚,用小舢板驳我们上岸。我背着棉被和密码包跳到岸边石头上,向山顶爬去。山顶上没有路,正在为难之时,来了一位马关乡农民,约四五十岁。我们向他问路,希望他给我们引引路,他爽快地答应了,一直我们送到县委所在地青沙乡。

嵊泗县委机关在青沙的一个小山坳里,三面环山,东朝大海,南面、西边是一山茅草和稀稀的似乎长不大的小松树。北面是一山光石,是水产品加工的场地。山后边是大海,海水拍打着礁石,潮水涌入山洞发出巨大的轰鸣声,既恐怖又让人烦躁。县委机关单独建在小岙里,是一幢新建上下两层八间土楼,与政府其他机关分驻两地。旁边只有供销合作总社几间平屋,楼上是县委书记,副书记的办公室兼宿舍,会议室。机要组因是机要重地也在楼上沾光。楼下是县委办公室、组织部、宣传部。机要组的窗门上装有木栅栏,我们两人各一间,互相相通,既办公又住宿。青沙没有饭店,没有旅馆,没有百货公司,没有理发店,只有剃头挑子。也没有小吃店,只有几家小小烟酒店。在青沙岙口锚泊的主要是木帆船，它们随潮涌动上下起伏。潮水往上涌，船头翘上天，下落时，又好似要钻入大海。潮水落出、特别是大潮汛，潮水落出，一泻千里，海涂尽显。拾海潮是当时渔村最热闹时候。男男女女老老小小都涌向沙滩。风暴过后，沙滩总有各种漂浮物，通过涨落潮把它送到海滩。拾柴草，拾木头，拾家具，及各种动植物，甚至拾到更值钱东西。当然也有触霉头的，碰见“活宝”（死尸），报告乡政府给予掩埋。小孩子们在海滩上做游戏，“当兵捉强盗”，互相追逐。妇女拎着木桶，拿着铲刀，去礁石挖“砺黄”，采紫菜，拾贝壳。会割会采的妇女，一个潮水下来收获不少。渔民们忙着修船补网准备出海捕鱼，抢捕暴尾鱼。运输船，商船也要修船加油，装好咸干鱼货，各种物资送往内陆港口投售，做好到内陆进货准备。并帮邮政部门带回报纸信件。村中小贩也在忙，一边风后生意正忙，一边要凑集资金托渔船、运输船到内陆进货。到处一片繁忙景象。风后天气晴朗，我也趁机洗晒我的棉被，这是我来海岛第一次洗棉被。海岛水是很宝贵的，但适逢风雨后，加上人少，水还丰富。

由于机要工作特殊性，不能随便外出，生活十分枯燥，除了工作，就是同床铺打交道，同棉被打交道。不过当时工作很忙，红色电波日夜空中飞。有时一份刚译出，一份接着又来。地委考虑到我们工作性质，特意买了一只收音机送给我们。这在当时也是很缺的。收音机成了我们的知心朋友，听新闻、听消息、听戏曲，为我们生活增加了情趣，打发了烦恼。两年后，县机关全部搬到菜园镇，地方大了，人也多了，虽不能与内陆县城比，但饭店有了，百货商店有了，浴室也有了。还有交通船，三天一班船。不久，还有了戏院（电影院）、文化馆、图书馆，嵊泗县最高学府——嵊泗中学也有了。不久，“肃反”运动开始了，我被调到“肃反”办公室搞外调。对一个长期被“关闭”青年人来说，如鱼得水，天南地北到处跑，多开心。半年后，我又调到岱山县委机要组。

1960 年代在花鸟岛

1962 年 6 月，我正式调离中共岱山县委机要组，到嵊泗县花鸟公社党委任组织委员。

花鸟公社地方不大，人口也不多，是边缘海岛。地理位置十分重要，是长江口、吴淞口门户，国防前哨。花鸟灯塔远近闻名，是外轮进出长江、吴淞口的重要航标和必经之地。夜晚灯塔发射强光，几公里外都可以看到光亮。雾天会发出像牛叫的声音，几公里处都可以听到。这一切是告诉过往船只特别是外轮：中国到了，要在此抛锚接受检查和领港。天好时登上花鸟大岙小石弄山顶上，眺望远处会看到一排排外轮在抛锚。站在大岙，南沙头山冈上，两边海风对吹，就是在盛夏中午，太阳高照时，你也会忘了这是夏天。住在花鸟，夏天晚上睡觉也要盖上棉被。据说当年上海沦为殖民地时（公共租界），海关属英国人管制，曾把花鸟作为避暑之地。花鸟渔场辽阔，渔产丰富，是嵊泗渔场重要部分。一年四季大小黄鱼、带鱼、目鱼、鲳鱼、鳗鱼、虾蟹，产量高又新鲜。夏秋之际，是拱淡菜的好季节。当时没有潜水工具，拱淡菜全靠渔民的技术和能耐。

花鸟公社是新建公社，没有办公房子，没有宿舍，吃饭是在群众家搭伙。房子是借用花鸟大岙大队养海带废弃的仓库，靠近海边，墙是毛竹编泥巴糊，房顶是油毛毡用竹压石头吊的，地面是泥地，外边刮大风，屋里刮旋风，飞沙走石。由于靠近海边，浪花经常飞上屋顶，沙沙作响。门窗因风、雨、浪花侵扰，裂缝开洞，雨水浪花常向房里流，房间桌上、地上、床上常有一层薄薄盐花。如不及时处理，东西就要腐烂。我的棉被也第一次换了被夹里、被面，被夹里仍是条色花布，被面变成红绸布。换掉旧的我还有些舍不得，它跟我已 15 年了，留有恩情、亲情，还有恋情的记忆。风也会从缝道钻进，一到冬天感到十分寒冷。这种房子我住了三四年，直到快调走才搬进新装修的房子。小“四清”结束，我重调回县委，不过“文化大革命”开始了。

1970 年代在大洋山

1973 年，我背着棉被和新添皮箱来到大洋公社，开始是工作组，“整党”“整风”肃清流毒，整顿社会秩序。我被分到文教卫生系统。工作组快要结束时，洋山军管会（属上海警备区）向嵊泗县军管会（属舟山要塞区管）建议，指名要我留下一起重建新的大洋公社党委。我成为大洋公社党委副书记兼组织委员。大洋公社比花鸟公社条件要好多了，原是区的构成，企事业单位都俱全，干部职工较多，生活住宿条件较好。办公、宿舍都在楼上，靠近海边，阳光可以直接照射到房间床上的棉被，每天棉被都是暖暖的。大洋公社以渔为主。曾有过盐田。渔业又以远洋为主，大捕、近洋涨网结合。手工业、运输业也比较发达，特别采石、石头运输方面，有力支援了上海建设。大洋是嵊泗县少有的几个平地的公社，有个蔬菜队。有鱼、肉、蔬菜供应，生活较为丰实。舟山海蜇曾是舟山有名的出口海产品。洋山是舟山海蜇主要产区。伏天是海蜇旺发季节。这个时候，海边很热闹。每当发大潮时，涨捕海蜇船回港，渔民把捕上的海蜇头、皮分开装筐。趁涨潮把篰推下海，任凭潮水把篰推上岸边。渔民则脱了衣服跳下海，一手托着衣服放在头顶，走上岸来。这时，岸边聚集着男男女女老老小小，挑的挑，推的推，把篰内海蜇送进仓库，放到加工桶里。桶很高很深，把海蜇倒入桶内，一层盐一层矾，盐矾反复三次，成三矾海蜇，皮薄洁白，吃起来脆口。

大洋是个好地方，大洋人勇敢、勤劳、敢闯敢干、心胸耿直，也好客，我在大洋工作了六七年，交了不少朋友。

棉被伴我闹东海

我同我的棉被不仅闯入东海，还与渔民一起闹东海，同渔民随船出海。捕鱼是同花鸟大岙大队副队长共产党员俞水善老大一道去的，岱巨洋捕大黄鱼，是初夏，船是“带角船”又称小对船。木帆船没有机器，船也不大，全靠风帆行驶，我也是第一次乘这种船。花鸟渔民对这种船有句老古话——“三寸板内是爹娘，三寸板外见阎王”，说明船小、危险。船随着风拉满帆航行，不是直走的，是随风，有时侧着行驶，一边船沿几乎贴近海面，海水好似随时都要灌进舱内。这就要看船老大的技术，驶得快又稳，关键是控制帆。我坐在船后，靠近老大，看着船侧着行驶，心中忐忑不安，我这只“燥地鸭”会不会变成“落汤鸡”？脑子十分紧张。事也奇了，我这个晕船人却不晕船了。一到岱巨洋，满洋“哇哇”叫声，好像一箩田鸡倒翻池塘里，真热闹。我问老俞，这是什么东西叫，他笑笑说：“这就是大黄鱼叫，所以大黄鱼又叫‘叫鱼’，如果在中秋节桂花盛开时，捕上的大黄鱼又叫‘桂花黄鱼’。”渔场到了，要下网了，捕大黄鱼了。洋面上百舸争竞，渔民都忙着下网前准备。老大下令“下网”，渔民把渔网撒向海洋。半个小时左右就起网了。满网都是金光闪闪活蹦乱跳、还夹着“哇哇”叫声的大黄鱼，一网就装满半舱。又接连下了几网，船已装满，驶向停在岱山东沙岙口内水产公司冰鲜收购船投售。投售后船并靠在东沙码头。中午吃中饭了，船上也生火烧饭了。从舱内拿出几条活的大黄鱼，在舱面杀鱼，一刀下去鱼还会“哇”的一声叫。渔民产啥吃啥，就是吃鱼。看杀活鱼看得多，有时自己也杀活鱼，会叫的还是第一次看到，渔民烧鱼很简单，基本不放油，凭盐炒，烧出鱼真鲜、真好吃。我鱼吃了不少，但从没吃过这样鲜的鱼，这样美味。现在想起来嘴还很馋，口水直流。

冬季带鱼汛是舟山最大鱼汛。舟山渔场，其实就是嵊泗渔场。每年从小雪到冬至是嵊泗渔场带鱼汛旺季。来自沪、浙、苏、闽、鲁省市千艘渔船，十万渔民云集嵊泗渔场，特别是嵊山镇。嵊山本是个小集镇，鱼汛期间一下子云集这么多人，确实爆棚。一到风暴天，嵊山泗洲塘，箱子岙等近千艘船只云集，一到晚上船上梢灯开放，七色灯光，一片灯海洋，几乎可以与上海黄浦江比美。满山遍野都是人，岙口机声隆隆，晒网的晒网，补网的补网，渔民检修机器的，加水的加水，加油的加油，搞补给的搞补给。省、地、县、社各级指挥部也好似军队，指挥打仗，忙于总结评比，分析鱼游规律，找出主攻方向，如何带领渔船打下一丰收仗，争取捕捞更多鱼。从港口、船上、码头、小镇街上、商店里到处是一片繁忙景象。风稍停，千艘渔船机器降隆，喇叭声声，梢灯高挂，扬帆出海，追捕暴尾鱼。公社干部直接下到带头船，参加生产，领导生产，与渔民实行“三同”（同吃、同住、同劳动）。指挥部的其他人员也随着渔船流动，渔民捕鱼到哪里，指挥部就跟到哪里，从嵊山捕到普陀青浜庙子湖再捕到象山石浦港，最后捕到台州上下大陈岛。下渔场干部都自带棉被，没有招待所，也不好报销住宿费，只能租房子自带棉被住宿。我的棉被也几次跟我闯东海，从北到南，随渔船流动，经受考验。

我在大洋公社工作时，冬季带鱼汛我也曾带着被头随渔船下海。我到公社党委委员带头船老大杨兴隆的船上，从嵊泗浪岗捕起，一直捕到上下大陈，在船上生活近两个月。捕到春节来临，捕到鱼头散回家过年。通过随船下海，同渔民实行“三同”，深深感受渔民捕鱼劳动辛苦。“盘中鱼，条条都从风浪来”。抗风浪，抗风险。一离家就是几个月，离开父母妻儿，哪个不思家，哪个不思妻儿，哪个不想父母。那时不要说电视、手机，连收音机、电话也没有，渔民出海，天各两边，心总是吊着，又不能互通信息，这思愁有多苦。渔民在船上，除了出网、起网，一天到晚在三尺铺位上。低头进铺位，抬头上舱板。舱上甲板也不过几尺宽，外面是一片汪洋。渔民走路大都是八字脚，这是渔民在船上劳动、生活形成的，因为这样在船上生活、劳动脚才能站得稳。渔民在船上劳动，生活要比农民更辛苦，生活、思想感情比农民付出更多。农民还有一个“老婆孩子热炕头”，白天勤劳动，晚上聚一起。渔民连热炕头时间也很少，一年有半年多在海洋上，夫妻、父子分开。抬头看明月，低头看碧海，看不见山，看不见村，一片汪洋，水连着天，天连着水。太阳从船头起，又从船尾落。通过跟船下海，同渔民“三同”，更加体会渔民的艰苦。我带着棉被下海，说的是“三同”，但我下船一直水土不服，很长一段时间晕船呕吐，不敢吃，怕给渔民带来麻烦。但渔民还是很欢迎，把干部不怕苦能随渔民一道战斗在海洋，看成是对渔民的尊重，他们非常欢迎，我一上船就把好铺位让给我。把我棉被放驾驶舱，与老大（船长）睡一起。我晕船要吐，他们为我清理污物。我不要吃，他们千方百计想办法。看见我带鱼吃，就给我烧杂鱼，后看我喜欢吃咸蟹，就专门给我做咸蟹吃，且把最好的“蟹黄”给我吃。船上只有鱼，且茫茫大海，前不着村后不靠店，只能吃鱼，他们无微不至的关怀让我十分感激。每当船到港口，他们陪我到岸口玩，天晴帮我晒棉被，等我晕船稍好后，我要参加劳动，参加拔网，他们也不肯，“人刚好，腿脚软，容易出事”，要我站在船上注意安全。多体贴，多关心，体现了干部与群众关系密切。只有与渔民心贴心、心连心，干部与群众关系才能密切。从浪岗捕起一直捕到台州湾上下大陈，已经战斗了大半个东海。春节也快到了，鱼头开始散了。也该回港、回家了。船上还为我准备丰盛的礼物，选了整整一挑最好的鱼虾蟹，帮我送到沈家门汽车站。棉被与我一起经受了战天斗海考验。棉被是我的传家宝，我的一生，我的家，一切都离不开棉被，从松到软到硬为我做出了默默奉献。它已经快五十年了。前几年大孙女（外孙女）去读大学，为了使棉被世世代代相传，不忘棉被情，又把棉被一弹为二，一条大孙女读大学带去做了垫被，一条为明年小孙女读大学做准备。用棉被鼓励读好书，永远不忘棉被的恩情，永远跟党走。

作者简介：

冯振跃，籍贯：浙江江山。曾任嵊泗县委机要员，花鸟公社组织委员，洋山公社副书记兼组织委员，嵊泗水产公司副经理，嵊泗县政府驻上海办事处党组成员。

我的嵊泗岁月

周锡恭　口述　周苗　整理

作者

初到嵊泗忙业务

我是 1951 年参加工作，原来在省人民银行杭州的一个办事处里。1957 年 11 月的一天，省行的胡副行长打电话到我们办事处，让我到省行去一趟。这个胡副行长原本是和我同一个营业部的老领导，调到省行后还兼管人事。我接到通知，马上就去报到，胡副行长对我说："小鬼，我打算让你到下面去锻炼锻炼，到嵊泗去三年，再把你调回来，你有什么困难吗？"

我问他："定了吗？"

"对，定了。"

"决定了，我还有什么话好说，服从组织分配嘛"。

接下来就去人事科办手续，开介绍信。人事科的干部把嵊泗说得天花乱坠，什么都很好。他说：到嵊泗有三种船，一种是交通船，要买船票的；一种是部队的船，到船上后就说是调到嵊泗去的，把介绍信给他们看，就可以坐船了；第三种是政府的船，用介绍信也能坐。交通这么方便，每个周末都可以回杭州来过的。被他这么一说，心里也挺高兴，原来去嵊泗交通这么方便。

省行调到嵊泗的有两个人，还有个叫陈鸿力。到嵊泗去，路上总要坐车、吃饭、住宿，两个人就找财务科借路费。本来打算每个人借 50 元，但财务科的不同意，说两个人借 30 元够了，反正很快就到嵊泗了。他还给我们算了笔账：杭州到上海火车票 3 元 6 角，上海到嵊泗坐船，船总归要比火车便宜，也算 3 元 6 角，每个人借 15 元，差不多还有七八元可以用。后来好说歹说，每个人借了 30 元，11 月 23 日那天就出发了。

到了上海，去十六铺码头一问，没船。什么时候有船？不清楚，船还在舟山，有大风，开不过来。

既然没船，只好先住下来，等着。那时候，上海国际饭店是人民银行的招待所，就住到了那里。结果，一住住了一个星期。这一个星期，要吃饭，要用，借的 30 元钱差不多用光了，连自己带的也剩下不多了。到了 30 日那天，我们又去码头一问，有船了，如果那一天还没船，我们都打算回杭州去了，因为钱快用光了。两个人口袋里的钱，刚好买了两张船票。

在码头等船时，听到几个人聊天，其中一个说是在杭州开行长会议，我心里一动，就猜测他是嵊泗人民银行的行长金铭海，我就跟陈鸿力说，这个人可能是嵊泗的行长。上了船，安顿好之后，我就去找了他，把情况一说，那人果然是金行长。他说："哦，你们来了。"并嘱咐我，船到嵊泗后，整理好行李，就在船上等着，有人会来接的。这下我放下心，本来到嵊泗后，都不知道银行在哪里，还要找人打听。

第二天早上，船到了嵊泗。也没像样的码头，要从汰横头爬上爬下，很不安全。银行来人把我们接到菜园镇单位里，问我们早饭还没吃吧？马上让一个勤杂工带我们到街上，买点吃的。我俩掏空了所有口袋，刚好凑拢零钱买了两副大饼油条。这就是我们到嵊泗后的第一顿饭。

第二天，行长把我们找去，说现在是鱼汛季节，嵊山那边缺人，你们马上到嵊山去。龚景明副行长带队，把我们带到了嵊山。鱼汛季节，嵊山银行的业务量很大，水产品收购的水票要兑现、渔需部和粮站的营业款要收存、渔业小额贷款要发放，总之业务非常繁忙。

业务干部也要"下海"

1958 年，我被抽调到嵊山镇，时值"大跃进"运动，大搞"干部下海"，我虽是银行业务干部，但也要"下海"与渔民三同（同吃、同住、同劳动）镇里开大会，要求大家主动提出到哪个生产单位去。有的选择大捕船、机帆船，剩下的单位（船只）只有小对船了。我就提出，我去好了。我以前听说过小对船，但不知道具体啥情况，去了以后才知道，网船四个人，煨船三个人，一对船是七个人，加上我刚好八个。

小对船出海很早，早上三四时就要到船上去。那时候带鱼发的很旺，忙着干活，一天下来没吃过东西，晕船又晕得一塌糊涂。记得船上的老大姓贝，人挺好，他对我说：周同志，你吐了以后，要吃东西呀，要不这晕船是锻炼不出来的。刚好船上捉了只大螃蟹，贝老大就让人烤了给我吃。结果，刚吃进去，哇的一下，全都吐出来了。

有一天月亮挺好，带鱼也发的旺，两只船都装满了，有四十多担。贝老大说：我们先回去过鲜，然后再回来捉夜带鱼。我就向贝老大建议：老大，捉夜带鱼可以，但我们没有收音机，不知道晚上有没有风，万一有大风，那是挺危险的，要么我们先去找到机帆船，和他们一起就安全点。

贝老大一听，觉得有道理，就指挥小对船去找机帆船。找到后，他们把我送上了机帆船，他们就去过鲜。机帆船上的人见我一天没睡，就让我到船舱里睡一觉。

睡到半夜，我感觉船怎么摇得这么厉害？心里想，是起大风了。我从船舱里呼一下跳出来，不想外面风很大，人根本站不牢，眼看就要被吹进海里。旁边一个老大眼疾手快，一把抱住我，让我赶紧进船舱去。我问老大：我们那对小对船呢？老大说：后面拖着呢，放心吧。

原来，小对船过鲜过到一半，还有一船带鱼没过，这时大风来了，冰鲜船也逃了，小对船只好忍痛把一船的带鱼扔了（倒回海里去了），赶紧找到机帆船，让机帆船拖着逃到浪岗山边上避风。

第二天天亮后，我发现小对船上贝老大不在，就问。船上的人说：贝老大在部队的机帆船上。原来，风浪太大，贝老大被浪打到海里了，但是他水性好，一浪过来时，呼一下把身上穿的棉袄甩到了船上。他想游到船边，但浪太大，游不过来。船上的人用竹篙去钩，也钩不到，用网去捞，也不行，又想让两条船围拢过去，又怕两条船会把贝老大夹伤。后来，部队的机帆船赶了过来，这才把他救了起来。

我随孔副县长下渔场

1960 年，嵊泗渔场指挥部把我借调过去，鱼汛季节到渔场搞统计工作，每对船的产量都要汇总统计出来，工作量也是很大。鱼汛结束后，我再回到银行，那几年都是这样。

春汛捉黄鱼时，指挥部都设在普陀山，空闲时，我就和居其佐跑到佛顶山去。

那时指挥部里有王永煊、钱志胜、居其佐、陈恭年、顾丁良等人，总指挥是孔阿利副县长。他是渔民出身，很会照顾下属，他说：你们都是内陆上来的“旱地鸭”，落船上岸要注意安全。我们到各个小岛，壁下、象山石浦等地去，都是他一个一个把我们扶拉到船上；船靠岸后，又一个一个拉扶到岸上。

孔副县长有个本事，就是算潮水算得很准。我们到吕泗洋，搞统计工作都要下到每个船头去，他就交代好，你们现在下去，到几点钟必须回来，如果不按时回来，会有危险的。吕泗洋下面都是沙地，潮水是一下子冲上来，不像嵊泗是一点一点涨上来，这个浪来得快，哗一下把船抬起来，退得也快，船就摔在沙地上，几下就摔裂了。1959 年的吕泗洋海难就是因为这个原因。我们都严格按照孔副县长的要求，哪怕统计到一半，也放弃掉，马上回来。

我的入党问题

在嵊山工作时，镇委书记看我表现蛮好，就对我说：小周，你打个入党报告吧，组织发展你入党。我这个人挺老实，就对他讲了实话：书记，恐怕我打报告没有作用的，因为我的社会关系有点复杂，我有个舅舅，他是做小生意的，小时候我见过他一次，1948 年去台湾后一直没有回来。书记听我这么说，也没啥话好讲了。

后来，在花鸟，顾丁良书记也让我入党，他问我：小周，你报告咋不打？我奇怪问：“什么报告？”“入党报告呀。”我说：“顾书记，我入党报告不用打的，我一个舅舅在台湾。”顾书记就说：“哦，是这么回事，那你给县委书记写封信，把你的情况向他汇报一下。”结果，信写好寄出去，石沉大海一样，没有回音了。

后来有人说我，你怎么这么笨，你舅舅在台湾又没人知道，你干吗要自己说出来。我说：我自己不说，到时候万一查出来，那不是欺骗组织吗？那我就成为混进组织的坏分子了！再说，我入党也是这样工作，不入党也是这样工作，没必要去欺骗党组织。到了 1981 年，我主动写了入党申请书。银行党组织接受了我的申请，这才加入了中国共产党，实现了我几十年的夙愿

嵊泗岁月是我永恒的记忆。嵊泗是我付出青春的第二故乡。

作者简介：

周锡恭，籍贯：浙江杭州。曾任县人民银行出纳股、保卫股股长。

回忆在嵊泗的四十年

卢仲凡

作者

1964 年我被省教育厅分配到嵊泗工作。经宁波乘船到定海，当时去嵊泗是三天一班船，又遇上大风，路费用尽，向地委组织部借了 10 元钱才到达嵊泗，分配在县机械厂工作。

当时的机械厂是嵊泗县内最大的工业企业，属地方国有性质。在厂职工七十多人，上海老师傅占一半左右（1961 年嵊泗曾划归上海市），主要经营渔船修理、渔业机械配件生产销售。主要设备有车床、刨床、钻床等普通机床及铸造用的一只小高炉。设备陈旧落后，只能满足渔船修理要求。生活条件也较差，住的集体宿舍是草房，上下铺，一个房间住十几人，吃的是食堂大锅饭。

我进厂后分到技术科工作。我希望先下车间实践一段时间再回技术科，就向厂领导提出这个想法，但由于当时技术力量缺乏而未获批准。我在科室里先熟悉产品的各类图纸及加工工艺，整理完善 64 型、65 型起网机图纸。1965 年 6 月接受了第一项任务，与严阿芝师傅合作自行设计制造铣床。经过一年时间的辛勤努力，机械厂终于有铣床了。当铣床制作出机械厂第一只齿轮时，我心里别提多高兴了。

除技术工作外，我还担任了厂团支部书记、工会宣教委员，组织职工填埋空地建造球场，自制球架及举重杠铃，组织职工篮球、乒乓球比赛，定期出版黑板报等。初到机械厂的一年多时间里工作、生活还是充满生气的。

“文化大革命”中我受到了冲击，说我是团内走资派、右倾分子、臭老九。平时以讲故事为名宣扬帝王将相、借古讽今;用曹植七步诗影射毛主席发动的“文化大革命”,不该这样对待一起革命的老同志;后来就不断写检查、受审查、被批斗,最后给予留厂察看、监督劳动的处分。

后来,我被下放到车间劳动,差不多做遍了车、铣、刨、钻、磨、修理、装配等工种。大学里学的理论知识再加上一年多实践锻炼,让我不仅掌握操作技能,而且比别人做得更好。在这期间,我用单齿飞刀在铣床上做出了机械厂第一只蜗轮。通过差动计算又拉出了第一条螺旋槽,设计专用工具加工出伞齿轮。还与陈云飞师傅合作设计制造了立车纵向自动走刀装置,与木工毛和根师傅合作造了刨板机,还与陆宝弟师傅合作生产装配了 C630 车床,还参与领导交办的 B635 牛头铇床及工农 195 型柴油机的试生产任务,成功后投入小批量生产。从此,我厂从简单的修配迈向了具有一定技术含量的普通机床、小马力发动机的生产。不久后,我也提前结束了劳动改造回到了技术科。

我厂为培养有知识有文化的工人队伍,走上海机床厂办学道路,于 1976 年 11 月开办了“七·二一”工人大学,我担任机械制图、机械基础及工程力学课程教学,选拔了杨韵富、顾德成等 15 位工人作为学员,半天工作,半天学习。在毕业实习中相继完成 06 型齿轮箱体组合镗床设计制造和 6×2000 毫米剪板机的组装。

1977 年为解决海岛用氧气困难,我厂在杭州制氧机厂同志帮助下开始试制氧气工作,嵊泗第一瓶工业氧在我们努力下诞生了。

由于我厂在生产、教育、革新、中表现突出,受到县里表彰,在 1976 年被评为全国大庆式企业。陈友根书记去北京参加全国表彰大会,

1979 年,县劳动局接上级文件,要求各县自己培养有知识、有文化的工人队伍,每个县要有一所技工学校。于是劳动局决定由局长刘忠军、副局长何德才负责筹建。地址就选在原基湖村的老知青点(后改建为县委党校)。根据我县当时各单位的用人需求,决定开办首届汽车驾驶班 35 人、汽车修理班 8 人、机械班 30 人、制冷班 20 人。学员在知青中通过考核择优录取,学制为三年。抽调嵊泗中学俞友成、许岳定、郭忠祥为语文、物理、数学老师。罗和平、刘祥华、我及王信亮为汽车驾驶、修理、机械、制冷班的专业老师。县劳动局刘忠军为书记兼校长,蔡炳兴任副书记,马克奋任副校长。

接到通知,去还是不去,思想反复斗争:我已在机械厂工作 15 年,其中凝聚

着我的辛勤劳动成果，有苦有甜，当时的厂领导也不肯放我。后来经过县领导的反复工作，讲了为全县培养有知识有文化的工人队伍重要性，县里缺少专业课老师，你又有厂办“七·二一”工人大学一年的教学经验，要服从大局等等。于是我同意去劳动局报到。报到后即与马克奋、王信亮三人去当时办学较好的上海金山、松江等地参观取经，选择教学课本，筹办教学用品等工作。

开学后，教室是新的，但宿舍仍是知青点留下的旧瓦房，除上下铺的铁床和一张课桌外，什么都没有，条件相当艰苦。当时在学生管理上是相当严格，平时晚上无特殊情况是不准回家的，老师轮流值班，定时去宿舍检查。据在几年前我们机械班同学聚会中说起：“卢老师你有一天值班检查宿舍，将走进我们宿舍，有一位同学急忙将 100 瓦灯泡藏进了被窝，他以为你检查过后马上就走了，哪知道那天与同学们说得起劲，等你走后，他发现被窝被烧焦了一大块。”还有刚调换上下铺的两位同学，睡上铺的同学晚上起来小便，他还以为自己仍睡在下铺，一脚踩空掉了下来。这些回想起来还真有趣。

开学后不久，因未被录取的知青纷纷被招进县里各单位企业，部分同学感到吃亏、委屈，强烈要求将学制改为二年，根据县里实际情况，县里同意学制为二年。

工农 195 柴油发动机试制成功，试制小组成员合影

在教学中，我任机械班班主任，上机械制图、机械基础、金属工艺学及工程力学等课题。还教过驾驶班修理班的汽车发动机、离合器、变速器、传动系统等结构和机械原理。学校还购置了一辆解放军牌卡车作为教学、实习用。我也曾在罗老师指导下在基湖沙滩上开过一次车，现在回想起来真是一件遗憾之事。当时为什么在这样有利条件下没有学会开车，不然现在又多掌握了一

门技术，给自己的晚年生活带来多少方便呀。

第二年，蔡炳兴、马克奋调离，调姚满其任副书记，任命俞友成及我为副校长。

结业前，驾驶班被派往县里有关单位实习，机械班去县里机械厂实习，制冷班去各乡镇冷库实习，修理班去宁波一家修理厂实习。曾记得我与刘祥华老师带学生去宁波的当天，安排好住宿后，有几个同学提出要老师先带大家去看看火车，我与刘老师当即带他们去了宁波南站，满足了他们的愿望。

实习结束后，接着就开始毕业分配。汽车驾驶班修理班学员基本上分配在县里缺少司机的单位，机械班 25 人分在机械厂，还有 5 人分别去其他全民单位，制冷班学员去了各乡镇冷冻厂。

由于我县当时经济还比较落后，厂矿企业也较少，下届学生毕业怎么安排，困难较大，故县里领导决定下届停办，我们这些老师和职员们也相继调入县里有关部门。

我在 1981 年 10 月调入县经济委员会生产技术股工作。除日常工作外，我负责组建了县机械工程学会，参与了塑料网具厂吸塑成型机的引进，县风力发电机的引进。经常为县总工会举办的机械制图培训班、县劳动局举办的特种设备安全技术知识培训班讲课。帮助下属企业完善产品图纸，组织产品评审鉴定工作。

拨乱反正后，嵊泗同全国一样，科技工作者迎来了第二个春天。我被平了反，纠正了“文化大革命”中一系列对我的错误决定。在 1982 年县科协大会上，王永根县长还为我们首批 12 位中级职称人员颁发了证书。县领导很重视知识分子工作，在工作、学习、生活及住房方面给予很大关心照顾，在计划经济时代，资源匮乏，但每逢节日我们都有特殊照顾，嵊泗第一批液化气先给了我们，还为我们建造了知识分子大楼，我更是幸运者，时任县委书记的郑福员将分给他的住房让给了我，为此我还接受了省报记者的采访。组织也在不断关心培养知识分子，调入经委后担任过生技股副股长、股长，1985 年任经委副主任并加入了中国共产党，计经委合并后任计经委副主任，后调县技术监督局任局长。1993 年退居二线去县工业局工作。1996 年 9 月我办理了退休手续。

退休后，我被县电力公司经理邵德忠聘请，在电厂先后参与完善金工车间、20 吨发电锅炉的引进安装、两座 200 吨储油罐的设计制造、上煤输送带的自动计量装置安装调试。在天力塑料厂编制聚丙烯杯、碗、盒产品的企业标准，上报编写取得产品条形码的一系列资料。与潘妙云同志一起筹建结网厂，第一批机结网的诞生，结束了我县人工结网的历史。还相继在县天力化纤厂、吴江梅堰分厂、定海舟山化纤厂负责厂房图纸引进、建造审批、施工监督、工艺衔接、设备安装等技术工作，直至 2005 年离开了嵊泗与儿子团聚，定居杭州。

一晃四十年岁月流逝，现已白发苍苍的我回忆往事，历历在目，我的最美好时光献给了嵊泗，青春无悔。

作者简介：

卢仲凡，籍贯：浙江诸暨。曾任嵊泗机械厂技术员、县技工学校副校长，县计经委、县经委副主任，县技术监督局局长，县政协委员。

在逆境中实现人生价值

邵敬良

作者

1963年，我26岁，从大上海来到嵊泗列岛，找到县里主管劳动人事的干部，“我是学工的大学生，能给我啥工作做？”回答很干脆：只要医生、老师，工业人才不要。因嵊泗无工业可言。最后被安排到菜园搬运站。该单位房屋简陋，生产工具是扁担、手拉车和小舢板。当时我年轻，思想单纯，没有过分伤感。经过几年工作后，才知道这个不显眼的纯体力的单位是一个多功能的单位。那时菜园镇除了百货公司、粮站、大众饭店、水产公司、水产渔需部等，似乎没有什么单位。渔业队和搬运站可以说是“称霸”于菜园镇的一个重要单位。在鱼汛期为了渔民出海捕鱼，县委书记、县长亲临现场欢送，敲锣打鼓、红旗飘飘，非常热闹。老百姓夹道观望，非常隆重。当时一切以渔业为主。而搬运站是留在后方劳力较集中的单位。因此承担了许多额外的任务，除了客运、物资进出、装卸，全镇的安全消防、沙滩巡夜、抗台、急救等任务外，还指定为节日活动服务，舞大龙灯的单位。这个不为人重视的单位在经济落后的地区里显得尤为重要。在搬运站一开始任出纳，后来还参加过“四清”运动查账小组。1966年“文化大革命”开始，1967年我受到冲击，莫名其妙被戴上坏分子帽子，我自己真不知道坏在哪里。下放劳动，被管制的生活长达10余年。在初期我反复思考，根据我的分析及对周边发生的种种“离奇”事情的思索隐约感到这是一种无政府主义的行为，可看作是在做儿童游戏，最后的结论是相信党，相信人民，历史会证明一切。我必须在逆境中实现自己的人生价值，想通了也就无所谓了，我必须勤奋工作，必须十分小心，因为一旦发生事故，阶级斗争必把我的一生毁掉。

那时搬运站的装卸作业区是菜园大沙滩，就是现在的海滨路。一般作业方法是小舢板从抛在海水中的运输船物资驳运到沙滩边，而在沙滩的工人先把裤脚管卷到大腿根，然后把手拉车推到舢板边，另一个人把物资从舢板内装到手拉车上，装满后便一拉一推艰苦地把手拉车从沙滩拉到马路上，在软软的沙滩上拉重车是非常吃力的活。在装车时，怕浪花拍打身上，必须不断地一跳一跳，可是不管你如何跳，可恶的浪花最后还是会亲吻你的衣服，全身湿漉漉。另一种作业方式是小型的木质运输船。在涨潮时搁在沙滩上，潮水退去后，就用手拉车直接靠船卸货，装满后就拉到岸上（一般是建筑材料）。有时清晨上班，一看沙滩上搁着很多船，真是感到害怕。再一种方式就是装木材（大树）、毛竹的大船。卸货时是利用风向，潮水把一船货直接放到在海中，随风浪飘落到沙滩，横七竖八一沙滩的树或毛竹，真是吓人，何时可以搬完？真是感到害怕。用车拉或人工抬的方式把这些生产资料送进仓库，大树一般要很多人才能抬动，真是蚂蚁啃骨头，一天要劳动 10 多个小时。这些作业不管刮风下雨、烈日当空、寒风刺骨、小浪的撞击（不是浪花了），都必须及时完成（因涨落潮的关系），我的腿被北风咸水刺得开裂阵痛，晒得黑炭一个。

现在回忆客运的情况也是提心吊胆，危情重重。一叶小舟，漂行在大海中起伏令人诗兴大发，可是现实中是生死一瞬间的危情。很长一段时期从上海（定海）去泗礁是三天一班，航行 9 小时左右，遇到 7 ～ 8 级大风停航，经常发生船票买好后一星期还在原地。

当时任县交管站的邵泽峰书记曾要我设法搞点革新技术，从轮船转移到舢板的过程能够很安全地渡过。但是两个独立的活动体，相对而无规则的摆动，破坏力大而不可测，是无法解决的难题。后来还是搬运站造了一艘较大的机动船渡轮驳客，大大提高了安全度，这一问题最终在李柱山造好了客轮直接停靠码头后才彻底解决。随着经济的大发展物资进出越来越多，老牛拖破车的作业方式必须改变。要有码头，吊机，汽车，走机械化作业的道路迫在眉睫。

第一台机械设备是卷扬机，通过卷扬机能把装重的手拉车从沙滩上通过水泥斜坡轻轻松松地拉上来了，减轻劳力，提高效益，大家都高兴。

我着手建立了机修车间，自己操作同时带了几个人，这是以后发展的基础。

那一年搬运站在小菜园建造了可停靠运输船的码头，配置了吊机（小吨位）

还买了二辆卡车，完成了由沙滩到码头的作业方式，工人们可以不落海水燥脚燥手做生活。但是真正在作业上提高效益是以下的几项革新。

第一是制造小三卡，因为菜园路窄，没有正规马路，大卡车不适应，而小三卡可以穿弄堂，装卸方便，可以代替手拉车。我参阅了南京汽车制造厂的部分图纸，设计出自己的图纸把坯件及关键零件委托给马关机械厂及菜园铁业社加工，自己做车架，装配变速箱、离合器、制动系统等，再配上 12 马力柴油机，一辆自制的"土三卡"问世了(实际可载货 1 吨)，当时风行于菜园街上，为一道风景线。

另一项是自制八吨座式吊机可解决重型物件的进出。构思这一想法是出于当时从上海拖来一艘沉入海底后打捞起来的小渔轮，满船是淤泥。这是一艘正规的渔轮。把船打扫清洁后就是拆去一切设备，准备改装成运输船。我边拆边绘制关键零件的图纸，为重新改造做参考。该船的操作系统、电气系统、动力系统、起锚系统、起重系统等都很正规，是一个多学科、多技术的门类，当时就我一个稍懂机械的人，面对这一工程心事重重，进退两难。最后还是下定决心去做。在付出相当多的精力，艰难地完成了任务，一艘新的铁壳运输船开航了(其中技术细节省略)后来因为吨位小，装不出货而转卖给外地单位。通过对渔轮的改造，回收很多钢材，于是开始自制八吨座式起重机，从设计到制造全部在自己的机修车间内完成。我在菜园搬运站工作了近 20 年，为它走上机械化、现代化打下了基础，培养出一些人才。在这漫长的岁月里，勤劳朴实的工人及其家属对我很关心，尤其是李国平同志，应阿华同志及金信根同志多年来一直给予我精神上的鼓励，生活上的照顾比亲兄弟还亲，我从内心上感谢他们。搬运工作很辛苦，但很多工人兄弟一到晚上都会到我住的小茅屋聊天，郎朗的笑声消除了一天工作的疲劳。他们认为我是大学生什么都懂，所以对我很尊重，对知识很敬重，尽管他们很多人还是文盲，但他们很聪明，很好学。他们的家属常常把各种损坏的东西要我修，我尽力而为，关系搞得很融洽。

在这里我讲讲我们的好领导。原县航管站站长汤昌耀(第一任县交通局长)，在我们大规模深入技改创新时，他给予我很大的鼓励、关心，还安排我外出参观学习，可惜这一计划因我当时的条件没能实现。

后期县交通局的领导还抽调我协助搞嵊泗县交通港口"七五"规划，我走遍了嵊山、枸杞、大小洋山、黄龙、金平等小岛，测绘能建 500 吨位以上的码头位置。当时还规划在李柱山北边建造货运码头。

1983 年嵊泗化工厂，生产海藻酸钠和碘的生产线，要进行技术改造（全国性）、由农业部水产司负责，并直接投入改造资金。我被调去化工厂，同时调动的还有刘复明（他负责制造，我搞设计）。

原来的生产过程最辛苦而又影响产量、质量的工序是海带（原料）清洗，我就从这里开始工作。要设计一套从上到下的流水线利用重力完成加工顺序的流动，当时阶梯式的房屋结构已由周宗权协助老厂长完成，我着手设计滚筒式海带清洗机。海带由电梯送到屋顶，屋顶开一口把海带从洞口中倒入清洗筒，几次清洗后，自上而下，进入下道工序进行理化处理。这一系列设备工序改造大大减轻了工人的劳动强度，提高了质量，增加了产量。带着这套技改图纸曾去北京水产司汇报，接待我们的是水产司张工（女）。事后张工对我们的设计认为有可取之处。最后还要我留下来协助她工作。

随着经济的发展，化工厂通过胡之羲同志的牵线搭桥，同上海新华香料厂搞联营分厂，生产高效、低毒、杀菌农药“敌克松”。二轻局委派我任副厂长。后来嵊泗印刷厂引进了日本生产的印刷机系列，我又调去工作，不多久因企业改制、资产重组，嵊泗印刷厂转为职工合资的合力印刷厂，我也退休了。

应嵊泗航海仪器厂徐春雪的邀请，去该厂工作、重点就是开发铁壳船上用的正规磁罗盘，产品分座式、立式二种。是系列产品，提升了该厂的档次。

2004 年后，我回上海定居。在嵊泗风风雨雨度过了 40 年的光阴，经常会想起往事。在嵊泗的那些年，总梦想嵊泗何时能每天有船来往嵊泗，不要半夜到。马路上能开汽车、有红绿灯……现在这一切都实现了。还有公交车、超市等已像小香港，太令人震惊，再回嵊泗度假时已有和谐社会的感觉。用美丽、平安、和谐、整洁、文明来形容嵊泗列岛的风貌并不为过。这些变化体现了党的改革开放政策的英明，显示出我县历届领导班子对党事业的责任心，相信嵊泗列岛作为大上海的后花园，必将成为具有国际品位的海岛旅游景区。

作者简介：

邵敬良，籍贯：浙江宁波。机械工程师，曾任县人大常委会常委，县政协委员、舟山市政协委员。

嵊山岛上那些年那些事

——我的亲历亲闻

邬驰宏

南下往事

作者

艳遇风波

1957 年，嵊山渔场冬季带鱼汛接近尾声，舟山地委号召南下大陈，嵊泗渔区千舟竞发，从中街山渔场、石浦渔场到大陈渔场一路追捕带鱼。我由嵊山光明渔业社委派，随嵊山区委支渔工作队南下。先到象山石浦镇，当地政府安排我们住在一富农家里，这家富农有木结构楼房二层七间，朝西二间，朝南五间，大门朝东，北面有一道高大的围墙，与东面的大门和西面的房屋连接，地道宽约 5 米，长 16 米，面积约 80 平方米，地面用青石板铺成，的确是富裕人家。据当地干部介绍，这家富农相当开明，平时乐善好施，不欺负穷人，安分守己，待人和善。夫妻两人育有一子一女，已长大成人，儿子在外地工作，女儿正在读高中。我们住在二层楼的堂屋里打地铺，将自带的草席和被服铺在地板上，地铺上方的板壁上挂上各自的军用背包和水壶，工作队包括我们这些随行的会计约 7 ~ 8 人，地铺一字排开，好似一班行军队伍。富农家人也住在二楼，楼上有走廊，上楼下楼通过走廊可看到堂屋。工作队中有位姓王的区委宣传干事，长得身材高挑，面貌英俊，富农的女儿正值青春年华，身材匀称，面貌姣好，开始时俩人见面不说话，过了两天，只见他们晚饭后俩人在郊外散步，谈得甚欢，枸杞一会计看见后对我说:“俩人好像在谈恋爱。”我说:“不可能,他们素不相识,前两天碰面也不招呼,谈什么恋爱。”

在石浦一个多星期后,前往大陈岛,中饭后上船,那天天气很好,艳阳高照,大家坐在舱板上嘻嘻哈哈天南地北地相互聊天,那位宣传干事要晕船,上船后就钻进船舱内在船员的床上躺下休息。我与工作队队长、区委书记坐在一起,要他讲解放战争时期的故事,听了大约半小时,我口渴想喝水,伸手到背包里拿口杯,却摸到了一张折叠的纸条,打开一看,我笑了起来,旁边的区委书记见我看着纸条发笑,将纸条从我的手中拿了过去,他看后大发雷霆,连声说:“这还了得,一点政治头脑也没有,当什么干部,简直胡闹。”接着通知党员在“金高椅”岛(一个小岛名)开会。船到这个小岛,天色已暗,打前站的后勤同志安排我们住进一农户家中,第二天早上到工作队住处吃早餐时,听说工作队连夜召开临时党支部会议,对宣传干事进行批判并做出遣返回家听候处理的决定。我感到十分懊恼,悔不该让纸条给区委书记拿过去,或许不会造成这样的后果。那张纸条是一封情书,内容是“某某哥,我爱您,我俩情投意合,相见恨晚,今日一别,天各一方,不知何日才能相会”云云。那时正是阶级斗争时代,一个党员干部与富农的女儿谈恋爱,不是小事,是与阶级敌人划不清界线,丧失政治立场的大事,自然免不了受到批判和处分。

那么这封情书是怎么放到我的背包里呢?因为在富农家二楼堂屋打的地铺,宣传干事的铺位就在我旁边,地铺上方的板壁上挂着各自的背包,富农的女儿乘我们在楼下吃中饭时去放情书,不料在匆忙间放进了我的背包,阴错阳差才造成宣传干事倒霉。

等级差别

在这个岛上待了半天,中饭后,乘原船前往大陈岛。到大陈岛时已近傍晚,大家都集中在大陈镇政府食堂吃晚餐,饭后,听镇政府的一位领导介绍大陈岛的情况,他说:“大陈岛分上大陈和下大陈,1955 年解放军打下一江山岛后,国民党军队自知守不住,自动撤离大陈,撤离时将大陈的原住民全部掳往台湾。现在下大陈的住民是从椒江等地迁入的,人数不多,1000 余人;上大陈以驻军为主,住户只有 30 多家。下大陈在沿港有一条街,街道狭窄,街面都是木结构的楼房和平房,有商店、饭店、旅馆等,鱼汛时比较热闹,平时冷清。镇政府设在下大陈,隶属椒江县管辖，解放两年没有多少建设，只有山上的一个礼堂比较好一点，平时开会，鱼汛时演戏，现在正有一个越剧团在演越剧。”他再三提醒，不要到沙滩上去玩，因为国民党撤退前埋有地雷，现在还未全部清除。他很热情，说有什么困难和要求可以随时找他，尽可能予以解决。听完介绍，工作队住进了镇政府招待所，将我们几个会计安排到一个仓库住宿。我们到了仓库，都看得目瞪口呆，原来是一间柴爿仓库，地面是潮湿的泥地，不能睡，夜已二更，乘了半天的船都感到困乏，不想再去找工作队领导麻烦，就爬上柴爿堆，将杂乱的柴爿略加整平，打开铺盖，摊开草席和被服躺在柴爿堆上，第二天起床时都感到腰背酸疼。吃过早餐，我们一起去找区委书记，要求一视同仁，他说，镇政府没有多余的房间，住招待所你们还不够格。接着给我们上课：“舟嵊要塞区司令与政委一起到杭州省军区开会，军区派轿车到车站去接，司令进了轿车，政委被挡在车外，原因是政委是大校，够不上坐轿车的资格，这叫等级差别。你们不要以为在石浦可以与我们住在一起，那是因为住在富农家里不花钱，到了大陈住招待所要公款开支，我们可以报销，你们不能，所以有差别。”当时几个会计都是小青年，见识少，还不懂这些道理，无言以对，只好屈居在柴爿仓库里。

三不规定

在大陈召开工作队会议，通知我们列席。会上布置和安排在大陈的支渔工作，并宣布纪律，作出不准上旅馆、不准上饭馆、不准上戏馆的三不规定，理由是我们是来为渔民服务的，不是来游山玩水享受的，不能脱离群众，要保持艰苦朴素的优良作风。如果违反纪律，不听劝告的先批评教育，教育不改的要给予处分。当时谁敢说不，只能唯命是从。嵊山地区南下捕捞带鱼的都是带角船，在大海中犹如“一叶扁舟”，只能近洋作业，每天回港休息。我们的工作只是在渔船回港后去收鱼货交售凭证，向嵊山水产公司在渔场的临时工作点结算鱼款，发放预支（预发报酬），每天空闲的时间较多，三不规定后，感到物质和精神生活枯燥乏味，白天逛街，晚上到山上的戏馆外面去转悠，听听戏馆里传出来的越剧音调消遣。一次，见到区委书记带着通讯员进入戏馆，感到奇怪，以为是去看戏？刚好碰到也到山上转悠的区委生产干事，向他说起此事，他说这是到戏馆里检查是否有人违反规定！我灵机一动，与几个会计说：“有办法看戏了。”从此以后，我们每天晚上守候在戏馆外面的角落里，待区委书记检查出来后就补票进入戏馆。大陈饭店的饭菜比嵊山有特色，如八宝饭、海鲜面等从未尝过，我想，既然饭店里不能吃，买回去总可以。于是，待区委书记入睡后，与几位会计一起到饭店，将八宝饭或海鲜面等买回来，在柴爿仓库里吃夜宵，尝到了美味佳肴，改善了生活。

南下渔场之行，对于刚刚涉足社会的我获益匪浅，使我在工作和社会活动中明白了不少事理，初步懂得了一些处世之道。

惨痛的"12·12"海难

1957 年冬季带鱼汛，江、浙、鲁、辽、闽、粤和沪六省一市 7 万渔民和 1.4 万余艘大小船只云集嵊山渔场捕捞带鱼。12 月 12 日，气象预报从傍晚起有七至八级西北大风，因此，渔船都没有出海，分别停泊在箱子岙港内和泗洲塘港湾。箱子岙港口朝北，泗洲塘港湾朝南，每遇西北大风都在泗洲塘港湾避风，由于泗洲塘到箱子岙要翻山越岭，补给生活和生产资料很不方便，所以在大风到来之前，大多数渔船仍停泊在箱子岙港口内外，这些渔船大多数是福建的"小白底"、浙江的"带角船"和"大捕船"、江苏的"平底船"以及部分收购鱼货的机动船，以小型船只居多。上午箱子岙港内还风平浪静，不料从中午起突然乌云密布，狂风大作，波浪翻滚，停泊在港内的渔船相互猛烈地碰撞，有些试图转移的渔船未出港口就被风浪推上岩礁，不到一个小时，被撞沉、撞碎的渔船不计其数，船上的渔民纷纷跳水逃命；停泊在港口外围的渔船纷纷转移，随风漂流，随时有被狂风巨浪倾覆的危险。

当灾难发生时，全岛军民在舟山地委渔场工作部领导下，立即投入了抢险救灾的战斗。嵊山镇委动员当地水性好的渔民组成救援队，抢救落水的渔民；由地、县、镇三级干部组成难民安置队，挨家挨户动员接待难民；嵊山医院和驻军医院成立救护队，救治伤员；各行各业自发行动起来，迅速筹集粮食、棉被、棉衣和生活日用品送到难民手中。

东海舰队和驻舟山海陆军领导机关，接到省委的通报后，当即派遣舰艇，冒风顶浪，远涉重洋地赶到嵊山洋面，英勇机智地四处抢救，加上全场渔民在惊涛骇浪中同心协力，互助互救，以及嵊山人民的大力救援，终于战胜了严重的自然灾害，救出了落水渔民 175 人，船只 341 艘，寻回被风浪冲散的渔船 400 余艘。

在此次抗风抢险斗争中，出现了许多可歌可泣的英勇事迹，尤其令人难忘的是蒋纪周同志。他是普陀县虾峙岛人，1927 年出生，1950 年支援解放军解放舟山普陀登步岛时立过战功，1954 年带头参加渔业合作社，是一个有共产主义思想觉悟和品德高尚的普通渔民。当风暴袭来时，他所在的船顶着狂风巨浪转移，刚驶出港口，就在嵊山“横六咀”附近被巨浪倾覆，船上的渔民有的落水，有的攀附在船沿边，他水性好，带上一个落水的渔民往岸上游，救上后，又奋不顾身跳入海中，救起渔民数人，此时又听到渔民蒋海全在海中的呼救声，蒋纪周同志由于往返抢救，冷水浸心，本已疲惫不堪，但他竟不顾个人安危，又毅然跳入海中抢救，终因与巨浪搏斗过久，力不能持而壮烈牺牲。

为了表彰纪念他，中共舟山地委报经省委批准，追认他为共产党员，授予他烈士称号，1958 年在嵊山泗洲塘为他建造了烈士纪念碑，时任浙江省省长周建人亲自写碑名并填词：“烈士舍身救人，英勇事迹永留人间。”

大跃进年代的真实故事

五花八门的小高炉

1958 年，在鼓足干劲，力争上游，多快好省地建设社会主义总路线的指引下，全国掀起了轰轰烈烈的“大跃进”运动。最突出的是大炼钢铁，全国各地都建小高炉和大高炉。嵊泗也不例外，挨家挨户都建小高炉。这些小高炉都是用脸盆、小缸、小铁桶等做成，大小不一，五花八门。当时我在嵊山镇工作，听说县里已派检查团来检查嵊山镇大炼钢铁的情况，镇政府通知各家各户将做成的小高炉阵列在自家门前。那天一早，我跟着检查团一起去看热闹，在全镇兜了一圈，感到十分惊奇，心想这样的小高炉能炼钢铁吗？然而检查团却十分认真，像欣赏艺术品那样看看这个摸摸那个，很感兴趣，不时赞叹“有想象力和创造力”，似乎对这些小高炉很满意。当时我心里感到很纳闷，他们满意什么呢？事后才知道，他们满意的是群众的热情与干劲。后来听说马关有铁矿，又在嵊山吹鼓亭建起了大高炉，从马关运来铁矿，由青年突击队日夜炼钢，但是这些矿石不是铁矿，根本炼不出钢来。可是，报上却大肆登载：“全国建起了上亿个小高炉和大高炉，钢铁产量成倍增长，十年可超英国，二十年可赶上美国云云。”当时，凡有知识的人心里都明白，那是在吹，但都不敢讲，怕扣上右倾帽子，只有个别胆大缺乏政治头脑的渔民敢说：“这是王婆卖瓜，自卖自夸。”

吹出来的“千担镇”

当时，各行各业都在“大跃进”，尤其是农业的“大跃进”，放出了一颗又一颗的“卫星”，其中一颗特大“卫星”：粮食亩产超万斤。农区的“大跃进”热火朝天，渔区也不甘落后，也想力争上游，嵊山镇由镇委书记挂帅，亲自抓渔业产量的统计，几乎隔天打电话到各渔业社了解和催报产量。我那时在光明渔业社当统计员，年纪小，思想单纯，不看形势，不善应变，依旧据实上报，大约夏季和秋季带角船对产只有 200 多担，惹恼了镇委书记，他怒冲冲地跑到会计室，严厉批评我不动脑子，右倾保守，只知“三、二、一”，即：一天吃三餐饭，睡二次觉（包括午睡）、游一次河。并警告，如果带角船对产达不到 600 担，我撤你的职。我被吓哭了，主办会计夏某安慰我：“不要哭，他不是说后头湾渔业社会计表现很好吗！可以问一下他们是如何统计的”？他打电话向后头湾渔业社会计张某请教，张说：“他不是要 600 担吗？你就给他 600 担，依据很简单，将淡菜壳、牡蛎壳、老鼠吃的、乌鸦叼的都估算进去，他要多少就估多少，有句话说统计、统计，七分统计，三分估计，你把它倒过来，不就解决了吗”，我依据张的经验，将对船产量调整到 650 担，报上去后果然受到表扬，称赞我脑子开窍了！此后，我调离了渔业社，负责统计产量的会计依据长官的意志上报，到年底上报的对船平均产量达到了 1000 担，镇委书记才满意地带着各渔业社上报的统计汇总资料到舟山地委参加三级干部会议，会议期间又来电报，说我们镇还是保守，普陀东极区的对船产量超过千担，要各社发报，将对船产量调整到平均 1200 担，各社立即照办。没有几天，传来喜讯，嵊山镇被誉为“千担镇”称号。回到嵊山时，一些基层干部敲锣打鼓前去迎接，用四人扯着“千担镇”的大红旗，在街上绕了一圈，才回到镇委挂到墙上。

“千担镇”的荣誉称号虽然得到了，但谁都知道，“这不是干出来的，而是吹出来的。”

桥梁与天堂

1958 年 10 月 1 日，嵊泗撤县建社，政社合一，成立了嵊泗人民公社，嵊山成立大队，同时保留嵊山镇委，实行二块牌子，一套班子。我在那时调到嵊山大队任文书兼统计。

当时的宣传口号是“人民公社是桥梁，共产主义是天堂”。为了使人们了解共产主义的美景，镇委书记特地从上海请来一位画师，画了一幅十年远景图。图上嵊山镇高楼大厦林立，街道纵横交错，满山绿树成荫，一条盘山公路通向山上的公园，岛的上空有直升机盘旋，港口有轮船停泊……他说，十年以后，嵊山将成为海上乐园，人间天堂。在一次会议上，镇委书记兴奋地说道："人民公社 10 个不要钱，共产主义实现 10 个化。"在我的记忆中，这 10 个不要钱是"吃饭不要钱，穿衣不要钱，看病不要钱，读书不要钱，看戏不要钱，坐船不要钱，照明不要钱，通话不要钱，洗澡不要钱，理发不要钱"。10 个化记不清了，只记得捕鱼机动化，照明电气化，居住楼房化，家家电话化，交通公路化，人人有文化，山上都绿化等。还说，成立人民公社就是走上了共产主义的康庄大道，领着参会干部高呼：人民公社万岁！兴奋之情，溢于言表。

人民公社都吃大锅饭，各个生产队和各个部门都办食堂，群众饲养的家禽、家畜，自留地上种的瓜菜，渔民捕上的鱼虾都要交公社食堂共餐。群众将定额的粮票到食堂换成饭票，凭饭票可到指定的食堂就餐，不用花钱。有人鼓吹"放开肚子吃饭，鼓足干劲生产"，其实哪有生产积极性，大家都吃大锅饭，干多干少一个样，干好干坏一个样，干与不干一个样，结果越吃越懒，越吃越穷。公社食堂办了不到二年就散伙了。

人民公社是"大跃进"的产物，这种形式的经济体制，严重阻碍了生产力的发展。什么"桥梁"与"天堂"都是不切实际的梦想。

"反右倾"鼓干劲

"反右倾"运动，是 1959 年庐山会议之后在全国各地普遍开展的一场"反右倾机会主义"的运动。运动的重点是党政机关，斗争的对象是右倾的党的领导干部。在农村，普遍开展整风整社运动，主要斗争对象是"右倾"的基层干部及走资本主义道路的群众，五类分子"地主、富农、反革命、坏分子、右派"也跟着挨批斗。人民日报发表了《人民公社万岁》等社论，强调要反右倾鼓干劲，对右倾机会主义言论进行彻底批判。总而言之，各级党员干部，凡是同情彭德怀的，怀疑总路线、"大跃进"、人民公社"三面红旗"的，议论"三面红旗"缺点错误的，对共产风、浮夸风进行过批评、抵制的，就是右倾，程度严重的就是"右倾"机会主义分子；一些群众对"大跃进"不满意，说过怪话，也要扣上"坏人"、"消极分子"、反"三面红旗"的帽子。

嵊山镇与全国各地一样，开展了反右和整风整社运动，时任嵊泗公社党委常委、嵊山镇委书记，1937 年参加革命的于脉彦同志，曾批评“大跃进”的浮夸风：“这也放卫星，那也放卫星，都是吹牛，我是农民出身，知道粮食亩产有多少，报纸上报道粮食亩产超万斤，那是白日说梦话。”就说了这么几句实话，在舟山地委召开的三级干部会议上，受到严厉批判，被打成“右倾”机会主义分子，撤销党内外一切职务。嵊山满嘴头渔业合作社主办会计汤某，1958 年大办人民公社时，调他到嵊山大队担任助理会计，不愿意去，说了一句“做大国之臣不如做小国之君”的牢骚话，在运动中被指控为闹独立王国，与彭德怀反党反社会主义分子遥相呼应，被作为彭德怀的社会基础受到批判。当时，在嵊山大队和各生产队会议室贴满了大字报、小字报，揭发所谓右倾言论。在大会、小会点名批判对“大跃进”的浮夸风和办公社食堂说过一些牢骚话的干部和群众有一大批。一时，“黑云压城，人人自危”，凡是被点名批判过的干部和群众每天提心吊胆，恐怕被处分。庆幸的是，中央决定，不在民主党派、资产阶级分子和资产阶级知识分子中进行反右倾运动。同样，中央也没有规定要处分说过所谓右倾言论的基层干部和群众，使一大批知识分子和普通群众逃过一场劫难。

难忘的艰苦岁月

壁下地区的四个岛：壁下、安基、大盘和张其，原是嵊山镇的一个村，由嵊山镇管辖，1958 年，嵊泗撤县建社，成立嵊泗人民公社时从嵊山划出，成立壁下大队，下设壁下生产队、安基生产队、大盘和张其生产队。我是 1959 年 11 月调到壁下大队任文书的，大队的领导班子由党支书、大队长、妇女主任三人组成，支书由公社委派，大队长和妇女主任从当地选拔，都是不脱产的工农干部，实际上大队只有支书一人主持日常工作，由我跑腿传达上级文件和大队决策，负责文字工作和协助处理日常事务。大队所属部门只有报务室一人、医务室一人、粮站一人、供销社二人，此外，还有两处小学，两名教师。各部门的工作人员包括大队脱产干部都是从外地调入的，共 8 名。大队机关和各部门设在安基岛。

我初来乍到，为了熟悉当地的情况，我到各岛去“巡历”了一遍，了解当地的地名来历、自然环境和风俗、习惯，生产和生活状况等。据一些老住民传说，壁下、大盘都是以地形命名的，如壁下岛，因住在悬崖峭壁下生活，故名壁下；大盘岛像一块磨盘，取名大盘；张其岛的地名来历说不清楚，不得而知；安基是后来取名的，意思是希望这块岛成为岛民安居乐业的基地，原名为“野猫洞”岛，传说岛后有一洞，经常有成群结队的野猫神秘出入，故以此洞为名。驻军部队驻安基岛时就是以“野猫洞”连命名的。四块岛以安基最大，面积约 1.5 平方公里，大盘和壁下次之，约 1 平方公里，张其系弹丸之地，估计不到 0.5 平方公里。壁下住民约 100 多户，300 多人；大盘住民也有 100 多户，400 多人；张其岛的住民只有 20 多户，上百人，他们都是从宁波、镇海、岱、巨山等地迁移过来的，有部分是抗日战争时期逃难过来的，安基岛的住民约 200 多户，700 多人，都是温州瑞安人，都讲温州话，但也懂当地话，不难沟通。壁下、安基、大盘都以涨网为主，墨鱼汛和带鱼汛也拖墨鱼和捕捞带鱼，只有张其岛有一对机帆船，从事远洋作业，老大张厚友，捕捞技术很高，远近闻名。问起渔民的收入，一些生产队的干部吞吞吐吐不肯直说，后来访问一些渔民，套出真话，他们说：“我们都是为生产队打工的，每月按工分发到几元预支，只能维持日常生活，年底分红，收成好的多发几元，减产的年份，还要倒挂，船、网都是生产队的，修船，打船都由生产队决定。”我知道，这是发泄对“一大二公”经济体制的不满。安基岛和张其岛的地形险峻，房屋建在阶梯形的一道道山坡上，踏上安基岛或张其岛，脚下是长满贝藻的岸礁，一不小心，就会滑倒，上山的道路弯弯曲曲、高低不平，爬过上百个台阶才能到达住地，家与家之间串门，要上坎、下坎。壁下和大盘岛的地形略显平坦，上岛不需爬坡，但住房也是建在一道道山坡上，屋与屋之间落差很大，道路同样高低不平，崎岖难行。壁下、大盘和张其的住房，大多数是木结构的土瓦平房；安基岛的住房，除了一家土瓦平房和大队驻地的八间洋瓦平房外，都是草房。据一些住户诉说，每年如不修缮，下雨天外面下大雨，里面落小雨。我去家访，每到一家，推开竹门，踏到的是潮湿的泥地，见到的是开裂的泥墙、蓬松的草顶，室内的家具也很简陋，只有板床、补丁的蚊帐、竹椅、木凳、破旧的橱柜等，少数家庭，由于贫穷，连一只马桶或痰盂也添置不起，晚上大小便要去室外，严寒的冬季常患感冒。可见当时岛上多数人民的生活相当贫苦。

我在壁下大队工作和生活了两年，最苦恼的是离岛的交通和通信，通知各生产队干部开会，只能写字条托便船上的渔民传递，第一天通知，到第二天才能到齐开会；有几次，会议的内容特别重要，而传递的人将字条遗失，还要特地到缺席干部住的岛上传达会议的内容。如开展政治运动，需要召开群众大会的，支书和我要分别到各岛发动，开会传达，历时需三四天。如公社通知我们到县城开会，赶不上航班的，只能自己派条带角船去县城。有一次，遇到逆水行舟，有时扬起风帆，有时摇橹扳桨，足足行驶八个多小时才到达县城，途中受冷挨饿，苦不堪言。通信落后，与公社和各大队有事联系，只能发报，言不尽意。遇到台风，与各岛联络中断，遇灾由各生产队自救，大队失去指挥功能，坐等台风过后，处理善后事宜。公社的机密文件由通讯员传送到大队，大队向公社汇报的资料，由报务室以邮件形式发送，到达时间非 2 ~ 3 天不可；订阅的报纸杂志，要经过三次中转才能送到大队，往往日报变周报，半月刊变月刊。由于交通和通信落后，信息闭塞，常常贻误工作。

壁下大队缺医少药，医务室只有一名内科医生，姓董，系卫校毕业，只能治疗伤风感冒之类的普通内科疾病，涉及外科、儿科、妇科、五官科等疾病因无技术和设备而束手无策，遇到大病更治不了。医务室只有一间房，前半间放药品，后半间当寝室，药品不多，最好的抗生素为青、链霉素和庆大霉素。

各小岛的环境卫生很差，壁下、大盘、张其岛上没有公厕，只有安基岛有一只底用大缸、坐用一根毛竹、顶和二侧用茅草盖成的露天公厕，男女可以同时一起如厕，戏称“男女平等”。上不了公厕的，到处大小便，所到之处臭气难闻。垃圾无人处理，阴沟无人疏通，随地吐痰，乱丢果壳习以为常。各岛又是涨网地区，鱼虾在地上到处乱晒，致使蚊子、苍蝇到处横行。夏天夜里办公，蚊子像轰炸机轮番侵袭人身，我的身上从头到脚常起红肿，其痒难熬。每天吃饭，一端上饭菜，苍蝇就叮了上来，只能边赶边吃，由于饭菜被苍蝇叮过，咽下肚里老觉得不放心。由于环境卫生没有条件进行治理，导致病菌传播，岛上患疟疾、痢疾、乙肝、肺结核等传染病人不少。

大队和各部门的工作人员来自“五湖四海”，没有地方吃饭，办了一只小食堂，米、油由粮站供应，鱼从生产队买来，蔬菜要从菜园或嵊山托人去购，由交通船带来，岛上没有肉卖，到菜园或嵊山去购要凭肉票供应，也买不到肉，常年尝不到肉味。平时有鱼、有菜，生活还有滋味，但到了台风季节那就苦了，渔船不能出海，买不到鱼，交通停航，买不到菜，当时没有冰箱，蔬菜不能储藏，最多存放一二天就不能吃了。台风从发起到结束少则三天，多则四五天，食堂已经断菜，我们只能喝酱油汤，这样的日子一年有三四次。不过只是短暂之苦，苦不足道。

壁下大队没有任何娱乐和体育设施，没有影院、戏院，没有篮球场和乒乓室，看不到电影，看不到戏，打不了篮球和乒乓。工作之余只能自找乐处，我买来一些扑克、象棋、军棋，与各部门工作人员一起玩耍。一次，公社书记李秀成到壁下大队调研，休息时，与我玩军棋，没有裁判，采取暗摆明走的玩法，他运气不佳，“司令和军长”都被我吃光，玩得火起，他用“师长”吃掉了我的“军长”，我不让他悔棋，说：“不行，不能吃”，他说：“怎么不行，淮海战役时国民党的集团军司令杜聿明还不是被我军士兵俘虏的。”我被他的幽默逗得哈哈大笑，倒也有一番乐趣。自娱自乐的还有到海边垂钓，相互聊天、讲故事、读书、看报。对于棋牌类有的会玩，有的不会，会玩的玩腻了就不感兴趣了，都觉得生活单调，精神枯燥。

在那里工作没有作息时间，不分昼夜，有事就干，忙完了工作就休息，经常顶风冒雨，坐船、爬坡往返在各小岛之间，感到工作环境太差，工作太累。此外，日常的生活也很烦恼，岛上缺水，经常要到各山岙的坑潭处去取水，用来洗脸、洗脚和洗澡，冬天没有任何取暖的设施，也没有热水，在那里洗不了澡，只有出差到县城的自己家里，由母亲烧点热水擦擦身子。洗衣要到山上有水的水潭里去洗，蚊帐、被单一年只洗一次。岛上没有电，晚上照明靠美孚灯（火油灯），如供销社煤油断货，就用蜡烛，遇到大风天，由于门窗漏风，这些灯具都要被吹灭，只好钻进被窝睡觉。

由于工作环境和生活条件都很差，老想调离这个地方。那么是什么力量使我坚持下去的？是意志。我买来很多书，古今中外的都有，如“三国”“水浒”“西游记”“红楼梦”四大名著，还有聊斋志异、封神演义等古代小说，看这些小说，只是为了消磨时间；后来阅读毛主席的著作，特别是《矛盾论》和《实践论》，使我初步懂得了运用“二分法”处理问题和解决矛盾。看这些哲学类书籍，只是增长了一些知识。真正使我转变思想和提升精神的，是看了刘胡兰、董存瑞、黄继光、邱少云等英雄事迹后，被感动得热泪盈眶，尤其是看了《钢铁是怎样炼成的》一书后，更触动了我的心灵，对比保尔·柯察金，感到自己的艰苦是“小巫见大巫”不值一提，对为此艰苦而经不起考验感到羞愧。正是由于这些英雄激励了我的意志，渐渐地打消了老想调离的念头，安下心来，努力工作，终于度过了这艰苦的岁月。

落后的年代早已远去，曾经痛苦的心情早已消失。时空跨越了半个多世纪，嵊泗列岛发生了翻天覆地的变化，眼前的县城犹如一座“海上乐园”，虽然昔日的小岛依旧存在，但岛上的住民都迁移到县城等地，过着幸福快乐的生活，列岛正在腾飞，向小康社会迈进。我之所以打开尘封的记忆，重提不堪回首的往事，是想让大家明白一个道理："只有不忘记过去的苦，才会珍惜今日的甜"；"只有经过艰苦的磨炼，才会激励意志，奋发向上"，以启发从五湖四海到嵊泗工作的同志努力工作，创造嵊泗列岛更加美好的明天。

短缺经济的产物

计划经济时期，物资短缺，为了保障人民基本生活和发展生产，国家对关系国计民生的商品和物资实行定量供应，票证制度由此产生。

票证的种类很多，由国家规定的，地方规定的，各部门自行规定的。国家规定的主要是粮票、油票、布票、柴油票。粮票有全国粮票、地方粮票，全国粮票可以在全国通用，地方粮票只能在本地区内使用。粮油关系要随户口迁移，凭户口迁移证到粮食部门办理迁移手续。粮食定量由各省自定，凭年龄、工种和劳动强度定量，如嵊泗，60 岁以上老人和 16 岁以下少年为 23 斤，各部门工作人员 29 斤，电厂等工人 32 斤，渔民 42 斤。布票定量每年每人 2 尺，只限于购买棉布，呢绒、化纤、腈纶等布不凭票，柴油按各条渔船柴油机的马力定量。粮票、油票由各级粮食部门管理，布票由各级商业、供销部门管理，柴油票由各级石油供应部门管理，各部门对票证都要建立账册，每月编制收、付、存报表，逐级上报。

粮、油凭票供应是从 1953 年统购统销时开始的，1960 年至 1962 年的三年困难时期，造成物资更加短缺，供不应求。此后，凭票供应的商品越来越多，棉布、棉花、烟、酒、糖、猪、禽、蛋、柴油、木材、煤炭等商品都要凭票供应，定量根据货源由各部门自定，并建立票证管理机构，负责票证印制、发放与回收。此外，粮食制品如油条、大饼、糖糕、雪团以及其他糕点，要凭熟食票供应。还有临时票证，如过春节时，黄花菜、木耳、红、黑枣、大白菜、粉丝、香干、油豆腐等分大户、小户凭票供应。有一部分少量的紧缺商品，如永久、凤凰自行车、上海牌手表、缝纫机、三五牌台钟、彩电、洋河大曲、山西汾酒、上海牡丹香烟等都要领导批条供应，有人称变相的票证。而且这些商品的供应对象，都很特殊，如驻军的领导，县、镇的领导，冬季带鱼汛时驻嵊的各省、县指挥部的领导，以及关系户。

票证的用途不仅只是购买商品，还可用于交换，如鱼汛期间，福建渔民用小藤花生向当地居民换取全国粮票；掌握实权的部门少数负责人，对一些紧缺物资的票证留有机动数，用于交易。如在冬季带鱼汛时，将烟、酒等机动票证送给熟悉的渔民老大，老大就用鳗鲞、带鱼等回赠。那时对这种行为称之“不正之风”。

为了调节供求矛盾，国家对部分商品实行“双轨制”，即凭票供应的按平价，不凭票供应的按议价，不同的商品有不同的平议差价，议价商品要比平价分别高出数倍。1962 年，我结婚办喜酒，肉票不够，买了 10 斤议价肉，每斤 3 元多，比平价每斤 0.78 元高出四倍，我一个月的工资只能买 15 斤的肉。“双轨制”给一些掌权者和投机者谋取私利有了可乘之机，他们内外勾结，套购平价柴油，高价出售，牟取暴利。假设当时平价柴油每吨 160 元，议价柴油每吨 360 元，每吨差价 200 元。如套购 10 吨柴油票就能获利 2000 元。在当时已属数额巨大的犯罪活动。虽然国家对套购票证谋取暴利的违法活动打击严厉，情节轻的开除党籍、公职，情节重的判刑劳改，但是为了暴利还是有人敢冒风险，全国套购和买卖票证的现象屡禁不止。

计划经济的商品价格管理十分严格，粮油、棉花实行统购统销，收购和供应由国家统一定价，其他各类的商品由各省自行定价，专门设立物价局管理，不论是谁违反价格政策的都要受到严肃处理。

我在任嵊山供销社主任时，浙江省调高棉布价格（1983 年），调整的前一天，县财贸办召集全县供应部门的主要负责人在县政府会议室开会传达，我参加了这次会议，传达时门窗用黑布遮挡，门外有人值班，以防泄密。会后，立即将外岛的供销社主任专船送回。我回到嵊山后一直没有离开办公室，调价的文件牢牢锁在抽屉里，待下班时，才通知供应棉布的柜组长晚上盘点商品，第二天营业前才公布调整的棉布价格。后来知道，有些县、区由于泄密，引起抢购，有关责任人受到严肃处分。

改革开放后，于 20 世纪 90 年代票证消失，历时近 40 年的票证制度成为历史。

作者简介：

邬驰宏，籍贯：浙江岱山。曾任嵊山供销社主任、嵊泗县供销社副主任。

渔乡记忆

郑悌德

作者

1977 年春天至夏天，我和舟山广播电台的几位同事一起参加舟山地委组建的建设大寨式嵊泗县工作队，来到嵊泗县嵊山镇。

我们工作队同志是经党几十年教育的，都怀着全心全意为人民服务的心愿，不掺任何私心，我们和当地干部一起，研究商讨发展渔业生产，提高渔民收入，办过一些好事。特别是当地干部勤勤恳恳，任劳任怨，千方百计广开生产门路，提高人民生活的事，深深地印在我脑海中。几十年过去了，现在想起来，还是那么亲切。

嵊山这个离内陆较远的海岛，有独特的风土人情，有些事情让你永记铭心，久久不能忘怀。一次，我们和大队干部开会，讨论除搞好渔业、多捕鱼外，要发展多种经营，增加渔民收入。党支部书记宓仲德提出："可以组织渔民去捣锚，收入很好。"我一听顿时傻了眼，"捣锚？"我问道。宓仲德说："船上用的铁锚呀！"我又问："锚是生产工具，是铁制的，是工厂生产出来的，海里怎么会长锚？"大家听了都大笑。宓仲德向我解释说：我们嵊山是全国著名的主要渔场。每年冬讯，全国沿海浙、闽、苏、沪、鲁、冀、辽等省市上万艘渔船云集到我们这里的渔场捕带鱼，遇风暴时，上万艘渔船集中到嵊山周围的泗洲塘、大玉湾或后头湾海域，抛锚避风。正因为有上万艘渔船集中在一起，或因风暴大或因疏忽，总不免有少数船的锚缉绳断了，把锚丢在港湾海底，积少成多嘛，一个冬汛下来，有为数不少的铁锚丢在嵊山港里。我们去捣来，完好的铁锚自己渔船可以用；用不了，也可以出售。这不是一笔很可观的收入吗？原来如此，我明白了，就是去捞丢弃在海底的铁锚。大家还介绍了一些抲锚的办法,有用特制渔网去拖的,有靠人潜到海底去捞的。

当时大家还介绍有一个渔民潜水本领特别大。几天后,我还专门去拜访过这个渔民,他叫什么名字忘记了,但他讲话的哲理却一直铭记在我心里。当时,他热情接待了我。他说:我从小就练成一身潜水的本领。每年冬天,上万条渔船汇集嵊山捕带鱼,总有好些渔船螺旋桨(即机帆船推动器)因这样那样的原因被渔网缠住了,渔船动弹不得,那怎么能捕鱼?这时候,就需要有人潜入海里,把缠住螺旋桨的网绳解开。我水性好,我会做这活。我下去,一个准,准能把缠着螺旋桨的网绳解开,保证渔船能正常航行。我问:"这么寒冬腊月,你没有潜水服,就这样光着膀子下去,吃得消吗?"他说:"没事。我先喝足了老酒,让浑身发热,这样潜下海去就不怕冷了。"接着,他又神秘地告诉我一个秘诀,就是每次潜水干活时一定要把握分寸,要掌握一条:有 10 分本领,一次用七八分就够了,不要用足 10 分,更不要用 12 分,那保证不会出事。啊!这是生活的哲理——留有余地。潜水干活是这样,干其他危险活何尝不是如此!最后,他还对我说:"有一年临近过年(春节),人家让我去潜水,我还赚了三石米!"他说着显得很自豪!

队干部讨论广开生产门路时,还提到去悬水小岛抓香螺。当时,认为个人去抓是"资本主义尾巴",集体组织去抓是社会主义,完全可以的。一提香螺,我好像就要流口水,那个味道呀,简直可以说天下莫有!香螺只要用清水煮熟就可吃,放什么样佐料都是多余的。香螺个体一般比人的大拇指要大些,顾名思义,螺嘛就是螺旋形,一头粗一头尖,煮熟以后,你只需用竹签把螺肉轻轻挖出就行。塞到嘴里,顿时舌尖上那股淡淡的香呀!还有鲜味,让你久久不能忘怀。干部们说,这种香螺只有附近悬水小岛上有。他们还说,过去香螺多的时候,小岛岩石上香螺一只叠一只,一层又一层,层层叠叠,看上去就像座小山。你把船驶过去,只要用工具轻轻一拨,螺群受到惊吓,听到响声,整个螺群会哗啦一下倒塌下来。这时,把船靠紧了,香螺刚好掉到船舱里,运气好的话,倒下的香螺当即就把整个船舱堆满了。听起来,这简直是像阿里巴巴芝麻开门了,好开心!不过,一般情况,好像碰不到这种好机会,但只要去抓的话,弄它几百斤上千斤是没有问题的。

已经过去 30 多年了,不知嵊山周围的无人住居的悬水小岛是否还有香螺,是否还有渔民去抓香螺。现在有冷藏设备,这种香螺可卖好价钱了。("嵊山螺浆"驰名海内外)

还有嵊山岛的孩子留给我的印象尤其深刻。那时，岛上也没有幼儿园，一到夏天，所有 5 岁以上的孩子，无论男孩女孩全部跑到海边下海学游泳，他们快乐地游玩。嵊山镇因为离内陆远，靠近公海，所以它海边没有泥土，除沙滩外全是礁石，当地人称滩横头，海水碧蓝。这些孩子人人背上挂着一只塑料浮子，那是捕鱼渔网上用的浮子，一会沉到海里去，一会儿浮上来，扒在岩石旁。大家就这样酷耍玩闹，好开心啊！中午时，肚子饿了，回家吃午饭。吃过中饭又去玩，直到太阳快下山才回家。

党支部副书记胡阿祥的儿子当时也就是五六岁，阿祥老婆也是队里的女干部，所以我经常到他家去。夏天一开始，阿祥的儿子就和小伙伴们到海边去玩水了。这些孩子，夏天全是赤裸的，顶多穿条短裤。几天下来，阿祥的儿子背上全起水泡了，有的小孩还流着水，看着怪心痛的。我对阿祥老婆说，去弄点药水给他擦擦。她却根本不当回事，说："没事，随他去，过几天就会好的。"又过了几天，我看这孩子背上的水泡全结疤了。又过了几天，背上的结疤脱落了，背上变成红一块，白一块，变成花背脊了。再过几天，啊呀，全变了，活像一个非洲小黑人，全身上下全是乌黑的，而且油光澄亮，两只眼睛乌溜溜的，非常可爱！这时候，你往他身上倒一瓢水，水马上就流光了。

原来，嵊山渔民就是这样从小锻炼出来的，怪不得他们个个都是游泳能手。冬汛生产，过去他们捕带鱼都是用小对船，因为船小，一遇风暴，船就容易翻了。遇到这种情况，他们就下海把船翻过来，重新生产。不但船翻过来，有的就连船上的所有工具，包括炊具也捞回来。这种在大海中把翻了的船重新翻过来的事，在嵊山是常事，他们谈起来是小事一桩。

嵊山渔民游泳的耐性（当地称水性）那是一流的，但速度、技巧和姿势肯定不行，因为他们没有正规教练。

小平同志说："足球要从娃娃抓起。"我想游泳也一样。孙扬和叶诗文不妨到嵊山岛来找接班人，说不定将来有一年奥运会的某项世界游泳冠军会是嵊山人。

作者简介：

郑悌德，籍贯：浙江象山。曾任浙江日报舟山记者站通讯干事，舟山报社、舟山广播电台记者、编辑。

1983年一件“落实政策”案

丁惠琳

作者

1982年，组织叫我负责新成立的律师事务所工作，因为我年纪大了，没有家庭事务负担，迫切需要学习，所以每天在八小时工作外，经常学习有关法规或写些诉讼上的文书，以解决人少事多之矛盾。律师有“法律咨询”的任务，当时的房产、地基等要求落实政策归还者甚众。我总是问清情况，一是指明你证据不足或国家没有这种规定，不可能解决的，不要再上访了。或是说明：你应请什么人、什么组织证明什么事，向什么单位根据什么文件第几条规定，要求落实政策归还什么财产；来访者能照此办理的，一般都能达到目的，所以来访者越来越多。

有一天快下班时，来了个60多岁的老人说：“我是个历史反革命，承蒙政府宽大，在劳改农场将我特赦，回到马关老家。解放时我是捕鱼也撑运输船的，现在年纪大了，人家不要我捕鱼了，我们组织老头班捕鱼，老头班里也是我最老、最弱，捕鱼时落入大海，差点淹死，救起后不要我再下海捕鱼了。就靠割柴草但又不够维持生活，想回劳改农场，又怕违反政府法律，叫我怎么办才好？”我问了他犯罪特赦和情况，才知道他叫韩金芳，解放前是渔民，后来给了一个渔行撑运输船，国民党军要逃跑时，组织了一个大队，指定他为副大队长。不久即解放了。嵊泗军管会依照国民党军的军衔，大队是团级，副大队长是副团级，依法判他为死刑缓期两年执行。劳改中他肯干，两年后改为无期徒刑。后来又判为有期徒刑，直至刑满，又逢“文化大革命”，留在农场劳动。国家下了特赦令后，劳改农场依法将国民党军的军官分批特赦，欢送回家。依照有关规定，应称特赦人员为先生，嵊泗应安排其力所能及的工作或解决其生活问题。但据嵊泗有关部门了解，他连国民党的兵也没当过，故不承认他是伪军副团级的军官，不予接纳。所以我对他说：你去找信访办，会给你解决的。他连连摆手说：不行不行，我早就去过了，说我不是国民党的军官，不能落实政策，被逐出来了，我再也不敢去了。我想：这是好说明的、好办的，所以我答应他：明天我给你去信访办说说。韩金芳连忙说：还有一个虞德铭也是马关人，情况与我一样，同样的罪、同时判刑、同在农场改造、同时特赦回来，生活也难过，谢谢你也给他说说……

第二天上班时，我直接去信访办找姓陈的女干部说了，老陈一听就说：他连兵都没有当过，什么副团级？老丁，你也太"多管闲事了"。我生气地说：老陈，你也太不讲理了，这是军管会判的……她不听，直甩甩手，示意我出去。我想与她吵架论理，但上班时间不大好，快下班时再论理，生了气回办公室，但又一想何不去找统战部王赛凤部长，说明情况后可能解决问题的。我就去统战部办公室，对王赛凤说：有个事，请您解决……她听后心有所悟地笑着说：军管会时是依法判死刑，将他拔高了；特赦回嵊泗后返回事实：他没有当过副团长，只像是我们的民兵，不是正规军队，但事实是，人家吃了三十多年的官司，怎么说？（我们二人都笑了）王又说：这事我会依国家特赦的有关规定，请示县领导，解决他们的生活费来落实政策，也有利于和平统一祖国。我说那我代表两位特赦人员谢谢你了。王部长说：这件事我一点也不知道，幸亏你老丁来反映，应该谢谢你才对。

事后不久，韩金芳与虞德铭来我处，涕泪交加地表示万分感谢。说县政府给他们以特赦人员身份，解决了生活问题。我说，这要感谢共产党、感谢国家政策才对，不应感谢我。

作者简介：

丁惠琳，籍贯：浙江绍兴。离休干部，曾任嵊泗检察院检察长。

我的一段痛苦经历

卫存岳

作者

“文化大革命”作为一场悲剧、闹剧、惨剧、丑剧，早已降下大幕。这大灾大难的十年，已经凝固成历史。然而对这段特殊的历史，在我脑海中却难以抹去，我认为，只有牢牢记住“文化大革命”教训，才能制止这种历史的重演。

在那个特殊的年代，我当时作为枸杞公社渔业中学的教师，在中共中央的号召下，在全国各大报纸、电台的宣传下，热血沸腾，不做“逍遥派”，要当“革命派”。1966年11月中旬，带领学生去杭州、上海等地串联取经，回到当地后，传经点火，转抄大字报，组织战斗队，投入了轰轰烈烈的“文化大革命”运动。1969年6月下旬，“文化大革命”已经经历了4年时间，嵊泗的两大派“嵊联指”和“嵊联总”经过激烈的派别分歧和斗争，日趋缓和，在“抓革命、促生产”的号召下，“嵊联指”造反派陆续从宁波返乡，但派性难消，怨气难灭。当时嵊山“联指”派的一部分造反派也从宁波回来参加渔汛生产，被对方“联总”派“三红指挥部”几次赶出嵊山，在枸杞暂住（枸杞“联指”派力量较强）。6月28日上午，嵊山“联指”派30多人带着“县联指”毛泽东思想宣传队去嵊山宣传，嵊山“联总三红指挥部”在嵊山部队的支持下阻止他们宣传活动，并在嵊山沙滩发生武斗，嵊山“联指”派有10多人受伤。嵊山“联指”造反派在气愤之下，把当时在场的军队代表朱副连长从嵊山沙滩抓到枸杞沙滩，说朱副连长指挥武斗，派性很大，支一派压一派。我赶到后看到朱副连长手臂上有伤痕，叫枸杞大王村造反派王永全等2个人陪朱副连长到乡医院包扎，并安排晚餐与住宿。我对在场的嵊山“联指”造反派主要头头戎某某等人说:“现在你们把解放军抓到枸杞来了,怎么办?弄不好会激化矛盾,把矛头指向解放军是要犯错误的。”戎某某说:“这个副连长指挥武斗。”6 时左右,枸杞驻军团政治处副主任罗明轩来找我,我向他讲明情况,他提出把朱副连长交给团部,我说这样嵊山“联指”派的人可能会冲击团部,要激化矛盾。还是由我们来做好工作再交给你们。

第二天傍晚,枸杞渔民反映在海洋拖墨鱼生产时,嵊山渔民对他们说:“你们枸杞人包庇嵊山‘小爬虫’(对方对嵊山造反派的贬称),把朱副连长抓去打得半死,戳一刀还塞一把沙子,太残忍了。”我听后认为这是嵊山对方组织放出的谣言,扩大事实,蛊惑人心,制造嵊山、枸杞两地之间的矛盾和对立情绪。6 月 30 日上午,我召集枸杞“联指”头头会议,请嵊山“联指”头头戎某某、杨某某等也参加。会上,我认为这个问题已经激化了两地的矛盾,必须把朱副连长送回嵊山,让广大群众亲眼看看,朱副连长没有被打伤或打死,以消除谣言,缓和矛盾。我提出要嵊山造反派把朱副连长送回去,他们不肯送去,说这样又会被对方打的,请我们出面送去。我想为了解决矛盾,还是我们枸杞造反派送去为妥,一则我们与嵊山对方组织没有冲突过;二则朱副连长不是我们抓来的,我们是为缓解嵊山两派矛盾,把朱副连长送去的;三则朱副连长身体很好,可以戳穿嵊山对方谣言。当天下午 4 时,我和枸杞“联指”造反派许某某、刘某某、夏某某及公社机械厂的贺某某,由张某某当老大,许某某当老轨,开着大王生产队的机帆船送朱副连长去嵊山。我与朱副连长坐在甲板上,对他说:“有什么问题你要实事求是作证,向他们解释你在枸杞没有被打。”他说:“你放心,我会做工作的。”船开到三礁江时,我发现嵊山箱子岙西嘴头有两艘机帆船,船头朝外没有抛锚,像是要朝我们船冲来。我当即对老大张某某说:“这两只船好像要冲过来,我们快点倒船回头。”在我身边的刘某某却说:“怕什么,我们是送解放军来的,他们不会打我们的。”说着船已开进箱子岙,嵊山的两只船一左一右挟住我们船的两边用篙子乱抓乱敲,同时石头(鹅卵石)像雨点一样砸向我船,把我们船上的人边打边抓过去,把朱副连长用被头连头盖上,用担架抬去,不让他说话,造谣说朱副连长被“小爬虫”打得半死了。嵊山两艘船靠拢我们船,他们跳到我们船上,我在驾驶台,刚好被远房亲戚嵊山搬运站许永昌看到,他说:“你怎么也来了,快躲起来。”边说边将我推到老大间里,把门移拢叫我别动,所以在机帆船上我没有被打。船快到沙滩时,有人把我从老大间里搜了出来,边拉边说:“这是卫存岳,是个大头头。”我说:

“我们枸杞人是送朱副连长来的，你们怎么打我们？”他们不由分说，把我推向小船，小船里有六七个人把我按倒在舱面，用拳头、石头砸向我的胸部、腿部和头部，打我的人越来越多，小船翻转了，我落水了，心想游到别只船上去，结果又被他们拖上，到沙滩后有两个人把我两手反背边推边打。这时我忍无可忍大声喊：“嵊山渔民兄弟们，我们是送解放军来的，你们这样打我们是错了！”但他们还是推着我向路上冲去，有一个人朝我正面冲来，挥起两只拳头，往我腹部狠狠两拳。我被他们推着扭送到嵊山“上海大楼三红指挥部”（实际上是武斗指挥部），关在三楼一间房子里，我的胸部、背部都被打伤，疼痛难忍。嵊山“三红指挥部”的头头吴某某进来看我，我对他说：“你们没人性，没有道理，我们不是来与你们武斗的，如果来武斗我们也不会只来这几个人，我们是送朱副连长来的，你们这样砸我们的船，打我们的人，我现在胸部很痛。”他听了后，给我拿了3粒止痛片。这时嵊山铁业社一个跛着腿的人拿着短铁棍到房间里要打我，我对吴某某说：“某某，我今天在这里关着，要杀要剐随便你，但你考虑后果。”吴某某才把那个跛脚人训走。第二天早上，他们放许惠方、刘金根、夏阿毛等人回枸杞，把我扣押在嵊山。刘金根等提出一定要见见我，看看到底是死是活，到了枸杞也有一个交代。他们就叫我在三楼楼梯口与刘金根等人见了一面。我嘱咐刘金根回去后把情况向枸杞团部汇报，叫部队来解救，不要激化矛盾，他们眼泪汪汪地与我告别，回枸杞去了。事后，我知道他们在昨天到嵊山时，在枸杞的船上一个个被推下海滩，都被打得死去活来。这天上午，嵊山“三红指挥部”的头头们还组织了一些不明真相的群众、妇女到关押我的上海大楼三楼向我要粮票、布票，他们造谣说嵊山老百姓的粮票、布票、油票等票证都被我们“联指”派扣压。他们你一句、我一句，吵吵闹闹，骂骂咧咧的要我发还票证。我对他们说：“你们不要上当，不要受人挑拨，我是枸杞人，怎么有权扣压你们嵊山人的票证。如果我签了字可以发，我现在就可以给你们签字。”这些群众听了无话可说，陆续走掉了。

第二天夜里，我听到三楼下面有人进进出出，并听到他们在电话里说“西线指挥所，东线指挥所”等话，同时也听到阵阵枪声，我心想嵊山“三红”抢枪了，两地矛盾已激化。这时，枸杞方面也打来电话，一定要我听电话，要弄清我是否还活着。电话里我对张某某他们说：“我身体受点伤，不要紧的，你们不要为我激化矛盾，要冷静。”后来我听到张在电话里对我说：“你要坚持原则，不要怕，我们要请舟山‘海联团’和洋山造反派来支持，要踏平嵊山。”我听了后，在电话对他们说:“千万不要武斗升级啊!”此时嵊山一派人不让我听电话了。回到关押我的房间后,我一夜未眠,认为我不回枸杞去,局势一定会更加紧张,一方面嵊山“三红指挥部”不肯放我,向我要这要那,据说要押我到县里去,代表“嵊联指”搞两派大联合签字;另一方面枸杞造反派也不罢休,要通过“舟联总”“海联团”等造反派组织来嵊山营救我,这样势必引起一场武斗,双方都要伤人,会有生命危险。如果嵊山人死伤后必然要拿我开刀,如枸杞人死伤后我怎么做人,怎么对得起父老乡亲。于是我决定逃出嵊山,回到枸杞后才能解决问题。

第三天早上,我向来给我送早饭的亲戚(我弟媳妇的母亲)打听嵊山海站驻地位置,我知道嵊山海军雷达站是支持“联指”造反派的,我想逃出后到那里再去枸杞。打听到“海站”在鳗嘴头(前卫村)山顶时,我心中就有数。那天夜里我佯装早点睡觉,把一段麻绳和电线接起来,用手臂量一量大约有三仞,再接上一条帆布皮带,我想从三层楼窗户溜到地面差不多了,就把准备好的绳子、电线、皮带都藏到睡觉垫的稻草底下,当站岗值班的人来查房时,我佯装睡熟。大约到了晚上 11 时,又来了四五个嵊山“三红指挥部”站岗值班的人,他们你一句我一句地训斥我,说你们枸杞人为啥要帮嵊山这些“小爬虫”,他们这些人都是嵊山的地痞流氓和懒汉,他们的家庭成分也不好。还说这次幸亏是你来嵊山,如果是别的头头来,一定要了他的命,因为我们也听说你是讲道理的,也主张两派大联合的,所以不为难你。过了一个小时后,他们说去吃夜餐,出去后把门锁牢。不到半个小时,一个值班的又来查看了一下,我又佯装打呼睡着,那时大约下半夜 2 时左右。等他走了以后,我立即爬起来,把藏在稻草下的绳子拿了出来,缠在一块木板上,横杠在窗框上,用被单把自己的胸部腰部裹紧,以防摔下去,内脏受伤可轻点,同时还把一本《毛泽东语录》紧紧贴在胸口上,心想就是牺牲了也表示革命造反派永远忠于毛主席。那晚正下着雨,黑夜里细雨阵阵,望着窗外心里有点害怕,我下了决心,试着把绳子用力拉一拉觉得很牢固,就面朝里背朝外,从三楼的窗户往下一点一点滑下去。滑到二楼窗框上,听到楼里的人阵阵呼噜声,我正想滑下去,不料绳子上的电线断了,我从二楼窗外往下跌去,只觉得两眼火花闪闪,跌到地面就昏了过去,幸好没有跌在旁边的柴油桶上。在二楼值班的人听到楼上木板掉到水泥地的声音,跑到楼上到关我的房间一看,人不见了,就哨子乱吹,把二楼睡觉的人都叫醒,说:“卫存岳逃走了!”他们乱哄哄的上下乱奔。我跌落在地上了,就想往山上“海站”方向逃去。但腿跌坏了,不能走路。我咬咬牙挣扎着在地上爬行，从新华书店弄堂拐过一条小路一直往上边爬边拐，到了公路躲进公路上面的一块六谷（玉米）地里。此时，嵊山箱子岙一片灯火，到处在抓我，三礁江海面上机帆船隆隆声，他们以为有人接应，逃往枸杞去了，还到我几家亲戚家去搜查，狗叫声、人喊声、机器声闹成一片。我躲在六谷地里，下面公路上有几个人在巡逻，一个叫阿腰的搬运站工人，手拿青柴棍说："卫存岳如果被我抓住，阿爹一定要其命。"我听到后心想，都是中国人，都是隔海相望的海岛人，为什么搞得势不两立，你死我活？我又听他们说要兵分两路，一路朝后头湾方向，一路朝鳗嘴头方向奔去。我躲在地里感到口渴、腿痛、胸闷难受，心想再过一些时候天亮了，他们会发现我的。为了逃出嵊山，我不顾伤痛，不顾树枝戳、荆棘刺，继续往山上爬行。在黑夜里我看到山上有灯光，有雷达的影子，看到了营房，营房外还有两个战士，我就喊："解放军同志救救我。"两个战士看到我，把我扶到值班室，叫来了两个当官的领导。我对他们说："我是枸杞'联指'造反派负责人，为了护送朱副连长到嵊山，被他们扣押，现在两地矛盾激化，更大的武斗在即，我只有回到枸杞，才能平息事态，请你们解放军支持帮助。"他们听了后，叫我坐在椅子上，但我跌伤了不能站立、上坐，只能半躺在水泥地上。他们看了，也很同情，对我说："我们是'空站'，上级已指示我们撤出支左任务，由陆军负责支左。"我一听，再看看他们军装是黄衣服蓝裤子，知道不是"海站"而是"空站"。我又请求说："那么请你们护送我到'海站'去。"他们商量一下后，派两名战士搀扶着我往鳗嘴头山上走去，到了公路旁的平坦处对我说："前面就是海军雷达站，我们不能再送了，被对方一派发现不好办，你自己慢慢爬过去吧。"就这样，我强忍着伤痛又往山上爬去，一直爬到山顶雷达旁边，此时天已东方发白，我看到一名站岗的战士，就喊："海军同志救救我。"他被突如其来的喊声一惊，马上把枪朝我方向说："不要动！"我从胸前拿出《毛泽东语录》，扉页上写着我的地址、单位、和姓名，我喘着气说："我要见你们的领导。"他走进岗亭打了个电话，过了一会儿一位背着手枪的军官来了，小心地搀扶着我到"海站"。为了不让嵊山"三红指挥部"的人发觉，他们把我安排到一间堆放杂物的房子里，铺上一张床，为我送来了止痛片，叫我把沾满泥水的湿衣服脱下来，洗净后放在发电机上烘干。一位海军分队长对我说："你放心，我们一定想办法把你送回枸杞去。"看到海军官兵为我做的一切，我心里十分感动。他们给我煮了一碗面条，我实在吃不下，只喝了一点汤水。大约过了一个多小时，"海站"站长和指导员进来对我说：

"卫存岳同志你放心,你们的事我们已向舟山海军基地首长做了汇报,地区军管会、舟嵊要塞、海军基地三级党委已向嵊泗守备区、嵊泗军管会下达了三点明确指示,向你传达一下:1. 尽快平息枸杞、嵊山的打砸事件,缓解对立情绪;2. 由嵊山营部负责确保卫存岳同志的人身安全;3. 嵊山、枸杞两地矛盾,由嵊泗军管会负责处理。现在嵊泗军管会派来的领导和嵊山营部领导马上要上来见你。"我听了后说:"嵊山营部能保证我的人身安全吗?"他们说:"你放心,这是三级党委共同做出的指示,下达的命令,营部不会不执行,他们要负责任的。"大约上午 8 时多,县军管委和营部领导都到了"海站",两名海军战士把我搀扶到会议室,县军管会群众科朱科长迎上来说:"啊,卫存岳同志,都是我们的错,我昨天到嵊山没有及时找你谈,才发生你跳窗逃走的事,幸好没有跌死,否则事情更麻烦了。"接着问"海站"领导:"他还没吃早饭吧?快去煮碗面条来。""海站"领导说:"我们煮了面他吃不下"。满头白发的朱科长转入正题说:"舟山地区三级党委已了解枸杞、嵊山目前的事态,并做出三点指示,我们商量了一下,目前首先要保证卫存岳同志的人身安全。有两套方案,一是营部能安排保证卫存岳同志的安全就送到营部;如果不行的话,第二套方案是秘密送到后头湾六小队的坑道里保护起来,同时双方进行谈判互相放人。"原来我被嵊山"联总"派扣押后,枸杞"联指"头头们得知嵊山有一艘机帆船要从宁波回嵊山,他们就在黄礁洋面把这艘船拦住扣押,船上还有 5 个嵊山人,其中有嵊山对方组织头头鲍 ×× 的弟弟,扣押后枸杞造反派曾向嵊山提出要用他们 5 个人来调换我,但嵊山方不答应,还说 10 个人来调换也不肯。朱科长讲了两套方案后,嵊山营部来了电话,告诉他已经安排好了,从"海站"到营部路上都已经安排了岗哨,接人的汽车已上来了。过了半个小时左右,一辆大卡车和一辆吉普车到了"海站",他们把我搀扶到大卡车的驾驶室里,旁边一位参谋保护我,朱科长等坐的吉普车在前面带路,这里我看到路旁大约每一百来米一个岗位,都由陆军站岗,也看到有一些嵊山人在岗位边要拦车,被解放军战士拦住。汽车到了营部后,在营部大门口集结了很多嵊山对方派的人,要拦住我。营部首长在大声喊话:"你们不许冲击军事机关,都回去,事情我们会解决的。"看到营部首长态度坚决,多数的人都散了。营部把我安排在营部招待所,由军管会王参谋陪着我。突然,鲍 ×× 的父亲窜进来抓住我,要把我从窗上往外推,外面也有几个人接应。我一边抓住床架,一边对王参谋说:"你们这样做要负责任的!"王参谋上来把鲍父拉开。后来鲍父提出他小儿子被枸杞扣押,要我打电话去枸杞求情不要打他,我说这完全可以,我会打电话的。

第四天上午7时多,在营部会议室召开由县军管会朱科长主持,县军管会王参谋、嵊山营部首长及我和嵊山方的鲁某某、吴某某等人参加的会议,朱科长提出要求嵊山与枸杞双方放人,开始时嵊山方不同意,还声称10个人来换一个卫存岳也不行。我当时就理直气壮地提出:“我们是护送朱副连长来的,不是来和你们搞武斗的,你们砸了我们的船,打了我们的人,还扣押我达四五天之久。”我向军管会领导提出三点要求:一是嵊山方必须赔偿我方渔船上被砸坏的玻璃及鱼探仪的损失;二是必须承担我方被打伤人员及我本人的医药费用;三是嵊山方必须公开向我方道歉。经过一番争执以后,最后,县军管会朱科长说:“这样吧,你们枸杞的同志们出于对解放军的爱护,卫存岳同志等亲自送朱副连长到嵊山;嵊山的同志们也出于对解放军同志的关心,听到朱副连长被抓被打后十分气愤,结果把气出到你们枸杞同志的身上,砸了船,打了人。这正如有人所说的‘好人打好人是误会’。现在根据县军管会领导指示,双方先放人,定于上午9时正卫存岳同志从嵊山乘坐小交通船回枸杞,嵊山方不得阻拦,同时枸杞方也将扣押的嵊山5名同志及渔船放回嵊山。对枸杞渔船的损失及医药费等,待以后清算后再做赔偿。”

上午9时,军管会的王参谋等人把我扶到嵊山至枸杞石浦村的交通船上。船到小石浦岙口时,枸杞造反派看到了我本人后,才把嵊山人和船放回。上岸后,亲戚朋友把我扶上担架,抬到我家里。几天后,他们送我到宁波第一医院伤科治疗,后来由我在宁波的朋友潘大久联系到宁海温泉疗养所养伤一个多月。

作者简介:

卫存岳,曾任嵊泗县青沙乡党委书记,县乡镇企业局副局长,县渔农村经济委员会主任,中共嵊泗县委办公室副主任。

大办钢铁那件事

倪云鹤

作者

历史是一种记忆。有些事情会有意或无意地被人们遗忘，但有些带有时代特征和社会烙印的东西，即便过去了几十年，也会留在记忆里，难以抹去。

1958 年 8 月，在“超英赶美”的豪言壮语激动下，嵊泗列岛这个以渔业为主、毫无工业可言的海岛县，也不例外地投入了这场“全民大办钢铁”的运动。为了完成上级提出的月产 10 万吨、力争 15 万吨生铁的目标任务，当时做的第一件事，就是成立了由县委书记王尊贤同志任总指挥、县长臧福彬同志任副总指挥的“嵊泗县大办钢铁总指挥部”，下设办公室和后勤、宣传、服务等若干个工作小组，真可谓麻雀虽小，五脏俱全。

在我的记忆之中，指挥部成立后做的第一件事，就是选择建造土高炉的地址。总指挥王尊贤亲自带领相关部门的同志，跑遍了青沙、菜园、马关、五龙等地，最后选中了马关的石柱岙，原因是这里靠海边近，建有驻军码头，方便运输船只停靠，且有相当的腹地、可供原材料堆放。

1958 年中秋的晚上，皓月当空，原本平静的石柱岙突然变得热闹起来，100 多人的队伍拉着砖块，抬着水泥，开始了一场彻夜砌土炉的战斗。为了鼓舞士气，激励斗志，指挥部宣传组临时组成的业余文艺队也来到了现场，整个建炉工地上一派热气腾腾的景象。经过一夜的奋战，50 只炼铁土炉迎来了第一个黎明。其建造的速度之快、工作效率之高完全出乎指挥部的预料。

那是9月初的一个星期天，天空中下着不大不小的雨，还刮着6级的大风。大约8时左右，正在家里休息的县直机关干部突然接到紧急通知，要求大家在9时前到县委大院集中。原来，昨天傍晚从定海港装运铁矿石的“海燕号”和“浙海一号”两艘运输船，提前抵达了石柱码头，大家的任务就是要把船上的160吨矿石，在下午6时之前全部卸下来，并搬运到指定的场地。这是一件相当艰巨的任务，因为从码头到指定场地，足有2公里左右的距离，全是高低不平的山间小道，别说要抬着50多公斤重的担子行走，即便是空着手在雨天中步行，也难免不会滑倒，但大家只有一个信念：为了钢铁元帅早日升帐，不怕苦，不言累。滑倒了爬起来继续抬。县财政局局长许明生是位南下的老同志，身体不是很好，经常闹胃病，领导和同志们都劝他说：“今天下雨，你就不要去了。”但不管别人怎样劝说，他不仅坚持参加，还和青年人搭档，抬着重重的矿石奔走在山间小道上，多次滑倒又爬起来继续前行。这种不甘落后的精神，在广大干部中起到了很好的榜样作用，激发了大家的干劲，加快了搬运的进度，提前一个多小时完成了卸载矿石的任务，保证了“海燕号”和“浙海一号”准时返回定海，受到了舟山地委的表扬。

在大办钢铁的那段日子里，是嵊泗历史上人气最高、人心最齐、干劲最大的时期之一。无论大岛还是小岛，只要是有人居住的地方，几乎没有一个闲人。在菜园镇上，有一位83岁的老人，名叫陈杏生，由于年岁大，他所在的生产队没有安排他做任何事情，但他就是闲不住，每天一大早就拿着自备的榔头，来到电影院和文化馆的交叉路口，开始了一天的敲打矿石的劳动。

陈杏生老人专心致志敲石子的行动，很快传到了县委副书记宋德铭同志的耳中。他当即拉着我一起到现场看望老人，向老人表示敬意。老人得知宋副书记是特地跑着来看他的，十分激动地说：“谢谢宋书记（当年群众称呼干部时一般都不带‘副’字），你工作这么忙还来看我，真不敢当。大家都在为大办钢铁出力，我在这里敲敲石子也是应该的。”我被老人朴实的话语所感动，当天晚上就给报社写了一篇报道。不久，当时的《舟山日报》就以《可敬的老人》为题，并配上了老人敲打石子现场照片，刊登在头版的显要位置上，陈杏生老人也因此成了菜园镇家喻户晓的人物、大家学习的榜样。据说，陈杏生老人后来还被评为大办钢铁积极分子，受到总指挥部的表彰。

在石柱岙新建的50只土高炉群，经过一个星期的日晒火烘，到了可以点火炉的日子。

那是一个难得的好天气，正值九九重阳节，秋高气爽，蓝天白云，海面风平浪静。上午 8:30，县委书记王尊贤在红旗彩旗飘扬、鼓乐鞭炮齐鸣声中，代表总指挥部下达了高炉群点火的命令，并亲自向命名为“超英炉”“赶美炉”“五四青年炉”“三八红旗炉”的炉长们授旗，拉开了钢铁元帅升帐的战幕，吹响了向月产 10 万吨、争取 15 万吨生铁的进军号。

在工地上，每个人的热情虽然都很高，但毕竟多数人都是第一次接近高炉，缺少最基本的知识，怎样进料（矿石），一次进多少，什么时候可以开炉放铁水等等一系列问题，几乎一无所知，全凭感觉来做，这就难免不出故障。所以，几名来自嵊泗机械厂的工人，自然就成了工地上的大忙人，奔走在炉群之间，成了“救火兵”。由县机关干部高炳魁和李福寿负责的土高炉，不是通风不畅，就是炉火不旺，事故不断。急得两人不知如何是好。总指挥王尊贤问询后当即组织相关人员赶到现场。通过炉前会诊，及时调整了炉膛加料比例，并调来了功率较大的鼓风机，提升炉膛温度，加速矿石熔化。3 个小时之后，他们的土炉终于流出了第一炉铁水，铁水冷却后，竟是一堆无用的铁渣。可当时大家高兴得手舞足蹈，到处奔去报喜。

这场大办钢铁运动，持续的时间虽然不长，基本上到 1958 年年底就“鸣金收兵”了，石柱岙的 50 只土炉群自然也“偃旗息鼓”了，但留给我们的教训是深刻的。有不少值得反思的东西。

作者简介：

倪云鹤，籍贯：上海嘉定。曾任嵊山区委文书兼区团委书记，嵊泗县政府文书，舟山专署办公室秘书，舟山报社总编办公室副主任、舟山日报党组副书记、副总编辑，舟山市委市政府政策研究室副主任。

记在嵊山这几年

贺财福

作者

近日，一组嵊山后头湾青藤绿荫覆盖村庄并配有“鬼村”“鱼尽人去楼空”文字的照片，在中新网、腾讯网等众多网站以及微信朋友圈迅速传播，引起了国内外网民的点赞和青睐！触景生情引起了我强烈反思：这个曾经居住生活过几千人的村湾，现在变为荒无人烟的原始部落，记录着岁月的变迁。

嵊山，旧名神前山、陈钱山、尽山。意为“诸岛之尽也，而曰尽山。”嵊山镇因渔场而著名，设建制镇，民国初期渔场逐步形成。解放前夕，岛上已有渔行40多家，比较著名的有“八大家”。直至1970年代末，随着中央渔场大黄鱼的旺发，从而使嵊山渔场达到鼎盛期。来自山东、河北、上海、江苏、浙江、福建、天津等省市的渔船云集嵊山，兵团式作战、规模化捕捞。岛上各省市指挥部林立，行政首脑坐镇指挥，气势磅礴，犹如“渡江战役”。嵊山因此名扬四海。

嵊山的一村一屋我备感亲切，嵊山的一厂一房我倾注过心血。我人生中的最精华的年代在嵊山实践和奉献！

1979年10月，我从黄龙乡峙岙大队支部书记的岗位上被招收为国家干部，分配在县委组织部工作，1980年12月调任为嵊山镇委副书记、革委会副主任。1981年3月当选为“文化大革命”后的首任镇政府镇长。1982年10月接替傅文良同志担任镇党委书记，并再兼任镇长二年。在我以前的几任党政班子，嵊山与全国一样都是以阶级斗争为纲，贯穿于工作全过程。在我任上适逢中共十一届三中全会，工作重心开始转移到以经济建设为中心。拨乱反正，百废待兴。改革春风扑面而来，当时我们的党政班子人称“五马奔腾”，年富力强。我和乐祥通（副镇长）、高龙飞（副镇长）、刘存华（党委委员、人武部部长）都属马，时年27岁。郑根仕（副镇长）大一轮也属马。后来镇长为陈国章。当时为全县最年轻的乡镇班子。我知道历届县委对嵊山的党政班子都是极为重视。因为嵊山的工作是全县的一个窗口，特别是每年冬汛，嵊山的社会风貌、治安秩序、生产生活，等于是一次给各省市领导的检阅。工作好坏事关嵊泗全局。我们深感责任重大。嵊山虽是舟山渔场的中心，称“天然鱼库”“活水码头”，可是本镇渔业生产却比较落后，产量低下，乡镇工业空白。

如何让百姓致富，经济翻番、渔业振兴？必须改变观念，开拓创新，寻找新的出路……我们开始制定发展战略，谋势思变，发挥嵊山的自身优势，着手实施新一轮的工作目标。必须大力发展乡镇工业，把水产资源优势转化为产品优势、经济优势。

1. 创办水产食品罐头厂。资金、设备、销路一片空白，白手起家。资金千方百计发动群众职工筹资。买不到锅炉，我请秦元焜陪同，专门去上海找到市机电工业管理局局长余永樑（嵊山人，后任上海市政府秘书长）。他立马找来锅炉厂党委书记，说：“嵊山父母官要发展乡镇工业，请你大力支持，提前提货、优惠价供给。”这样我们在三个月内买到锅炉，如果没有这层关系，要一两年才能买到锅炉。我利用上海亲戚关系请来上海梅林食品厂副厂长和技术员到嵊山指导帮助。经过艰辛努力，总算办起了一个像样的水产食品加工厂。

2. 新建镇办水产冷冻厂。同样面临资金、技术的困难。我专门去杭州找省水产局计财处处长祝耀祖和渔业处处长王木现，无偿拨给我们十多万元启动资金开始上马。上海南汇县水产公司专门派来技术队伍给我们安装冷库。经过一年多的努力，第一家镇办水产冷冻厂投产使用。后来又办了第二家冷冻厂。虽然嵊山人都知道一冷、二冷，但不知道冷库的来历。

3. 兴办渔工商联合企业。1984年10月，嵊山渔场渔工商成立，我在动员大会上指出：要把渔工商办成嵊山经济振兴的龙头企业，是嵊山经济翻番的希望所在，是嵊山经济渔工贸结合的创新，是嵊山把资源优势转化为经济优势的核心所在，是嵊山产品走向国内都市，走向国际市场的开端……后来事实证明完全达到创办时的预期效果，特别是郑根仕的活蟹活鱼的暂养技术成功，带动了整个嵊泗及舟山的活品出口。

为了让渔工商领导不受镇委、镇政府的束缚，给予渔工商独立职权，由郑根仕任总经理，调解放村支部书记宓仲德为渔工商书记。调民主村支书郭阿林、团结村副支书朱信国、城子村支书石阿根、东方村副村长杨文根组成强有力的班子。调养殖队秦元烺为供销科长，在上海设立办事处。嵊山渔工商这个平台的搭建，无论从体制模式、领导班子、经营策略都大获成功，而且更为成功的是孵化了一批村办及私人的活蟹场及水产品加工企业。

4. 集资建嵊山医院。嵊山卫生院不仅服务着嵊山镇还辐射到枸杞、壁下的百姓就医，更承担着外省渔民的抢救及医治。由于设备落后、房屋破旧等诸多原因，严重制约着医院的发展。首当其冲的是资金短缺。当时乡镇政府没有财力重新建造，医院资金主要依靠县财政拨款。我们镇政府无能为力，所以只能借鸡生蛋。当时每年来嵊山的外地渔业指挥部有 40 多家。我们镇政府召集所有的指挥部开会，摆事实，讲困难，要求他们有力出力、有钱出钱、各方支持、共建医院，为渔民办实事，积德造福。后来总算筹集了 10 多万元，按当时的物价，应该也算一笔大数目了。

5. 新建民富村、民富居委会。根据当时的村、居委设置，为了方便群众办事及行政管理，在当时的养殖队基础上再加上大玉湾村居住的人口，重新组建为民富村，新设民富居委会。其间还为对用电盼望已久的前卫村鳗嘴头解决了供电问题。

嵊山从渔业而言，已兴旺了百年，“鱼尽人去楼空”的现象正在逐步蔓延。嵊山渔工商早已解体，水产冷冻厂已无鱼可冻。不少渔民也已弃渔改业。嵊泗东部（嵊山、枸杞）的经济社会发展战略面临着新的挑战。顺势思变，期望嵊山有新的突破。

作者简介：

贺财福，曾任嵊山镇镇长、镇党委书记，菜园镇党委书记

往事回忆

宋一匡

作者

我在嵊泗工作直至退休，并定居嵊泗，屈指算来，至 2016 年，已有 58 年了，所以嵊泗是我第二故乡。

嵊泗确实是个好地方，渔业资源丰富如大小黄鱼、墨鱼、海蜇，产量多质量好是国内外闻名的。

1950 年代，大黄鱼渔场在岱衢洋。农历每年 3 月初水始发，3 月中水旺发，4 月初水基本结束。那时水产公司带冰的收购船少，大量大黄鱼运到大洋山，由生产队妇女日夜加工，用盐腌后晒成黄鱼鲞。黄鱼太多，妇女干得实在疲劳，手拿剖鲞刀睡着的也屡见不鲜。那时候有机动船但无鱼群探测器，全凭老大从船底听大黄鱼的叫声判断鱼群下网，往往很准。

墨鱼渔场在嵊山枸杞等地。4 月初水开船捕捞。那时墨鱼都在礁石边上产卵，渔民用小木船（一般二三人）依礁石形态顺势拖捕。一般将墨鱼加工成墨鱼鲞。在青沙牛突渡水产公司晒场上一排排墨鱼鲞铺满场地，十分壮观。现已有数十年未见了。前几年曾有位来嵊泗旅游的老者在菜场向售鱼干产品的营业员打听墨鱼，营业员也不知道什么是墨鱼。我在旁告诉游客目前你出一万元钱也买不到一只墨鱼，因为墨鱼已找不到了，何来墨鱼？

海蜇主要生产在大小洋山海域，秋汛海蜇旺发时，大洋妇女均会全数出动在沙滩上拣海蜇。那时小学校的老师学生也都出动“抢收”。海蜇加工时间较长，除渔船上用盐矾初加工后，上岸还要进行二次三次再加工，经三矾后，才能上市。三矾海蜇头呈淡红色。海蜇皮呈淡黄偏白色，是出口日本换外汇的拳头产品。

那时我们在洋山买二矾海蜇常年食用。海蜇切丝用咸鳓鱼卤蘸着吃味极鲜美，至今也难以忘怀。

嵊泗还有一种大鱼俗名叫毛常，长1.5米至2米不等，重80 ~ 100斤，色灰黑。夏秋时节，仅在洋山薄刀咀礁石产卵。其肉粗味也差，但其鱼肚是名贵滋补品，常与人参、鹿茸并列在参茸店出售。从1976年以后毛常鱼也似乎绝迹了。

冬季带鱼汛在嵊山渔场。每年11月到12月沿海大批渔船云集于此，风暴天，数以万计渔船在泗洲塘海面依次排列，景象非常壮观。渔民上岸购买者摩肩擦背十分热闹。

嵊泗海岛远离内陆，交通是个大问题，特别是我们外地人，小孩均在内陆亲戚处寄养。每年要多次回内陆探亲，那些年交通的不便真叫苦不堪言。泗礁与定海、上海三天中各有一班客轮801轮。801轮泊在小菜园码头外，上下客用登陆艇接送。上岸后再走山上小道（当时没有依山公路），到东侧角才踏上平地。有时风大，801轮停在青沙牛突渡。下船后从青沙依山向小道走到菜园。如果带些东西更加吃力。

泗礁到嵊山、洋山没有定期客轮来往，要打听水产公司或商业局是否有运输船前往。如果有要有单位证明才能上船，当然不用付费，但候船日子很难熬的。我在大洋山工作时，来泗礁开会则选从上海转。但也不方便。先打听当地驻军有没有登陆艇去南汇芦潮港，如有，要到驻军团部后勤处开证明，才能乘船，到芦潮港后再到果园，乘车到上海十六铺住旅店，再乘801轮到泗礁。

从大洋到定海、宁波、衢山则更加不便。要出岛先到各渔业队了解是否有渔船去购渔需物资或销售鱼货，如有则要渔业队出证明，经老大允许才能上船。船上没有铺位，只能在船舱内坐着。木帆船是依据潮汐和风力航行，何时可到达是不确定的。其实老大心中也无数，所以只好听其自然。如果运气好顺风顺水一天可到宁波，如果半路风向改变，则中途在小岛抛锚站潮（等候潮水风向），则二三天也不一定。

嵊山与枸杞实际距离很近，当时来往乘带角船。船很小，两人摇橹。但三礁江是个“关”。平时浪大潮流急。有一次，我两手紧紧抓住左右船沿神情紧张地注视前方。因为全神注视海浪起伏倒没晕船。船到小石浦，一看两岸均是石壁。港口仅几十米宽，涌浪来船身起伏很大，好像船就要撞上礁石，但摇橹的老大因常来常往所以用各种方法应对涌浪，均能使船平安靠岸，但我上岸后还心有后怕。

这是1950年代的往事。看目前嵊泗交通极为方便与当年有天壤之别。可惜的是那大黄鱼、墨鱼、海蜇、带鱼等鱼汛已不复存在，渔业资源衰退。真可谓美中不足。

作者简介：

宋一匡，籍贯：浙江宁波。曾任中国人民银行嵊泗县支行职员，嵊泗县人民法院经济审判庭庭长、审判委员会委员。

“动乱年代”见闻

任海角

作者

我也曾参与过“文化大革命”,但时间很短,仅2个月左右,那是在1966年10至11月,嵊山红卫兵分成两派,一派揪斗“走资派”的为造反派,另一派要保“走资派”的为保守派,对立的两派斗争十分激烈,那时我在舟山渔港建委嵊山工地工作,造反派知道我是造反派观点,又略通文墨,把我请去为他们的小报《海啸》当编辑,写了不少批判“走资派”和保守派的尖锐文章,刺痛了他们的神经,从此,保守派对我恨之入骨,被冠之为“黑笔杆”。当年12月,嵊山工地撤销,我离开嵊山到沈家门工作,由于舟山渔港建委人少,都是知识分子,忙于钻研业务技术,对斗来斗去的运动不感兴趣,虽也有不同的观点,但没有派别之分,我在那里人生地不熟,自然跟随他们成为“逍遥派”和“观望派”,直至“文化大革命”结束。所以,自己认为在这10年“文化大革命”中,只是短暂地插了一足,没有真正地全面地参与过,不能称之为经历者,而应该称之为见证者。回忆“文化大革命”,心潮澎湃,感慨万千,为了使后人了解这段历史,现将所见所闻概述如下。

“破四旧、立四新”

1966年6月1日,《人民日报》发表了《横扫一切牛鬼蛇神》的社论,提出了破除几千年来一切剥削阶级所造成的毒害人民的旧思想、旧文化、旧风俗、旧习惯的口号，1966 年 8 月 12 日召开的中共中央八届十一中全会，通过关于《“文化大革命”的决定》，简称《十六条》，进一步肯定了“破四旧”的提法。于是，从首都北京开始，红卫兵走上街头“破四旧”，一时间，剪小裤腿、飞机头、火箭鞋，对街道、工厂、公社、学校、老字号商店等改革命名称，同时揪斗学者、文学家、艺术家、科学家等所谓资产阶级学术权威。新华社对此进行了肯定性、歌颂性报道，《人民日报》发表社论《好得很》。因此，“破四旧”如燎原之势，席卷全国。在天涯海角的嵊山岛，也成立了红卫兵，举起了“铁扫帚”，对地主、富农、反革命分子、坏分子、右派分子以及社会关系复杂和历史上有污点的家庭进行查抄，凡属于封、资、修的东西全部没收。我知道被查抄的有张家、吕家、刘家、毛家，这几家查抄时，都被扫地出门，当夜露宿庭院。抄出的书籍，除马克思、恩格斯、列宁、斯大林、毛主席的著作外，全部列为“四旧”被焚毁，严禁开展宗教活动，不准算命测字，不准上坟烧香，不准进庙拜佛，有一位供销社的职工从岱山请来一尊观音菩萨，遭红卫兵批斗；禁演群众喜爱的越剧、沪剧、黄梅戏等传统的地方戏，不准谈论帝皇将相、才子佳人之类的戏曲内容和故事；提倡新思想、新文化、新风俗、新习惯，强调学习毛主席的著作，要把老三篇《为人民服务》《纪念白求恩》《愚公移山》作为座右铭，要斗私批修，用毛泽东思想武装头脑。那时，读毛主席的书，听毛主席的话，照毛主席的指示办事，蔚然成风，老百姓视毛主席为“皇帝”，将毛主席的指示当“圣旨”，一步步地将毛主席捧上了神坛。

横扫一切“牛鬼蛇神”

在红卫兵“破四旧、立四新”的同时，开始批斗地主、富农、反革命分子、坏分子和右派分子，还殃及了家庭出身不好、历史上有污点和社会关系复杂的群众，也被作为“牛鬼蛇神”受到批斗。凡被批斗的人都受到了精神和肉体的双重折磨。

时任嵊山小学教导主任的方某，因其父亲过去是经营绸布的小商人，传说家中有金银珠宝被红卫兵抄家，方曾提过抗议，被红卫兵扣上“漏网资本家兔崽子”的帽子，戴上高帽游街示众；嵊山中学优秀教师傅某，因其大姨娘、姨父、舅舅两家人，均是美国纽约华侨，在舟山中学读书时，写了两封问安家信，被强加“里通外国”的罪名，挂牌批斗；嵊山小学教师徐武昌因与八大渔霸之一的邱仁海有亲戚关系，传说邱逃往台湾后曾与其有过书信来往，强迫其交出书信，每天扫街、挂牌示众、开会批斗，无休无止，徐经受不住残酷折磨和人格污辱而上吊自杀；贫民于四海，有亲戚在香港，曾到香港打工，回来后被作为“特务嫌疑”受到审查。诸如此类事件层出不穷，举不胜举。

当时有人称红卫兵开“帽子公司”，除渔工、贫苦渔民外，其他不论什么人，只要说错话、做错事，就罗列罪名扣上帽子。一次，嵊山红卫兵将形形色色的“牛鬼蛇神”集中起来游街示众的达100多人，除少数地富反坏右外，有“现行反革命分子”“反动分子”“阶级异己分子”“反党反社会主义分子”“叛徒”“特嫌”“里通外国分子”“国民党残渣余孽”“漏网资本家”“刑满释放分子”“蜕化变质分子”等，这些人都是红卫兵给以冠名的。后来又提出了“龙生龙、凤生凤、老鼠生儿打地洞”的血统论，称地富反坏右的子女为“黑五类”在政治上受到歧视，在读书、工作、参军上受到排挤和压制。

还值得一提的是揪出了一个“反革命小集团”，三个青年受到了残酷的批斗，给他们的心灵创伤久久不能抚平。事情的经过是这样的：20世纪六十年代初，《林海雪原》的故事在社会上广泛流传，后来被搬上银幕，陈与很多青少年一样对《林海雪原》着了迷。一天晚上，陈与方、周二位朋友到驻军部队操场看《林海雪原》电影，边看边谈论这部影片的故事情节，赞扬并崇拜代号003的参谋长少剑波指挥剿匪的军事才能，崇敬和羡慕排长杨子荣深入虎穴智斗座山雕的英雄行为，周对陈说：“如果你生长在那个年代，凭你的才智当个参谋长绰绰有余。”方也戏说：“你号称小诸葛眼睛一眨，计谋一百，我知道你羡慕少剑波，但你当不了少剑波，还是画饼充饥，当我们这些小讨饭的参谋长吧！”陈也戏说；“那好，既然要我当讨饭头恼，我就是少剑波，代号003，那么司令谁当？我看你方某就可以当，代号001。周嘛，就屈居当副司令，代号002。”方、周被抬举很高兴，异口同声说：“当就当，今生当不上司令，白相相也好”。三人相互推荐为首长后，又物色起英雄人选，陈想起邻居朱某很像银幕上的杨子荣，医院挂号员很像小白鸽，就提议二人为“杨子荣”和“小白鸽”，大家拍手赞成。方说：“既然当首长，就应有张派司（证件）才有派头。”陈说：“这好办，保证你们满意。”看完电影，三人嘻嘻哈哈来到陈家中，陈拿出办社时用剩的社员手册，在“手册”上分别写上名字、职务和代号，又从抽屉里翻出其舅舅渔行的印章，一一在“手册”上盖上印，权作三个“小讨饭的证件”。

不久，三人将那晚的游戏丢到了恼后，“任命手册”也相继丢失，从未搞过什么活动，也没有告诉过被物色的“杨子荣”和“小白鸽”，两人都蒙在鼓里。

“文化大革命”开始后，不知何人想起他们三人曾相互戏称过代号，还听说有一本“任命手册”，想必是个什么组织？就向红卫兵说起此事，红卫兵如获至宝，以为挖出了一个“反革命小集团”，不经调查核实，将他们三人作为“牛鬼蛇神”拉去批斗并游街示众，可怜三人在长达 10 年的“文化大革命”中遭到肉体和精神的双重折磨，直到粉碎“江青反革命集团”，甄别冤假错案时才平反昭雪。

红卫兵之所以把他们作为“反革命小集团”，是从阶级和阶级斗争的角度去判断和推理的，因为他们三人的家庭出身和社会关系都有问题。陈的舅舅是当地八大渔霸中的第一大霸，解放前逃往台湾，联系到陈至今还保留着渔行的印章，并用来“任命小集团的头头”，动机就是为了复辟。周的父亲当过国民党政府的“反动”职员，方的父亲出身于商界，与剥削阶级都有千丝万缕的关系，三人臭味相投，以模仿英雄人物为幌子，组织“反革命集团”是阶级敌人的一贯伎俩。尽管三人极力辩解，为蒙冤叫屈，但在乱世年代，没有人敢出来为他们洗刷冤屈。这就是“反革命小集团”的由来。

揪斗“走资派”

1966 年 5 月 16 日，毛主席发表《炮打司令部——我的一张大字报》以后，全国“文化大革命”运动进入了揪斗“走资派”，向“走资派”夺权阶段。嵊山的红卫兵纷纷成立了各种战斗队，名称有“反帝反修战斗队”“东方红兵团”“工农兵总司令部”等，开展大鸣、大放、大字报、大辩论，揪斗“走资派”，将已调离嵊山的前镇委书记张学文、前公社主任邓林章作为“走资派”揪回嵊山，戴上高帽游街示众，并召开大会批斗；之后，在怀疑一切，打倒一切的思潮影响下，又将矛头指向现任镇委书记李洪芳、镇长孙利芳，以及各部门、各单位、各生产队的当权派，将他们都作为“走资派”。当时，大字报贴满了街头巷尾，对这些当权派不是“炮轰”，就是“火烧”，召开各种大小批斗会，批判他们所谓走资本主义道路的罪行，提出要把他们斗倒、斗臭，再踏上一只脚，永世不得翻身！那时有一批头脑清醒的红卫兵对怀疑一切，打倒一切产生了怀疑，认为从“一分为二”的观点看问题，这些当权派大多数是好的和比较好的，走资本主义道路的只有一小撮，他们与造反派的观点发生了分歧，反对打倒一切，从此，红卫兵内部分成了两派，一派被称为保守派或保皇派，另一派为革命造反派，两派发生了激烈的争论，我就是在那时为造反派的小报《海啸》当了二个月的编辑，为造反派“摇旗呐喊”，被保守派冠之为“黑笔杆”。由于当时的保守派力量薄弱，斗不过势如洪水的造反派，嵊山的天下只能任由造反派折腾。

在这些造反派当中，有一名闯将，是“工农兵总司令部”的“总司令”，他坐阵在嵊山水产公司的一幢楼房里，策划造反大计，在他的指挥下，喊着“造反有理”的口号，到处煽风点火，发动革命造反派，一次次召开批斗镇委“走资派”的大会。1967 年上海掀起“一月风暴”时，他首先响应，带领造反派，冲进镇政府，贴封条，夺印章，一举夺了镇政府的大权，镇委书记和镇长靠边站，他成为嵊山响当当的掌权人物。就在他沾沾自喜之时，突然来了“二月逆流”，人民解放军介入“文化大革命”支左，对地方实行军管，将“总司令”等一些造反派头头作为大逆不道的反革命抓了起来。有一天，嵊泗守备区司令员（兼县委书记）来到嵊山，特地到“总司令”关押地“拜会”这名大名鼎鼎的造反派头头，一见面，司令员就毫不客气地讥讽他：“老子出生入死，南征北战，也不过混上一个小小的守备区司令，你造了几天反，却当起了什么工农兵三军的总司令，官比老子还大。”并训斥他：“你造谁的反，夺谁的权？他们都是党的干部，镇政府是人民的政府，你是在造共产党的反，夺人民的权！”那时的“总司令“已丧魂落魄，那敢言对，只是一味地求饶。

谁知风云突变，没过几天，中央军委下达了“八条命令”，要求军队转屁股，支持这些革命造反派，那位“总司令”等均被释放，由阶下囚一跃而成为革命左派，“总司令”等这些造反派头头，更加趾高气扬，重整旗鼓，将原来分散闹革命的造反派联合起来，成立了嵊山革命造反派联合指挥部，简称“嵊联指”，继续为捍卫毛主席的革命路线而战斗。其实军队支左表面上支持造反派，暗地里却支持保守派，使保守派势力不断扩大，保守派也联合起来，成立了嵊山革命造反派联合总部，简称“嵊联总”。两派都标榜自己是革命的左派，围绕“揪”与“保”，（即嵊联指要揪“走资派”，夺“走资派”的权，而嵊联总却要保这些“走资派”，保卫人民政权），展开了激烈的斗争，先是文斗，后是武斗，斗得难解难分。

大动干戈的日子

在“文化大革命”的第二年，舟山地区的各级党政机关被造反派夺权，公检法(公安局、检察院、法院)被砸烂，当权派靠边站，两派斗争逐步升级，由文斗转为武斗。从 1969 年初开始，两派都动用了枪炮，双方为争夺县城，大动干戈。我当时在沈家门舟山渔港建委工作，住在普陀县财政局的宿舍里，3 月 5 日凌晨，我被枪炮声惊醒，听到炮弹呼啸着从屋顶飞过，不远处不断传来密集的枪声，我去开电灯，没有电，只好胆战心惊地在黑暗中静待天明。天破晓时，听到街上普陀造反派的宣传车在广播《告全镇人民书》，报告岭驼山失守的消息。普陀县在两派斗争中，造反派占绝对优势，他们控制了县城，保守派退到了农村，以农村包围城镇。而岭驼山是城镇与农村的分界线，谁占领岭驼山谁就占领了制高点，当时，造反派以一个连的兵力守在岭驼山，枪支弹药由舟山船厂建造，装备很差，而保守派的枪炮从驻军的军械库中“抢”来，装备很好。据传，3 月 5 日夜里，保守派只派出一支 30 余人全副武装的小分队，偷袭岭驼山，摸上山后突然发起攻击，造反派守军措手不及，仓促应战，因武器差，抵挡不住而败退下来，岭驼山失守。当天上午我到街上去探听消息，只见一队队荷枪实弹的造反派整装待发，传说要夺回岭驼山，果然，在上午 9 时，停泊在沈家门港的 10 多艘渔轮一齐开炮，炮弹飞向岭驼山，山上硝烟弥漫，有一支敢死队往山上冲，被山上的保守派打下阵来，死亡 1 人，反攻失败。晚上又传来消息，造反派准备巷战，连夜在构筑工事，第二天早上只见各大楼门口堆起了沙包，其实，只是虚张声势，准备撤离。到了 3 月 9 日晚上，造反派已调集了 100 多艘大型机动船，一夜之际，将 8000 多名造反派和部分家属撤到了宁波。3 月 10 日，沈家门镇被保守派占领，他们到处搜查造反派战士，一天夜里，一支小分队突然来到我们住处，带走了我的一个同事，我因住处断电，睡在同事家里，才逃过一劫。

长期被造反派控制的沈家门镇失守后，普陀与定海的陆、海交通中断，电信瘫痪、学校停课、工厂停工、机关、事业单位关门，无人上班。一个月后，局势逐步稳定，海上交通恢复，我在单位也无事可干，就转道定海回到嵊泗家中。

在家中大约住了 2 个月，嵊泗的武斗开始升级，县城和大洋、枸杞被造反派控制，当时嵊山还比较平静，县城造反派到嵊山串联，被保守派抓了起来，关押在上海大楼，嵊山终于也发生了武斗，但嵊山的造反派赤手空拳，而保守派却从驻军中“抢”到了枪支弹药，两派一开战，保守派亮出了武器，造反派自知打不过保守派，撤退到了枸杞，嵊山被保守派控制，封锁了港口，船只和人员进出都要经过盘查，并清剿未撤离的造反派战士。

我虽然已离开嵊山二年多，成为逍遥派，置身事外，然观点未变，且保守派对我这个黑笔杆一直耿耿于怀，所以每次回家都被监视，这次也不例外，封港后曾追查过我的下落，妻子怕我也会被抓，在造反派撤离的当天，将我藏在邻居的阁楼里，考虑到会牵连邻居，又转移到其姑妈家中。东躲西藏一个多星期，我实在受不了被困的煎熬，要求离开嵊山，妻子与其表兄商议，决定假扮渔民混出去。那时嵊山洋面旺发海蜇，对渔民出海捕捞检查不严，混出去那天，天蒙蒙亮，见不清人面，我穿着渔民的衣裤，跟着妻子的表兄上船，他们摇橹我扳桨，通过西嘴头岗哨时，盘问了一下，见是出海捕捞海蜇的渔船，顺利放行，船出港口，立即扬起风帆，直驶"枸杞后头湾"嘴头，半个小时后上岸，步行到"三大王"造反派所在地，过了二天乘枸杞渔船去了宁波，才结束了在嵊山被困终日提心吊胆的日子。

普陀县造反派于 9 月 10 日返回沈家门，我也顺便搭乘造反派回沈的船到单位上班，上岸后，只见造反派立即奔向街头，张贴标语和分发传单，我路过街头时，忽见保守派闯将冲出来，将张贴标语的一个造反派战士打成重伤。于是，武斗又重新开始，那时两派的枪支弹药已被收缴，武斗所使用的武器改为长矛与大刀，两派在沈家门各占一方，保守派占据的地方靠近农村，造反派占据了城镇的中心及沿港地带。保守派常以小分队搞突击，往往出其不意，突然出现在城中，向造反派发起攻击，造反派也组织应急小分队，两队相遇时，都以长矛和大刀对阵，展开面对面的肉搏战，有时从地面战到屋上，又从屋上返回地面，有一次我亲眼看见，两人在屋面上械斗时，有一人用长矛将另一人刺穿了肚子，鲜血从肚子喷出，倒在屋面上，其残酷程度比枪弹打中更可怕。

回头再说嵊山，嵊山的造反派于 3 月份从枸杞撤到宁波，又于 9 月份返回嵊山，我一直关心他们的处境，担心他们是不是也像普陀那样在发生武斗？ 10 月 23 日，我看到了一份《告全省人民书》的传单，内容是："血、血、血，革命造反派的血，急、急、急，东海前哨嵊山告急！ 曹某某之流扯下支左假面具，在光天化日之下，竟然动用武力，开枪镇压革命造反派 ....." 我当时正在定海出差，听说伤员都在舟山医院治伤，就赶往医院去看望，一走进住院部，只见 10 多名伤员头部、手臂、腿部裹着绑带躺在病床上，伤势最重的项祖飞因失血过多，脸色苍白，一一慰问后，坐下来听他们叙述事发经过。

他们说，造反派从宁波返回嵊山后，革命行动被禁止，不准集会游行，不准贴大字报和传单，造反派的活动不得不转入"地下"。10 月 20 日上午 9 时，造反派在水产加工厂办公楼召开骨干会议，参加会议的有戎品法、乐阿五、杨阿四、项祖飞等 30 余人，这一消息不知怎么被支左部队得知，派出由高连长带领的 30 多名荷枪实弹的士兵，包围了办公楼，子弹像雨点般射向办公楼的屋檐，造反派骨干惊慌失措，纷纷跳楼逃命，项祖飞在翻越一道围墙时，被子弹射穿左臂，血流如注，那位开枪的士兵仍穷追不舍，当再次向项扫射时，被围观的群众李子宽赶上托起枪杆，子弹飞向天空，项才幸免于难。这时有的造反派骨干在跳楼时受伤，有的未逃出的被枪托砸伤，直到开会的造反派骨干被全部打散才罢手。倒在地上的项祖飞被群众紧急送往嵊山医院，经医生检查，子弹是个开花弹，从背后射入，前面穿出，位置在左肩胛骨处，伤口 20 厘米左右，嵊山医院设备和技术条件不够，无法医治，建议立即转院，于是，在枸杞造反派的帮助下，将项祖飞及其他伤员，连夜派船送往定海治疗。

据传，"10·20" 流血事件震惊了全省，省内各县造反派组织纷纷来电声讨和慰问，谴责暴力镇压革命群众的野蛮行径。"舟联总" 一面向中央军委和南京军区告状，一面向舟山军管会交涉，要求严惩凶手。不久，负责嵊山支左的宋副教导员调离，高连长复员回家，项祖飞在舟山、杭州、上海所花的 3000 多元医药费由守备区陆军医院报销，三个多月治疗期间的车船费等自负，震惊全省的 "10·20" 流血事件就此了结。

舟山两派的武斗，直至 1970 年 3 月 15 日中央下达了〔1970〕《中央关于解决舟山问题的批复》，毛主席批示 "照办" 后才停止。武斗结束后，如何举办两派头头学习班，实行革命大联合，筹建各级革命委员会，以及 1971 年 9 月 13 日林彪及其同伙叛逃，摔死在蒙古温都尔汗以后开展的批林整风，对造反派上挂下联，层层找代理人，对一些造反派头头进行隔离审查、被捕入狱，还有以后开展的批林批孔、批邓和反击 "右倾" 反案风、清查江青反革命集团骨干分子及帮派体系等后阶段运动，自己未参与其中。

我所叙述的只是嵊山和沈家门两地 "文化大革命" 运动的片断，不能反映全貌，不过，参与过运动全过程的尚有不少人健在，我相信，他们会将嵊泗 "文化大革命" 运动的全部历史公之于众。

在嵊山商业系统的一次政治运动

1977 年的 "一批双打"，是粉碎江青反革命集团后的一次政治运动。一批是批判江青反革命集团，双打是打击江青反革命集团的残余势力和刑事犯罪活动。

这次运动对我的印象是既不左又不右，批判江青反革命集团只是从思想上肃清流毒，打击江青反革命集团的残余势力，没有将在“文化大革命”中的造反派头头作为运动的对象；打击刑事犯罪活动更是慎之又慎，对敌我矛盾与人民内部矛盾交叉的人和事，不轻易定性。运动以正面教育为主，没有采取大鸣、大放、大字报和大辩论，不抓辫子，不扣帽子，不打棍子，不搞残酷斗争，无情打击。

领导嵊山商业系统“一批双打”运动的是时任县商业局局长的陈玉芝，他是刚从军队转业到地方工作的，在军队是团级干部，他长相十分严肃，胆小的人见了他会不寒而栗，其实是个和蔼可亲，通情达理的人。他在领导这次运动中始终坚持实事求是，有什么问题就解决什么问题。当时嵊山供销社赌博成风，参与赌博的人众多，其中有号称“赌博十大将”的各门店负责人，赌博的形式有“三张”“沙蟹”“罗申”“麻将”等，赌博的地点有时在门市部，有时在仓库，有时在职工宿舍，经常变换，谓之“游击战”；赌注少的几十元，多的上百元，在当时已属赌注很大的赌博。

鉴于嵊山供销社赌博成风，扰乱工作秩序，影响工作，陈就将解决赌博问题作为运动的重点。先进行面上教育，启发他们主动交代，悔过自新，对抗拒交代的才发动群众检举揭发。多数赌博者通过教育，认识了错误，作了深刻检讨，表示了悔改决心，被一一过关。只有“赌博十大将”中的少数人，因赌博时间长、次数多、赌注大，甚至缺少赌资挪用营业款，陷得很深，怕被处分而不愿交代的。当时有人检举石油站的一名职工，在深夜，一人操作时，偷偷将柴油卖给福建渔民，不开发票，私吞营业款，并提供了买柴油渔船的船号，而这名职工也是深陷赌博的人，认为他可能输了钱而贪污的。于是，找其谈话，他矢口否认，为了查明此事，陈亲自带班去沈家门，到福建省驻沈渔场指挥部去调查，结果船号是查到了，船找不到，等了一个星期仍无踪迹，只得空手而归。但一些工作队员不肯就此罢休，提出将这名职工隔离审查，被陈拒绝。陈认为没有证据，仅凭线索，不宜采取强制措施，如果审不出结果，将对运动带来负面影响。可见陈严格遵守法纪，掌握政策。

这次运动，陈坚持批判从严，处理从宽的原则，对人的处理十分慎重，对有经济问题的赌博者重证据不轻信口供，凡是证据不足的不定性，凡态度端正有悔改诚意的不处理。最后只对“赌博十大将”中情节比较严重，态度不够端正的三名门店负责人以行政警告处分，调离嵊山供销社。

这次“一批双打”运动，凡是经历过阶级斗争的人都感到意外，后来才意识到这是政治转型的信号。果然，1978 年，召开了中共的十一届三中全会，决定将党的工作重心转移到经济建设，停止阶级斗争，拨乱反正，平反冤假错案，提倡民主政治，开启了改革开放的新时代。

作者简介：

任海角，籍贯：浙江岱山。曾在嵊山镇人民政府，舟山渔港建委工作。

编后语

《列岛记忆 2》是本届政协文史委编撰出版的政协文史资料第 17 辑，与 2014 年 12 月出版的《列岛记忆》为姐妹篇。

本书作者以曾在嵊泗工作过的外地籍人员为主，他们有曾是驻岛部队的官兵（转业复员军人）、为渔民防病治病的医师和行政机关、企事业单位的离退休老领导、老同志等。

《列岛记忆 2》的作者，分散在全国各地，要在短时间内征集到他们的文稿，难度极大。对此，本届政协领导高度重视，分管文史工作副主席带领文史委主任、副主任、办公室副主任及编辑人员，到相关部门组织座谈约稿；赴江浙沪等省市县各地上门采访、约稿。通过这些途径，以文字记录、口述录音等方式，终于征集到一批珍贵的“三亲”（亲历、亲闻、亲见）史料，然后再整理、编辑，精选 69 篇文稿。

本书分五个编目：海岛军旅；医卫往事；教文之歌；发展纪事；岁月留痕。

编撰本书在与作者沟通、反馈、交流过程中，我们深受启发和教育。他们以对嵊泗人民感恩的心情，认真回忆，精心撰写。他们把回忆在嵊泗的岁月，当作晚年的最后责任！一位在敬老院安度晚年的老同志，因病手发抖，加之视力模糊，写出的字辨认不清，却还坚持撰写；一位已是厅级干部的老领导，他说嵊泗是我的第二故乡，我要感恩嵊泗人民。

在“海岛军旅”编中，金锋同志是位从戎四十余年的老兵，他从嵊泗起步，后曾任南京军区“东海民兵”杂志社总编。他说：“老兵的青春在嵊泗这个美丽海岛上，难忘嵊泗，永记初心！”

从 66 名来稿作者中，我们看到一种向上的精神，不忘初心的真诚。他们对嵊泗历史变迁有着深刻感受与体会，从不同角度用自己的亲身经历来总结历史经验和教训，见证了嵊泗的发展变化。

《列岛记忆 2》的编撰和出版，得到了县委县政府办公室、县纪委、组织部、宣传部和县人大办，机关党工委、县委老干部局、县教育局、县交通局、县档案局、县卫生局、县委党校、嵊泗海洋文化研究会、县驻沪工作部、县驻新城联络处(定海办事处)等部门和单位以及政协机关全体工作人员的支持,在此一并感谢。

历史是未来最好的导向。这些珍贵的文史资料不仅会勾起我们对逝去岁月的回忆,也为我们满怀信心地走向美丽海岛的未来,提供丰富经验和有益借鉴。

由于编者水平有限,编撰时间所限,遗漏差错在所难免,敬请读者批评指正。

编　者

二〇一六年十二月

图书在版编目（C I P）数据

列岛记忆.2 / 嵊泗县政协教文卫体与文史委编，
— 北京：方志出版社，2016.12
ISBN 978-7-5144-2264-1

Ⅰ.①列…　Ⅱ.①嵊…　Ⅲ.①嵊泗县—地方志
Ⅳ.①K295.54

中国版本图书馆CIP数据核字（2016）第308601号

列岛记忆2

编　　者：嵊泗县政协教文卫体与文史委
责任编辑：李志瑜

出 版 人：冀祥德
出 版 者：方志出版社
　　　　地址　北京市朝阳区潘家园东里9号（国家方志馆4层）
　　　　邮编　100021
　　　　网址　http://www.fzph.org
发　　行：方志出版社发行中心
　　　　电话（010）67110500
经　　销：各地新华书店
印　　刷：舟山市定海同润图文印刷中心

开　　本：787×1092　1/16
印　　张：14
字　　数：480千字
版　　次：2016年12月第1版　2016年12月第1次印刷
印　　数：0001～2000册

ISBN　978-7-5144-2264-1　　定价：49.00元